Günter Stemberger
Midrasch

GÜNTER STEMBERGER

Midrasch

Vom Umgang der Rabbinen mit der Bibel

Einführung – Texte – Erläuterungen

VERLAG C.H.BECK MÜNCHEN

CIP-Titelaufnahme der Deutschen Bibliothek

Stemberger, Günter:
Midrasch : vom Umgang der Rabbinen mit der Bibel ;
Einführung – Texte – Erläuterungen / Günter Stemberger. –
München : Beck, 1989
ISBN 3 406 33910 7

ISBN 3 406 33910 7

© C. H. Beck'sche Verlagsbuchhandlung (Oscar Beck), München 1989
Gesamtherstellung: Hieronymus Mühlberger, Gersthofen
Printed in Germany

Inhalt

Zur Einführung 9

Erster Teil: Entstehung, Wesen und Entwicklung des Midrasch ... 11

1) Anfänge jüdischer Schriftauslegung 11
2) Was ist Midrasch? 21
3) Die Bibellesung in der Synagoge 27
4) Die wichtigsten Midrasch-Werke 31

Zweiter Teil: Ausgewählte Texte 54

I. Halakhische Midraschim 54

1) Die Befreiung aus Ägypten: Ex 12,29–36 (Mekhilta) 55
2) Besitz verpflichtet: Ex 22,24–29 (Mekhilta) 62
3) Die Reinigung des Aussätzigen: Lev 14,2–4 (Sifra) 69
4) Bestrafung eines Mörders: Num 35,29–34 (SifreNum) 75
5) Das Gebot Gottes: Dtn 11,22 (SifreDtn) 82

II. Midrasch Rabba zu Genesis und Megillot 91

1) Die Erschaffung des Menschen: Gen 1,26 (GenRabba) 91
2) Gottes Bund mit Abraham: Gen 15,8–21 (GenRabba) 100
3) Trauer über Jerusalem: Klgl 1,1 (KlglRabba) 109
4) Die Erlösung Israels: Hld 2,8–11 (HldRabba) 116
5) Mordechai und Ester: Est 2,5–23 (EstRabba) 123
6) Von Alter und Tod: Koh 11,10–12,8 (KohRabba) 132

III. Predigtmidraschim 143

1) Aussatz und böse Nachrede: Lev 14,2–5 (LevRabba) 143
2) Die Botschaft Jeremias: Jer 1,1–3 (Pesiqta deRab Kahana) 155
3) Das Licht des Messias: Jes 60,1–2 (Pesiqta Rabbati) 170
4) Die Berufung Abrahams: Gen 12,1–17 (Tanchuma) 176

IV. Nacherzählte Bibel 185

1) Jona im Meer (Pirqe deRabbi Eliezer) 186
2) Das Vorbild Abrahams (Seder Elijahu Rabba) 191
3) Die Kindheit Moses (Dibre ha-Jamim schel Mosche) 198

Dritter Teil: Wirkungsgeschichte 205
 1) In der jüdischen Tradition 205
 2) Midrasch in der christlichen Welt 215
 3) Moderne Erforschung des Midrasch 222
 4) Midrasch heute? 225

Literaturhinweise 229

Register (Stellen, Sachregister, Rabbinennamen) 231

Jacob Kremer zum 65. Geburtstag

Zur Einführung

Das Judentum ist das „Volk des Buches", der Bibel. Die Bibel hat von allem Anfang an sein Denken bestimmt, ist Mittelpunkt seines Lebens bis heute geblieben. In der Aneignung der biblischen Tradition ist dabei die rabbinische Periode, grob gesprochen das erste Jahrtausend unserer Zeitrechnung, ganz zentral. In dieser Zeit sind die großen Midraschim entstanden. Schriften, die um die Bibel kreisen, sie auslegen, mit ihr in Dialog treten, ihre Gedanken weiterspinnen, stets bewußt, daß in der Bibel alles enthalten ist, was Gott seinem Volke mitteilen will und mit ihm plant. Bei jüdischer Tradition denkt der Außenstehende in erster Linie an den Talmud, stellt sich diesen noch dazu meist zu einfach als Religionsgesetz vor. In Wirklichkeit aber ist das geistig-religiöse Leben der Juden immer, wenn auch in oft eigenartiger Weise, von der Bibel bestimmt gewesen, die auch das Herz des Talmud ist.

Ein wenig vom Umgang mit der Bibel in der klassischen Periode des Judentums, die auch heute noch lebendig nachwirkt, dem Leser zu vermitteln, ist Aufgabe dieses Buches. Gleich meinem schon früher erschienenen Band zum Talmud aufgebaut, führt es im ersten Teil knapp in die jüdische Tradition der Bibelauslegung ein; der Hauptteil bietet eine Auswahl an kurz kommentierten Beispieltexten: diese sollen sowohl die wichtigsten Literaturgattungen der Bibel wie auch die großen Midrasch-Schriften umfassen, damit aber auch die verschiedenen Möglichkeiten des Zugangs zur Bibel und des Umgangs mit dieser innerhalb der rabbinischen Tradition dokumentieren; ein abschließender Teil soll dann zeigen, wie die Tradition des Midrasch innerhalb und außerhalb des Judentums bis in die neueste Zeit nachgewirkt hat.

Der im Talmud-Buch gebotene Abschnitt über die rabbinischen Auslegungsregeln ist hier nicht wiederholt; doch verweist der Kommentar zu den ausgewählten Midraschtexten immer wieder auf die methodischen Regeln, die einer bestimmten Auslegung zugrunde liegen. Ebenso ist der historische Rahmen der rabbinischen Zeit, der dort skizziert wurde, hier nicht nochmals nachgezeichnet. Dies soll natürlich nicht heißen, daß der Umgang mit der Bibel zeitlos und nicht von den geschichtlichen Erfahrungen geprägt ist. Wiederholt wird der Kommentar auf diesen geschichtlichen Hintergrund hinweisen müssen. Andererseits hebt sich ein einmal gestalteter Midrasch im Lauf der Zeit vom konkreten historischen Rahmen ab, bleibt auch in gewandelter Situation verwendbar und aktuell, gültig, solange sich die Grundbedingungen jüdischer Existenz nicht geändert haben, die von Gott verheißene Erlösung sich nicht verwirklicht hat. Midrasch ist nicht wissenschaftlicher Kommentar zur Bibel; es ist auch nicht ein Spielen mit dem Text, sosehr das Sprachspiel darin seinen Platz hat, geht es doch um die vollkommenste Sprache der Offenbarung. Im wesentlichen ist Midrasch gläubiger Umgang mit dem Text, in dem man Gott hört, mit ihm ins Gespräch kommt. Im sorgfältigen Hinhören auf den Text, im Achten auf das kleinste Detail sprachlicher Formulierung der Bibel ergründet man die Tiefen der Offenbarung, erlebt Gott als stets gegenwärtig, ist sich seiner Verheißungen gewiß. Midrasch ist eine Form gläubiger Daseinsbewältigung.

Erster Teil
Entstehung, Wesen und Entwicklung des Midrasch

1) Anfänge jüdischer Schriftauslegung

Die Rabbinen haben ihren Zugang zur Bibel nicht völlig neu geschaffen; der rabbinische Midrasch hat vielmehr eine lange Vorgeschichte. Diese beginnt im Grunde genommen in der Bibel selbst: deren Text ist ja nicht erst als fertiges Ganzes Gegenstand der Auslegung geworden, sondern legt selbst schon in einem vielschichtigen Prozeß vorausgehende Texte aus und wird auch seinerseits wieder Gegenstand weiterer Auslegung und Entwicklung; Bibel ist somit nicht einfach eine statische Größe, die auf Auslegung wartet, sondern Ergebnis eines dynamischen Werdens, das in der Auslegung weitergeht.

a) Innerbiblische Schriftauslegung

Schon der flüchtige Leser der Bibel trifft auf die erklärenden Glossen, die den Bibeltext durchziehen. Oft sollen sie den Text verdeutlichen und aktualisieren; so setzt z. B. in Gen 22, der Erzählung von der Opferung Isaaks, V. 2 die Opferstätte mit Morija (dem Tempelberg) gleich und fügt V. 14 aktualisierend ein: „*wie man noch heute sagt: Auf dem Berg läßt sich der Herr sehen*".

Noch aufschlußreicher sind Umdeutungen und Bearbeitungen früherer Überlieferungen und Schriften in anderen biblischen Texten. Aus dem gesetzlichen Bereich ist vor allem die doppelte Fassung des Dekalogs in Ex 20 und Dtn 5 bekannt, auch wenn das genaue Verhältnis der beiden Texte zueinander nicht sicher geklärt ist; jedenfalls scheint hier ein Grundtext bearbeitet, mit Begründungen versehen und mit Hinweisen auf die Folgen eines entsprechenden Verhaltens ergänzt worden zu sein. In Jer 17,21 f ist dann das Sabbatgebot nochmals ausgebaut und präzisiert worden. Ebenso scheint, um nur ein weiteres gesetzliches Beispiel zu bringen, Dtn 22,1–3 die Vorschrift von Ex 23,4 ausgebaut zu haben, daß man das verlaufene Tier seinem Nachbarn zurückgeben muß.

Mit Händen zu greifen ist die Überarbeitung der Geschichte Israels im Buch der Chronik im Vergleich mit den Samuel- und Königsbüchern. Man bezeichnet deshalb gerne, wenn auch etwas unscharf, die Chronik als Midrasch zum Geschichtswerk des Deuteronomisten, das sich von Josua bis zu den Königsbüchern erstreckt. Zwar mag der Chronist zusätzliche Quellen zur Verfügung gehabt haben; doch ist deutlich, wie er durch Auswahl und Akzentuierung frühere Geschichte umgedeutet, priesterliche Interessen wie den Kult und die Tempelmusik in den Mittelpunkt gestellt und Lohn und Strafe Gottes als unmittelbar die Geschichte bestimmend verstanden hat. Damit setzt der Chronist aber nur ein Bearbeitungsverfahren fort, das – mit je anderen Akzenten – schon seine Vorlage angewandt hat: das deuteronomistische Geschichtswerk hat ja auch vorliegende Erzählungen erst durch den Maßstab der Ideale des Deuteronomiums zu einer Einheit verschmolzen und damit radikal umgeprägt.

In einem Text wie Ez 16, der Israels Geschichte poetisch zusammenfaßt, langen Passagen von Hosea (etwa 11–12), aber auch in so manchen Psalmen, die Gottes Großtaten in der Geschichte Israels aufgreifen (etwa Ps 66 der Durchzug durch das Schilfmeer; doch siehe auch Ps 105 und 114), setzt sich dieser Zugang zu früheren biblischen Darstellungen fort: durch Herausheben einzelner Szenen und ihre Überhöhung wird ja ebenfalls schon Deutung betrieben.

In den Psalmen sehen wir jedoch nicht nur am einzelnen Beispiel, wie man frühere Tradition poetisch umsetzt und für Kult und Gebet aktualisiert. Die später den Psalmen vorangestellten Überschriften binden diese Texte vielfach an bestimmte geschichtliche Situationen, v. a. im Leben Davids; sie liefern somit eine Illustration und Verständnishilfe des Textes und deuten ihn durch Verbindung mit den geschichtlichen Texten der Bibel. Doch auch die Sammlung des Psalters in fünf Büchern ist wohl in bewußter Entsprechung zu den fünf Büchern Mose erfolgt und knüpft somit Gesetz und Gebet aneinander, beginnt deshalb wohl auch bewußt mit einem Lobpreis des mit der Weisheit identifizierten Gesetzes. Vergleichbar ist der Abschluß der Prophetenschriften mit einem Verweis auf das Gesetz des Mose in Mal 3,22: damit wird wohl auch hier bewußt eine Einheit von Gesetz und Propheten hergestellt.

Solche Beispiele ließen sich fortsetzen; man denke nur an die Neuinterpretation von Prophetentexten durch spätere geistige Erben: so etwa die Fortführung der Botschaft Jesajas in exilischer Zeit (Jes 40–55) und noch später (Jes 56–66). Wesentlich ist dabei für uns vor allem eines: von Anfang an hat man offenbar bestimmte Texte als autoritativ und grundlegend betrachtet; man hat sie nicht einfach durch neue Texte ersetzt, sondern immer wieder neu angepaßt und fortgeschrieben; dabei hat man aber auch immer neue Traditionsstränge ineinander geschaut und miteinander verknüpft, bis schließlich der gesamte biblische Text als Einheit galt, deren einzelne Teilstücke aufeinander bezogen sind und zum gegenseitigen Verständnis beitragen. Diese Sicht der Bibel als einer einheitlichen Offenbarung Gottes bestimmt die jüdische Tradition des Umgangs mit dem heiligen Text durchgehend und ist auch die Basis des rabbinischen Midrasch. Zwar läuft sie manchen kritischen Auslegungsmethoden unserer Tage zuwider, doch hat sie gewisse Parallelen in der „kanonischen Schriftauslegung", die heute wieder so manche Bibelgelehrte vertreten.

b) Die hellenistische Tradition

Die griechische Übersetzung der Bibel, die Septuaginta, setzt die vorgegebene Auslegungstradition fort, soweit dies im Rahmen einer Übersetzung möglich ist. Sie betrachtet den Text noch enger als Einheit, wie an den zahlreichen sprachlichen Anpassungen biblischer Texte an das Vorbild des Pentateuch zu sehen ist (oft z. B. in Jes). Sie „modernisiert" Ortsnamen oder Titel und versucht allgemein, den Text dem Zeitgenossen verständlicher zu machen.

So heißt es in Gen 38,14 von Tamar, daß sie sich an den Weg setzt, um von Juda für eine Prostituierte gehalten zu werden. Dazu verhüllt sie sich mit einem Schleier, was nach hellenistischen Vorstellungen nicht zu einer Prostituierten paßt. In der Übertragung wird deshalb daraus: „sie schminkte sich"! Vor allem aber in religiösen Fragen paßt man den Text an die geistigen Voraussetzungen griechischen Denkens an. So prägt man etwa in Ex 3,14 „Ich bin der ‚Ich-bin-da'" um in: „Ich bin der Seiende", womit aus der Zusage der Gegenwart Gottes eine Aussage über sein Wesen wird.

Auch bemüht man sich um eine vorsichtigere Ausdrucksweise, wenn es um Gott geht, und paßt sittliche Inhalte des Textes gewandelten Wertvorstellungen am. Besonders auffällig ist dies in der religiösen Auffüllung des Buchs der Sprichwörter und in der recht freizügigen Bearbeitung des Buches Ester. Man bemüht sich, Ester den eigenen religiösen Idealen entsprechend darzustellen. Nach dem hebräischen Text wird Ester Lieblingsgemahlin des heidnischen Königs und feiert mit ihm; hier hingegen heißt es, daß sie „das Bett eines Unbeschnittenen und jedes Fremden" verabscheut, auch nicht am Tisch Hamans gegessen oder königlichen Gelagen beigewohnt hat (4,17).

Im Einzelfall ist es schwer zu entscheiden, was der Übersetzer bewußt geändert oder in seiner hebräischen Vorlage anders als im uns überlieferten Text vorgefunden hat. Doch steht die Gesamttendenz einer Aktualisierung und Verdeutlichung des Bibeltextes durch die griechische Übertragung außer Zweifel. Ob man allerdings mit *S. Lieberman* die Septuaginta deshalb schon „den ältesten der uns erhaltenen Midraschim" nennen kann, hängt von der Definition des Begriffes Midrasch ab; darauf müssen wir später noch eingehen.

In die Septuaginta sind aber auch Texte aufgenommen worden, die nicht aus der hebräischen Bibel stammen, jedoch bewußt an die biblische

Tradition anknüpfen. Das herausragende Beispiel ist das Buch der Weisheit, dessen zweite Hälfte (10–19) die mit der Frömmigkeit gleichgesetzte Weisheit als die lenkende Kraft der Geschichte Israels aufzuzeigen versucht. Die Art, wie der Text die seiner Ansicht nach wesentlichen biblischen Erzählungen auswählt und kurz gerafft wiedergibt, andererseits aber auch sittlich auflädt, bezeugt eine ganz eigene Schau der religiösen Geschichte. Er bietet so etwas wie einen Leitfaden, wie man die biblischen Texte lesen muß, und deutet ihn dadurch. Deshalb bezeichnet man diese Kapitel auch gerne als Midrasch über die Geschichte Israels. Vergleichbar ist ihm das sogenannte „Lob der Väter" im Buch Jesus Sirach (Sir 44–50). Dieses wurde zwar hebräisch verfaßt, ist uns aber ebenfalls nur in der griechischen Version der Septuaginta vollständig überliefert.

Den schon in diesen Texten demonstrierten souveränen Umgang mit den biblischen Traditionen im Bemühen, sie ausdeutend und klärend stets von neuem lebendige Basis des Glaubens und Lebens sein zu lassen, führt die alexandrinische Form der Schriftauslegung schöpferisch weiter. Vorbild war dabei der klassische Umgang mit den Texten Homers. Diese verwendete man als Schulbücher; dafür mußte man sie aber erst entsprechend umdeuten, damit sie nicht, wie der einfache Leser glaubt, von Schandtaten der Götter, von Kriegen und Greueltaten erzählen, sondern Anleitung zu Tugend und Tüchtigkeit sein konnten. Diese Methode der Allegorie haben sich alexandrinische Juden auch für die Bibel zu eigen gemacht, um sie griechischem Denken annehmbar zu machen. Der erste große Meister war der Toraausleger Aristobul (2. Jahrhundert v. Chr.); den überlieferten Fragmenten seines Werkes nach zu schließen, hat er sich besonders mit den anthropomorphen Ausdrucksweisen der Bibel befaßt, der Darstellung Gottes in menschlicher Weise. So bemüht er sich unter anderem, das „Herabsteigen" Gottes auf den Berg zur Offenbarung des Gesetzes nicht im Sinn einer örtlichen Bewegung zu erklären, sondern als Ausdrucksweise dafür, daß sich Gott ohne irgendwelche Vermittlung geoffenbart hat. Er versucht also, von einer zeitgebundenen und daher überholbaren Ausdrucksweise den ewig gültigen Inhalt der Texte zu trennen, der Bibel damit auch in einem anderen kulturellen Rahmen als dem ihrer Entstehung Anerkennung zu verschaffen.

Philo von Alexandrien hat die Methode Aristobuls zu voller Blüte entwickelt und auf den gesamten Pentateuch in mehrfacher Auslegung angewandt. Für ihn gibt es prinzipiell einen zweifachen Schriftsinn; einerseits das buchstäbliche Verständnis des Textes, das dem ungebildeten Menschen einen ersten Einblick ermöglicht; andererseits das durch die allegorische Deutung zu erhebende, geistige, wahre Verständnis, das nur den Eingeweihten offensteht. Dieses Verständnis der Bibel auf zwei Ebenen ermöglicht es Philo, an der buchstäblichen Erfüllung der biblischen Gesetze festzuhalten, in ihnen aber gleichzeitig eine tiefere Bedeutung zu sehen, die wahre Philosophie, die infolgedessen auch mit den Lehren der hellenistischen Philosophie seiner Zeit übereinstimmt. Damit gelingt Philo die volle Teilhabe am geistigen Leben seiner Zeit, ohne deswegen am biblischen Erbe Abstriche machen zu müssen. Die allegorische Methode Philos haben die Rabbinen nur sehr begrenzt weitergeführt; voll lebt sie hingegen in der christlichen Auslegungstradition Alexandriens weiter, besonders ausgeprägt bei Origenes. Doch auch so gibt es zahlreiche Querverbindungen zwischen Philos Zugang zur Bibel und dem rabbinischen Midrasch besonders in vielen Detailauslegungen; wie weit Philo hier von palästinischer oder gar frührabbinischer Tradition abhängig ist, bleibt jedoch sehr umstritten.

Beim letzten großen Repräsentanten des hellenistischen Judentums, dem aus Judäa stammenden Josephus Flavius, ist hingegen die Abhängigkeit von palästinischer Auslegungstradition deutlich genug. Vielfach beachtet man das schriftauslegende Element in seinen Schriften nicht genug, da man vor allem in den ersten Büchern seiner „Biblischen Altertümer" einfach die Bibel nacherzählt sieht. Doch zeigt eine genauere Betrachtung sofort, wie Josephus den Bibeltext umgestaltet, ergänzt und mit seinen eigenen Akzenten versieht. Dabei ist die Vorsehung Gottes, auf die man vertrauen kann, ebenso Leitmotiv wie die Erwartung, daß Lohn und Strafe direkt in der irdischen Geschichte erfolgen. Auch versieht Josephus seine Nacherzählung mit einem stark moralisierenden Gesichtspunkt, wobei er den Vorlieben seiner Zeit entsprechend die Rolle des Geschlechtstriebs ganz besonders betont. Den Einfluß der religionsgesetzlichen Vorstellungen seiner Zeit sieht man unter anderem im totalen Übergehen von Gen 1,26f, der Erschaffung des Menschen nach Gottes Abbild: Josephus hätte darin wohl einen Widerspruch zum Bilderverbot gesehen. Beispiele seiner Aktualisierung des biblischen Textes sind die Auslegung von Jes 19,19 als Weissagung des im 2. Jahrhundert entstandenen jüdischen Tempels von Leontopolis und das Verständnis der Weissagungen Daniels von seiner eigenen Zeit.

c) „Zwischentestamentliche" Schriften

Schon vor Josephus hat eine Reihe von nachbiblischen Schriften des palästinischen Judentums die biblische Tradition auf je eigene Weise weitergeführt und ausgebaut. Wir können hier nur einige wesentliche Beispiele nennen. Etwa gleichzeitig mit Daniel, dem letzten in die Bibel aufgenommenen Buch, entstand in der frühen Makkabäerzeit das Buch der Jubiläen, auch „die kleine Genesis" genannt. Im wesentlichen ist es eine Nacherzählung von Gen 1 bis Ex 24; doch zeigt schon ihre Stilisierung als Gottes Offenbarung an Mose auf Sinai, daß sie, viel stärker als der biblische Text selbst, direkte göttliche Autorität beansprucht. Die

Nacherzählung vertritt eine durchaus eigene Tendenz: sie versucht den Nachweis, daß die religiösen Gesetze des Judentums von Anfang an und nicht erst seit der Offenbarung am Sinai Geltung hatten. So wird etwa gleich anfangs der Sabbat mit all seinen Detailbestimmungen explizit in der Schöpfungszuordnung verankert; schon Eva muß sich den Reinigungsriten nach der Geburt eines Kindes unterziehen. Auch die Opfergesetze gelten von Anfang an, ebenso der Festkalender: hier enthüllt der Autor sein ganz besonderes Anliegen, nämlich die Durchsetzung des Sonnenkalenders gegenüber dem im Tempel üblichen Mondkalender, der nur zeitweise an den Sonnenkalender angepaßt wurde. Durch seinen Idealkalender, in dem Sabbate und Feste nie zusammenfielen, wollte der Verfasser eine völlig konfliktlose Verwirklichung der göttlichen Ordnung erreichen. Denn wenn er es auch anders als Philo nie ausdrücklich sagt, daß das biblische Gesetz das Naturgesetz ist, ergibt sich für ihn praktisch dasselbe: auch das geoffenbarte Gesetz mußte ewige Geltung haben, also schon von Anfang befolgt worden sein. So konnte er die biblischen Erzählungen als Basis der religiösen Praxis seiner eigenen Zeit lesen; daß dabei der biblische Text eigenartig zeitlos wird, entspricht der dann auch im rabbinischen Midrasch typischen Einstellung zum Offenbarungstext.

Im 1. Jahrhundert v. Chr. entstanden die Psalmen Salomos, welche bewußt die biblischen Psalmen nachahmen, diese literarische Gattung ihrer Zeit entsprechend fortführen; von einer Auslegung des Bibeltextes kann man hier nicht sprechen, wohl aber von einer kongenialen Nachdichtung. Ebenfalls in diese Zeit dürften die ersten Anfänge einer Schrift fallen, die dann voll ausgebaut und umgearbeitet als „Testamente der Zwölf Patriarchen" bekannt geworden ist. Dieser Text versucht die Patriarchengeschichte in ethischer Perspektive zu verarbeiten: jeder der Söhne Jakobs predigt in Anschluß an eine Sünde, die sein Leben bestimmt hat, die entsprechende Tugend und macht das geschichtliche und endzeitliche Geschick seines Stammes davon abhängig.

Von größerem Interesse ist in unserem Zusammenhang ein später fälschlich Philo zugeschriebenes Werk, die „Biblischen Altertümer". Diese Nacherzählung biblischer Geschichte von der Weltschöpfung bis zum Tode Sauls wurde wohl nach der Zerstörung des Tempels im Jahre 70 geschrieben; sie weist viele Parallelen zur späteren rabbinischen Bearbeitung der biblischen Erzählung auf und ist für viele aus dem Midrasch bekannten Motive der früheste Beleg (etwa für die Geschichte von Abraham im Feuerofen, oder für die Identifikation verschiedener biblischer Gestalten wie z. B. die von Pinchas mit Elija oder von Jakobs Tochter Dina mit der Frau Ijobs). Ähnlich wie im Buch der Jubiläen wird auch hier der Bibeltext entsprechend den geistig-religiösen Idealen der Zeit ziemlich frei bearbeitet. Allerdings steht hier weniger der gesetzliche Aspekt im Vordergrund; vielmehr sind es gewisse religiöse Ideen seiner

Zeit (wie etwa Fragen nach dem Schicksal des Menschen nach dem Tod oder das Eingreifen Gottes in der Welt durch seine Engel), die der Verfasser in den Bibeltext einträgt. Das am stärksten zur Aktualisierung und Verdeutlichung der Bibel eingesetzte Mittel sind die Reden und Gebete, die der Verfasser den biblischen Helden in den Mund legt. Darin deutet er die Ereignisse und hebt das ihm Wesentliche hervor; aber auch Bibeltexte, die er in der direkten Erzählung übergeht (so besonders auffällig Gen 22 von Isaaks Opferung), tauchen hier auf einmal als Leitbild auf (Gen 22 gleich dreimal!). Das Übergehen eines Textes an Ort und Stelle besagt also nicht immer, daß dieser dem Autor unwesentlich ist; im Gegenteil lenkt das Auslassen bekannter Motive erst recht die Aufmerksamkeit darauf und unterstreicht sie. So kann dann auch das abrupte Ende des Buches mit dem Tod Sauls, also noch vor der ganzen Geschichte Davids, bewußt geplant sein: die hier vergebens erwartete Erzählung soll den Gedanken des Lesers auf den noch ausstehenden Sohn Davids lenken, also die endzeitliche Erfüllung der biblischen Geschichte hervorheben. Was dem flüchtigen Leser tendenzlose Nacherzählung scheinen möchte, enthüllt sich bei genauerem Hinsehen vielfach als unterschwellig mitgelieferte religiöse Aussage, auch darin so manchem rabbinischen Midrasch entsprechend. Was die Schrift von diesem primär unterscheidet, ist die völlige Verschmelzung von Bibeltext und eigener Aussage.

d) Bibelauslegung in Qumran

Umfangreiches Material vom Toten Meer hat in den letzten Jahrzehnten unsere Kenntnis der vorrabbinischen Bibelauslegung sehr bereichert. Beschäftigung mit der Bibel liegt praktisch allen Schriften von Qumran zugrunde; so mancher Text etwa aus der Gemeinderegel oder aus den Lobliedern ist gleichsam ein Mosaik aus biblischen Redewendungen und Vorstellungen. Hier geht es uns besonders um die eigentlichen Kommentare zur Bibel. Zuvor sind aber zwei andere Schriften zu nennen, die ebenfalls stark biblischen Bezug haben.

Das vielleicht gar nicht in Qumran verfaßte, von dieser Gruppe nur übernommene *Genesis-Apokryphon* dürfte im 2. Jahrhundert v. Chr. entstanden sein. Es erzählt in Aramäisch die Geschichte von Gen 5–15 nach, d. h. von der Geburt Noachs bis zu Abraham. Einen Großteil der Erzählung tragen die Protagonisten in Ich-Form vor. Gegenüber der Bibel ist der Text neu formuliert, erweitert, in einen chronologischen Rahmen gesetzt und in den Ortsnamen modernisiert. Zusätzliche Personen reichern die Geschichte an. Diese ist dem Geist der Zeit angepaßt, ohne daß man eine bestimmte religiöse Tendenz erkennen könnte: darin unterscheidet sich die Schrift vom sonst eng verwandten Buch der Jubiläen.

Gleich den Biblischen Altertümern Pseudo-Philos scheint das Werk einfach eine erbauliche Nacherzählung zu sein, darin manchem späten rabbinischen Midrasch verwandt.

Wohl aus derselben Zeit stammt die *Tempelrolle*, ein rein gesetzlicher Text auf der Basis des Pentateuch. Die Schrift setzt mit dem Bund zwischen Gott und Israel ein und bietet dann eine Beschreibung des Tempels und seiner Einrichtung, Vorschriften für Kult und Festkalender, Reinheitsvorschriften für Tempelbereich und Jerusalem, den König betreffende Gesetze und strafrechtliche Bestimmungen. Auffällig in dieser Schrift sind nicht nur die zahlreichen biblisch kaum gestützten Gesetze und die freizügige Kombination verschiedener Bibelstellen, um so widersprüchliche Texte miteinander auszugleichen oder einen Gesetzesbereich systematisch darzustellen, was meist mit entsprechender Deutung verbunden ist. Zentral für das Verständnis des Buches ist die Tatsache, daß es biblische, aber auch in der Bibel nicht erwähnte Gesetze Gott selbst in der ersten Person in den Mund legt: damit gibt sich das Buch als direkte Offenbarung Gottes, viel unmittelbarer Gottes Wort als der Pentateuch, wo Mose als Mittler auftritt. Der vielfach dem Organisator der Gemeinde von Qumran, dem „Lehrer der Gerechtigkeit", zugeschriebene Text ist demnach so etwas wie eine neue Tora, eine vollkommenere Form der biblischen Offenbarung. Darin geht der Text jedenfalls weit über das hinaus, was später im rabbinischen Bereich im Umgang mit der Bibel möglich ist.

In Qumran gibt es aber auch eine ganze Reihe von Schriften, die *Bibelkommentare im eigentlichen Sinne* sind. Die Tora und daraus entnommene Fragen des Religionsgesetzes kommen dabei nur sehr selten vor und auch da nicht in der Form eines durchgehenden Kommentars zu einem geschlossenen Text; auch liebt Qumran sogar gesetzliche Entscheidungen von Prophetentexten abzuleiten. Abgesehen von einigen Psalmen besprechen die Kommentare nahezu ausschließlich prophetische Texte: erhalten sind Kommentare zu einzelnen Stücken von Jesaja sowie zu den kleinen Propheten. Sie zitieren jeweils ein Stück des fortlaufenden Bibeltextes, von dem sie mit dem Stichwort „seine Auslegung" *(pischro)* oder ähnlich zum Kommentar überleiten. Von daher hat man diesen Texten den Namen *Pescher* gegeben, um damit die besondere Art der Bibelauslegung in Qumran zu bezeichnen.

Qumran bezieht den Bibeltext regelmäßig auf die eigene Gemeinde, ihre Vergangenheit, Gegenwart und Zukunft. Die Auslegung lebt voll und ganz aus dem Bewußtsein der Leute von Qumran, direkt vor dem Ende der Zeiten zu leben. Bildworte des Propheten können so allegorisch Führer der Gemeinde wie den Lehrer der Gerechtigkeit oder ihre Gegner wie den Frevelpriester bezeichnen oder auch die Ereignisse der politischen Geschichte, wie vor allem das Vordringen der Römer in Palästina darstellen. Was die Auslegungstechnik betrifft, hat man enge Parallelen zur zeitgenössischen Traumdeutung festgestellt. Der Kommentar geht von der Grundvoraussetzung aus, daß im Bibeltext Geheimnisse enthalten sind: diese hat Gott auch dem Propheten selbst nicht geoffenbart; vielmehr teilt er sie erst später auserwählten Auslegern wie dem Leiter der Qumran-Gemeinde mit. In gewissen Sinn ist jede Auslegung als Offenbarung verstanden, auch wo es nicht um „esoterische" Dinge geht. In der Damaskusschrift sind zum Beispiel Sabbat und Feste als der Deutung bedürftige und den Leuten von Qumran geoffenbarte Geheimnisse Gottes genannt; hier geht es allerdings nicht nur um die Details der Gesetzesausübung, sondern vor allem um den wahren Festkalender, der sehr wohl als Geheimnis Gottes gilt.

Programmatisch formuliert diese Auffassung des eigenen Umgangs mit der Schrift der Habakuk-Pescher: „Und Gott sprach zu Habakuk, er solle aufschreiben, was (da) kommt über das letzte Geschlecht, doch die Vollendung der Zeit tat er ihm nicht kund. Und wenn es heißt: ‚Damit eilen kann, der darin liest‘, geht seine Deutung auf den Lehrer der Gerechtigkeit, dem Gott kundgetan hat all die Geheimnisse der Worte seiner Knechte, der Propheten." Der von Gott geleitete Ausleger versteht somit, was dem Propheten selbst noch verborgen war. Die Auslegung ist damit selbst inspiriert, darin der historischen Umdeutung biblischer Texte in Daniel verwandt (etwa dem Verständnis der siebzig Jahre bei Jeremia als siebzig Jahrwochen).

Ist auch in der Auslegungsmethode so manche Ähnlichkeit mit dem Vorgehen der Rabbinen festzustellen, trennt doch dieser Anspruch auf die ausschließlich wahre Auslegung radikal die Texte von Qumran vom späteren Midrasch. Das gilt auch vom sogenannten Florilegium, einer Zusammenstellung von auf die Endzeit gedeuteten Bibelversen, auch wenn hier ausdrücklich der Begriff *Midrasch* aufscheint, und zwar als eine Art Überschrift vor dem Bibelzitat, dem dann die Auslegung mit der Bezeichnung *Pescher* folgt. Im Zusammenhang scheint hier Midrasch einfach die Auslegung von Bibelversen im Licht von anderen Stellen der Schrift zu sein: im konkreten Fall ist Ps 1,1 in Verbindung mit zwei Prophetenversen geschichtlich zu verstehen.

e) Neues Testament

Das Neue Testament enthält zwar keinen durchgehenden Kommentar zu irgendeinem biblischen Text, ist aber ebenso wie Qumran völlig von der Bibel beherrscht, wobei auch hier Propheten und Psalmen die bevorzugten Texte sind. Ähnlich wie in Qumran bestimmt auch hier das Bewußtsein der gekommenen Endzeit den Zugang zur Bibel. Was dort die Auslegung auf die Geschichte der Gemeinde hin ist, ist hier die Auslegung auf Jesus: in ihm haben sich die Weissagungen der Propheten erfüllt, wie die zahlreichen sogenannten „Erfüllungszitate" im Neuen Testament unterstreichen. So heißt es etwa Mt 1,22 als Einleitung zum Zitat von Jes 7,14: „Dies alles ist geschehen, damit sich erfüllte, was der Herr durch den Propheten gesagt hat". Auch wenn es dergleichen Formeln in Qumran nicht gibt, ist doch auch dort dasselbe Verständnis zu finden, daß sich Prophetentexte in der Gegenwart der Gemeinde erfüllt haben. Auch die Bekenntnisformel in 1 Kor 15,3 f, daß Christus für unsere Sünden gestorben ist „gemäß der Schrift" und am dritten Tag auferweckt worden ist „gemäß der Schrift", schließt dieses selbe Erfüllungsdenken ein. Auch Lk 24,25.27 ist diese Vorstellung vorausgesetzt, daß die ganze Bibel von Christus spricht, wenn der Auferstandene den Jüngern vorwirft: „Wie schwer fällt es euch, alles zu glauben, was die Propheten gesagt haben ... Und er legte ihnen dar, ausgehend von Mose und allen Propheten, was in der gesamten Schrift über ihn geschrieben steht." Diese Einlinigkeit der Auslegung entspricht dem Anspruch von Qumran, das einzig wahre Verständnis der Schrift aufgrund göttlicher Offenbarung erlangt zu haben. Hier ist eine klare Trennlinie zum rabbinischen Zugang der Bibel gegeben.

Das Neue Testament enthält aber auch eine Reihe von Texten, die man gerne als Midrasch versteht und mit rabbinischen Methoden der Schriftverwendung vergleicht. In erster Linie sind dies Stellen, die direkt historisch zu verstehen man sich schwer tut. So nennt man die Kindheitsevangelien bei Matthäus und Lukas, aber auch die Erzählungen von der Taufe, der Versuchung und der Verklärung Jesu (Mt 3,13–4,11; 17,1–9 und Parallelen) gerne Midraschim. Aber auch einzelne Reden Jesu, wie die Brotrede von Joh 6 oder die Apokalypse von Mk 13 werden vielfach dieser Kategorie zugeordnet.

Ob wir diese und andere Texte des Neuen Testaments als Midrasch verstehen dürfen, hängt natürlich von der Abgrenzung des Begriffes ab, der wir uns im nächsten Abschnitt zuwenden wollen. Das Grundproblem bei der Verwendung des Begriffes liegt im Verhältnis des jeweiligen neutestamentlichen Textes zum Bibeltext. Der Überblick über die Geschichte Israels in der Stephanusrede von Apg 7 oder 2 Kor 3 sind offensichtlich auf der Deutung von Bibelversen aufgebaut und mit dem rabbinischen Midrasch ohne Schwierigkeiten vergleichbar. Problematischer sind die Erzählungen. Wenn ich annehme, daß etwa die Kindheitsgeschichten in erster Linie aus einer Zusammenschau von Bibelzitaten entwickelt worden sind, könnte ich in ihnen ein Grundprinzip rabbinischer Bibelauslegung verwirklicht sehen, das *I. Heinemann* als „schöpferische Geschichtsschreibung" definiert hat. Demnach dienen Bibelzitate zur Rekonstruktion einer sonst nicht bekannten Geschichte; zentrale Aussage solcher Erzählungen wäre demgemäß die Verwirklichung bestimm-

Was ist Midrasch? 21

ter Bibelstellen in Jesus, nicht jedoch die konkrete Abfolge von Tatsachen. Die Bibel bleibt primär. Möchte man allerdings nicht so weit gehen und die Bibelverse nur als nachträgliche Erklärung von aus anderer Quelle bekannten Fakten sehen, müßte man hier zumindest einen weiteren Begriff von Midrasch voraussetzen.

Dasselbe gilt natürlich, wenn man etwa die Hymnen in der lukanischen Fassung der Kindheitsgeschichte als Midrasch versteht, nur weil sie mosaikartig aus biblischen Redewendungen zusammengesetzt sind (auch bei jüdischen Gebeten oder liturgischen Gedichten, die vielfach komplett aus biblischen Wendungen gewirkt sind, spricht man gewöhnlich nicht von Midrasch). Auch die Übernahme biblischer Modelle für die deutende Darstellung von Jesu Persönlichkeit und Wirken (etwa als Prophet gleich Mose; oder Seewandel und Brotwunder in Entsprechung zum Durchzug durch das Schilfmeer und zum Manna) ist mit dem Begriff Midrasch zumindest äußerst unscharf definiert. Ob die gelegentlich anzutreffende Rede vom „impliziten Midrasch" sehr hilfreich ist, bleibt ebenfalls sehr fraglich.

Zuweilen versteht man den gesamten Aufbau der Evangelien auf dem Hintergrund von Bibellesungen im Jahreszyklus der Synagoge und findet darin die Erklärung, warum der jeweilige Text bestimmte Zitate oder Anspielungen aus der Tora bzw. den Propheten verwendet. Solche direkte Abhängigkeit der Evangelien von einem biblischen Lesezyklus würde ein gewisses midraschisches Element in den Evangelien nahelegen; doch sind unsere Kenntnisse von der Bibellesung in der Synagoge vor der Zerstörung Jerusalems im Jahre 70 zu dürftig, als daß man auf diesem Gebiet auch nur annähernd gesicherte Schlüsse ziehen könnte.

2) Was ist Midrasch?

Spätestens hier müssen wir eine Antwort auf die Frage versuchen, was wir unter Midrasch und insbesondere unter seiner rabbinischen Ausprägung (falls wir auch anderen Schriften diese Bezeichnung zuteilen) genauer zu verstehen haben. Zu häufig begegnet man ja Begriffsbestimmungen, die jede traditionelle jüdische Form des Umgangs mit der Bibel oder gar alles rabbinische oder auch nur jüdische Denken als Midrasch bezeichnet. Mit solchen allzu weiten Fassungen des Begriffs ist niemandem gedient; andererseits muß man sich aber auch davor hüten, einen einmal eingebürgerten Begriff zu eng einzuschränken.

Beginnen wir mit der *Herkunft des Begriffs*. Das Wort Midrasch ist vom hebräischen Verb *darasch* abgeleitet, das „suchen, fragen" bedeutet. Schon die Bibel verwendet, vor allem in ihren späteren Schichten, das Verb vorwiegend in religiösem Zusammenhang; sein Objekt ist Gott, die

Tora und Ähnliches: z. B. Esr 7,10 *„das Gesetz Gottes erforschen"*, Jes 34,16 *„im Buch Gottes nachforschen"*. Das Substantiv Midrasch kommt in der Bibel nur in zwei späten Stellen vor: nach 2 Chron 13,22 ist die Geschichte Abijas *„aufgezeichnet im Midrasch des Propheten Iddo"*; 24,27 spricht vom *„Midrasch zum Buch der Könige"*. Die genaue Bedeutung von Midrasch ist an beiden Stellen nicht sicher: Ist einfach ein „Buch" oder „Werk" gemeint (so übersetzen die Septuaginta und die Vulgata: *biblion* oder *graphe* bzw. *liber*), also irgendeine Schrift über die Könige? Oder meint der Chronist hier doch schon im späteren Sinn eine „Auslegungsschrift", etwa einen erbaulichen Kommentar zur Königsgeschichte? Sir 51,23 ist der erste Beleg für *bet midrasch*, „Lehrhaus"; ein direkter Bezug auf das Studium der Bibel scheint darin aber noch nicht eingeschlossen. Qumran verwendet wie schon manche Bibeltexte *darasch* häufig im Sinn von „erforschen, auslegen", wobei Gegenstand der Auslegung die Gesetze oder Gebote sind; auch sprechen Qumran-Texte schon ausdrücklich von Bibelauslegung als Midrasch der Tora.

Damit ist der rabbinische Sprachgebrauch schon gegeben: für diesen ist Midrasch vor allem „Forschung, Studium" und steht als „Theorie" dem wesentlicheren Tun gegenüber. Einmal findet sich der Begriff in der Mischna im engeren Sinn von „Auslegung": eigenartigerweise ist jedoch hier der Gegenstand der Auslegung nicht ein Bibeltext, sondern der Ehevertrag (Ketubbot IV,6). Doch gibt es auch zahlreiche Texte, die Midrasch dann speziell auf die Beschäftigung mit der Bibel beziehen: so etwa im palästinischen Talmud Joma III,5, 40 c, wonach sich jede Schriftauslegung *(midrasch)* nach dem Inhalt zu richten hat. Das *bet ha-midrasch* ist somit das Lehrhaus, in dem man dem Studium vor allem der Bibel obliegt (z. B. Schabbat XVI,1; Pesachim IV,4). Konkret bezeichnet Midrasch dann auch das Ergebnis der Auslegung bzw. Schriftwerke, die Bibelauslegung enthalten.

Die Tatsache, daß für die Rabbinen Midrasch in erster Linie Bibelauslegung oder auch deren Ergebnis in einer bestimmten Schrift ist, führt allerdings in der Bestimmung dessen, was Midrasch eigentlich ist und ihn von anderen Formen jüdischer Bibelauslegung unterscheidet, nicht viel weiter. Eine genauere Begriffsbestimmung oder zumindest Beschreibung von Midrasch muß von den klassischen Texten der rabbinischen Midrasch-Literatur selbst ausgehen. Dabei ist einmal auf die literarische Form zu achten, andererseits auf die geistigen Voraussetzungen und die Methoden der Auslegung, die Technik im Umgang mit den Texten.

Formal am auffälligsten im Vergleich etwa zu innerbiblischer Auslegung oder auch zu nachbiblischen Texten wie dem Buch der Jubiläen oder der Tempelrolle von Qumran ist die klare Trennung von geoffenbartem Bibeltext und Auslegung. Bibeltexte sind explizit zitiert und stehen als Basis der Auslegung klar abgesetzt von dieser; innerhalb der Aus-

Was ist Midrasch?

legung sind sie durch Einleitungsformeln klar als Bibeltexte bezeichnet. Diese simple Tatsache unterscheidet die klassischen Midrasch von den meisten vorrabbinischen Schriften, die man gerne als Midrasch bezeichnet, aber auch von vielen biblischen Schriften des Mittelalters, die als Bibelerzählungen die literarische Form von Büchern wie den Biblischen Altertümern Pseudo-Philos wieder aufnehmen.

Mit dem Pescher von Qumran hat der rabbinische Midrasch diese klare Scheidung des Textes in zwei Ebenen, hier Bibel – dort Auslegung, gemeinsam. Was den rabbinischen Midrasch radikal von diesen Schriften Qumrans unterscheidet, ist der dort vertretene Anspruch, daß auch der Kommentar auf Offenbarung beruhe. Die Rabbinen gehen vom Grundsatz aus, daß jeder Bibeltext einen vielfachen Sinn enthält, infolgedessen auch verschiedene Auslegungen gleich richtig sein können: „Eine Bibelstelle hat mehrere Bedeutungen" (Sanhedrin 34 a). Es gibt daher keinen Anspruch einer bestimmten Auslegung auf ausschließliche Geltung.

Nach außen drückt sich dies in der häufigen Nennung des Rabbi aus, von dem eine gewisse Auslegung stammt; der Wert seiner Auslegung hängt mit seiner persönlichen Gelehrsamkeit zusammen. Vor allem aber wirkt sich diese Einstellung in der Aneinanderreihung verschiedener Auslegungen aus, voneinander abgesetzt durch die Formal *dabar acher*, „andere Auslegung". Deutlicher könnte man das Monopol einer bestimmten Auslegung nicht ablehnen. Nachtalmudische Midraschim nennen dann immer seltener Rabbinen als Urheber oder Tradenten einer bestimmten Auslegung: dies ist zum Teil auf die gewandelte Einstellung zurückzuführen, daß eine gewisse Auslegung durch lange Tradition schon geheiligt und allgemein gültig geworden ist, zu einem größeren Teil aber einfach im Bemühen um eine flüssigere Darstellung der Auslegung begründet.

Die Aneinanderreihung verschiedener Auslegungen zu einem einzelnen Text erweckt im Leser leicht den Eindruck, es mit Schriften ähnlich den christlichen Bibelkatenen zu tun zu haben, in denen punktuelle Auslegungen anhand des Bibeltextes verknüpft werden, einer aufgefädelten Perlenreihe vergleichbar. Die Tatsache, daß so manche Auslegungen (fast) wörtlich in verschiedensten Schriften und Zusammenhängen vorkommen, verstärkt diesen Eindruck. Darf man daraus ableiten, daß der einzelne Bibelvers der gesamte Kontext ist, um den sich der Verfasser des Midrasch kümmert? Oder anders ausgedrückt, ist der Midrasch wirklich vorweg Zitatliteratur, in der man über das einzelne Zitat hinweg keinen übergreifenden Zusammenhang erwarten darf? Die Beantwortung dieser Frage führt allerdings schon weit über die rein formalen, äußerlich sofort zu erkennenden Kriterien des Midrasch hinaus zu der grundsätzlichen Problematik, ob es – zumindest bei manchen Midraschim – eine umfassende Reaktion gibt, die den Einzelauslegungen erst ihren tieferen Sinn gibt. Wenn man dies im Einzelfall nachweisen kann, dürfte man natürlich auch die Auslegung von einzelnen Bibelversen nicht mehr ohne den größeren Kontext verwerten, ohne Wesentliches der Aussage zu verlieren. Wir werden darauf noch zurückkommen müssen.

Ein weiterer formaler Aspekt leitet schon zur Frage der Auslegungsmethode über. Anders als in früheren jüdischen Auslegungsschriften nennt der Midrasch oft die Regeln, nach denen eine bestimmte Auslegung abgeleitet wird. Eine Reihe von Regelgruppen wie die sieben Regeln Hillels oder die dreizehn Regeln Jischmaels fassen einige wesentliche Punkte zusammen, wie man den Text zu behandeln hat. Doch sind diese Regeln nicht einfach mechanisch anzuwenden; vielmehr setzen sie den richtigen religiösen Zugang zum Text voraus. Sie sind also auch nicht das Um und Auf rabbinischer Schriftauslegung, sondern nur im Zusammenhang mit entsprechenden geistigen Voraussetzungen anwendbar.

An sich besagt der Ausdruck Midrasch nicht eine bestimmte Methode der Bibelauslegung, etwa eine erbauliche oder allegorische Auslegung, die der Erhebung des Wortsinns, dem *peschat*, gegenübergestellt werden könnte, wie dies dann in der mittelalterlichen Exegese der Fall ist. Auch der *peschat* ist in talmudischer Zeit nicht der einfache Wortsinn, sondern vielfach nur eine durch lange Tradition oder Lehrautorität geheiligte Meinung. Es gibt nicht eine einzige richtige Methode; Midrasch ist nicht „objektive" Fachexegese, auch wenn er sich zuweilen deren Methoden aneignet, die philologische Fragestellung ebenso kennt wie textkritisches Interesse.

Prinzipiell ist im Midrasch zwischen halakhischer, d. h. religionsgesetzlich bindender, und haggadischer, d. h. im weitesten Sinn religiös erbaulicher, Auslegung zu unterscheiden. Die halakhische Exegese muß nicht nur die in der Bibel fehlenden Details nachliefern, die erst die genaue Gebrauchsanweisung einer biblischen Vorschrift sind; sie muß auch Widersprüche ausgleichen (etwa zwischen Dtn 15,12 und Ex 21,7 hinsichtlich der Freilassung der Sklavin), den Bibeltext mit der bestehenden Praxis in Übereinstimmung bringen (etwa in der Frage des Bilderverbots), in der Bibel noch gar nicht vorgesehene Regelungen biblisch abstützen (Bibelstelle als *asmakhta*, „Stütze", oder *zekher*, „Erinnerung, Hinweis") usw. Die haggadische Exegese ist freier, mehr vom spielerischen Moment mitbestimmt, dennoch aber in ihrer Weise stark traditionsgebunden wie andererseits auch zeitgeschichtlichen Einflüssen offen (z. B. für apologetische und polemische Notwendigkeiten). Die Unterschiede zwischen halakhischer und haggadischer Exegese sind jedenfalls weniger prinzipiell, als vielmehr durch die verschiedene Zielrichtung beider bestimmt.

I. Heinemann spricht von zwei Hauptrichtungen in der Haggada: die „schöpferische Geschichtsschreibung" füllt biblische Erzählungen auf, indem sie Details ergänzt, Personen identifiziert, die Lebensverhältnisse der biblischen Gestalten anachronistisch zeichnet, diesen die Kenntnis der ganzen Bibel und auch der Zukunft zuschreibt, Widersprüche bereinigt, durch Analogie die Details der Erzählungen miteinander verbindet usw. Die „schöpferische Philologie" deutet nicht nur Wiederholungen von Worten und Sätzen, für das Verständnis eines Satzes nicht notwendige Wendungen, sondern auch das Fehlen von Details, die man erwarten würde. Sie achtet auf kleine stilistische Abweichungen zwischen parallelen Aussagen und Erzählungen, verschiedene Möglichkeiten, ein nicht vokalisiertes Wort zu lesen, sowie auf sprachlich antiquierte Formen der Bibel. Von der Selbständigkeit der einzelnen Redeteile überzeugt, nimmt sie oft ihre eigene Abtrennung von Worten und Sätzen vor, zerlegt ein Wort in Teile oder betrachtet es als Abkürzung, zählt die Häufigkeit des Vorkommens eines bestimmten Buchstabens in einem Abschnitt, achtet auf die Stellung eines Wortes im Zusammenhang, um daraus etwas abzuleiten, dreht die Reihenfolge von Worten in einem Satz um, deutet eigenwilligst Eigennamen usw. Die hebräische Sprache, ja auch die konkrete Schreibweise, ist ja Medium der Offenbarung und hat daher an dieser teil. Neben der R. Jischmael und seiner Schule zugeschriebenen Auffassung, daß die Tora die Sprache der Menschen spricht, sich deshalb derselben Stilmittel bedient, die daher auch nicht überzubewerten sind, hat deshalb immer die mit dem Namen des R. Aqiba verbundene Auffassung ihre Bedeutung bewahrt, nach der jedes kleinste Detail von Stil oder Schreibweise zur Deutung verwendet werden muß.

Was willkürlicher Umgang mit dem Bibeltext zu sein scheint, entspringt in Wirklichkeit der Auffassung, daß in der Tora alles enthalten ist; Abot V,22 sagt Ben Bag Bag: „Wende und wende sie (die Tora), denn alles ist in ihr". Die Bibel wird eben als geschlossene Einheit empfunden, deren göttliche Botschaft entsprechend einheitlich ist. Dies bedeutet allerdings nicht im Sinn einer unbegrenzten Intertextualität, daß willkürlich jeder Text der Bibel mit jedem verbunden werden kann; auch wenn hier im einzelnen noch vieles unbekannt ist, sieht man doch klar, daß bestimmte Texte in bevorzugtem Zusammenhang miteinander stehen; das hat auch die Liturgie mit der Auswahl der zusammengehörigen Tora- und Prophetenlesungen unterstrichen.

Wenn die Bibel ein geschlossener Kanon, die einzige und unüberholbare Offenbarung Gottes an sein Volk ist, das untrennbar mit der Bibel verbunden bleibt, muß sie für jede Zeit voll gelten. Der Begriff des Anachronismus hat unter dieser Voraussetzung keinen Platz: „es gibt kein Vorher und Nachher in der Tora" (Pesachim 6b und öfter). Das vorrangige Ziel des Auslegers ist nicht der ursprüngliche Wortsinn eines Textes, sondern sein zeitloser Gehalt. Daher bedarf die Bibel einer ständigen Aktualisierung, in der der Ausleger die Gegenwartsbedeutung des Textes bzw. der biblischen Geschichte stets von neuem zu erheben hat. Aktualisierung fügt dem Text nicht eine neue Bedeutung hinzu, liest nicht etwas in den Text hinein, sondern findet einfach aus der dem Text innewohnenden Bedeutungsfülle die für die Gegenwart besonders relevanten Gesichtspunkte heraus. Nicht immer allerdings ist der Gegenwartsbezug der Midraschexegese offensichtlich; aber auch dort, wo sie oberflächlich betrachtet nur der frommen Neugierde dient, geht es letztlich darum, die Bibel stets die geistig-religiöse Umwelt sein zu lassen, in der der Jude lebt.

Midrasch ist primär religiöse Betätigung, ewiger Dialog Israels mit seinem Gott. Dies zeigt auch die (spät eingeführte) Rezitation der dreizehn Regeln Jischmaels im Morgengebet. Die Bibel wird als Gottes Geschenk an sein erwähltes Volk verstanden; gleichzeitig gilt sie jedoch auch für die gesamte Welt und ihre Geschichte. Das führt zu dem Paradox, daß im Midrasch auch die Weltvölker, vor allem die Feinde Israels (wie etwa der Pharao, Bileam oder Nebukadnezzar) die Bibel kennen und damit argumentieren, dabei jedoch gewöhnlich in die Irre gehen; denn das wahre Verständnis der Bibel ist nur Israel gegeben. Hinter dem Midrasch steht somit das Bewußtsein einer untrennbaren Zusammengehörigkeit Israels und seiner Bibel, das Wissen, daß die Bibel relevant bleibt, das Wort Gottes an den Menschen von heute ist. Die gelegentlich geforderte Einbeziehung des Adressaten des Midrasch in die Abgrenzung des Begriffs ist damit jedoch nicht gegeben und muß außer Betracht bleiben, da sie völlig unüberprüfbar bleibt.

Wir sind somit zu keiner Definition von Midrasch gekommen; wir konnten nur einige wesentliche Züge beschreiben, welche diese Literatur mit ihrem Zugang zur Schrift von anderen, jüdischen oder christlichen, Formen des Umgangs mit der Bibel abgrenzen. Dabei haben wir noch keine Abgrenzung gegenüber dem *Targum* versucht, den aramäischen Bibelübersetzungen aus talmudischer Zeit. Der Targum teilt mit dem Midrasch die Grundeinstellung gegenüber der Bibel und sieht sie als umfassende Offenbarung Gottes an Israel für alle Zeiten; er kommt mit denselben Methoden, die allerdings nicht ausdrücklich genannt werden, weithin zum selben Textverständnis und übernimmt auch oft ganze Passagen aus dem Midrasch. Was ihn vom Midrasch unterscheidet, ist vor allem die Verflechtung von Text und Auslegung, die viel stärkere Bindung an die Reihenfolge des biblischen Textes sowie das Fehlen von Rabbinennamen oder alternativen Auslegungen. Begründet ist diese Eigenart des Targum gegenüber dem Midrasch vor allem in seiner Heimat in der Liturgie, in der der Targum den verlesenen Bibeltext gleich anschließend in aktualisierter Form wiedergeben muß; Midrasch hingegen ist wohl in erster Linie im Lehrhaus beheimatet bzw. für die private Lektüre gedacht; er liefert die Grundlagen für Targum und Synagogenpredigt, ohne deren formalen Bedingungen zu unterliegen.

3) Die Bibellesung in der Synagoge

Ein Überblick über die erhaltenen rabbinischen Midraschim zeigt eine auffallende Tatsache: Die Rabbinen haben nicht die ganze Bibel mit derselben Aufmerksamkeit bedacht. Einzelne Schriften und Texte der Bibel sind stets von neuem Gegenstand von Bearbeitung und Kommentar geworden; andere kommen nur am Rande, fast gar nicht oder doch erst sehr spät vor. Natürlich gilt die gesamte Bibel als Offenbarung Gottes und genießt somit höchste Autorität; doch nur bestimmte Texte sind für das religiöse Leben der Gemeinde von größerem Interesse.

Darin unterscheiden sich die Rabbinen nicht von früheren Gruppen innerhalb der jüdischen Tradition; alle hatten ihre Lieblingstexte in der Bibel; ihre Auswahl zeigt schon das religiöse Profil der jeweiligen Gruppe an. Die Gemeinde von Qumran etwa bevorzugt dieselben Texte wie das Neue Testament: Jesaja, die zwölf kleinen Propheten und die Psalmen. Von all diesen Texten haben die Rabbinen allein die Psalmen mit einem eigenen Midrasch (als selbständiger Schrift) bedacht, und auch dieser Midrasch ist eine späte und unvollständige Sammlung. Die im Rabbinat immer wieder bearbeiteten biblischen Schriften sind die fünf Bücher Moses und die fünf sogenannten „Schriftrollen" *(Megillot)*, nämlich Klagelieder, Hohelied, Rut, Ester (und Kohelet: dieses Buch aus verschiedenen Gründen aber viel später und in geringerem Ausmaß). Natürlich befassen sich die Rabbinen immer wieder auch mit anderen Bibeltexten, vor allem mit bestimmten Abschnitten aus den Propheten, mit Psalmversen oder einzelnen Stücken aus den „geschichtlichen Büchern" (welche die jüdische Tradition als „frühere Propheten" oder „Schriften, Hagiographen" einordnet). Diese Texte kommen aber fast nur in Zusammenhang mit dem Pentateuch oder den Megillot in den Blick.

Die Versuchung ist groß, von diesen Beobachtungen her über das Wesen des rabbinischen Judentums zu spekulieren, etwa an eine Ablösung der prophetischen Tradition durch das Gesetz zu denken. In einem größeren Rahmen gesehen ist sicher manches Richtige daran. Origenes, Eusebius und Hieronymus haben in Palästina Prophetenschriften wie vor allem Jesaja (nach jüdischer Ausdrucksweise sind dies die „späteren Propheten") große Kommentare gewidmet; zur selben Zeit haben die Rabbinen diese Schriften nur oder doch in erster Linie in Zusammenhang mit der Tora studiert.

Als einen wesentlichen Grund dafür dürfen wir die Synagogenliturgie mit ihrer Bibellesung und Predigt ansehen, somit in erster Linie praktische Bedürfnisse. Gewiß ist damit die wesentliche Frage, warum es gerade zu dieser Auswahl innerhalb der Bibel kam, nur auf eine andere Ebene verschoben; doch die Grundsatzentscheidung für die Zentralität der Tora liegt dem Rabbinat schon vor, ist auch z. B. einem Philo schon selbstverständlich gewesen. Wenn ich hier die Bedeutung der liturgischen Lesung in der Synagoge betone, behaupte ich damit nicht, daß alle Midraschim aus der Liturgie erwachsen und für diese verfaßt worden sind. Zwar gibt es Predigtmidraschim zum Pentateuch, die sich bewußt mit den liturgischen Lesungen befassen; doch gerade die frühen halakhischen Midraschim zu Exodus bis Deuteronomium haben innerhalb der behandelten biblischen Bücher nochmals eine Auswahl getroffen, die durchaus nicht liturgisch zu begründen ist. Aber auch bei einer direkten Beheimatung vieler Midraschim im rabbinischen Lehrhaus bleibt die Tatsache bestehen, daß die Synagogenlesung die zentralen Texte, mit denen man sich auseinanderzusetzen hatte, vorgegeben hat. Darum müssen wir uns hier kurz der Praxis der Bibellesung in der Synagoge zuwenden.

Für die Entwicklung der Synagogenlesung in vorrabbinischer Zeit haben wir praktisch keine Belege. Hat es im ersten Tempel eine öffentliche Vorlesung der damals schon vorliegenden heiligen Schriften gegeben? Hat man in regelmäßigen Versammlungen, etwa am Sabbat, auch außerhalb Jerusalems die heiligen Texte vorgelesen? Oder hat erst das Exil in Babylonien, etwa in der Umgebung von Propheten und Lehrern wie Ezechiel, zu einer regelmäßigeren und öffentlicheren Beschäftigung mit der Bibel geführt? Viele Autoren verknüpfen ja überhaupt die Entstehung der Synagoge mit den Verhältnissen im Exil. Leider können wir auf keine dieser Fragen eine gesicherte Antwort geben.

Neh 8 schildert eine öffentliche Vorlesung der Tora in Jerusalem durch Esra: *„Man las aus dem Buch, dem Gesetz Gottes, in Abschnitten vor und gab dazu Erklärungen, so daß die Leute das Vorgelesene verstehen konnten"* (8,8). Die Tradition knüpft an diesen Text die Praxis sowohl der gegliederten Schriftlesung wie auch des Targum, der Übersetzung des gelesenen Textes in die Volkssprache, und der Kommentierung des Textes in Predigt und Midrasch. Doch schildert dieses Kapitel nur ein einmaliges Ereignis und nicht unbedingt ein Modell für das weitere Verhalten. Daß sich bestimmte Kreise immer intensiver mit der Bibel befaßten, ist klar; doch wissen wir nicht, wie weit dies auch die gewöhnliche Bevölkerung betraf und ob es eine fest geregelte Form der Bibellesung gab. Auch die Einführung von Synagogen ist in Palästina, anders als in der Diaspora, vor dem 1. Jahrhundert unserer Zeitrechnung nicht belegt.

Der erste Hinweis auf eine Bibellesung in der Synagoge ist in Palästina die sogenannte Theodotos-Inschrift aus Jerusalem, die aus der ersten Hälfte des 1. Jahrhunderts stammt: „Theodotos, Sohn des Vettenos, Priester und Synagogenvorsteher, Sohn und Enkel von Synagogenvorstehern, hat die Synagoge erbaut zur Lesung des Gesetzes und zur Lehre der Gebote..." Mit dem Hinweis auf die Gründung der Synagoge durch seinen Großvater kommen wir bis zur Zeitenwende zurück. Auch Josephus Flavius scheint von der Bibellesung in der Synagoge zu sprechen,

Die Bibellesung in der Synagoge

auch wenn er dies nicht ausdrücklich sagt: „Wir widmen jeden siebenten Tag dem Studium unserer Gebräuche und des Gesetzes" (Jüd. Altertümer XVI,43); nach ihm hat schon Mose angeordnet, „daß man jede Woche die anderen Arbeiten stehenlasse und zusammenkomme, um das Gesetz zu hören und es genau zu lernen" (Gegen Apion II,175).

Am aufschlußreichsten ist jedoch eine Stelle aus dem Neuen Testament, die Jesu Besuch in der Synagoge von Nazaret am Sabbat schildert: „Als er aufstand, um aus der Schrift vorzulesen, reichte man ihm das Buch des Propheten Jesaja. Er schlug das Buch auf und fand die Stelle, wo es heißt: ‚Der Geist des Herrn ruht auf mir...'. Dann schloß er das Buch, gab es dem Synagogendiener und setzte sich... Da begann er, ihnen darzulegen: heute hat sich das Schriftwort, das ihr eben gehört habt, erfüllt" (Lk 4,16–21).

Die Darstellung schließt nicht aus, daß vor der Prophetenlesung, die Jesus übernimmt, schon eine Lesung aus der Tora stattgefunden hatte: die zuvor zitierte Inschrift wie die Josephus-Texte sprechen ja ausdrücklich nur von der Lesung des Gesetzes; sicher annehmen können wir dies jedoch nicht. Die Formulierung legt nahe, daß Jesus innerhalb des Jesaja-Buches den zu lesenden Text frei wählen durfte. Daß er anschließend den Text in seiner Bedeutung für die Gegenwart („heute") auslegt, entspricht der später allgemein belegten Übung der Synagoge. Auch wenn man diesen Text nicht für die Zeit Jesu selbst, sondern nur für die Zeit der Redaktion des Lukas-Textes, also nach Zerstörung des Tempels, verwerten dürfte, bleibt er die früheste detaillierte Schilderung der Schriftlesung und Auslegung in der Synagoge.

Genauere Vorschriften für die Auswahl der Lesungen scheint dann erst die Mischna niedergelegt zu haben, auch wenn sie zum Teil wohl auf ältere Bräuche zurückgreift. Megilla III–IV bestimmt die Tora-Lesungen für einzelne Feste, sieht aber im übrigen eine fortlaufende Lesung der Tora vor; am Sabbat sollen mindestens sieben Personen vorlesen, jeder nicht weniger als drei Verse. Die weiteren Details sind nicht einheitlich geregelt; so ist z. B. unklar, ob die für die Markttage Montag und Donnerstag sowie den Sabbat-Nachmittag vorgesehenen Lesungen in den Ablauf einbezogen werden oder nicht, ebenso, ob die zu bestimmten Festen vorgeschriebenen Lesungen an ihrer Stelle im Zyklus wiederholt werden.

Aus Megilla 29 b geht hervor, daß man in Babylonien die gesamte Tora innerhalb eines Jahres las, während in Palästina ein dreijähriger Lesezyklus üblich war. Der Text ist allerdings nicht datierbar; offen ist auch, ob hier „drei Jahre" wörtlich zu nehmen ist. Jedenfalls gab es in Palästina keinen allgemein verbindlichen Zyklus. Vielmehr variierten die Lesezyklen von Ort zu Ort. So kann es vorkommen, daß Rabbinen auf der Durchreise erst in der Synagoge erfahren, welche Lesung dort gerade verwendet wird (LevRabba 3,6). Daß dies auch in nachtalmudischer Zeit nicht anders war, belegen unter anderem die verschiedenen Perikopenlisten für den Pentateuch, die uns erhalten sind; die Zahl der Lesungen (*Seder* genannt), in die sie den Pentateuch gliedern, schwankt zwischen 141 und 167. Die Lesungen waren auch nicht an bestimmte Jahreszeiten gebunden, wie unter anderem aus der liturgischen Dichtung hervorgeht. Statt eines Zyklus von genau drei Jahren haben wir somit einen solchen von ungefähr dreieinhalb bis fast vier Jahren anzunehmen. Auch wird der Zyklus gelegentlich unterbrochen, so etwa für die „ausgezeichneten" Sabbate (für die ebenso wie für die Feste die Lesung schon sehr früh feststeht). Es kann somit keine feste Entsprechung bestimmter Tora- mit bestimmten Prophetenlesungen gegeben haben.

Der babylonische einjährige Zyklus teilt den Pentateuch in 54 Wochenabschnitte (diese werden als *Parascha* bezeichnet); das Fest Simchat Tora („die Freude über die Tora") bildet den Abschluß der Jahreslesung. Da ein vor kurzem veröffentlichtes liturgisches Gedicht ha-Kallirs, der vor der arabischen Eroberung in Palästina gewirkt hat, den einjährigen Zyklus und das Fest Simchat Tora voraussetzt, scheint es möglich, daß auch diese Leseordnung ursprünglich aus Palästina stammt.

Nach der Lesung eines Abschnittes aus der Tora, die von der aramäischen Übersetzung nach jedem einzelnen Vers begleitet war, folgte eine Prophetenlesung; diese heißt *Haftara* („Abschluß, Entlassung"; in Palästina verwendete man den Ausdruck *aschlemata*, „Vollendung", d. h. wohl der Bibellesung, nicht des Gottesdienstes selbst).

Der zitierte Abschnitt aus dem Neuen Testament belegt zwar schon die Möglichkeit einer Prophetenlesung, eine genauere Regelung ist aber offenbar erst sehr spät erfolgt. Anders als für die Toralesung galt für die der Propheten nicht die Pflicht, alle Schriften in fortlaufender Weise vorzutragen. Auch fügte man den Targum erst nach jeweils drei Versen an; dieser war also nicht so streng an den Text gebunden wie bei der Tora. Nur die Lesungen für die Feste und ausgezeichneten Sabbate waren schon sehr früh festgelegt; im übrigen galt noch lange Wahlfreiheit, wenn nur die Haftara irgendwie mit dem Seder zusammenpaßte (Megilla 29 b).

Vielfach schrieb man die Lesungen aus den Propheten in eigenen Rollen zusammen (Gittin 60 a). Es war somit nicht notwendig, daß eine Synagoge den kompletten Bibeltext besaß! Soweit man aus den späten Leselisten des „dreijährigen" Zyklus entnehmen kann, bevorzugte man bei der Auswahl der Prophetenlesungen Jesaja und die zwölf kleinen Propheten ganz besonders. An den drei Trauer- und sieben Trostsabbaten vor dem Laubhüttenfest, zu denen die Haftarot ebenfalls schon sehr früh feststanden, hat sich die Predigt in der Synagoge an die Prophetentexte gehalten; wieweit sie diese sonst berücksichtigt hat, ist nicht allgemein zu beantworten. Zwar zitieren die (literarischen!) Predigten der Midraschim im tröstlichen Schlußteil (Chatima) oft einen Vers aus den Propheten, wohl den Anfangsvers der Haftara. Da aber viele Predigtabschlüsse nicht eine bekannte Prophetenlesung zitieren oder auch gar nicht mit einem Prophetenvers enden, ist es wohl nur im Einzelfall möglich, vom Schlußteil der Homilie auf den Prophetentext zu schließen, der zusammen mit einem gewissen Tora-Abschnitt gelesen wurde. Wesentlich für die Entwicklung des Midrasch ist jedenfalls die Tatsache, daß aus den Propheten eben nur die „zweite" Lesung genommen wurde: dies ist auch eine Aussage über ihren Rang und schließt mit ein, daß die Predigt sie im allgemeinen nur sekundär im Rahmen der Besprechung des Tora-Textes berücksichtigt.

Was die übrigen Bibeltexte, die Hagiographen, betrifft, wurden diese nach Vorschrift der Mischna (Schabbat XVI,1) im Gottesdienst am Sabbat nicht gelesen. Der Kommentar im palästinischen Talmud schränkt dieses Verbot auf die Zeit vor dem Nachmittag-Gebet ein, zu welchem Schabbat 116b ausdrücklich die Lesung der Ketubim im babylonischen Nehardea belegt.

Die fünf Megillot haben aber schon sehr früh eine Sonderstellung gehabt. Schon die Mischna regelt die Lesung von Ester für Purim; die Verwendung der Klagelieder am Jahrestag der Zerstörung des Tempels, dem 9.Ab, geht wohl ebenfalls auf frühen rabbinischen Brauch zurück, wie auch der sehr alte Midrasch zu diesem Buch nahelegt. Das Hohelied wurde zu Pesach, das Buch Rut zum Wochenfest gelesen, wie der außertalmudische Traktat Soferim XIV,3 bezeugt; das unter den Rabbinen lange umstrittene Buch Kohelet schließlich kam als Lesung für das Laubhüttenfest wohl erst in nachtalmudischer Zeit auf. Der im aschkenasischen Ritus übliche Brauch, die drei zuletzt genannten Schriften im Morgengottesdienst noch vor der Verlesung der Tora zu rezitieren, unterstreicht die besondere Stellung dieser Texte. Auch die Psalmen fanden selbstverständlich im Gottesdienst Verwendung, jedoch als Gebetstexte und nicht als Lesungen nach einer festen Ordnung.

4) Die wichtigsten Midrasch-Werke

Zuvor haben wir die Bibellesung in der Synagoge als wesentliches Element in der Entwicklung der Midraschim genannt. Doch besagt dies nicht, daß alle Midraschim aus Synagogenpredigten entstanden oder zumindest als Vorbereitung für solche gedacht waren. Die Lesungen geben nur einmal den Rahmen an, welche biblischen Texte als zentral zu betrachten sind. Innerhalb der umfangreichen Midrasch-Literatur sind die Predigtmidraschim (auch Homilienmidraschim genannt) nur eine Gruppe, die von einer zweiten, in ihren literarischen Anfängen früheren

Gruppe zu unterscheiden ist, nämlich den Auslegungsmidraschim (auch exegetische Midraschim benannt).

Auslegungsmidraschim besprechen den biblischen Text der Reihe nach, legen Vers für Vers, oft sogar Wort für Wort aus. Der Text ist somit meist sehr stark gegliedert, gelegentlich fast nur noch eine Aneinanderreihung von glossenartigen Bemerkungen. Die übliche Art, verschiedene Auslegungsmöglichkeiten im Namen verschiedener Rabbinen aneinanderzureihen, verstärkt oft den Eindruck, daß ein größerer Zusammenhang fehlt, der über das doch eher äußerliche Band des zu besprechenden Bibeltextes hinausgeht. Allerdings sollte man auch bei diesen Schriften, so sehr hier der Sammelcharakter hervortritt, mit der Beurteilung als bloßem Zitatenschatz vorsichtig sein. Bei aller Austauschbarkeit einzelner Elemente entwickeln diese Schriften doch meist ein je eigenes Profil, das allerdings zum Großteil noch nicht entsprechend herausgearbeitet worden ist.

Innerhalb der Auslegungsmidraschim sind als eigene Gruppe die *halakhischen Midraschim* zu nennen, die durch die besondere (jedoch durchaus nicht ausschließliche) Konzentration auf das Religionsgesetz, die Halakha, gekennzeichnet sind und auch nach methodischen Kriterien eine eigene Gruppe bilden. In den anderen Auslegungsmidraschim gibt es zwar auch immer wieder halakhische Abschnitte, doch ist das erbauliche Element der Schriftauslegung im Vordergrund.

Predigtmidraschim beruhen auf dem Wochenabschnitt der Synagogenlesung; im allgemeinen legen sie in erbaulicher Form die ersten Verse des Tora-Abschnitts aus und stellen, besonders im Schlußteil, eine Verbindung zur Prophetenlesung her; an bestimmten Tagen hingegen war, wie schon gesagt, der Prophetentext die Basis der Predigt, die dann aber auch eine Verbindung mit dem Toratext herstellen sollte. Im allgemeinen sind die erhaltenen Predigtmidraschim nicht Wiedergaben tatsächlich in den Synagogen gehaltener Predigten. Das wird nicht nur aus der auch hier üblichen Aneinanderfügung von alternativen Möglichkeiten, den Bibeltext zu verwerten, deutlich; so manche Feinheiten des literarischen Aufbaus kann wohl auch erst richtig einschätzen, wer einen schriftlichen Text vor sich hat (das gilt wohl sicher nicht nur für den modernen Leser!). Manche Passagen sind nur angedeutet und mußten sicher in einer tatsächlichen Predigt erst entsprechend ausgebaut werden. Schließlich sind auch viele Anspielungen im Text dem einfachen Publikum wohl nicht voll verständlich gewesen. Somit werden wir bei den meisten Texten doch eher an Literatur- oder Lesepredigten denken müssen, die auch als Hilfe für die Vorbereitung von Synagogenpredigten gedient haben mögen.

Viel stärker als die Auslegungsmidraschim sind die Predigtmidraschim durch feste literarische Formen geprägt. Diese bestimmen besonders Anfang und Schluß der Texte und ermöglichen somit auch dort die Abgrenzung der ursprünglichen Einheiten, wo die Textüberlieferung die Kapitelgrenzen – im allgemeinen wegen der nachträglichen Gliederung von Midraschim nach dem babylonischen Lesezyklus – verwischt hat. Die Konzeption der einzelnen Kapitel als geschlossene Predigten, mögen diese auch nachträglich durch zusätzliches Material aufgefüllt worden sein, verleiht diesen meist auch eine gewisse thematische Einheit.

Alle selbständigen Midraschim der klassischen Zeit, somit wohl sämtliche hier vorgestellten Texte, sind in Palästina entstanden. Gewisse Zweifel sind hier nur hinsichtlich der letzten Gruppe, der „nacherzählten Bibel" möglich. In Babylonien hat es zwar auch eine eigenständige Midraschtradition gegeben, wie wir aus den in den babylonischen Talmud eingebauten, oft ziemlich umfangreichen Traditionseinheiten ersehen können. Doch hat man im babylonischen Rabbinat aus uns nicht ersichtlichen Gründen schließlich doch darauf verzichtet, Midrasch als eigene Literaturgattung beizubehalten. Vielmehr hat man die eigene Midraschtradition in den Talmud eingebaut, diesen damit zur allumfassenden Enzyklopädie der eigenen Tradition gestaltet.

a) Die halakhischen Midraschim

Die halakhischen Midraschim sind Auslegungsmidraschim zu den Büchern des Pentateuch mit Ausnahme von Genesis, das religionsgesetzlich unergiebig ist. Ursprünglich hat es offenbar zwei komplette Reihen von Kommentaren gegeben, wovon sich aber nur je ein Midrasch zu jedem Buch durchgesetzt hat. Der jeweils weniger populäre Text wurde im Lauf der Zeit nicht mehr abgeschrieben, infolgedessen dann auch nicht gedruckt, und ist erst in den letzten hundert Jahren teilweise wiederentdeckt und rekonstruiert worden. Eine entscheidende Rolle spielten dabei die in der *Geniza* (Aufbewahrungsraum für unbrauchbar gewordene Handschriften) der alten Synagoge von Kairo Ende des 19. Jahrhunderts entdeckten und bis heute noch nicht vollständig erforschten Handschriftenfragmente, ergänzt durch mittelalterliche Zitate.

Der halakhische Midrasch zu Exodus ist die *Mekhilta*: das aramäische Wort bedeutet die „Regel, Norm", nach der die Halakha aus der Bibel abgeleitet wird, dann auch eine Schrift, die solche Auslegungen enthält. Wenn man von der Mekhilta schlechthin spricht, meint man genauer die *Mekhilta deRabbi Jischmael*; diese hat im Lauf der Zeit die dem R. Simeon ben Jochai zugeschriebene Mekhilta verdrängt, von der nur Bruchstücke handschriftlich erhalten sind. Der Kommentar zu Levitikus heißt genauso wie diese biblische Schrift selbst *Sifra*, aramäisch für „Buch", offenbar weil Levitikus das erste Schulbuch war, mit dem man lesen und schreiben lernte; von einem zweiten halakhischen Kommentar zu Levitikus ist fast gar nichts erhalten. *Sifre*, „Bücher", heißen die halakhischen

Auslegungen zu Numeri und Deuteronomium; auch hier konnte man parallele Schriften aus Handschriftenfragmenten und Zitaten wiederherstellen: zu Numeri ist dies *Sifre Zutta* (das „kleine Sifre"), zum Deuteronomium der von seinem Herausgeber *David Hoffmann* so genannte *Midrasch Tannaim* (als *Tannaim* bezeichnet man die rabbinischen Lehrer der ersten beiden Jahrhunderte).

D. Hoffmann teilte diese Midraschim in zwei Gruppen ein; diese ordnete er den Auslegungsschulen des R. Jischmael und des R. Aqiba zu, welche die größten rabbinischen Lehrer in der ersten Hälfte des 2. Jahrhunderts waren. Anhaltspunkte waren für ihn die in den einzelnen Midraschim zitierten Rabbinen sowie die Tatsache, daß viele Aussagen, die in Midraschim der Schule Jischmaels anonym sind, in anderen rabbinischen Schriften ausdrücklich dem R. Jischmael zugeschrieben werden. Außerdem konnte er in diesen beiden Midraschgruppen je verschiedene exegetische Fachsprachen feststellen und glaubte, auch verschiedene Methoden der Auslegung angewandt zu sehen. Nach diesen Kriterien hat *Hoffmann* der Schule Jischmaels die Mekhilta und Sifre Num zugewiesen, ebenso Anfang und Schluß von Sifre Dtn und Midrasch Tannaim. Der Schule Aqibas gehören seiner Meinung nach die Mekhilta deRabbi Simeon ben Jochai, Sifra, Sifre Zutta sowie der Hauptteil von Sifre Dtn an.

In der Zwischenzeit hat man jedoch gelernt, daß die Einteilung der Midraschim in zwei Schulen nicht so glatt vorzunehmen ist. Einmal ist der nichtgesetzliche Stoff dieser Schriften offenbar gemeinsamen Traditionen entnommen und ziemlich austauschbar. Aber auch im gesetzlichen Bereich gibt es keine so deutliche Unterscheidung der beiden Midraschgruppen. Einzig in der exegetischen Fachsprache unterscheiden sich die beiden Textgruppen sehr deutlich, auch wenn dies im Lauf der Textüberlieferung zum Teil verwischt worden ist. Diese unterschiedliche Fachsprache geht aber nicht auf die Schulen Jischmaels und Aqibas zurück; vielmehr ist sie das Ergebnis einer verschiedenstes Material sprachlich vereinheitlichenden Redaktion. Auch haben neuere Untersuchungen gezeigt, daß die Annahme zweier auf Jischmael und Aqiba zurückgehenden Auslegungsschulen historisch nicht zu sichern ist.

R. Jischmael hat gewiß große Bedeutung als Bibelausleger gehabt. Doch die ihm zugeschriebenen Auslegungstraditionen verwenden den Großteil der nach ihm benannten dreizehn Regeln gar nicht. Somit ist diese Regelgruppe historisch nicht von ihm herzuleiten. Aber auch das Aqiba zugeschriebene Material zeichnet sich nicht durch klare eigene Tendenzen in der Methode der Auslegung aus. Eine saubere Grenzziehung zwischen Aqiba und Jischmael in der Bibelauslegung ist demnach eine erst in späterer Zeit von den Rabbinen vorgenommene Systematisierung und hat wenig mit der geschichtlichen Wirklichkeit zu tun.

Damit ist aber auch eine wichtige Grundlage für die Datierung dieser Schriften ins Wanken geraten. Traditionell bezeichnet man sie als „tannaitische" Midraschim, leitet sie demnach aus der Zeit der Tannaiten, der Lehrer der Mischna her, als deren Redaktor Jehuda ha-Nasi zu Beginn des 3. Jahrhunderts gilt. Mehrere Gründe sprechen für diese zeitliche Einordnung: zuerst ist es einmal die Tradition, welche diese Schriften mit Lehrern des 2. und frühen 3. Jahrhunderts verbindet. Dazu kommt, daß die in diesen Midraschim genannten Lehrer, soweit bekannt, der tannaitischen Zeit angehören und das Hebräisch dieser Schriften der Sprache von Mischna und Tosefta (einer etwas jüngeren, mit der Mischna eng verwandten Schrift) am nächsten steht. Auch stehen die halakhischen Midraschim in einem ständigen Dialog mit der Mischna, die sie immer wieder zitieren und mit biblischen Begründungen ergänzen.

In den letzten Jahrzehnten hat man allerdings diese Datierung wiederholt angegriffen. Das wesentliche Argument war dabei die Tatsache, daß die beiden Talmudim diese Midraschwerke nicht eindeutig zitieren und verwerten. Zwar kommen im palästinischen wie im babylonischen Talmud immer wieder kürzere oder längere Abschnitte vor, die wir aus den halakhischen Midraschim kennen. Die Talmudim zitieren sie aber mit sehr verschiedenen Einleitungsformeln, etwa als Lehre des R. Jischmael oder des R. Simeon usw., gelegentlich auch anonym oder gar als Lehre späterer Meister. Deshalb meinen Gelehrte wie *Ch. Albeck* und seine Schüler, daß die Zitate nicht aus den halakhischen Midraschim stammen, sondern aus Sammlungen von tannaitischen Traditionen, die dann auch den Redaktoren dieser Midraschim zur Verfügung standen. Als zusätzliches Argument gilt, daß die Rabbinen in den Talmudim gelegentlich über Probleme diskutieren, deren Lösung in den halakhischen Midraschim längst enthalten ist. Deshalb könnten diese Schriften nicht vor etwa 400 entstanden sein.

Diese Argumentation ist nicht ganz stichhaltig. Man kann von den Talmudim nicht präzise Zitation nach heutigen Maßstäben erwarten. Auch ist es gefährlich, aus dem Fehlen bestimmter Traditionen im Talmud auf ihr Nichtvorhandensein in talmudischer Zeit zu schließen. Schließlich würde die Annahme der Spätdatierung ein eigenartiges Bild der rabbinischen Literaturgeschichte ergeben: zuerst die Mischna um 200, dann etwa zwei Jahrhunderte keine einzige abgeschlossene Schrift der Rabbinen, schließlich in der Zeit zwischen 400 und 500 alle bedeutenden Werke des palästinischen Rabbinats mit Ausnahme der späten Midraschim. Sicher war das 5. Jahrhundert eine Blütezeit der rabbinischen Literatur; doch wäre es wohl gewagt, ohne sehr stichhaltige Argumente ihr so verschiedenartige Werke wie die Tosefta, den palästinischen Talmud, die halakhischen Midraschim und auch Genesis-, Levitikus- und KlageliederRabba zuzuschreiben, um nur die wesentlichsten Schriften zu nennen.

All diese Werke wären innerhalb weniger Jahrzehnte von denselben rabbinischen Kreisen in Tiberias, Caesarea, eventuell noch Lydda, verfaßt oder kompiliert worden. Die so verschiedenen Charakteristika dieser Schriften sind im Rahmen einer längeren Literaturgeschichte viel leichter und natürlicher zu erklären.

Damit ist nicht behauptet, daß die halakhischen Midraschim tannaitisch im strengen Sinn sind. In je verschiedenem Maß setzen sie die Mischna (und zwar wohl als abgeschlossenes Werk, nicht einfach ihre Inhalte) voraus und sind als Reaktion auf die Mischna zu verstehen. Damit legt sich eine im einzelnen nicht genauer einzugrenzende und auch nicht für alle Schriften völlig zu verallgemeinernde Entstehung der halakhischen Midraschim im 3. Jahrhundert nahe. Spätere Bearbeitungen, Übernahmen von Passagen aus dem Parallelmidrasch zum selben biblischen Buch, vor allem aber auch Ergänzungen aus Mischna, Tosefta und Talmud, sind damit nicht ausgeschlossen.

Nur erwähnt sei schließlich die These von B. Z. *Wacholder*, die vornehmlich bei amerikanischen Gelehrten eine gewisse Zustimmung gefunden hat: demnach soll zumindest ein halakhischer Midrasch, nämlich die Mekhilta deRabbi Jischmael, gar kein Produkt der rabbinischen Tradition Palästinas sein; vielmehr sei das Werk im 8. Jahrhundert in Ägypten oder sonst in Nordafrika entstanden. Die Schrift verwende nämlich schon den babylonischen Talmud und noch spätere Schriften, habe Namen von Tannaiten einfach erfunden und kenne die Verhältnisse der tannaitischen Zeit nicht; auch spiele sie auf die islamische Herrschaft und den Bilderstreit an. Nun sind in der jüdischen Tradition pseudepigraphe, d. h. viel früheren Autoren fälschlich unterschobene Schriften nicht unbekannt; das bekannteste Beispiel ist das Hauptwerk der Kabbala, der Zohar. Im Fall der Mekhilta aber zeigt eine genauere Untersuchung der Einzelstellen, daß die Begründung *Wacholders* keineswegs ausreicht.

Um Absicht und Zweck der halakhischen Midraschim zu verstehen, sind noch einige Bemerkungen zur Eigenart zumindest der vollständig erhaltenen Schriften notwendig, vor allem zu ihrer Textauswahl. Die *Mekhilta* setzt nicht mit der Exodus-Geschichte ein, sosehr man dazu schon von Anfang an einen Kommentar erwartet hätte: dies war doch der Grundtext für die Hausliturgie des Pesachfestes. Vielmehr beginnt sie mit Ex 12 und bricht bei 23,19 ab; es folgen nur noch zwei unzusammenhängende Abschnitte, 31,12–17 und 35,1–3, die beide vom Sabbat handeln. Der Midrasch umfaßt also nur etwa zwölf von vierzig Kapiteln des biblischen Buches. Es war demnach nicht ein Kommentar zu ganz Exodus geplant, sondern zu seinen gesetzlich relevanten Teilen; im Zusammenhang überging man jedoch auch die erzählenden Stücke nicht, so daß im Midrasch die Haggada einen ganz beträchtlichen Platz einnimmt. Besonders auffällig ist nun aber das Fehlen wesentlicher gesetzlicher Teile.

Zumindest einige davon wurden offenbar in eigenen Schriften behandelt: so etwa die Vorschriften zum Bau des Bundeszeltes (Ex 25,1 ff) oder jene über die Weihe der Priester (Ex 29); dieser letztgenannte Abschnitt ist, obwohl aus derselben Schule wie die Mekhilta, in Sifra (zu Lev 8) eingebaut worden.

Ähnlich gehen die Schriften zu Num und Dtn mit ihrer biblischen Textbasis um. So setzt etwa *Sifre Num* erst mit Kapitel 5 ein: es läßt somit die Gliederung des Volkes in Stämme und Sippen, die Lagerordnung und die Musterung der Priester- und Levitenfamilien aus und setzt erst mit dem gesetzlich bedeutsamen Material ab 5,1 ein. Die Erzählung von den Kundschaftern in 13-14 übergeht der Midrasch völlig, ebenso jene vom Aufruhr Korachs, Datans und Abirams in 16-17. Dieses Vorgehen leuchtet bei einem gesetzlich orientierten Kommentar ein, der erzählende Texte nur dann behandelt, wenn sie in einen größeren gesetzlichen Zusammenhang eingesprengt sind. Warum aber ist die Schrift dann nicht gleich von 10,10 zu Kapitel 15 übergegangen? 10,11-12,16 ist ja ebenfalls rein erzählend (Aufbruch vom Sinai, die Geschichte vom Aufruhr des Volkes und den Wachteln sowie die Auflehnung Mirjams und Aarons)! Hier gibt es noch keine zufriedenstellenden Antworten; am ehesten könnte hier die Quellenkritik weiterhelfen, die den Kommentar zu 10,11-12,16 (Sifre Num §§ 78-106) tatsächlich einer anderen Auslegungsschule zuschreibt. Diese Beobachtungen zur Textauswahl könnte man noch fortführen; doch ist schon genügend angedeutet, wie wenig wir hier noch von den Absichten der Rabbinen wissen.

Bei *Sifre Dtn* ist die Problemstellung ähnlich. Deutlich steht hier der gesetzliche Block Dtn 12-26 im Mittelpunkt (Sifre Dtn §§ 55-303). Diesen Block allein kommentiert der Text in einer einheitlichen, der „Schule Aqibas" zugeschriebenen Weise. Kommentare zu einer Reihe von unzusammenhängenden nichtgesetzlichen Texten rahmen ihn: Dtn 1,1-30 historischer Prolog; 3,23-29 Gebet Moses; 6,4-9 Höre Israel; 32-34 Lied, Segen und Tod Moses.

Auch hier stellt sich die Frage, warum gerade diese Stücke ausgewählt worden sind: man könnte hier mit der Bedeutsamkeit einer Reihe von Texten wie etwa dem „Höre Israel" argumentieren, oder auch mit der textlichen Schwierigkeit von poetischen Stücken wie dem Segen Moses, die einen Kommentar besonders notwendig macht; doch wäre natürlich ebenso denkbar, daß einem ursprünglich rein gesetzlichen Kommentar im Lauf der Überlieferungsgeschichte Midraschim zu erzählenden oder poetischen Kapiteln angefügt wurden, die aus demselben geistigen und zeitlichen Milieu stammten, aber ursprünglich nicht Teil desselben Buches sein sollten. Auch wissen wir nicht, ob diese haggadischen Stücke nur mehr oder weniger zufällige Reste einer einst vollständigen Kommentierung oder einmal tatsächlich als besonders wichtige oder erklärungsbedürftige Stücke des Bibeltextes angesehen worden sind. Bei der Frage nach der Zielsetzung dieser Schriften sind jedoch diese Probleme stets auch im Auge zu behalten.

Bei *Sifra* stellt sich das Problem der Textauswahl nicht. Das ganze Buch Levitikus befaßt sich mit Kultvorschriften und ist entsprechend auch im halakhischen Kommentar durchgehend kommentiert. Dafür ist hier die Beziehung zu Mischna und Tosefta viel ausgeprägter als in den anderen Midraschim. Hunderte von Zitaten aus diesen religionsgesetzlichen Werken zeigen das ständige Bemühen, in Gemeinschaft und Dialog mit ihnen zu kommen, die biblische Basis der dort ohne Bibelbezug aufgestellten Gesetze zu zeigen.

J. Neusner, der hier wie in vielen anderen Bereichen der rabbinischen Forschung die Fragestellungen weithin erneuert hat, sieht als Grundtendenz von Sifra die Kritik am Vorgehen der Mischna: Sifra betone, daß die zitierten Gesetze der Mischna aus der Bibel stammen und *nur* von dieser abgeleitet werden, nicht aber Ergebnis einer bloßen Vernunftanalyse sein können. Dieselbe Kritik an den Möglichkeiten menschlicher Vernunft durchziehe auch die beiden Teile von Sifre.

Hier ist sicher ein ganz wesentlicher Punkt gesehen, der die halakhischen Midraschim von den späteren Midraschwerken abhebt: der mehr oder weniger ständige Dialog mit der Mischna (so würde ich neutraler statt „Polemik gegen die Mischna" sagen; denn diese ist nicht so leicht zu beweisen). Dazu kommt das stete Ausloten aller Möglichkeiten der Sprache wie auch der logischen Verallgemeinerung von biblischen Einzelgesetzen. Wo wir in der Mischna (und weithin auch in der Tosefta) einfach das Ergebnis rabbinischer Logik vor uns sehen, zeigen uns die halakhischen Midraschim diese Logik anhand einzelner Texte an der Arbeit. Offenbarung ist die Basis; ihre konkrete Anwendung in der täglichen Praxis setzt aber sehr wohl den vollen Einsatz menschlicher Ratio voraus. Auch von daher erweisen sich die gesetzlichen Abschnitte als das Zentrum und der Wesenskern aller „halakhischen Midraschim"; deshalb sollte man an dieser Bezeichnung auch trotz der längeren haggadischen Stücke festhalten.

b) Alte Midraschim zu Genesis und den Megillot

Sicher haben die Rabbinen sich von Anfang an auch mit gesetzlich nicht direkt relevanten biblischen Texten befaßt. Doch sind diese Auslegungen erst später in Form von selbständigen Schriften (und nicht nur im Rahmen der halakhischen Midraschim) niedergelegt worden. Die frühesten unter ihnen sind die Midraschim zu Genesis, also dem einzigen Teil der Tora, der noch nicht kommentiert worden war, und zu den Klageliedern.

Der *Midrasch zu Genesis* wird aus nicht ganz geklärten Gründen Genesis- (bzw. hebr. Bereschit-)Rabba genannt, also wohl der „große" Midrasch zu Genesis; im Lauf der Textüberlieferung ist er mit Midraschim zum übrigen Pentateuch und zu den fünf Megillot zur uneinheitlichen Sammlung des Midrasch Rabba zusammengestellt worden. Aus den im Text zitierten Rabbinen und geschichtlichen Ereignissen sowie nach sprachlichen Kriterien kann man auf eine Entstehung knapp nach 400 und in enger Verbindung mit dem palästinischen Talmud schließen.

Der umfangreiche Text ist in den Handschriften in etwa hundert Kapitel unterteilt, von denen die meisten mit einem oder mehren *Proömien* (hebr. *Petichot*, „Eröffnungen" bzw. „Auslegungen") beginnen. Innerhalb der rabbinischen Tradition gehört die literarische Form der Proömien eigentlich in die Predigtliteratur, ist gewöhnlich eine Art Kurzpredigt, die auf die Lesung des Bibeltextes einstimmt. Hier ist diese Form als literarische Gliederung des langen Kommentars eingesetzt, bringt aber zugleich auch thematische Akzente ein. Gewöhnlich beginnt die Peticha mit einem Vers aus den Hagiographen, von dem aus sie mehr oder weniger kunstvoll zum ersten Vers des zu kommentierenden Textes überleitet, damit die Einheit und Zusammengehörigkeit der göttlichen Offenbarung in der Tora betonend.

Wie jeder Midrasch ist auch Genesis Rabba alles andere als ein moderner Kommentar. Zwar bespricht der Midrasch den Bibeltext besonders in seiner ersten Hälfte äußerst genau, oft Wort für Wort, und bietet auch einfache Wort- und Satzerklärungen für ein erstes Verständnis des Textes an. Doch versucht der Midrasch in keiner Weise einen „historischen" Kommentar; die Vergangenheit als solche interessiert die hinter ihm stehenden Rabbinen ebensowenig wie Probleme der literarischen Entstehung des Bibeltextes oder Fragen der Religionsgeschichte. Mit dem Text aus der Vergangenheit befaßt man sich, weil er Botschaft für die Gegenwart ist.

Die halakhischen Midraschim versuchten aus den Bibeltexten eher eine stabile und allgemein geltende göttliche Weltordnung abzuleiten, darin der Tendenz der Mischna mit ihrem Ordnungsdenken folgend. Dem Midrasch zu Genesis ist es dagegen eher darum zu tun, in den Erzählungen von den Anfängen der Menschheit und von den Patriarchen Israels ein göttliches Geschichtsprogramm zu finden.

Es war die Zeit, als das Christentum Staatsreligion geworden war; mit dem Scheitern des Planes Julians war ein Wiederaufbau des Tempels und somit eine Rückkehr zur alten Ordnung endgültige Utopie, rein endzeitliche Hoffnung, geworden. Um da nicht aufzugeben, galt es, in den heiligen Texten neue Kraft zu finden; dem Anspruch der Christen, als neuer Bund an die Stelle des alten Volkes der Erwählung getreten zu sein, versuchte man mit gezieltem Studium seiner eigenen Gründungsdokumente in der Bibel entgegenzutreten. Und tatsächlich fand man in der

Patriarchengeschichte immer wieder Hinweise auf den Lauf der Weltgeschichte, die Verknechtung Israels unter die vier Weltreiche, aber auch die Hoffnung auf die messianische Erlösung am Ende. Von zentralem Interesse war in diesem Zusammenhang die Geschichte von Jakob und Esau, den man mit dem römischen Reich, mit der christlichen Macht gleichsetzte. Das Recht der Erstgeburt gehörte Jakob und seinen Nachfahren; mochte auch Esau sich zeitweilig durchsetzen, der Mächtigere sein, würde doch Gott am Ende Jakob zu seinem Recht verhelfen.

Die Lektüre des Bibeltextes ist somit alles andere als antiquarisch ausgerichtet; sie ist die Grundlage für eine Hoffnung wider alle Hoffnung, gibt in schwerer Zeit Kraft, der Erwählung Gottes treu zu bleiben. Ähnlich findet man etwa in der Geschichte vom Verkauf Josefs nach Ägypten Ansätze für ein religiöses Geschichtsverständnis; vor allem aber auch der Jakobssegen am Schluß des Buches wurde als Hinweis auf die göttlichen Verheißungen für die Endzeit gesehen.

In dieser Sicht wird Genesis zu einem Text der Hoffnung. Bei genauem Studium erweist sich das Buch aber auch als geeignete Basis für andere religiöse Auseinandersetzungen der Zeit. Den Schöpfungsbericht etwa konnte man gegen weltfeindliche Strömungen der Gnosis oder des Manichäismus auslegen; auch deren dualistische Tendenzen vor allem hinsichtlich des Gottesbildes, die Leugnung göttlicher Vorsehung oder Vergeltung konnte man damit abwehren und sicher auch so manche christliche Positionen bekämpfen; gerade diese Zielrichtung ist für uns heute allerdings kaum noch deutlich an der Oberfläche des Midrasch zu sehen. Es geht dem Midrasch also nicht um den Bibeltext an sich; er ist vielmehr Antwort auf die brennenden Probleme der Zeit, die man aus der Bibel als dem Wort Gottes zu lösen hofft. Aktueller ist Bibellesung nie gewesen.

Etwa aus derselben Zeit stammt der *Midrasch zu den Klageliedern*: er wird auch Klagelieder Rabba bzw. hebräisch nach dem Anfangswort des biblischen Buches Ekha Rabbati genannt; das zweite Wort des Titels kommt wohl von Klgl 1,1: dort heißt Jerusalem *rabbati am*, „volkreiche" Stadt. Auch in diesem Midrasch gibt es zahlreiche *Petichot*; 36 davon sind als Block dem Gesamtwerk vorangestellt, wohl deshalb, weil 36 der Zahlenwert der Buchstaben des ersten Wortes *ekha* der Klagelieder ist.

Schon in den Petichot scheinen die wesentlichen Motive des Buches auf: das Unglück und Exil Israels, die Zerstörung des Tempels und die Herrschaft der Fremdvölker über das Gottesvolk sind die Folge der Sünde Israels; es hat die Gebote, die Werke der Nächstenliebe und das Studium der Tora vernachlässigt. Deshalb mußte Gott das Volk strafen, wie ein liebender Vater seinen ungehorsamen Sohn bestraft, sich selbst eine Teilschuld an der verfehlten Erziehung zuschreibend. Gott selbst ist von der Bestrafung seines Volkes betroffen, sitzt einsam da, seit der Tempel verwaist ist, und leidet mit Israel. Auch der strafende Gott hat also sein Volk nicht verlassen; er wartet vielmehr auf die Umkehr des Volkes, die es ihm erlaubt, es zu erlösen und wieder in volle Gemeinschaft mit ihm zu treten.

Nach dieser „Ouverture" kommentiert der mit zahlreichen Gleichnissen und Erzählungen aufgelockerte Text das ganze biblische Buch sehr ausführlich und oft nur noch in sehr lockerem Zusammenhang mit dem Text. Viele volkstümliche Traditionen über die Eroberung Jerusalems durch Nebukadnezzar, die Zerstörung der Stadt durch Titus im Jahre 70, Erzählungen über die Notzeiten unter Trajan und Hadrian sowie im Bar-Kokhba-Aufstand illustrieren den Bibeltext. Ebenso sind Themen der frühen Märtyrertradition eingebaut, so etwa die aus den Makkabäerbüchern bekannte Erzählung von der Mutter mit ihren sieben Söhnen, die als Märtyrer sterben. Das Buch der Klagelieder war ja schon von frühester rabbinischer Zeit an die Synagogenlesung am Nationaltrauertag, dem 9.Ab, an dem man der Zerstörung des ersten wie des zweiten Tempels und überhaupt aller großen Unglücksfälle in der Geschichte des Volkes Israel gedachte.

Die Bibel bot zu diesem Tag Anlaß zur Gewissensprüfung, zum Nachdenken über die eigene Treue zu Gottes Geboten. Zugleich aber lehrte sie, daß man aus dem beklagenswerten Zustand des Gottesvolkes nicht mit Christen und anderen Gegnern ableiten konnte, daß Gott sein Volk verlassen habe und die Erwählung auf ein anderes Volk übergegangen sei. Wenn die Strafandrohungen der Bibel in Erfüllung gegangen sind, ist damit gleichzeitig auch die kommende Verwirklichung der Heilsankündigungen der Propheten garantiert. Oder, wie der Midrasch am Schluß betont: Wo Zorn ist, da ist auch Hoffnung; denn am Ende wird der Zürnende doch besänftigt. Der Tag der Trauer ist somit auch ein Tag des Trostes und ein Aufruf zum Durchhalten bis zur sicher bevorstehenden Erlösung durch Gott. Das zu betonen ist das besondere Anliegen dieses Midrasch.

Etwas später ist der *Midrasch zum Buch Rut* entstanden, das in der Synagoge zum Laubhüttenfest gelesen wird, wozu ja auch der Inhalt der biblischen Erzählung paßt. Die Schrift verwendet unter anderem schon den palästinischen Talmud und die Midraschim zu Genesis, Levitikus und den Klageliedern. Aufgrund dieser literarischen Abhängigkeiten kann man den Text um etwa 500 ansetzen.

Die zu Beginn von Rut erwähnte Hungersnot gibt Anlaß, in den einleitenden Proömien ähnlich wie im Midrasch Klagelieder über die Ursachen von Gottes Strafen nachzudenken. Die Anwendung auf die konkreten Probleme der eigenen Zeit, als viele Juden Palästinas angesichts ihrer Schwierigkeiten versucht waren, das Land zu verlassen und ihr Glück anderswo zu suchen, sieht man in der Charakterisierung Elimelechs. Dieser dient als warnendes Beispiel: in seiner Selbstsucht verläßt er schon wegen einer kleinen Hungersnot das gelobte Land und gibt sich und seine Familie im Ausland der Versuchung des Götzendienstes preis. Sein und seiner Angehörigen baldiger Tod ist nur die verdiente Strafe dafür. Wie anders verhält sich die Nichtjüdin Rut: Sie begleitet ihre Schwiegermutter in das Land Israel; damit erweist sie sich als Konvertitin, die sich dem wahren Gott zuwendet; als Lohn wird sie schließlich Ahnmutter Davids. Wenn mitten in den Midrasch die lange Geschichte von Elischa ben Abuja eingefügt wird, der aus Zweifel an der vergeltenden Gerechtigkeit Gottes und der Möglichkeit der Umkehr an seinem Judentum irre wird, scheint dies als Kontrast zu Rut geplant zu sein.

Der ständige Rückbezug auf Stammbäume im Buch der Chronik, welche der Midrasch allegorisch deutet, fügt die Geschichte Ruts in die allgemeine Geschichte Israels ein; er zeigt den Platz, den diese Episode im Heilsplan Gottes von Anfang an hatte. Die Einheit des Plans Gottes mit Israel erweist sich somit als ein durchgehendes Thema auch dieses Midrasch. Andererseits gibt die biblische Erzählung steten Anlaß, im Verhalten Ruts ein Vorbild weiblicher Tugenden zu zeichnen, anhand der Stammutter Davids den jüdischen Frauen der Gegenwart einen Spiegel vor Augen zu halten. Sittliche Unterweisung und zugleich Bestärkung des Vertrauens in den die Geschichte lenkenden Gott Israels sind also die beiden Grundelemente dieses Midrasch.

Um die Zugehörigkeit des Hohenlieds zur Bibel hatten die Rabbinen im 2. Jahrhundert heftig diskutiert; denn viele sahen darin eine Sammlung rein profaner Liebeslieder, die entsprechend auch in Wirtshäusern gesungen wurden. Dagegen stellte sich vor allem R. Aqiba, der dieses Buch für hochheilig erklärte. Durch das allegorische Verständnis, das im Geliebten ein Bild Gottes, in der Geliebten Israel verkörpert sah, konnte sich jedoch das Buch allgemein durchsetzen und wurde in der Synagoge zu Pesach gelesen; denn auch die Anfänge Israels, seine Befreiung aus der Knechtschaft in Ägypten und die Offenbarung am Sinai fand man im Hohenlied bildhaft angedeutet. So konnte man den Text als die Liebesgeschichte zwischen Gott und seinem Volk verstehen, eine Geschichte, in der es auch Krisen gibt, die aber auf jeden Fall glücklich enden wird.

Der *Midrasch zum Hohenlied*, später auch HoheslliedRabba genannt, dürfte in der Mitte des 6. Jahrhunderts entstanden sein. Viele Stücke in ihm sind aber bedeutend älter; sie sind aus früheren Midraschim, besonders Predigtmidraschim, übernommen, die gern Verse aus dem Hohenlied als Einsatz für Proömien verwendeten. Ob das Hohelied auch in besonderer Weise der Auseinandersetzung mit dem frühen Christentum diente, wie gelegentlich vertreten wird (etwa in Gegenüberstellung zur Auslegung des Hohenlieds bei Origenes, der im 3. Jahrhundert in Caesarea lehrte), läßt sich im einzelnen nicht belegen. Die Beliebtheit des

Hohenlieds in der rabbinischen Tradition sieht man auch daran, daß in der Folgezeit eine Reihe weiterer Midraschim zu diesem Text entstanden. Ester dürfte sich schon früh als Lesung für Purim durchgesetzt haben; der Mischnatraktat Megilla führt diesbezüglich gewiß keinen neuen Brauch ein, sondern bestätigt einfach eine schon eingebürgerte Übung und regelt sie genauer. Damit gab es sicher auch schon früh das Bedürfnis nach einem Kommentar zu diesem Buch, der auch als Predigtanregung dienen konnte. Da das Buch Ester im persischen Reich spielt, ist das besondere Interesse der babylonischen Juden daran nur natürlich: so finden wir denn auch im babylonischen Talmud Stücke eines frühen Midrasch zu diesem Buch, das in vieler Beziehung als Gegenstück zur Exodus-Geschichte von Gefährdung und göttlicher Errettung des Judentums in der Diaspora verstanden werden konnte.

Der palästinische *Midrasch zu Ester*, auch EsterRabba benannt, ist aus zwei Teilen zusammengesetzt. Der erste davon behandelt in sehr ausführlicher Weise die Kapitel 1–2 des biblischen Buches und ist wohl um etwa 500 zu datieren; der zweite Teil (zu den Kapiteln 3–8) ist bedeutend knapper gehalten und überspringt viele Abschnitte; andererseits fügt er viel Material ein, das nur in der griechischen Fassung von Ester enthalten ist und das der Kompilator offenbar aus Josippon geschöpft hat (einer hebräischen Bearbeitung von Josephus Flavius, die im 10. Jahrhundert in Süditalien entstanden ist). Damit ist dieser zweite Teil bedeutend später, vielleicht gar erst im 11. Jahrhundert, zu datieren; wahrscheinlich sollte er die verlorengegangene Fortsetzung des Midrasch ersetzen, aus der offenbar ein inzwischen gefundenes Fragment aus der Geniza von Kairo stammt. Auch zu Ester sind wegen der regelmäßigen Verwendung in der Liturgie und der Beliebtheit des Buches im Lauf der Zeit noch eine Reihe anderer Midraschim entstanden.

Andere biblische Bücher wurden erst viel später in eigenen Schriften kommentiert, so etwa die *Sprichwörter* und die *Psalmen*. Beide Bücher waren schon immer eine beliebte Quelle für Proömien; somit war schon früh ein Fundus an Auslegungen da, den man später nur zusammenfassen und ergänzen mußte, um einen geschlossenen Midrasch zu haben. Dasselbe gilt vom anfangs bei den Rabbinen sehr umstrittenen Buch *Kohelet*, dessen Aussagen nicht ganz zur sonstigen biblischen Vergeltungslehre zu passen schienen und das deshalb besonderer Auslegung bedurfte. Aber auch andere biblische Bücher, zu denen nie selbständige Midraschim geschaffen wurden, fanden ihre Auslegung im Rahmen anderer Midraschim, wenn auch nicht in zusammenhängender Form: erwähnt wurden schon die Stammbäume der Chronikbücher, denen man in der heilsgeschichtlichen Auslegung der Bibel besondere Beachtung widmete; das Buch Ijob bot sich ebenfalls immer wieder als geeigneter Vergleichstext an und die eigentlichen Prophetentexte blieben selbstverständlich auch nicht ohne Auslegung, sondern dienten immer wieder zur Beleuchtung von Stellen aus dem Pentateuch und den Megillot. Das Prinzip, die Bibel aus der Bibel auszulegen, führt so dazu, daß man Kommentare zu gewissen Büchern der Bibel nicht nur in eigenen Midraschim, sondern verstreut über die gesamte rabbinische Literatur finden kann.

c) *Predigtmidraschim*

Der erste Beleg für die Predigtsammlung als eigene Literaturgattung ist *LevitikusRabba*. Sprachliche Gründe sowie vor allem enge literarische Verbindungen mit GenesisRabba und dem palästinischen Talmud legen nahe, daß die Schrift im frühen 5. Jahrhundert entstanden ist. Der Midrasch ist aus 37 Predigten zu Levitikus zusammengesetzt, die einheitlich aufgebaut sind: zu Beginn stehen Proömien; dann folgt, in alten Handschriftenfragmenten noch deutlich als neue Einheit markiert, die eigentliche Predigt im Anschluß an die ersten Verse der Schriftlesung; den Abschluß bildet jeweils ein tröstlicher Ausblick auf das Ende der Zeiten oder die göttliche Welt.

Da der palästinische Lesezyklus nur zwanzig bis fünfundzwanzig Perikopen zu Levitikus kannte, rechnet man vielfach mit nachträglichen Ergänzungen des Midrasch durch Predigten aus der Pesiqta deRab Kahana, die wir anschließend zu besprechen haben, und/oder mit einem Lesezyklus, der von den uns bekannten Listen stark abweicht. Demgegenüber hat *J. Neusner* die Einheitlichkeit des gesamten Midrasch mit literarischen Argumenten nachzuweisen versucht; alle mit der Pesiqta gemeinsamen Kapitel wären in diese aus unserem Midrasch gekommen. Ein klarer Beweis ist dafür allerdings kaum zu führen, da literarisch wie sachlich zu enge Beziehungen zur Pesiqta bestehen.

Die damit angesprochene Frage ist jedoch nicht einfach ein Detail der rabbinischen Literaturgeschichte ohne weitere Konsequenzen. Dahinter steht das grundlegende Problem, ob wir Midraschim einfach als Materialsammlungen anhand des biblischen Textes betrachten dürfen, wobei es gleichgültig ist, wo ich ein Zitat oder eine Geschichte vorfinde, oder ob das Midrasch-Werk als ganzes eine Botschaft vermitteln will, die über die seiner Teile hinausgeht: hat der Midrasch (oder zumindest der eine oder andere Midrasch) ein Thema, eine Aussageabsicht jenseits der reinen Kommentierung des Bibeltextes?

In seiner Art des Zugangs zum biblischen Text und in der Gestaltung der Einzelpredigten als literarischer Einheiten – es handelt sich in der Tat um Literaturpredigten, nicht Vorlagen oder Mitschriften tatsächlich gehaltener Predigten – erweist sich LevitikusRabba als Werk von erstaunlicher Geschlossenheit. Dennoch ist die Frage nach der Intention des Gesamtwerkes jenseits einiger Aussagen, die Gemeinplätze für praktisch alle

Predigtmidraschim sind, nicht zu beantworten. Damit ist auch die Einheitlichkeit des Werkes nicht strikt zu beweisen. Für die einzelnen Kapitel jedoch bezeugt der kunstvolle Aufbau, die einheitliche Thematik und die immer wiederkehrende Methode, dem jeweiligen Grundtext aus Levitikus durch Gegenüberstellung mit einem anderen Bibeltext oft völlig unerwartete Aussagen abzugewinnen, eine kraftvolle theologische Persönlichkeit. Mögen auch da und dort im Lauf der Überlieferung des Textes verwandte Materialien hinzugefügt worden sein, ist jedes Kapitel doch zuerst einmal als literarische Einheit zu verstehen, deren Aussage über die ihrer Einzeltraditionen hinausgeht.

Das erste Kapitel handelt von der Größe des Propheten Mose, das zweite von der Bedeutung Israels: damit ist ein gewichtiger Auftakt für das Gesamtwerk gemacht; die Abfolge der weiteren Kapitelthemen zeigt kein einsichtiges Muster: das Opfer des Armen, Sünde, Eid, das Opfer Aarons, Dankopfer, die Salbung Aarons, seine Einsetzung als Hoherpriester, Weingenuß, Speisegesetze und so fort bis hin zum Bund mit Jakob und dem Gelübde in den beiden abschließenden Kapiteln.

Die Einheitlichkeit der Schrift besteht in einem bestimmten Zugang zur biblischen Vorlage und deren Auswertung für Probleme der Gegenwart. Solange bestimmte literarische Kriterien und thematische Vorgaben eingehalten werden, kann jedoch eine solche Schrift jederzeit erweitert oder auch gekürzt werden, ohne daß wir dies noch überprüfen könnten. Dies gilt natürlich im Prinzip von jedem Midrasch, noch mehr jedoch von Predigtmidraschim, die primär Gebrauchstexte für die Synagoge sind.

Wie sehr bei einer gewissen geistigen Gemeinschaft Kapitel zwischen einzelnen Predigtmidraschim ausgewechselt werden können, macht die *Pesiqta deRab Kahana* deutlich, die fünf Kapitel mit LevitikusRabba gemeinsam hat. Wo diese Kapitel ursprünglich hingehörten, ist noch immer umstritten. Der Name der Schrift bedeutet „Abschnitt, Kapitel", nämlich den Abschnitt der Bibellesung für den Synagogengottesdienst und dann auch den Kommentar dazu; das Werk ist somit eine Sammlung von Predigten zu bestimmten Leseabschnitten.

Die nähere Bezeichnung nach Rab Kahana läßt sich nicht sicher erklären. Wir kennen sechs babylonische Rabbinen dieses Namens; drei von ihnen haben sich zeitweilig auch in Palästina aufgehalten, wo diese Schrift wie die meisten anderen Midraschim entstanden ist. Gelegentlich sieht man hier einen Meister aus der Mitte des 3. Jahrhunderts angesprochen, der der Verfasser oder Kompilator des Werks sein soll. Rabbinennamen im Titel einer Schrift beziehen sich jedoch oft nicht auf den (vermeintlichen) Verfasser, sondern einfach auf den dort als ersten oder am häufigsten genannten Rabbi (um damit eine Schrift von solchen mit ähnlichen Titeln zu unterscheiden). Im Kapitel zum Neujahr, das manche für den ursprünglichen Anfang des Textes ansehen, ist tatsächlich ein R. Kahana zu Beginn genannt, doch nur in einem Teil der handschriftlichen Überlieferung. Gewißheit ist hier also nicht zu gewinnen.

Von ihren literarischen Verbindungen her ist eine Datierung der Schrift in ihrem Grundbestand kurz nach dem palästinischen Talmud und nach LevitikusRabba, also im 5. Jahrhundert, anzunehmen. Versuche, einzelne Teile des Werks genauer zu datieren, so etwa die Kapitel 13–22 aus der politischen Lage Palästinas zwischen dem Konzil von Chalzedon im Jahr 451 und dem Regierungsantritt von Kaiser Justinian im Jahr 527 zu verstehen, lassen sich nicht hinreichend begründen.

Besprochen werden im Werk nicht die üblichen Sabbatperikopen der palästinischen Leseordnung, sondern die Lesungen der Feste und der ausgezeichneten Sabbate. Wie schon erwähnt, hatten diese schon früh eine feste Lesung und folgten somit nicht dem Zyklus. Lange Zeit war die Schrift nur aus mittelalterlichen Zitaten bekannt; erst im 19. Jahrhundert wurden einige Handschriften identifiziert und einer Textausgabe zugrunde gelegt. Die neue Ausgabe durch *B. Mandelbaum* ist noch umfangreicher, da die einzelnen Handschriften in ihrem Umfang nicht übereinstimmen; sie umfaßt 28 Kapitel und neun Anhänge.

Neben den Festpredigten sind Homilien zu den vier Sabbaten nach Chanukka enthalten, sowie solche zu zwölf Sabbaten, zu denen nicht über die Toralesung gepredigt wurde, sondern über den Prophetentext, die Haftara: es sind die drei Strafsabbate vor dem 9. Ab, die sieben Trostsabbate nach diesem Tag sowie die zwei Sabbate nach Neujahr.

Die im Mittelalter noch oft zitierte Schrift ist später durch eine andere Predigtsammlung zu den Festen und besonderen Sabbaten verdrängt worden, die umfangreichere *Pesiqta Rabbati* (die „große Pesiqta"). Diese wurde erstmals um 1653 gedruckt. Diese Ausgabe enthielt 47 Kapitel, von denen jedoch manche mehr als eine Predigt umfaßten; spätere Ausgaben und Übersetzungen fügten aus der Textüberlieferung noch weitere Kapitel hinzu. Die Tatsache, daß praktisch alle Handschriften einen unterschiedlichen Umfang aufweisen und erst die Druckausgaben den Inhalt der Pesiqta Rabbati endgültig fixierten, ist ein deutlicher Beleg für den Sammelcharakter dieser Schrift; die einzelnen Synagogengemeinden, die davon Abschriften bestellten, konnten die Sammlung aus dem Fundus an Predigtmaterial nach eigenem Geschmack und eigenen Bedürfnissen ergänzen oder auch kürzen lassen.

Damit ist aber auch keine einheitliche Charakterisierung des Werkes möglich: eine Reihe von Kapiteln sind aus der Pesiqta deRab Kahana übernommen oder zumindest formal damit verwandt; andere wieder gehören zur umfangreichen Tanchuma-Literatur, auf die wir anschließend eingehen werden. Eigenen Gruppen gehören die Texte an, die in der Peticha jeweils den heiligen Geist erwähnen, sowie die vier Kapitel, die den Dekalog auslegen.

Bei dieser unterschiedlichen Herkunft der einzelnen Textgruppen innerhalb der Pesiqta Rabbati muß jeder Versuch scheitern, das Werk als Ganzes datieren zu wollen. Zwar scheint gleich das erste Kapitel ein Datum anzugeben; dort heißt es nämlich, daß seit Zerstörung des Tempels 777 Jahre vergangen sind. Damit würde man auf das Jahr 845 kommen, wenn man mit der rabbinischen Chronologie die Zerstörung des Tempels durch Titus im Jahr 68 statt 70 ansetzt. Als Ausgangspunkt denkbar ist aber auch die Zerstörung des ersten Tempels im Jahr 586: dann kommt man nach rabbinischer Rechnung (welche die Zeit der Perserherrschaft auf wenige Jahrzehnte kürzt) in das Jahr 355. Doch muß man bei solchen Zahlenangaben in rabbinischen Texten auch immer mit der Möglichkeit rechnen, daß der jeweilige Abschreiber sie aktualisierte und so nur den Zeitpunkt der Abschrift angab. Somit ist mit diesem auf den ersten Blick so präzisen Datum nichts anzufangen. Doch auch ohne diese Bedenken würde es nur für das Kapitel oder höchstens die Textgruppe gelten, in der die Jahreszahl aufscheint. Dasselbe gilt für inhaltliche Kriterien, nach denen man eine Datierung des Werkes versucht hat: vermeintliche Hinweise auf bestimmte historische Ereignisse, wie etwa die Perserherrschaft über Palästina in den Jahren 614–628, helfen nur in der Datierung der Kapitel, in denen sie stehen; ebenso religiöse Strömungen wie die „Trauernden Zions", die in einigen Kapiteln eine große Rolle spielen: hier kommt noch das Problem der Identifizierung und Einordnung dieser Gruppe hinzu.

Von welchem Ansatz auch immer wir die Predigtsammlung näher zu bestimmen versuchen, ergeben sich mehr offene Fragen als Gewißheiten. Man kann somit nicht mit einem einzelnen Endredaktor oder einem auch nur annähernd einzugrenzenden Datum des Gesamtwerkes rechnen. Vielmehr muß man einen langen Entstehungsprozeß der Sammlung annehmen. Sie ist im Lauf der Zeit aus einzelnen Textgruppen zu einem umfassenden Predigtzyklus zusammengewachsen; einen gewissen Abschluß darf man vielleicht im 6. oder 7. Jahrhundert ansetzen. Doch auch später ist die Sammlung noch immer für Ergänzungen nach den Wünschen einzelner Gemeinden oder Abschreiber offen geblieben.

Ähnlich offen blieben auch immer die Predigtzyklen zum Jahreskreis der Toralesung, die man als *Tanchuma-Midrasch* bezeichnet. Der Name kommt davon, daß mehrere Vorträge der Sammlung mit den Worten beginnen: „So hat R. Tanchuma bar Abba eingeleitet." Manche meinen, dieser Meister habe in der zweiten Hälfte des 4. Jahrhunderts selbst den Grundstock der Homilien geschaffen. Alle Predigten dieser Sammlung beginnen mit einer halakhischen Einleitung, welche meist stereotyp mit der Bitte der Jünger einsetzt: „Es belehre uns unser Meister" *(Jelamdenu*

Rabbenu). Deshalb bezeichnet man schon seit dem Mittelalter diese Art des Predigtmidrasch auch gerne als *Jelamdenu*.

Die übliche Ausgabe des Werkes wurde schon in den Jahren 1520–22 in Konstantinopel gedruckt. Daneben wurde im 19. Jahrhundert eine weitere Fassung bekannt, die Salomo Buber veröffentlichte; vor allem in den Predigten zu Genesis und Exodus wich sie erheblich von der Normalfassung ab. Dazu kam die Beobachtung, daß in vielen Zitaten aus dem Mittelalter die beiden Namen Tanchuma und Jelamdenu offenbar austauschbar sind. Auch verbindet eine große Zahl von Predigten die halakhische Einleitung Jelamdenu Rabbenu mit einer Peticha im Namen des R. Tanchuma. Andererseits gibt es aber auch mittelalterliche Texte, die Jelamdenu und Tanchuma für zwei verschiedene Midraschim zu halten scheinen; auch findet man viele Zitate aus Jelamdenu in den heute vorliegenden Textfassungen nicht mehr vor.

Damit begann eine rege Debatte um die früheste Form des Midrasch. In der Annahme, Jelamdenu und Tanchuma seien ursprünglich zwei verschiedene Werke gewesen, machte man sich auf die Suche nach der ältesten Form des Midrasch und versuchte, einen Ur-Tanchuma oder Ur-Jelamdenu nachzuweisen. Als Kriterien der Beurteilung dienten unter anderem etwa die aramäische Sprache oder bestimmte Gottesbezeichnungen; doch sahen die einen in solchen Zügen jeweils Zeichen der Jugend einer Textfassung, während andere darin Spuren hohen Alters entdeckten. Aus heutiger Sicht können die Gründe, mit denen man das relative Alter einer Fassung gegenüber der anderen belegen wollte, nur noch eigenartig anmuten und bei ähnlichen Versuchen einer Textanalyse zur Vorsicht mahnen; denn die Frage nach der Urform ist inzwischen durch zahlreiche Handschriftenfunde längst überholt. Heute wissen wir, daß es nicht nur zwei Traditionsstufen des Midrasch Tanchuma oder Jelamdenu gibt. Vielmehr bezeichnet Tanchuma eine ganze Gattung von Predigtmidraschim, die wegen ihrer Popularität in vielfachen Abwandlungen und regionalen Ausprägungen überliefert wurde.

Die Grundform der Tanchuma-Predigt ist relativ einheitlich und erlaubt so auch die Zuordnung von neu gefundenem Handschriftenmaterial zu dieser Textgruppe. Am Anfang steht gewöhnlich, wie schon erwähnt, eine meist mit der Formel Jelamdenu Rabbenu beginnende halakhische Einleitung; die hier gestellte Frage ist meist sehr einfach und aus dem täglichen Leben gegriffen; die Antwort darauf soll ja nicht die Mitglieder einer rabbinischen Schule belehren, sondern das einfache Volk in den Grundzügen des Religionsgesetzes unterweisen. Dieser halakhischen Einleitung schließt sich eine damit eng verbundene haggadische Einheit an. Erst dann beginnt der Hauptteil der Predigt mit mehreren Proömien, die zur Schriftlesung des Tages hinleiten. Von dieser werden, wie im Predigtmidrasch allgemein üblich, nur die ersten Verse ausgelegt. Ein messianischer oder allgemein endzeitlicher tröstlicher Ausblick rundet die Predigt ab.

Eine allgemeine Datierung der Tanchuma-Predigten ist nicht möglich. Eine Predigtsammlung zu den Pentateuch-Lesungen war sicher ebenso bald ein Bedürfnis der Gemeinden wie solche zum Festzyklus; von daher können wir wohl im frühen 5. Jahrhundert, etwa gleichzeitig mit der Pesiqta deRab Kahana, schon mit solchen Sammlungen rechnen. Auch die in Tanchuma genannten Rabbinen lassen zumindest den Kern einer solchen Sammlung schon in dieser Zeit annehmen. Als Gebrauchssammlung ist die Tanchuma-Literatur jedoch stets für Anpassungen an die Bedürfnisse der jeweils gewandelten Zeiten offen gewesen. Erweiterungen und Überarbeitungen waren stets möglich; die gesamte rabbinische Literatur diente dafür als Fundgrube. Damit ist auch kaum noch nachweisbar, wo einmal die Tanchuma-Literatur eigene Gedanken vorträgt, die später von anderen Schriften übernommen wurde. Doch können wir den Einfluß dieser Schriften auf das religiöse Leben des Judentums in spätrabbinischer Zeit kaum zu hoch einschätzen.

Zum Umkreis der Tanchuma-Literatur gehören auch einige Schriften, die in den Midrasch-Rabba zum Pentateuch Aufnahme gefunden haben. Hierher gehören einzelne Kapitel aus dem Schlußteil von GenesisRabba, die eine in der handschriftlichen Tradition noch belegte frühere Fassung des Textes verdrängt haben. Aber auch ganze Teile von Exodus- und NumeriRabba und zwei verschiedene Fassungen von Deuteronomium-Rabba sind hier zu nennen.

DeuteronomiumRabba besteht in der üblichen Druckfassung aus 27 in sich abgeschlossenen Predigten. Diese entsprechen dem dreijährigen Lesezyklus Palästinas; in Anpassung an den einjährigen Zyklus Babyloniens hat man sie jedoch später in nur elf Abschnitte aufgeteilt. Die Zugehörigkeit zur Tanchuma-Tradition ersieht man aus der halakhischen Einleitung jeder Predigt; die Einleitungsformel ist allerdings anders als im klassischen Tanchuma. Sie beginnt stereotyp mit den Worten: „Halakha. Ein Israelit..." (wie verhält er sich, was muß er tun?); die Antwort setzt dann mit der Formel ein: „so lehrten die Weisen". Den Einsatz des haggadischen Teils signalisieren gewöhnlich die Worte: „das ist es, was die Bibel sagt". Nach Auslegung des Schriftabschnitts klingt die Predigt gewöhnlich mit einem verheißenden oder tröstenden endzeitlichen Schluß aus.

Die zweite Textfassung, die *S. Lieberman* veröffentlicht hat, weicht vom gewöhnlichen Text vor allem im ersten Teil ab; mittelalterlichen Zitaten nach zu schließen, war sie die in Spanien beheimatete Rezension, während die übliche Fassung vor allem in Frankreich und Deutschland verbreitet war. Eine genauere Datierung ist wie bei der gesamten Tanchuma-Tradition kaum möglich.

Bei *ExodusRabba* ist der erste Teil, der Ex 1–10 umfaßt, ein Auslegungsmidrasch, der die gesamte rabbinische Tradition auswertet. Offensichtlich will er den Anschluß an die Mekhilta herstellen, die ja mit Ex 12 beginnt. Der zweite Teil (zu Ex 12–40) ist hingegen ein Predigtmidrasch der Tanchuma-Gruppe. Dies macht vor allem die mehrfache Einleitung „so eröffnete R. Tanchuma bar Abba" deutlich. Der Aufbau der einzelnen Predigten folgt dem Schema der Tanchuma-Midraschim. Dasselbe gilt vom zweiten Teil von *NumeriRabba*, der Num 8–36 knapp in predigtartiger Weise bespricht. Auch hier ist der Predigtteil älter als der auslegende Midrasch des ersten Teils. Es wäre natürlich interessant zu wissen, warum gerade die ersten Kapitel von Exodus und Numeri erst so spät eines durchgehenden Kommentars gewürdigt wurden oder ob vielleicht frühere Midraschim zu diesen Kapiteln erst später verdrängt wurden und so verloren gegangen sind. Leider gibt es darauf derzeit keine begründete Antwort.

d) Nacherzählte Bibel

Sicher hat die Predigt viel geleistet, um Vorstellungen des Midrasch dem Volk nahe zu bringen. Eine weitere volkstümliche Umsetzung rabbinischen Bibelverständnisses bieten Schriften, welche die Bibel nicht mehr direkt kommentieren, sondern sie einfach nacherzählen und dabei mit eigenen Vorstellungen untrennbar verflechten. Solcher Umgang mit der Bibel, der schon in vorrabbinischer Zeit Schriften wie das pseudophilonische Buch der biblischen Altertümer hervorgebracht hatte, wurde seit frühislamischer Zeit wieder beliebt und brachte bis ins hohe Mittelalter immer neue Bibelerzählungen hervor, die alles Wesentliche des rabbinischen Midrasch voraussetzen und in leicht faßlicher, unterhaltsamer Form dem Leser nahebringen.

Die früheste rabbinische Schrift dieser Gattung sind die *Pirqe deRabbi Eliezer*. Sie ist nach R. Eliezer ben Hyrkanos benannt, einem der großen Rabbinen des frühen 2. Jahrhunderts. Es könnte sein, daß die Schrift bewußt R. Eliezer pseudepigraph als Verfasser vorgibt. Vielleicht ist sie aber auch nur aus dem einfachen Grund später nach diesem benannt worden, weil die beiden einleitenden Kapitel seine Hinwendung zum Studium der Tora schildern. Eine Entscheidung ist hier nicht mehr möglich. Im jetzigen Zusammenhang sind die Einleitungskapitel ein Appell an den Leser: wie Eliezer ein einfacher, ungebildeter Mensch war, der sich erst in vorgerücktem Alter dem Studium der Tora zuwandte, ist es auch für den rabbinisch nicht vorgebildeten Leser nie zu spät, sich näher mit der Bibel zu befassen.

Der eigentliche Text setzt dann mit einer ausführlichen Erzählung der Schöpfungsgeschichte ein. Die Erschaffung der Gestirne ist dabei Anlaß, drei astronomische Kapitel einzufügen, die wohl ziemlich unverändert aus einer Vorlage übernommen wurden. Diese kleine populärwissenschaftliche Abhandlung gab dem Leser das Gefühl, daß der Glaube an die göttlich geoffenbarte Bibel völlig mit dem Wissen der Zeit, in dem die Astronomie eine zentrale Rolle spielte, vereinbar war. Es folgt die Geschichte vom Turmbau von Babel und der Sprachenverwirrung; dann kommen Erzählungen aus der Patriarchengeschichte sowie solche über Mose bis nach der Episode mit dem goldenen Kalb. Daran schließen sich Kapitel über die Nachkommen Amaleks an, unter denen auch Haman und Titus erwähnt werden. Die Nennung Hamans führt zu einer Diskussion der Esterrolle. Nach Kapiteln über die kommende Erlösung und sieben Wunder greift der Text nochmals den Faden der biblischen Geschichte auf und erzählt, wie Mirjam wegen ihres Redens gegen Mose bestraft worden ist (Num 12). Damit bricht das Buch abrupt ab.

Daß das Buch ursprünglich weitergehen sollte, ist aus einer Reihe von Gliederungssignalen innerhalb der Schrift deutlich. So kündigt das Buch schon in seinem ersten Teil das zehnmalige Herabkommen Gottes auf die Erde an, kommt jedoch nur bis zum achten Abstieg; ab Kapitel 27 werden immer wieder Benediktionen des Achtzehngebets als Kapitelschluß zitiert, doch kommt das Werk nur bis zur achten Benediktion. Es ist anzunehmen, daß das Buch bis zum Tod des Mose geplant war, also den ganzen Pentateuch behandeln wollte.

Die Pirqe deRabbi Eliezer sind offenbar im 8. oder frühen 9. Jahrhundert entstanden. Die arabische Herrschaft bildet ihren historischen Hintergrund, wie besonders aus den Erzählungen über Ismael hervorgeht, nach biblischer Auffassung den Stammvater der Araber; Ismaels Frauen heißen hier Aischa und Fatima, also wie Mohammeds Frau und Tochter. Auch der um 700 errichtete Felsendom auf dem Tempelplatz ist schon bekannt. Ebenso wird die gemeinsame Herrschaft zweier Brüder erwähnt; diese versteht man gewöhnlich als die beiden Söhne Harun al-Raschids (809–813), doch ist auch eine Anspielung auf eine etwas frühere Phase der arabischen Geschichte denkbar. Ähnlich unsicher ist die Auswertung eines Textes über die Dauer der Herrschaft der vier Reiche vor Anbruch der messianischen Zeit. Der grobe zeitliche Rahmen, in dem die Schrift entstanden ist, ist dennoch gesichert.

In vieler Beziehung ist das Werk noch den klassischen Midraschim verwandt: so zitiert es viele Einzeltraditionen noch im Namen bestimmter Rabbinen, auch wenn hier zumindest gelegentlich Pseudepigraphie nicht auszuschließen ist; auch reiht es manchmal noch verschiedene Auslegungsmöglichkeiten einfach aneinander und gleicht auch Widersprüche nicht aus. Im allgemeinen aber ist das Bemühen deutlich, eine zusammenhängende biblische Geschichte zu erzählen.

Welchen Zweck verfolgte der Autor mit seinem Werk? Sicher steht fromme Unterhaltung an erster Stelle; in einer Zeit, in der die kulturelle

Umwelt jede Menge an Erzählungen anzubieten hatte (etwa Khalila und Dimna, Märchen, die uns aus Tausend-und-eine-Nacht bekannt sind, und dergleichen mehr), mußte man eine attraktive Form finden, in der die Bibel dieser Konkurrenz standhalten konnte. Doch versucht der Autor zugleich, die religiösen Werte des rabbinischen Judentums wie auch dessen Verständnis eines auf die endzeitliche Erlösung ausgerichteten Geschichtsplans Gottes zu vermitteln; als nach dem Ende des „vierten Reichs", nämlich des christlichen Rom, noch immer nicht die Heilszeit anbrach, sondern mit dem Islam neuerlich eine fremde Macht über Israel herrschte, war dies ja ein ganz besonderes Anliegen. Diese Verflechtung von Unterhaltung, religiöser Erbauung und ungebrochener Hoffnung auf eine gottgewirkte Erlösung am Ende der Zeiten machte denn auch den Erfolg dieser Schrift beim jüdischen Leser durch die Jahrhunderte aus und verleiht ihr auch heute noch einen ganz besonderen Reiz.

Ungefähr aus derselben Zeit stammt eine Schrift, die sich weder im Rahmen der nacherzählten Bibel noch sonst in der Midraschliteratur so richtig eingliedern läßt, die sich aber großer Beliebtheit erfreute und als wahres Juwel innerhalb der rabbinischen Literatur gelten kann: *Tanna debe Elijahu*, nach seinem Hauptteil auch *Seder Elijahu Rabba* genannt. Dieses Buch kommentiert nicht eine einzelne biblische Schrift, noch bietet es Predigten zu bestimmten Perikopen; Erzählungen aus der biblischen Geschichte kommen zwar vor, doch stets nur als Illustration einer bestimmten religiösen Aussage. In einem erzählenden Rahmen, in dem auch der Prophet Elija immer wieder auftritt, bietet das Buch reiche ethische und religiöse Unterweisung; dazu kommentiert der Autor stets die Bibel, deren Aussagen er oft sehr ausführlich analysiert, dabei die gesamte rabbinische Tradition verwertend. Die passagenweise auch sehr poetische Schrift kann als schönes Beispiel biblischer Theologie gelten.

In der Folgezeit setzten sich aber die Bibelerzählungen durch. Dabei hat man sich auch gerne mit der Gestalt Moses beschäftigt; vielleicht im 11. Jahrhundert entstanden die *Dibre ha-Jamim schel Mosche* („Leben Moses"). In einem nachgeahmten Bibelhebräisch baut es die biblische und rabbinische Tradition über Mose zu einer Art Biographie zusammen und hebt dabei die wunderbaren Züge im Leben Moses besonders hervor. Anders als frühere Midraschim zitiert das Werk Bibelverse stets ohne Einleitungsformeln und rabbinische Traditionen ohne Tradentennamen, was sehr zu einer flüssigen und geschlossenen Darstellung beiträgt. Nicht genauer datiert ist der wohl aus der selben Zeit stammende *Midrasch Petirat Mosche* („Der Tod Moses"); er war sehr verbreitet und liegt in mehreren Rezensionen vor.

Eine letzte Blüte hat diese Art Literatur einige Jahrhunderte später im *Sefer ha-jaschar*, dem „Buch des Aufrechten" (vgl. Jos 10,13), gefunden. Dieses Buch ist eine Nacherzählung der biblischen Geschichte von Adam bis zum Auszug aus Ägypten; es stützt sich auf Bibel, Talmud und Midrasch, aber auch auf nichtjüdische Traditionen. Es gibt vor, ein altes Werk zu sein, das ein Greis aus dem von Titus eroberten Jerusalem gerettet habe. Doch schon die verwertete Literatur macht deutlich, daß das Buch aus nachrabbinischer Zeit stammen muß. Lange Zeit hat man es in das 11. oder 12. Jahrhundert datiert. Doch Indizien im Text, wie etwa die Schilderung Josefs, der als jüdischer Astronom an einem heidnischen Hof lebt und unter anderem auch das Astrolab benutzt, und das sonstige Zeitkolorit legen nahe, daß die Schrift erst im 16. Jahrhundert entstanden ist; der Verfasser dürfte ein aus Spanien ausgewiesener Jude gewesen sein, der sich in Neapel niedergelassen hatte. Die Ausgabe Venedig 1625 beruft sich auf einen längst vergriffenen Druck von 1552; von diesem gibt es jedoch ebensowenig eine Spur wie von irgendwelchen Handschriften oder auch nur früheren Zitaten des Werkes. Das Werk mystifiziert seine eigene Herkunft, um sich den Anschein höchsten Alters und damit höhere Autorität zu verleihen. Seiner Beliebtheit über die Jahrhunderte hinweg nach zu schließen, hat es damit jedenfalls Erfolg gehabt.

Das Bemühen des Verfassers, seine Bibelerzählung als uraltes Werk auszugeben, geht weit über die eventuellen Ansätze von Pseudepigraphie, etwa in den Pirqe deRabbi Eliezer, hinaus. Er versucht, an eine literarische Epoche anzuknüpfen, die schon seit Jahrhunderten überholt zu sein schien. Damit allein schon hebt sich sein Buch von den eigentlichen Schriften der Midraschliteratur ab. Mit dem „Buch des Aufrechten" haben wir den zeitlichen Rahmen dieser Literatur schon überschritten; auch von seiner Art des Umgangs mit rabbinischen Traditionen her könnte man es schon eher der Wirkungsgeschichte des Midrasch zuordnen, der wir uns im abschließenden dritten Teil des Buches kurz zuwenden werden. Genaue Grenzen lassen sich hier nicht ziehen und sind auch für das Verständnis der Sache nicht notwendig.

Zweiter Teil
Ausgewählte Texte

Die hier gebotene Auswahl kommentierter Midrasch-Übersetzungen versucht einen möglichst repräsentativen Querschnitt durch diese Literatur zu bieten. Deshalb sind alle wichtigeren Midraschim vertreten. Die einzelnen Stücke sind so bemessen, daß sie einen hinreichenden Eindruck von jeder vorgestellten Schrift vermitteln und auch literarisch zumindest annähernd in sich geschlossen sind. Die Reihenfolge entspricht der vermuteten Entstehungszeit der Schriften; so sollte der Leser auch einen gewissen Eindruck von der Entwicklung des Midrasch von der Frühzeit bis zu seinen späten Ausläufern bekommen. Doch kann man die einzelnen Abschnitte natürlich auch unabhängig voneinander lesen.

Auswahlkriterium waren auch die besprochenen Bibeltexte: diese sollten die Vielfalt der biblischen Literatur selbst irgendwie spiegeln, aber auch die verschiedenartige Behandlung von gesetzlichen, erzählenden oder poetischen Texten zeigen. Schließlich sollte im Rahmen des verfügbaren Raums zumindest in Einzelbeispielen gezeigt werden, wie derselbe Text in verschiedenen Formen des Midrasch jeweils verschieden behandelt wurde.

Mit Zahlen bezeichnete Abschnitte der Texte entsprechen den Ausgaben, solche mit Buchstaben sind zur weiteren Gliederung von mir eingefügt. Bibelzitate und Schreibweise biblischer Namen folgen der Einheitsübersetzung (Katholische Bibelanstalt, Suttgart 1980). Für den Zusammenhang war oft, vor allem bei den direkt kommentierten Stellen, eine eigene Übersetzung notwendig. Dies ist gewöhnlich nicht eigens angemerkt.

I. Halakhische Midraschim

Die erste Gruppe ausgewählter Texte umfaßt die vier vollständig erhaltenen „halakhischen" Midraschim; wie aus der Auswahl deutlich wird, bemühen sich diese Schriften zwar zentral um die Halakha, geben aber auch dem nichtgesetzlichen Stoff großen Raum. Diese Midraschim zeichnet ein besonderes Ringen mit jedem Detail der biblischen Sprache aus, zugleich auch eine starke Formalisierung des Auslegungsvorgangs, die in den fast stereotypen Fragen, die man an den Text stellt, zum Ausdruck kommt. Leider läßt sich diese Fachsprache der Auslegung, die zugleich ein Leitsystem für die Lektüre des Textes darstellt, in der Übersetzung nur unvollkommen wiedergeben. Auf den ständigen Dialog dieser Midraschim mit der Mischna wird die Kommentierung hinweisen.

1) Die Befreiung aus Ägypten: Ex 12,29–36 (Mekhilta Pischa 13)

A. „UND ES GESCHAH IN DER MITTE DER NACHT" (12,29).
Warum ist das gesagt? Weil gesagt ist: *„Und Mose sagte: So spricht der Herr*: Um *Mitternacht* herum *ziehe ich aus* usw." (11,4). Fleisch und Blut ist es ja unmöglich, die Nacht genau zu teilen. Hier aber hat der, der sie gebildet hat, sie geteilt.
R. Jehuda ben Batyra sagt: der ihre Stunden und ihre Zeiten kennt, hat sie geteilt.
R. Eliezer sagt: Hier heißt es „Nacht" und dort (12,12) heißt es „Nacht". Wie es hier „bis Mitternacht" bedeutet, so auch dort: „bis Mitternacht".
B. „UND DER HERR SCHLUG JEDEN ERSTGEBORENEN".
Ich könnte meinen: durch einen Engel oder durch einen Boten. (Doch) die Bibel lehrt: *„Und ich werde schlagen jeden Erstgeborenen"* (12,12), nicht durch einen Engel und nicht durch einen Boten.
C. „UND DER HERR SCHLUG JEDEN ERSTGEBORENEN IM LAND ÄGYPTEN".
Sogar (jene, die) von anderen Orten (stammten).
Und die Erstgeborenen Ägyptens, (die) an anderen Orten (waren), woher (weiß ich über sie)? Die Bibel lehrt: *„Dem, der Ägypten in seinen Erstgeborenen schlug"* (Ps 136,10).
Die Erstgeborenen von Ham, Kusch, Put und Lud, woher (weiß ich über sie)? Die Bibel lehrt: *„Und er schlug alle Erstgeburt in Ägypten, die Erstlinge der Kraft in den Zelten Hams"* (Ps 78,51).
D. „VOM ERSTGEBORENEN PHARAO(S), DER AUF SEINEM THRON SITZT".
Der Vers steht da, um zu lehren, daß der Pharao ein Erstgeborener war. Du sagst: um dich zu lehren, daß der Pharao ein Erstgeborener war. Oder will er vielleicht nur lehren, daß sein Sohn ein Erstgeborener war? Wenn der Vers sagt: „DER AUF SEINEM THRON SITZT", siehe, da ist ja sein Sohn gemeint.
Warum sagt hier die Bibel: „VOM ERSTGEBORENEN PHARAO(S)"?
Der Vers steht da, um zu lehren, daß der Pharao ein Erstgeborener war und (allein) von allen Erstgeborenen übriggeblieben war. Und über ihn sagt die Bibel: *„Doch deswegen habe ich dich bestehen gelassen* usw." (9,16). Baal-Zefon (14,2) war (allein) von allen Götzen übriggeblieben, um den Sohn Ägyptens in die Irre zu führen. Über ihn sagt (die Schrift): *„Er führt Völker in die Irre und rafft sie dann hinweg"* (Ijob 12,23).
E. „BIS ZUM ERSTGEBORENEN DES GEFANGENEN".

Aber was haben denn Gefangene gesündigt?
Sie sollten nur nicht sagen können: Unser Götze hat die Strafe über sie gebracht. Stark ist unser Götze, der für sich allein stehengeblieben ist; stark ist unser Götze, da die Strafe uns nicht betroffen hat.
Eine andere Auslegung:
Es soll dich lehren, daß sich die Gefangenen über alle Dekrete freuten, die der Pharao gegen Israel erließ; es heißt ja: „*Wer sich über ein Unglück freut, bleibt nicht ungestraft*" (Spr 17,5). Und es heißt: „*Freu dich nicht über den Sturz deines Feindes*" (Spr 24,17). Und es steht geschrieben: „*Menschensohn, weil Tyrus über Jerusalem sagte: Ha usw.*". Wie heißt es dann? „*Jetzt gehe ich gegen dich vor, Tyrus, und lasse viele Völker gegen dich anbranden, wie das Meer seine Wogen anbranden läßt*" (Ez 26,2–3).
Und nicht nur die Gefangenen (handelten so), sondern sogar die Sklaven und Mägde; denn es heißt: „*bis zum Erstgeborenen der Magd*" (Ex 11,5).
F. „UND JEDE ERSTGEBURT DES VIEHS".
Aber was hat denn das Vieh gesündigt? Die Ägypter sollten nur nicht sagen können: Unser Götze hat die Strafe über uns gebracht. Stark ist unser Götze, der für sich allein stehengeblieben ist; stark ist unser Götze, da die Strafe es nicht betroffen hat.
G. „DA STAND DER PHARAO AUF" (12,30).
Ich könnte meinen: um die dritte Stunde; denn so ist es die Art der Könige, um die dritte Stunde aufzustehen.
(Doch) die Bibel lehrt: „*Nacht*".
Wenn schon „*Nacht*", könnte ich verstehen: durch die Prinzen und Prinzessinnen (wurde er geweckt).
(Doch) die Bibel lehrt: „ER UND ALL SEINE DIENER UND ALLE ÄGYPTER".
Das besagt, daß der Pharao die Runde zu den Häusern all seiner Diener und zu den Häusern aller Ägypter machte und sie aufstehen ließ, jeden einzelnen von seinem Platz.
H. „UND ES ERHOB SICH GROSSES GESCHREI".
So wie es weiter oben heißt: „*und es wird sich großes Geschrei erheben*" (11,6).
I. „DENN ES GAB KEIN HAUS, IN DEM NICHT EIN TOTER WAR".
R. Natan sagt: Gab es denn dort keine Häuser, in denen es keinen Erstgeborenen gab? Vielmehr (war es so): Wenn einem von ihnen der Erstgeborene gestorben war, machte er sich ein Abbild davon und stellte dieses in seinem Haus auf. Und in dieser Nacht wurde es zertrümmert, zermahlen und zerstreut. Und dieser Tag war in ihren Augen so traurig, als ob sie ihn an diesem Tag begraben hätten. Und nicht nur das! Die Ägypter begruben (die Toten) in ihren Häusern. Es kamen die Hunde durch die Abflußkanäle herein und gruben die Erstgeborenen aus und zerrten sie aus ihren Nischen hervor und spielten sich damit; und das war in ihren Augen so traurig, als ob sie ihn an diesem Tag begraben hätten.

J. „Und er rief nach Mose und Aaron" (12,31).
Das besagt, daß der Pharao im ganzen Land Ägypten herumging und fragte: Wo wohnt Mose? Wo wohnt Aaron?
K. „Und er sagte: auf, zieht aus!"
Mose entgegnete ihm: Wir sind gewarnt, nur offen sichtbar auszuziehen; denn es heißt: „Und ihr dürft (bis zum Morgen das Haus) nicht verlassen" (12,22).
L. Eine andere Auslegung: „Und er rief nach Mose und Aaron". Warum ist das gesagt? Weil gesagt ist: „Und der Pharao sagte zu ihm: Geh weg von mir usw.! Da sagte Mose: Ja, du hast gesprochen usw.", gut hast du gesprochen und zur rechten Zeit hast du gesprochen; „ich werde dir nie mehr unter die Augen treten" (10,28 f). Vielmehr „werden dann all diese deine Knechte herabkommen usw." (11,8).
Mit dem Wort „diese" sagt die Bibel: du wirst schließlich selbst an ihrer Spitze herabkommen; Mose aber erwies dem Königtum Ehre; denn so hatte der Heilige, gepriesen sei er, ihm gesagt: Erweise dem Königtum Ehre; denn es heißt: „Und es sprach der Herr zu Mose und zu Aaron und gebot ihnen usw." (6,13): er gebot ihnen, dem Königtum Ehre zu erweisen.
Und so finden wir auch bei Josef, daß er dem Königtum Ehre erwies; denn es heißt: „Nicht ich, sondern Gott wird zum Wohl des Pharao eine Antwort geben" (Gen 41,16).
Und so finden wir auch bei unserem Vater Jakob, daß er dem Königtum Ehre erwies; denn es heißt: „Und Israel nahm sich zusammen und setzte sich im Bett auf" (Gen 48,2).
Und so finden wir auch bei Elija, daß er dem Königtum Ehre erwies; denn es heißt: „Und er gürtete sich und lief vor Ahab her" (1 Kön 18,46).
Und so finden wir bei Hananja, Mischaël und Asarja, daß sie dem Königtum Ehre erwiesen; denn es heißt: „Dann ging Nebukadnezzar zu der Tür des glühenden Ofens und rief: Schadrach, Meschach und Abed-Nego, ihr Diener des höchsten Gottes, steigt heraus, kommt her! Da kamen Schadrach, Meschach und Abed-Nego heraus" (Dan 3,26).
Und so finden wir auch bei Daniel, daß er dem Königtum Ehre erwies; denn es heißt: „Als er sich der Grube näherte usw.". Und dann heißt es: „Dann sagte Daniel zum König: O König, mögest du ewig leben!" (Dan 6,21 f).
M. „Und er sagte: auf, zieht weg!"
Ich hatte gesagt: „Wer von euch will denn mitgehen" (Ex 10,8)? Ihr aber sagtet: „Wir gehen mit jung und alt usw." (V.9).
„Auf, zieht weg von meinem Volk, sowohl ihr wie auch die Israeliten, und geht! Dient dem Herrn, wie ihr gesagt habt".
Ich hatte gesagt: „Nur eure Schafe, Ziegen und Rinder sollen bleiben" (V.24).

Ihr aber sagtet: „*Auch unsere Herden müssen mitgehen*" (V.26).
„Auch eure Schafe, Ziegen und Rinder nehmt mit" (12,32)!
Ihr sagtet: „*Du mußt auch Schlachtopfer und Brandopfer in unsere Hände geben*" (10,25).
„Nehmt, wie ihr gesagt habt, und geht und segnet auch mich!"
Und betet für mich, daß die Strafe von mir weichen möge!
N. „Und die Ägypter drängten das Volk usw." (12,33).
Das besagt, daß sie sie antrieben und belästigten, wegzugehen.
O. „Denn sie sagten: wir alle sterben".
Sie sagten: das entspricht nicht dem Dekret Moses. Mose sagte: „*Und jeder Erstgeborene wird sterben* usw." (11,5). Und sie meinten: jeder, der vier oder fünf Söhne hatte, von denen würde nur der Erstgeborene sterben. Sie aber wußten nicht, daß ihre Frauen unerlaubter Beziehungen schuldig waren und daß alle (Söhne) Erstgeborene von anderen Junggesellen waren. Die Frauen hatten insgeheim gehandelt; doch Gott hatte sie offen bekanntgemacht.
Und siehe, es gibt einen Schluß vom Leichteren auf das Schwerere: Wenn schon bei der Strafe, die unbedeutend ist, Gott den offen bekanntmacht, der insgeheim handelt, um wieviel mehr gilt dies dann von der Belohnung, die bedeutend ist.
P. „Und das Volk nahm den Teig, bevor er gesäuert war" (12,34).
Das besagt, daß sie den Teig gekneteт, doch nicht genug Zeit hatten, ihn säuern zu lassen, bevor sie erlöst wurden. Und so findest du es auch hinsichtlich der Zukunft. Wie heißt es? „*Er läßt ab zu schüren vom Kneten des Teiges, bis er gesäuert ist. Am Tag unseres Königs machen sie die Fürsten schwach*" (Hos 7,4 f).
Q. „Ihre Backschüsseln" *(misch'arotam)*.
Die Reste *(schejjare)* von ungesäuertem Brot und Bitterkraut.
Du sagst so. Waren es nicht eher die Reste der Osterlämmer? (Nein; denn) wenn es heißt: „*Ihr dürft nichts davon bis zum Morgen übriglassen*" (12,10), siehe, da bezieht sich das auf Reste der Osterlämmer.
Was bedeutet also hier „Misch'arotam, eingewickelt in ihre Kleider"? Das sind die Reste *(schejjare)* von ungesäuertem Brot und Bitterkraut.
R. „Eingewickelt in ihre Kleider auf ihren Schultern".
R. Natan sagt: Gab es denn dort kein Lasttier? Es heißt doch: „*Auch ein großer Haufen zog mit ihnen, dazu Kleinvieh und Rinder*" (V.38). Was bedeutet also die Aussage „Eingewickelt in ihre Kleider auf ihren Schultern"? Doch nur, daß die Israeliten die Gebote wertschätzten.
S. „Und die Israeliten taten, was Mose gesagt hatte" (12,35).
Was hatte denn Mose Israel in Ägypten gesagt?

Siehe, es heißt: „*Rede doch zu den Ohren des Volkes* usw." (11,2).
Und so taten die Israeliten.
T. „UND SIE ERBATEN VON DEN ÄGYPTERN GERÄTE AUS SILBER UND GOLD UND AUCH GEWÄNDER".
„UND GEWÄNDER" besagt nur, daß sie Bekleidung höher schätzten als das Gold und das Silber.
U., „UND DER HERR LIESS DAS VOLK GNADE FINDEN usw." (12,36).
Das ist wörtlich zu verstehen. Kaum hatte einer (zu einem Ägypter) gesagt: Leih mir!, holte dieser es auch schon hervor und gab es ihm: so die Worte des R. Jischmael.
R. Jose ha-Gelili sagt: (Die Ägypter) vertrauten ihnen seit den drei Tagen der Finsternis und sagten: Wenn schon damals, als wir in der Finsternis waren und sie im Licht, sie nicht verdächtigt wurden, sollen wir sie dann jetzt verdächtigen?
R. Eliezer ben Jakob sagt: Der heilige Geist ruhte auf Israel; und wenn einer zu (einem Ägypter) sagte: Leih mir dein Gerät, das du an dem und dem Platz aufbewahrt hast!, da holte es dieser hervor und gab es ihm.
„*Gnade*" bedeutet nichts anderes als „*heiliger Geist*"; denn es heißt: „*Doch über das Haus David und über die Einwohner Jerusalems werde ich den Geist der Gnade ausgießen* usw." (Sach 12,10).
R. Natan sagt: Es wäre nicht notwendig zu sagen: „UND SIE LIEHEN IHNEN". Es deutet an: auch was sie nicht erbaten, liehen sie ihnen. Sagte einer zu (einem Ägypter): Gib mir diese Sache!, antwortete ihm dieser: Nimm es dir und auch anderes seinesgleichen.
V. „UND SIE PLÜNDERTEN DIE ÄGYPTER AUS".
Das besagt, daß ihre Götzen schmolzen, aufhörten, Götzen zu sein, und zu ihrem ursprünglichen Zustand zurückkehrten.
Und woher (wissen wir), daß die Beute am Meer größer war als die Beute in Ägypten? Denn es heißt: „*Und du bist herangewachsen, bist groß geworden zur Herrlichkeit der Herrlichkeiten*" (Ez 16,7).
„*Zur Herrlichkeit*": das ist die Beute Ägyptens, „*Herrlichkeiten*": das ist die Beute am Meer.
„*Die Flügel der Taube sind mit Silber überzogen*": das ist die Beute Ägyptens; „*und ihre Schwingen mit grünlichem Gold*" (Ps 68,14): das ist die Beute am Meer.
„*Goldene Kettchen machen wir dir*": das ist die Beute am Meer; „*mit Silberkugeln daran*" (Hld 1,11): das ist die Beute Ägyptens.

Der Text ist ein schönes Beispiel „schöpferischer Geschichtsschreibung". Basis ist ein genaues Hinhören auf den Text und die Ausdeutung aller sprachlichen Nuancen: sie alle werden als Träger göttlicher Offenbarung verstanden. A kontrastiert die ungefähre Zeitangabe in der Ankündigung durch Mose (11,4 „*um Mitternacht herum*", *kachatsot ha-laila*) mit dem präzisen *bachatsi ha-laila*, „*in der Mitte der*

Nacht", um daraus auf eine ganz genaue Teilung der Nacht zu schließen: in einem Zeitalter ohne Uhren gilt dies allein Gott möglich. Ex 12,12 spricht ohne Präzisierung einfach von „Nacht"; doch R. Eliezer überträgt durch einen auf das Wort „Nacht" gestützten Analogieschluß aus 12,29, daß auch in 12,12 der Zeitraum vor Mitternacht gemeint sei.

Derselbe Vers 12,12 hilft in B, gegen alle Vorstellungen von Heilsmittlern klarzustellen: Gott persönlich schlägt die Erstgeburt und bewirkt so die Errettung. Diese polemische Formel hat auch die Pesach-Haggada aufgenommen.

C leitet aus den abweichenden Formulierungen in 12,28 und Parallelen in den Psalmen ab, daß die Erstgeborenen der Ägypter auch im Ausland, in Ägypten selbst aber auch die Erstgeborenen von Fremden betroffen waren. Ham steht in Ps 78 zwar als Synonym für Ägypten; für den Midrasch ist jedoch darin eine zusätzliche Aussage inbegriffen, da ja in der Bibel kein Wort überflüssig sein darf. Auch die Auslegung in O beruht auf einem völligen Wörtlichnehmen des Textes „wir alle sterben" (und nicht: „sonst sterben wir noch alle"); von da kommt man zum Schluß, daß eben alle Erstgeborene waren. Nicht krankhaftes Interesse an einer möglichst großen Zahl von Opfern ist Motiv der Auslegung, sondern einfach das Bemühen, jedes sprachliche Detail der biblischen Aussage voll zu nehmen.

Um die sprachlichen Möglichkeiten des Bibelverses geht es auch in D. Statt der gewöhnlichen Übersetzung „*vom Erstgeborenen Pharaos*" könnte man auch verstehen: „*vom Erstgeborenen, nämlich Pharao*"; ebenso könnte man das folgende „*der auf seinem Thron sitzt*", sprachlich sowohl auf den Pharao selbst wie auch auf seinen Sohn beziehen. Durch Verbindung mit 9,16 kommt man dazu, anders als sonst üblich den Satz vom erstgeborenen Pharao sprechen zu lassen, den allein von allen Erstgeborenen Gott übriggelassen hat; dem entspricht der allein von den Götzen verbliebene Baal-Zefon. In E und F geht es um die Schuld, welche die Bestrafung der Gefangenen wie auch des Viehs bewirkt hat. Der gerechte Gott tötet ja nicht ohne Grund.

G betont die ungewöhnliche Stunde des Aufstehens des Pharao; daß dieser als erster aufstand, ohne geweckt zu werden, entnimmt man der Erwähnung Pharaos an erster Stelle, unterstrichen durch das folgende „er (selbst)"; daß er auch alle anderen weckte, liest man daraus, daß das Verb, „*er stand auf*", noch dazu in der Einzahl, auch die Diener und alle Ägypter einschließt. Die Ausmalung der Geschichte in I wiederum beruht auf dem Zwang, den Text ganz wörtlich zu nehmen, daß es tatsächlich in *jedem* Haus einen Toten gab.

Der allgemeinen Tendenz des Midrasch entsprechend, die auch in dieser Beziehung den Text so wörtlich wie möglich nimmt, macht in J der Pharao sich persönlich auf die Suche nach Mose und Aaron. 11,8 würde eigentlich gegen die persönliche Suche des Pharao sprechen; doch das überschüssige „diese" in diesem Vers gilt als Hinweis, daß Mose hier einfach höflich umschreibend vom Pharao selbst spricht (L). Dieses ehrerbietige Verhalten gegenüber der Obrigkeit, sogar wenn diese Israel feindlich gesinnt ist, versteht man als direkte Weisung Gottes. Dies leitet man aus dem Satzbau von 6,13 ab: in der erhaltenen Textform steht „*er gebot ihnen*" etwas isoliert da; *was* Gott gebot, erschließt man daher aus dem folgenden Verhalten Moses. Wie wichtig dem Midrasch dieses Verhalten gegenüber der Obrigkeit und seine Rechtfertigung gegenüber dem Leser ist, zeigt die folgende Reihe von fünf biblischen Beispielen: Jakob = Israel erweist sogar seinem Sohn Josef die Ehre, weil er Vertreter des Pharao ist; in den anderen Fällen ist der geehrte König jeweils direkt ein Verfolger.

Der Dialog zwischen dem Pharao und Mose in M ist wie schon in K und L einfach aus vorausgehenden Bibelversen aufgebaut. Zuerst zitiert Mose seinen eigenen Befehl in 12,22 gegen den Wunsch des Pharao, sie sollten sofort ausziehen; des Pharao eigene Worte von 10,28 richten sich nun gegen ihn. Indem M das Gespräch zwischen dem Pharao und Mose in Kap. 10 nun nochmals zitiert, betont es das Nachgeben des Pharao in allen Punkten. 10,25 ist ein Bedingungssatz: „*Sogar wenn du Schlachtopfer... geben würdest*"; der Midrasch liest ihn jedoch, wie grammatikalisch möglich: „*Du mußt... geben*". In 12,32 findet man dies dann erfüllt, indem man den Imperativ „nehmt" sowohl zum Vorausgehenden wie zum Folgenden zieht: „*Auch eure Schafe, Ziegen und Rinder nehmt! Nehmt, wie ihr gesagt habt*"; „*wie ihr gesagt habt*" bezieht man auf 10,25. Weil der Pharao selbst Opfertiere mitgibt, kann er verlangen: „*Segnet auch mich*", betet um das Aufhören der Strafe.

In P gilt das ungesäuerte Brot als Sinnbild für den überraschend hereinbrechenden Tag der Erlösung Gottes, ein Bild, das man auch in Hos 7,4 f angedeutet sieht. Da die rabbinische Halakha gesäuertes Brot in der Pesachwoche streng verbietet, war es völlig undenkbar, daß die ausziehenden Israeliten zu Pesach ihre Backschüsseln mit dem Brotteig mitnahmen; das seltene hebräische Wort gibt daher in Q Anlaß zu einer anderen Deutung: nicht ihre Backschüsseln *(misch'arotam)* nahmen sie mit, sondern „von den Resten" *(mi-schejjare)* des Pesach-Mahles, natürlich nicht vom Osterlamm, von dem ja nichts übrigbleiben darf, sondern vom ungesäuerten Brot und vom Bitterkraut. So harmonisiert man den Text bewußt mit der eigenen Halakha, deren freudige Erfüllung R unterstreicht.

In S bis V geht es dann um die Schätze, die Israel den Ägyptern beim Auszug abgenommen hatte. Wie konnte man solches Verhalten rechtfertigen? Zuerst führt man es auf eine direkte Anweisung Moses (und Gottes selbst) zurück, indem man 12,35 aus 11,2 ergänzt. T liest aus der Reihenfolge des Bibeltextes, daß es Israel gar nicht so um den Besitz ging; die Kleidung zur Wahrung von Sitte und Anstand schätzten sie höher als Gold. U leitet aus dem Wort „Gnade" *(chen)* ab, daß die Ägypter freiwillig die Israeliten beschenkten, aus der Verbalform für „liehen", daß sie es ihnen geradezu aufdrängten.

V sieht im Ausplündern der Ägypter eingeschlossen, daß deren Götzen sich wieder in bloßes Metall verwandelten: dies mag darin begründet sein, daß die Israeliten beim Auszug doch nicht Gold und Silber in Form heidnischer Kultgegenstände mitgenommen hätten. Vielleicht spielt man aber auch mit der Mehrdeutigkeit der Wortwurzel für „plündern", die auch „retten" bedeuten kann: dann wäre die Abnahme der goldenen Götterstatuen für die Ägypter Rettung und Wohltat. Auf jeden Fall ist das Bemühen deutlich, die Israeliten nicht als Diebe dastehen zu lassen. Der Schluß von V belegt mit Bibelversen, daß die Beute am Schilfmeer, die unmittelbar auf das Eingreifen Gottes zurückgeht, jene aus Ägypten übertrifft: die Beute wird hier zum Bild dafür, wie Gott sein erwähltes Volk ausstattet.

2) Besitz verpflichtet: Ex 22,24–29 (Mekhilta Kaspa 1)

A. „WENN DU GELD LEIHST EINEM AUS MEINEM VOLK (22,24).
R. Jischmael sagt: jedes einzelne „wenn" in der Tora (besagt) eine Erlaubnis, ausgenommen dieses und noch zwei.
„Wenn du dem Herrn ein Speiseopfer von den Erstlingsfrüchten darbringst" (Lev 2,14) (besagt) eine Pflicht.
Du sagst: Pflicht. Oder ist es doch nur eine Erlaubnis?
Die Bibel lehrt: „sollst du als Speiseopfer deiner Erstlingsfrüchte darbringen" (Lev 2,14). (Das besagt) Pflicht und nicht Erlaubnis.
Ebenso steht es hier: „Und wenn du mir einen Altar aus Steinen errichtest" (Ex 20,25) (besagt) eine Pflicht.
Du sagst: Pflicht. Oder ist es doch nur eine Erlaubnis?
Die Bibel lehrt: „Aus unbehauenen Steinen sollst du (den Altar) bauen" (Dtn 27,6). (Das besagt) Pflicht und nicht Erlaubnis.
Und auch hier mußt du sagen: „WENN DU GELD LEIHST" (besagt) eine Pflicht.
Du sagst: Pflicht. Oder ist es doch nur eine Erlaubnis?
Die Bibel lehrt: „Gegen Pfand leihen, ja leihen sollst du" (Dtn 15,8). (Das besagt) Pflicht und nicht Erlaubnis.

B. „WENN DU GELD LEIHST".
Du darfst jemandem Geld gegen Geld (als Rückzahlung) leihen, aber du darfst ihm nicht Früchte gegen Früchte leihen. Eine andere Auslegung: Du darfst jemandem Geld gegen Geld leihen, aber nicht darfst du ihm Geld gegen Früchte und Früchte gegen Geld leihen.

C. „EINEM AUS MEINEM VOLK".
Wenn ein Israelit und ein Heide vor dir stehen, um zu leihen, geht „EINER AUS MEINEM VOLK" vor; ein Armer und ein Reicher, da geht der Arme vor; deine Armen und die Armen deiner Stadt, da gehen deine Armen den Armen deiner Stadt vor; die Armen deiner Stadt und die Armen einer anderen Stadt, da gehen die Armen deiner Stadt vor; denn es heißt: „DEM ARMEN BEI DIR".

D. „(LEIHST DU) DEM ARMEN BEI DIR, SOLLST DU DICH GEGEN IHN NICHT WIE EIN WUCHERER BENEHMEN".
Gegenüber „DEM ARMEN, der BEI DIR ist, GEGEN IHN SOLLST DU DICH NICHT WIE EIN WUCHERER BENEHMEN"; wohl aber darfst du dich gegen einen Reichen wie ein Wucherer benehmen.

E. „SOLLST DU DICH GEGEN IHN NICHT WIE EIN WUCHERER BENEHMEN". Du sollst dich bei ihm nicht ständig sehen lassen.

F. „IHR SOLLT VON IHM KEINEN ZINS FORDERN".
Wozu sagt dies die Bibel? Wenn sie sagt: „Du sollst ihm dein Geld nicht gegen Zinsen geben" (Lev 25,37), da ist das (ja schon) eine Warnung an den Verleiher, daß er nicht gegen Zinsen verleiht!

Du sagst: Siehe, das ist eine Warnung an den Verleiher, daß er nicht gegen Zinsen verleiht. Oder ist es vielleicht eine Warnung an den Schuldner? Wenn es heißt: „*nimm nicht von ihm!*" (Lev 25,36), ist hier eine Warnung an den Schuldner ausgesprochen.
Und wozu sagt dann die Bibel: „*Du sollst ihm dein Geld nicht gegen Zinsen geben*"?
Das ist eine Warnung an den Verleiher, daß er nicht gegen Zinsen verleiht. Damit habe ich bloß eine Warnung an den Verleiher und an den Gläubiger. Eine Warnung an den Bürgen und an die Zeugen und an den Notar, woher (entnehme ich diese)? Die Bibel lehrt: „IHR SOLLT VON IHM KEINEN ZINS FORDERN", ganz allgemein.
Von daher sagten sie: Wer gegen Zinsen verleiht, übertritt (die Tora) in fünf Punkten: „*gib nicht*" (Lev 25,37); „*nimm nicht*" (V.36); „DU SOLLST DICH GEGEN IHN NICHT WIE EIN WUCHERER BENEHMEN"; „IHR SOLLT VON IHM KEINEN ZINS FORDERN"; „*du sollst einem Blinden kein Hindernis in den Weg stellen*" (Lev 19,14).
Und so wie der Gläubiger und der Schuldner in fünf Punkten (die Tora) übertreten, so auch der Bürge und die Zeugen und der Notar. R. Jehuda erlaubt es beim Notar. R. Meir sagt: Wer gegen Zinsen verleiht und zum Schreiber sagt: Komm und schreib!, und zu den Zeugen: Kommt und unterschreibt!, hat keinen Anteil an dem, der Zinsennehmen verboten hat.

G. „WENN DU EIN PFAND NIMMST USW." (22,25).
R. Jischmael sagt: Der Vers steht da, dich zu lehren, daß du das Gebot (zu leihen) erfüllen mußt, das Deine aber nehmen darfst.

H. „VOR SONNENUNTERGANG MUSST DU ES IHM ZURÜCKGEBEN".
Das ist ein Kleid für den Tag; das mußt du ihm den ganzen Tag zurückgeben.
Da habe ich nur (die Aussage), daß man ihm ein Kleid für den Tag den ganzen Tag zurückgeben muß. Daß man ihm ein Kleid für die Nacht die ganze Nacht zurückgeben muß, woher (entnehme ich das)?
Die Bibel lehrt: „*Zurückgeben, ja zurückgeben mußt du ihm sein Pfand bei Sonnenuntergang*" (Dtn 24,13).
Von daher sagten sie: Man darf ein Kleid für den Tag in der Nacht als Pfand nehmen und ein Kleid für die Nacht bei Tag; und man muß ein Kleid für den Tag bei Tag zurückgeben und ein Kleid für die Nacht bei Nacht.

I. „DENN DIES IST SEINE EINZIGE DECKE" (22,26): das ist der Mantel; „DIES SEINE KLEIDUNG FÜR SEINEN LEIB": das ist das Hemd; „WORIN SOLL ER SONST SCHLAFEN? Das schließt den Überzug der Matratze ein.

J. „WENN ER ZU MIR SCHREIT".
R. Natan sagt: Angenommen, das Gericht erklärt, daß jemand seinem Nächsten eine Mine schuldet, und er trägt ein Kleid um 200 Schekel. (Der

Gläubiger) darf nicht zu ihm sagen: Verkauf dein Kleid, zieh dir etwas um eine Mine an und gib mir eine Mine. Darüber heißt es ja: „DENN DIES IST SEINE EINZIGE DECKE". Du darfst ihm nicht ein Kleid wegnehmen, das ihm gut steht.

K. „ICH HÖRE ES, DENN ICH HABE ERBARMEN":
Denn mit Erbarmen habe ich meine Welt erschaffen.

L. „DU SOLLST ELOHIM (GOTT) NICHT LÄSTERN" (22,27).
Warum ist das gesagt? Weil gesagt ist: „*Wer den Namen des Herrn schmäht, wird mit dem Tode bestraft*" (Lev 24,16). Da haben wir nur die Strafe gehört; eine Warnung haben wir aber nicht gehört. (Daher) sagt die Bibel: „DU SOLLST GOTT NICHT LÄSTERN", ganz allgemein. Das sind die Worte des R. Aqiba.

R. Jischmael sagt: Von Richtern spricht der Vers; denn es heißt: „*dann soll der Streitfall der beiden vor Elohim kommen*" (Ex 22,8).

M. „DU SOLLST ELOHIM (DIE RICHTER) NICHT LÄSTERN".
Da habe ich nur den Richter. Den Fürsten, woher (nehme ich den)? Die Bibel lehrt: „UND DEN FÜRSTEN IN DEINEM VOLK NICHT VERFLUCHEN".
(Dazu) würde ich (einfach) lesen: „DEN FÜRSTEN IN DEINEM VOLK SOLLST DU NICHT VERFLUCHEN". Einerlei, ob Richter oder Fürst, beide sind inbegriffen. Und wozu sagt die Bibel: „DU SOLLST ELOHIM NICHT LÄSTERN"?
Um im Fall jedes einzelnen davon für sich schuldig zu sprechen. Von daher sagten sie: Es gibt einen Fall, daß jemand ein Wort sagt und dadurch in vier Punkten schuldig wird. Der Sohn eines Fürsten, der den Vater lästert, wird dadurch in vier Punkten schuldig: wegen des Vaters (Ex 21,17), wegen des Richters und wegen des Fürsten (22,27) und wegen des „IN DEINEM VOLK SOLLST DU NICHT VERFLUCHEN".

R. Jehuda ben Batyra sagt: „DU SOLLST ELOHIM NICHT LÄSTERN UND DEN FÜRSTEN IN DEINEM VOLK NICHT VERFLUCHEN". Ich könnte meinen: einer wird nicht schuldig, außer (der Gelästerte) ist Richter und Fürst zugleich. Doch die Bibel lehrt: „DU SOLLST ELOHIM NICHT LÄSTERN", um jemanden diesbezüglich wegen eines Richters schuldig zu erklären und auch wegen eines Fürsten.

Und wenn es ein Fürst ist wie Ahab und seinesgleichen?
Die Bibel lehrt: „IN DEINEM VOLK" – das habe ich nur gesagt, solange sie sich nach der Art deines Volkes verhalten.

N. „DU SOLLST ELOHIM NICHT LÄSTERN".
Hier habe ich nur Richter und Fürst (eingeschlossen); alle übrigen Menschen, woher (weiß ich von ihnen)? Die Bibel lehrt: „IN DEINEM VOLK SOLLST DU NICHT VERFLUCHEN", ganz allgemein.

O. „DEINEN VOLLEN ERTRAG UND DEINEN SAFT (DER KELTER) SOLLST DU NICHT ZURÜCKHALTEN" (22,28).

„Deinen vollen Ertrag": das sind die Erstlingsfrüchte, die von der Fülle genommen werden; „Und deinen Saft": das ist die Hebe. „Sollst du nicht zurückhalten", daß nicht der zweite Zehnte dem ersten vorangeht, und nicht der erste (Zehnte) der Hebe und nicht die Hebe den Erstlingsfrüchten.
Ich weiß aber nicht, was davon zuerst kommt, ob die Hebe vor den Erstlingsfrüchten oder die Erstlingsfrüchte vor der Hebe.
Du kannst folgern: die Erstlingsfrüchte, die mit vier Namen bezeichnet werden – Anfang, Erstlinge, Hebe und Fülle –, sollen der Hebe vorangehen, die nur mit drei Namen bezeichnet wird. Die Hebe, die mit drei Namen bezeichnet wird – Anfang, Hebe und Saft –, soll dem ersten Zehnten vorangehen, der nur mit zwei Namen bezeichnet wird. Der erste Zehnte, der mit zwei Namen bezeichnet wird – Hebe und Zehnter –, soll dem zweiten Zehnten vorausgehen, der nur mit einem einzigen Namen bezeichnet wird.
Von daher sagten sie: Wer die Hebe vor den Erstlingsfrüchten darbringt, und den ersten Zehnten vor der Hebe und den zweiten Zehnten vor dem ersten, übertritt zwar ein Verbot; doch ist das, was er getan hat, getan.
P. „Deinen vollen Ertrag und deinen Saft (der Kelter) sollst du nicht zurückhalten. Den Erstgeborenen unter deinen Söhnen sollst du mir geben. Ebenso sollst du es mit deinen Rindern halten" (22,28 f).
(Die Bibel) vergleicht den Erstgeborenen des Menschen mit dem Erstgeborenen des Viehs und das Erstgeborene des Viehs mit dem Erstgeborenen des Menschen. So wie beim Vieh die Fehlgeburt das (folgende) Erstgeborene (vom Gesetz der Erstgeburt) befreit, so befreit auch beim Menschen die Fehlgeburt den Erstgeborenen (vom Gesetz der Erstgeburt). So wie man beim Erstgeborenen des Menschen sein Lösegeld dem Priester geben darf, wo immer man will, so darf man auch das Erstgeborene des Viehs dem Priester geben, wo immer man will.
Daraus, daß (die Bibel) sagt: *„Dorthin sollt ihr eure Brandopfertiere und Schlachtopfertiere bringen* usw. *und die Erstlinge eurer Rinder und eures Kleinviehs"* (Dtn 12,6), könnte ich verstehen: man ist verpflichtet, sie zum Tempel zu bringen. (Doch) die Bibel lehrt: *„bei Mensch und Vieh"* (Ex 13,2).
Sie vergleicht also das Erstgeborene des Viehs mit dem Erstgeborenen des Menschen und den Erstgeborenen des Menschen mit dem Erstgeborenen des Viehs. So wie man den Erstgeborenen des Menschen dreißig Tage lang versorgt, so soll man auch das Erstgeborene des Viehs dreißig Tage lang versorgen.
Q. „Sieben Tage soll es bei seiner Mutter bleiben" (22,29). Warum ist das gesagt? Weil (die Bibel) sagt: *„Sieben Tage soll es unter seiner Mutter bleiben"* (Lev 22,27): mit seiner Mutter.

Du sagst: „*unter seiner Mutter*" (bedeutet) mit seiner Mutter. Oder ist nicht „unter seiner Mutter" wörtlich zu verstehen?
Die Bibel lehrt: „Sieben Tage soll es bei seiner Mutter bleiben". Wie es hier „Bei seiner Mutter" heißt, bedeutet es auch dort: bei seiner Mutter.
R. Natan sagt: die Bibel verwendet den Ausdruck „unter" nur zur Auslegung. „*Unter seiner Mutter*" (bedeutet) *nach* seiner Mutter.
Oder ist „*unter seiner Mutter*" doch wörtlich zu verstehen?
Siehe, du kannst einen Schluß ziehen: hier heißt es „seine Mutter" und dort heißt es „seine Mutter". Wie es dort (bedeutet, daß sie) „ihm nahe" (ist), so auch hier: „ihm nahe".
R. „Sieben Tage soll es bei seiner Mutter bleiben".
So wie das Erstgeborene, obwohl heilig, nur von profanen Tieren saugt, so saugen alle (geheiligten Tiere) nur von profanen.
Von daher sagten sie: Alle geheiligten Tiere sollen nicht ihre Jungen säugen. Auch das für den Zehnten bestimmte Muttertier soll nicht sein Junges säugen. Und all dies leitet man nur vom Erstgeborenen ab. So wie das Erstgeborene, obwohl heilig, nur von profanen Tieren saugt, so sei es bei allen (geheiligten Tieren): man lasse ihre Jungen nur von profanen Tieren saugen. Wie macht man das? Man nimmt geheiligtes Geld und kauft damit profane Tiere. Diese erbarmen sich der Jungen und säugen sie.
Das, obwohl andere sagten: dafür pflegte man vorzusorgen.
S. „Am achten Tag sollst du es mir übergeben".
Ich habe hier nur den achten (Tag). Vom achten (Tag) und später, woher (weiß ich darüber)?
Siehe, du ziehst einen Schluß: hier heißt es „achter" und dort heißt es „achter" (Lev 22,27). So wie dort der „achte" (Tag) genannt ist, um damit den achten (Tag) und vom achten (Tag) an für geeignet zu erklären, so soll auch der hier genannte „achte" (Tag) den achten Tag und vom achten (Tag) an für geeignet erklären. Wie es hier am achten Tag (selbst schon möglich ist, das Tier abzuliefern), so auch dort am achten Tag.
„Am achten Tag sollst du es mir übergeben", um das Fehlen der (vorgeschriebenen) Zeit auszuschließen.

Der Midrasch gliedert den Bibeltext nicht wie heutige Kommentare. Ex 22,24 setzt für ihn ein neuer Abschnitt ein, den er mit *kaspa*, „Geld", überschreibt. Sein hier wiedergegebenes erstes Kapitel vereint auf den ersten Blick mit Ex 22,24–29 sehr disparate Stoffe: zuerst Anweisungen über das Leihen, dann das Verbot, Gott und dem Fürsten im Volk zu fluchen, und schließlich die Pflicht des Erstlingsopfers. Offenbar sieht der Ausleger Vers 27 als Scharnier des Ganzen: das rechte Verhalten gegenüber Gott und dem Volk erweist sich in der richtigen Verwendung des Besitzes sowohl für den Armen im Volk wie auch für die Abgaben an den Tempel Gottes.

A setzt mit dem Versuch ein, eine allgemeine Sprachregel zu bieten: gewöhnlich leitet „wenn" ein dem Ermessen des einzelnen freigestelltes Tun ein; nur wenn er sich dafür entscheidet, hat er die danach genannten Bedingungen zu erfüllen. Ausgenommen sind drei Fälle, wo das nach „wenn" genannte Verhalten Pflicht ist und der Folgesatz nur festlegt, wie man diese Pflicht konkret erfüllt. Die drei Fälle werden in einer in der Mekhilta beliebten einheitlichen Form vorgelegt: dem Bibelzitat folgt die Entscheidung („Pflicht"), darauf ein Einwand („du sagst – oder") und dann die endgültige Festlegung aus der Bibel: in den beiden ersten Fällen gilt die Wiederholung der Aussage im folgenden Hauptsatz als Beleg, für Ex 22,24 muß man eine Parallele (Dtn 15,8) heranziehen, um das Darlehen als Pflicht zu erklären. Vorausgesetzt ist dabei immer ein Notdarlehen, nicht ein Investitionsdarlehen.

B sichert das Zinsverbot ab. Auch verborgene Zinsen sind verboten, daher auch die Vereinbarung, eine bestimmte Summe später mit einer gewissen Menge der Ernte zurückzuzahlen: der Preis kann ja in der Zwischenzeit steigen und so dem Gläubiger einen unerlaubten Gewinn bringen; dasselbe ist natürlich auch beim Leihen von Früchten gegen Früchte möglich. Die Rangfolge in C verdeutlicht, daß das Darlehen eine Hilfe für den Armen ist; jeder muß zuerst dem ihm Nächststehenden helfen, wie auch das christliche Armenrecht vorsieht. Das Wort „Wucherer" in D und E ist ein Notbehelf; es geht nicht um Wucherzinsen, sondern um jede Form, in der der Gläubiger seine Position des Stärkeren fühlen läßt.

Nach Auffassung der Rabbinen wiederholt sich die Bibel nicht; jeder einzelne Satz bringt eine notwendige Information. Daher verweist auch F auf die Parallele in Lev 25 und erklärt, daß die mehrfachen Erwähnungen des Zinsverbots verschiedene Adressaten haben; jede Gruppe von Betroffenen, Geldgeber wie Geldnehmer usw., muß eigens vor der Übertretung gewarnt werden, damit sie strafbar wird. Die Deutung von Lev 25,36 auf den Geldnehmer ist übrigens nur durch völlige Lösung aus dem Zusammenhang möglich; Lev 19,14 wird hier genannt, weil auch die Irreführung des Unwissenden in Darlehensfragen ein Verstoß gegen das Zinsverbot ist.

Die Formel „Von daher sagten sie" führt hier wie auch in H, M, O und R sowie auch sonst in der Mekhilta ein Zitat aus der halakhischen Diskussion der Rabbinen ein, wozu der Midrasch die biblische Basis liefert. Gelegentlich folgt ein wörtliches Zitat aus der Mischna (so in O), gewöhnlich jedoch nur eine sachgemäße Parallele oder auch ein Zitat, das sich nicht mehr lokalisieren läßt. Deutlich ist nur der Wille, halakhische Diskussionen der Rabbinen in der Bibel zu verankern. Man muß dies muß nicht in Reaktion auf die Mischna sehen, sondern kann es auch parallel zur Arbeit an dieser verstehen. Hier ist die sachliche Parallele in der Mischna Baba Metsia V,11.

R. Jischmael, der in A nur drei Wenn-Sätze als Pflicht deutet, erklärt in G konsequent das „wenn" von 22,5 als Erlaubnis: zwar muß man dem Armen leihen, doch darf man ein Pfand nehmen, es als das Seine betrachten.

Wo die Bibel davon ausgeht, daß der Arme nur ein Oberkleid besitzt, das ihm in der Nacht als Decke dient, setzen die Rabbinen geänderte wirtschaftliche Verhältnisse voraus. Daher können sie in I die wortreiche Formulierung von 22,26, die ihrem Verständnis nach ja nichts Überflüssiges enthalten kann, auf verschiedene Kleidungsstücke beziehen und in H Kleider für den Tag und für die Nacht unterscheiden. Dazu nötigt sie die verschieden formulierte Zeitangabe in 22,25 und Dtn 24,13, einmal wörtlich „beim Kommen der Sonne", dann „bis zum Kommen der Sonne". Wenn man wie gewöhnlich das „Kommen" vom Sonnenuntergang versteht (was aber in traditionellen jüdischen Kommentaren durchaus nicht allgemein ist), verpflichtet 22,25 zur Rückgabe des Kleids *bis* zum Sonnenuntergang: bei Tag muß man es dem Besitzer lassen, danach darf es der Gläubiger wieder als Pfand holen. Dtn 24,13 hingegen gebietet, dem Schuldner das verpfändete Kleid für die Nacht zu überlassen. Der in H mit der Formel *„von daher sagten sie"* eingeleitete Text findet sich sachgemäß in Baba Metsia IX,13 und den Talmudim zur Stelle.

Die in J genannte Mine entspricht 100 Schekel; 200 Schekel wäre eine gewaltige Summe für ein Kleid. Bezeichnend für die Rabbinen ist die Tendenz, einem Reichen, auch wenn er einmal in Not geraten sein mag, ein standesgemäßes Leben zuzusichern.

Die Diskussion in L–N beruht auf dem Verständnis von Elohim; nach rabbinischer Auffassung, die sich auf den Kontext berufen kann, bedeutet das Wort in Ex 22,8 nicht Gott, sondern Richter; so spricht auch die Übersetzung von *Buber* und *Rosenzweig* noch von „Gottrichtern". Nun diskutiert man, ob das nächste Mal, nämlich in 22,27 Elohim Gott oder wieder die Richter bezeichnet. Wer es von Gott versteht, muß wie Aqiba die Wiederholung der Aussage in Lev 24,16 erklären, den einen Text als Straffestsetzung, den anderen als Warnung verstehen.

Wer mit Jischmael 22,27 auf Richter bezieht, muß den Parallelismus des Satzes erklären (M). Das „und" läßt das zweite Verbum überflüssig erscheinen; außerdem ist ein Fürst ja zugleich auch Richter. Doch bietet, wie der Midrasch betont, jedes einzelne Wort des Satzes eine zusätzliche Präzision, ist also notwendig.

Für den Abschnitt *„Von daher sagten sie"* läßt sich keine Quelle festlegen; doch erörtert die Mekhilta selbst zuvor (Neziqin 5) den Fall ausführlicher. Abschließend stellt M klar, daß anders als nichtjüdische Herrscher Richter und Fürsten *„in deinem Volk"* nur bei entsprechendem Verhalten Ehrung verdienen, nicht aber ein König wie Ahab. N trägt eine „demokratische" Auslegung des Satzes vor, indem es *„in deinem Volk"* nicht auf den Fürsten bezieht, sondern absolut setzt: jemand in deinem Volk – jeder Angehörige des Volkes hat denselben Anspruch auf Ehrung.

In O geben wir 22,28 nach traditionellem jüdischem Verständnis wieder, was auch die Auslegung des Midrasch auf verschiedene Abgaben rechtfertigt und nicht allein auf den Wunsch zurückführt, Wiederholungen im Bibeltext wegzuerklären. Das mit „zurückhalten" übersetzte Verb *teacher* heißt genauer „verspäten", enthält das Wort *achar*, „nach": das begründet die folgende Diskussion um die richtige Reihenfolge der Abgaben (wie wir ja auch heute noch für den Konfliktfall eine Rangordnung von Verpflichtungen festlegen). Die Erstlinge von Ernte und Herde haben absoluten Vorrang; es folgt die den Priestern zu leistende Hebe, dann der Zehnte und der zweite Zehnte (den man selbst im Tempel bzw. in Jerusalem genießen, jedes dritte Jahr aber den Armen geben soll). Den Abschnitt schließt ein wörtliches Zitat aus der Mischna (Terumot III,6) ab: auch wenn man sich verbotenerweise nicht an die vorgeschriebene Reihenfolge hält, sind die geleisteten Abgaben gültig.

P wendet die Methode der Sachanalogie *(heqqesch)* an, um die biblischen Bestimmungen über das Erstgeborene beim Vieh aus jenen über den Erstgeborenen des Menschen und umgekehrt zu ergänzen. Für beide gilt, daß auch eine Fehlgeburt als Erstgeborenes zählt, ebenso, daß man das Lösegeld dafür nicht nach Jerusalem bringen muß, sondern überall leisten darf (was nur vom Menschen gesagt ist). Nach Num 18,16 löst man den Erstgeborenen des Menschen um fünf Schekel, wenn er ein Monat alt ist: bis dahin sorgt man also für ihn, obwohl er eigentlich dem Tempel gehört; entsprechend muß man sich um das Erstgeborene des Viehs dreißig Tage lang kümmern, obwohl es dem Tempel zusteht (dieser Abschnitt findet sich auch in SifreNum § 118).

Q versucht zu erklären, welche Zusatzinformation die Parallele in Lev 22,27 bietet. In Ex 22,29 heißt es „bei seiner Mutter", in Lev wörtlich „unter seiner Mutter". Dies kann man natürlich nicht streng nehmen. Beiden Texten gemeinsam ist der Ausdruck „seine Mutter"; ob es „mit" oder „unter" heißt, ist demnach nicht so wesentlich; vielmehr soll diese Variation zeigen, daß jedwede Beziehung zur Mutter genügt, und sei diese auch kurz (wenn etwa das Muttertier bei der Geburt stirbt: das meint R. Natan mit „nach seiner Mutter"); auf jeden Fall hat das Tier sieben Tage Zeit.

In R geht es um die Veruntreuung von dem Tempel gehörigem Gut. Man geht vom Bibeltext aus, wonach das Junge, obwohl als Erstgeborenes dem Tempel geweiht, bei seiner Mutter, einem profanen Tier, saugt. Was hier erlaubt ist, muß auch sonst gelten; der folgende Text *(„von daher sagten sie")* hat eine Teilparallele in Meila III,6. Wenn nun das Muttertier selbst (hier als Zehnter) dem Tempel geweiht ist, gehört auch seine Milch dem Tempel – sein Junges muß daher von einem anderen Tier gesäugt werden. Dabei geht es allerdings nicht um reale Probleme in rabbinischer Zeit, als es ja den Tempel nicht mehr gab, vielmehr um ein geschlossenes Gedankensystem, wie man jedwede Möglichkeit, Gott geweihtes Gut zu profanen Zwecken zu mißbrauchen, vermeiden kann.

In S schließlich geht es um die Zeitbestimmung „am achten Tag" im Vergleich mit Lev 22,27, wonach ein Tier „vom achten Tag an" als Opfertier geeignet ist. Die Formulierung will demnach nur eine Übergabe *vor* dem achten Tag ausschließen. Damit ist aber auch der Sorgepflicht für das Tier während eines ganzen Monats (P) Rechnung getragen.

3) Die Reinigung des Aussätzigen: Lev 14,2–4 (Sifra Metsora 1)

A. „(DAS SOLL SEIN) DAS GESETZ FÜR DEN AUSSÄTZIGEN" (14,2).
Für das Haus der Ewigkeit.
„DAS": gilt nicht für ein Höhenheiligtum.
„SOLL SEIN": in dieser Zeit.
„DAS GESETZ FÜR DEN AUSSÄTZIGEN": Ein (gemeinsames) Gesetz für alle Aussätzigen, bis sie dieses Opfer bringen.
Aber woher (weiß ich, daß sie zuvor aus der gemeinsamen Regel) herausgefallen sind?
Weil wir finden, daß die Schrift einen Unterschied hinsichtlich ihrer (For-

men der) Unreinheit und hinsichtlich ihrer Wochen (der Überprüfung) gemacht hat.
Kann ich sagen, daß sie auch hinsichtlich ihrer Opfer unterschieden werden?
Die Bibel lehrt: „Das Gesetz für den Aussätzigen" – ein (gemeinsames) Gesetz für alle Aussätzigen, daß sie dieses Opfer darbringen.
B. „Das Gesetz für den Aussätzigen am Tag (Wenn er für rein erklärt wird)".
Das lehrt, daß seine Unreinheit und seine Reinheit bei Tag (entschieden werden).
Da habe ich nur, daß seine Unreinheit und seine Reinheit bei Tag (entschieden werden). Woher (weiß ich), daß die Schlachtung der Vögel, das Besprengen mit dem Blut der Vögel und seine Rasur bei Tag (erfolgen müssen)?
Die Bibel lehrt: „Das Gesetz für den Aussätzigen".
Kann ich sagen, daß auch der Kauf der Vögel, das Fliegenlassen der Vögel, das Waschen seiner Kleider und seine Waschung bei Tag (erfolgen müssen)?
Die Bibel lehrt: „Das Gesetz für den Aussätzigen am Tag".
C. „Das Gesetz für den Aussätzigen... durch den Priester".
Das lehrt, daß (die Feststellung) seiner Unreinheit und seiner Reinheit durch den Priester (erfolgen müssen).
Da habe ich nur, daß (die Feststellung) seiner Unreinheit und seiner Reinheit durch den Priester (erfolgen müssen). Woher (weiß ich, daß) die Schlachtung der Vögel, das Besprengen mit dem Blut des Vogels und seine Rasur durch den Priester (erfolgen müssen)?
Die Bibel lehrt: „Das Gesetz für den Aussätzigen... durch den Priester".
Kann ich sagen, daß auch der Kauf der Vögel, das Fliegenlassen der Vögel, das Waschen seiner Kleider und seine Waschung durch den Priester (erfolgen müssen)?
Die Bibel lehrt: „Dies".
D. „Am Tag, wenn er für rein erklärt wird: man bringe ihn".
Man verzögere nicht.
Als Monobazes sich vor R. Aqiba befand, zog er diesen Schluß:
Wenn ich jemanden, solange er (noch in der Gemeinschaft) steht, sofort wegschicke, ihn aber, wenn er (in diese zurück) geht, sieben Tage festhalte, ist es da nicht logisch, daß ich jemanden, den ich, solange er (noch in der Gemeinschaft) steht, sieben Tage festhalte, auch dann, wenn er (in diese zurück) geht, sieben Tage festhalte?
Ihm antwortete R. Aqiba: ich füge deinen Worten hinzu:
Wobei hat die Tora erschwert, bei den Tagen der Vollendung (d. h. der endgültigen feststehenden Unreinheit) oder bei den Tagen des Zählens

(der sieben Tage von Lev 14,8)? Schwerwiegender sind die Tage der Vollendung als die Tage des Zählens; denn in den Tagen des Zählens verunreinigt einer nicht Lager und Sitz und verunreinigt auch nicht durch Eintreten. In den Tagen seiner Vollendung verunreinigt er Lager und Sitz und verunreinigt durch Eintreten. Wenn man ihm für die Tage des Zählens, die leichter sind, sieben Tage gibt, ist es da nicht logisch, daß ich ihm für die Tage der Vollendung, die schwerer sind, sieben Tage gebe?
Er antwortete ihm: Rabbi, um so mehr fügst du (diese Tage) hinzu!
Es antwortete ihm R. Aqiba:
Wenn du den Tagen der Vollendung sieben hinzufügst, werden auch diese Tage des Zählens, was zusammen vierzehn ergibt. Und wenn du für die Tage des Zählens, die leichter sind, ihm vierzehn gibst, ist es da nicht logisch, daß ich ihm für die Tage der Vollendung, die schwerer sind, auch vierzehn gebe? Und es ergibt sich, daß du ihm ohne Ende (die Wartezeit) vermehrst. Gegen einen solchen logischen Schluß ist es notwendig, daß die Tora sagt: „AM TAG, WENN ER FÜR REIN ERKLÄRT WIRD, SOLL MAN IHN ZUM PRIESTER FÜHREN", und er verzögere nicht.

E. „UND (DER PRIESTER) SOLL VOR DAS LAGER HERAUSKOMMEN" (14,3).
Warum sagt das die Bibel? Weil es dann heißt: „UND DER PRIESTER UNTERSUCHT", könnte ich sagen: hier habe ich nur, daß ein Priester, der im Lager war, den Aussätzigen für rein erklärt. War er auf den Meeren, auf den Flüssen oder in den Steppen, woher (weiß ich von ihm)? Die Bibel lehrt: „UND DER PRIESTER UNTERSUCHT".
Wenn dem so ist, warum heißt es dann: „UND DER PRIESTER SOLL HERAUSKOMMEN"?
Ein Priester, dem es möglich ist, in das Innere des Lagers zu kommen, erklärt den Aussätzigen für rein; nicht aber erklärt ein aussätziger (Priester) einen Aussätzigen für rein.

F. „UND SIEHE, ER IST GEHEILT";
denn sein Ausschlag ist verschwunden.
„DER AUSSCHLAG"; denn sein weißes Haar ist verschwunden.
„DES AUSSATZES"; denn sein offenes Fleisch ist verschwunden.
Hier habe ich nur alles zusammen. Woher (weiß ich, daß er geheilt ist, wenn) auch nur ein (letzter) Teil davon verschwunden ist?
Die Bibel lehrt: „VOM AUSSCHLAG", und sei es nur ein Teil des weißen Haars; „VOM AUSSATZ", und sei es nur etwas offenes Fleisch; „VOM AUSSÄTZIGEN", um einzuschließen, daß auch der, dessen Aussatz am ganzen Körper ausgebrochen ist (Lev 13,12 f), Vögel darbringen muß.
Ist das nicht logisch? Wenn schon einer, der für rein erklärt wurde und an dem keine Zeichen sind, die verunreinigen, Vögel darbringen muß, ist es da nicht logisch, daß auch der Vögel darbringen muß, der für rein erklärt wurde, obwohl an ihm Zeichen sind, die verunreinigen?

Siehe, der, an dem zwei Wochen „*(das Übel) gleich geblieben ist*" (Lev 13,5), sollte beweisen, daß keine Vögel darbringen muß, wer für rein erklärt wurde, obwohl an ihm Zeichen sind, die verunreinigen! Staune also nicht über den, dessen Aussatz am ganzen Körper ausgebrochen ist, daß er, obwohl er für rein erklärt wurde und an ihm Zeichen sind, die verunreinigen, keine Vögel darbringen muß.

Die Bibel lehrt: „VOM AUSSÄTZIGEN", um einzuschließen, daß auch der, dessen Aussatz am ganzen Körper ausgebrochen ist, Vögel darbringen muß.

G. „SO ORDNE DER PRIESTER AN UND MAN NEHME" (14,4).
Das Anordnen (steht) dem Priester, das Nehmen jedem (zu).

H. „UND MAN NEHME FÜR DEN, DER SICH REINIGEN LÄSST".
Für den, „DER SICH REINIGEN LÄSST", ob Mann oder Frau oder Kind.
Von daher sagten sie:
Hat man für einen Mann genommen, ist es auch für eine Frau tauglich, für eine Frau, ist es auch für einen Mann tauglich;
(hat man) für ein Haus (genommen), ist es auch für einen Aussätzigen tauglich, für einen Aussätzigen, ist es auch für ein Haus tauglich.

I. „UND MAN NEHME VÖGEL".
Die Mindestzahl von „VÖGEL" ist zwei. Wenn dem so ist, warum heißt es (ausdrücklich) „ZWEI"? Damit sie gleich sind.
Und woher (weiß ich), daß sie auch dann, wenn sie nicht gleich sind, tauglich sind? Die Bibel lehrt: „VOGEL... VOGEL" (14,5.6); das schließt (diesen Fall) ein.
„LEBENDE" und nicht geschlachtete. „REINE" und nicht unreine. „REINE" und nicht gerissene.

J. „UND HOLZ".
Kann (ich sagen): jedes Holz? Die Bibel lehrt: „ZEDER".
Kann (ich sagen: sogar) abgerissenes? Die Bibel lehrt: „UND HOLZ".
Wie ist das? Ein Block von der Zeder. R. Chananja ben Gamaliel sagt: und an seiner Spitze belaubt (?).
Es sagte R. Jehuda: Es war mein Sabbat und ich ging hinter R. Tarfon zu seinem Haus. Er sagte zu mir: Jehuda, mein Sohn, gib mir meine Sandale! Und ich gab sie ihm. Er streckte seine Hand zum Fenster aus und gab mir von dort einen Stab. Er sagte zu mir: Jehuda, mit diesem habe ich drei Aussätzige für rein erklärt.
Und ich lernte daraus sieben Halakhot:
daß er aus Zypressenholz sein muß und an seiner Spitze belaubt (?); daß seine Länge eine Elle sein muß und seine Dicke wie das Viertel eines Bettfußes, einer in zwei (geteilt) und zwei in vier; daß man (mit demselben Stab) sprengt, es nochmals tut und auch ein drittes Mal; daß man für rein erklärt, ob der Tempel besteht oder nicht, und daß man auch in den Gebieten (außerhalb von Jerusalem) für rein erklärt.

K. „UND KARMESIN".
Kann (ich sagen): Pflanzenfarbe? Die Bibel lehrt: „VOM WURM".
Wenn vom Wurm, kann (ich sagen): irgendeine der Farben? Die Bibel lehrt: „UND KARMESIN". Wie ist das? Das ist gutes Scharlachrot. Jochanan ben Dehabai sagt: „KARMESIN *(scheni)* VOM WURM" – die zweite *(scheni)* Schattierung, die (sich) im Wurm (findet).
Und woher (weiß ich), daß einer, der es ausprobiert, es untauglich macht? Die Bibel lehrt: „UND KARMESIN VOM WURM".
L. „YSOP".
Und nicht griechischen Ysop, nicht römischen Ysop und nicht Steppen-Ysop, und gar keinen Ysop, der einen Beinamen hat.

Die Vorschriften des Buches Levitikus sind heutigem Denken weithin fremd, besonders was die Vorstellungen von Reinheit und Unreinheit betrifft. Dazu gehört auch die Unreinheit des Aussatzes (einer Vielzahl von Hautkrankheiten); der davon Geheilte mußte daher auch einen bestimmten Reinigungsritus über sich ergehen lassen, bevor er wieder in die Gemeinschaft aufgenommen wurde. Sifra hat sich ausführlich mit diesen Gesetzen befaßt; wie wichtig sie für das frühe Rabbinat waren, zeigt die Tatsache, daß sie auch in Mischna und Tosefta einen eigenen Traktat umfassen. In einer Midrasch-Auswahl sollte daher auch ein solcher Text nicht fehlen, auch wenn ihm nicht ganz einfach zu folgen ist. Doch soll ein Predigtmidrasch zum selben Text weiter unten auch zeigen, wie man auch aus solchen Bibelstellen geistlichen Nutzen zog.
Wenn auch aus einer anderen Schule als die Mekhilta, geht doch auch Sifra mit derselben Einstellung an den Text heran, aus jeder kleinsten sprachlichen Eigenheit des Bibeltextes eine Lehre zu ziehen und auch logisches Denken am Text stets neu zu erproben. Aus der allgemeinen Formulierung der Überschrift in 14,2 leitet A ab, daß diese Vorschriften für alle Zeiten gelten, doch nur im Tempel ganz erfüllt werden können. In einem Höhenheiligtum, wie etwa dem Tempel von Schilo, durfte man das Vogelopfer nicht darbringen, da es an keinen unaufschiebbaren Termin gebunden war. Lev 13 hatte die allgemeine Verbindlichkeit des Aussatzgesetzes durch Besprechung verschiedener Sonderfälle durchbrochen, weshalb 14,2 durch den bestimmten Artikel („*der* Aussätzige" schlechthin) deutlich machen mußte, daß die Reinigungsriten wieder alle betrafen.
Aus der (in der Einheitsübersetzung nicht wiedergegebenen) Präzisierung „am *Tag*, wenn..." leitet der Midrasch in B ab, daß der Reinigungsritus wie viele andere wichtigen Handlungen nur bei Tag gültig vollzogen werden kann; wegen der sprachlich unterstrichenen Einheitlichkeit des Ritus gilt dies für all seine zentralen Bestandteile; ebenso begründet C für diese Teile die Notwendigkeit des Priesters. B und C schließen jeweils mit dem Versuch, diese Bestimmungen (bei Tag, Priester) auf alle Elemente des Ritus auszudehnen; die Einleitungsformel „Kann ich sagen?" weist aber schon darauf hin, daß hier ein Irrtum vorliegt; diesen wehrt jeweils das folgende Bibelzitat ab. Auch wenn B und C das nicht explizit sagen, verlangt die Argumentationsform eine negative Antwort: *nur* das eigentliche Gesetz für den Aussätzigen, *nur* „dies" erfordert Tageszeit und Priester; nicht jedoch gilt dies für die hier erwähnten begleitenden Handlungen.

D entnimmt aus der Formulierung „*am Tag*", daß man die Wiedereingliederung des geheilten Aussätzigen in die Gemeinschaft nicht verzögern darf. Darum geht es in der Diskussion zwischen Monobazes und Aqiba. Monobazes hieß der zum Judentum konvertierte König, der ab 60 n. Chr. Adiabene in Obermesopotamien regierte und dessen Frömmigkeit die rabbinische Literatur verherrlicht. Sollte dieser als Gesprächspartner Aqibas gemeint sein, wäre dies ein Anachronismus (Aqiba lehrte viel später). Die Schlußfolgerung des Monobazes ist schon den mittelalterlichen Kommentatoren sehr unklar; somit ist auch die Übersetzung und das in ihr vorausgesetzte Verständnis äußerst hypothetisch. Demnach würde er so argumentieren:

Ein sicher Aussätziger wird ohne Probezeit aus der Gemeinschaft fortgeschickt und doch zieht sich seine Wiederaufnahme von der Reinerklärung durch den Priester bis zur endgültigen Reinigung sieben Tage hin. Jemanden, dessen Aussatz unsicher ist, untersucht man nach sieben Tagen nochmals, ehe man ihn fortschickt; diesen müßte man auch vor seiner Reinerklärung erst einmal sieben Tage beobachten, in seinem Fall also doch die Sache verzögern.

Aqiba erweitert diesen Gedankengang und führt ihn damit *ad absurdum*: Jemand, der sicher aussätzig ist („Vollendung"), verunreinigt alles, worauf er sitzt oder liegt, und verbreitet seine Unreinheit auch schon durch das bloße Betreten eines Raumes; nicht so der schon rein Erklärte, und dennoch muß dieser bis zur endgültigen Reinigung sieben Tage zählen. Demnach müßte man dem sicher Aussätzigen eine Frist von sieben Tagen auferlegen, bis er zur Reinerklärung zugelassen wird und nochmals sieben Tage des „Zählens". Gegen eine solche logisch einwandfreie Argumentation, die sich noch ausdehnen ließe, steht die Feststellung der Bibel „*am Tag*", die sich damit als notwendige Präzisierung erweist.

E erklärt, warum in 14,3 die Wiederholung des Wortes „Priester" notwendig ist. Damit sei klar, daß nicht nur ein Priester, der direkt aus dem „Lager", dem Wohngebiet der Gemeinschaft, kommt, für die Reinerklärung geeignet ist, sondern jeder Priester, der aus dem Lager kommen *könnte*: damit ist nur der Priester ausgeschlossen, der selbst aussätzig ist.

Die folgende Formulierung von 14,3 (wörtlich: „*geheilt ist der Ausschlag des Aussatzes vom Aussätzigen*") könnte man als unnötig wortreich ansehen, weshalb F die Nuance jedes einzelnen Wortes hervorhebt. Damit man aber dann nicht alle Phänomene gemeinsam verlangt, wendet man die Auslegungsmethode der „Ausschließung" an: gewisse Wörter wie „von" oder „nur" schränken eine Aussage ein. Den ersten beiden Begriffen setzt der Kommentar ein „von" hinzu, das im Bibeltext nicht steht; doch offenbar betrachtet man die dortige Genitivkonstruktion als gleichwertig. Den dritten Begriff („vom Aussätzigen") deutet man nach der Regel: „Ausschließung nach Ausschließung bedeutet Einschließung"; dieses „von" fügt also dem explizit Gesagten etwas hinzu – hier den Fall des Menschen, dessen ganzer Körper vom Aussatz befallen ist und den die Bibel paradoxerweise für rein erklärt (13,12 f). Er muß ebenso wie alle vom Priester für rein Erklärten ein Vogelopfer bringen. Das kann man logisch aus dem Vergleich mit dem komplett Geheilten, der also nichts Verunreinigendes mehr an sich hat, beweisen. Aus dem Vergleich mit dem, der Symptome des Aussatzes hat, die sich jedoch nicht verschlechtern und der deshalb als rein gilt und kein Opfer darbringen muß (13,5 f), könnte man allerdings auch das Gegenteil ableiten. Logik allein führt also nicht ans Ziel. Die Entscheidung bringt, wie der Midrasch durch seine Textfolge immer wieder betont, nur die Bibel selbst. Dieser Abschnitt findet sich mit leichten Varianten auch im palästinischen Talmud (Megilla I,10,71 b).

Die allgemeine Formulierung *la-mittaher* „für den, der sich reinigen läßt" bzw. „für das, was gereinigt wird" führt in H zum Schluß, daß die für die Reinigung notwendigen Gegenstände nicht schon bei ihrer Beschaffung für den konkreten Fall bestimmt sein müssen; sogar für die Reinigung eines „aussätzigen Hauses" besorgte Gegenstände (14,49) sind für Menschen brauchbar und umgekehrt.

Wenn die Bibel einfach die Mehrzahl verwendet, deutet man dies im gesetzlichen Zusammenhang immer als die kleinstmögliche Mehrzahl, also zwei. Warum fügt der Text dann eigens „zwei" hinzu? Wie I erklärt, um zwei gleiche Vögel nahezulegen; da in der Folge aber zweimal „Vogel" in der Einzahl steht, ist dies keine zwingende Bedingung. Der mit „gerissen" wörtlich wiedergegebene Ausdruck *terefa* bezeichnet näherhin jedes Tier, das eine innere Verletzung hat, die zum Tode führt. Es ist nicht koscher und auch nicht opfertauglich.

J gibt nähere Vorschriften für das Holz. Parallelen dazu finden sich in Mischna und besonders Tosefta Negaim; dennoch bleibt manches unklar, so schon die Frage, ob *erez* hier tatsächlich eine Zypresse meint oder nicht eher eine Wacholderart; damit hängt die andere Frage zusammen, ob das Holzstück oben „belaubt" oder „geglättet" sein soll. Die Anekdote mit R. Tarfon soll belegen, daß man dasselbe Holz auch mehrfach verwenden darf, ebenso, daß die Reinerklärung auch noch nach Zerstörung des Tempels (dann gibt es natürlich kein Vogelopfer, vgl. A) und auch außerhalb von Jerusalem erfolgen kann.

K bestimmt näher, welches Karmesin erfordert ist. Für seine rituelle Tauglichkeit ist verlangt, daß es ausschließlich für diesen Zweck bestimmt ist; sogar ein Probieren macht es schon unbrauchbar. Die Begründung aus dem Bibeltext verwendet offenbar das „und" für eine „Einschließung", für die Ableitung einer über den Text selbst hinausgehenden Bestimmung. Da „Ysop" absolut steht, lehnt L jede Art ab, die einen besonderen Beinamen hat.

Der Text bezeugt das ständige Bemühen der Rabbinen, die gesetzlichen Bestimmungen der Bibel aus ihrer eigenen Sprache, aber auch aus ihrem größeren Kontext so genau wie möglich auszulegen, wobei das logische Argument eine besondere Rolle spielt. Nur so kann man ihr die konkrete Gebrauchsanweisung entnehmen, die man für die richtige Ausführung ihrer gottgewollten Bestimmungen benötigt. Menschlicher Willkür sollte kein Raum gelassen werden.

4) Bestrafung eines Mörders: Num 35,29–34 (SifreNum § 161)

A. „DAS SOLL BEI EUCH VON GENERATION ZU GENERATION ALS RECHTSSATZUNG GELTEN" (35,29).
So daß die Sache für (alle) Generationen gelte.
„IN ALL EUREN WOHNSITZEN": im Land und außerhalb des Landes.

B. „WENN IRGEND JEMAND EINEN MENSCHEN ERSCHLÄGT, DARF MAN DEN MÖRDER NUR AUFGRUND VON ZEUGENAUSSAGEN TÖTEN usw." (35,30).
Warum ist das gesagt? Weil (die Bibel) sagt: „*und es darf der Bluträcher den*

Mörder töten; dadurch entsteht ihm keine Blutschuld" (35,27). Ich könnte meinen: er töte ihn ganz für sich allein. (Doch) die Bibel lehrt: „WENN IRGEND JEMAND EINEN MENSCHEN ERSCHLÄGT, NUR AUFGRUND VON ZEUGENAUSSAGEN usw.". Das besagt: er tötet ihn nur aufgrund von Zeugenaussagen; Worte des R. Joschijja.

C. R. Jonatan sagt: „WENN IRGEND JEMAND EINEN MENSCHEN ERSCHLÄGT, DARF MAN DEN MÖRDER NUR AUFGRUND VON ZEUGENAUSSAGEN TÖTEN".
Warum ist das gesagt? Weil (die Bibel) sagt: *„Der Mörder soll nicht sterben, bevor er vor dem Gericht der Gemeinde stand"* (35,12). Ich könnte meinen: er lasse ihn durch das Gericht auch ohne Zeugen töten. (Doch) die Bibel lehrt: „WENN IRGEND JEMAND EINEN MENSCHEN ERSCHLÄGT, DARF MAN DEN MÖRDER NUR AUFGRUND VON ZEUGENAUSSAGEN TÖTEN". Das besagt: er läßt ihn nur durch das Gericht und nur aufgrund von Zeugenaussagen töten.

D. „DOCH EIN EINZIGER ZEUGE SAGE NICHT AUS GEGEN EINEN MENSCHEN, DASS ER STERBE".
Eine Aussage zugunsten (des Angeklagten) aber steht ihm zu.
„DOCH EIN EINZIGER ZEUGE":
Eine Aussage für den Schwur aber steht ihm zu.
„DOCH EIN EINZIGER ZEUGE":
Das begründet eine allgemeine Regel: überall, wo es heißt „Zeuge", gilt die Regel von den zwei (Zeugen), solange die Schrift nicht ausdrücklich sagt: einer.

E. „IHR SOLLT KEIN SÜHNEGELD ANNEHMEN FÜR DAS LEBEN EINES MÖRDERS" (35,31).
Warum ist das gesagt? Weil (die Bibel) sagt: *„Wird ihm aber ein Sühnegeld auferlegt..."* (Ex 21,30). Oder (gegen den Schluß:) ebenso, wie man ein Lösegeld zahlt für die, die durch die Hand des Himmels zu töten sind, so zahle man ein Lösegeld für die, die durch Menschenhand zu töten sind. Die Bibel lehrt: „IHR SOLLT KEIN SÜHNEGELD ANNEHMEN FÜR DAS LEBEN EINES MÖRDERS".

F. R. Joschijja sagt: Siehe, wenn jemand auf dem Weg zur Hinrichtung anderen Schaden zufügt, ist er schuldig. Fügen andere ihm Schaden zu, sind sie straffrei, was seinen Körper betrifft, nicht aber hinsichtlich seines Vermögens.
Oder (gilt das auch schon), bevor sein Urteil gefällt ist?
Die Bibel lehrt: „DER SCHULDIG GESPROCHEN UND ZUM TOD VERURTEILT IST". Bevor sein Urteil gefällt ist, ist man schuldig; sobald sein Urteil gefällt ist, ist man straffrei.

G. R. Jonatan sagt: Siehe, wenn jemand auf dem Weg zur Hinrichtung ist und ein anderer (der Hinrichtung) zuvorkommt und ihn tötet, ist er straffrei.

Oder (gilt das auch schon), bevor sein Urteil gefällt ist?
Die Bibel lehrt: „DER SCHULDIG GESPROCHEN UND ZUM TOD VERURTEILT IST". Bevor sein Urteil gefällt ist, ist man schuldig; sobald sein Urteil gefällt ist, ist man straffrei.

H. „AUCH DÜRFT IHR KEIN SÜHNEGELD ANNEHMEN, DAMIT EINER IN EINE ASYLSTADT FLÜCHTEN KANN" (35,32).
Siehe, da hat jemand absichtlich einen Menschen getötet. Ich könnte meinen: Er zahle Geld und gehe in die Verbannung.
Die Bibel lehrt: „AUCH DÜRFT IHR KEIN SÜHNEGELD ANNEHMEN, DAMIT EINER FLÜCHTEN KANN".

I. „IHR DÜRFT DAS LAND NICHT ENTWEIHEN *(tachanifu)*" (35,33).
Das ist eine Warnung an die Gottlosen *(chanifim)*.
Eine andere Auslegung: „IHR DÜRFT DAS LAND NICHT ENTWEIHEN": Bewirkt nicht, daß das Land euch enttäuscht" *(mechanefet)*!

J. „DENN DAS BLUT ENTWEIHT *(jachanif)* DAS LAND".
R. Joschijja pflegte das als Notarikon zu deuten:
Denn das Blut läßt Zorn ruhen *(jachan af)* auf dem Land.

K. „UND DAS LAND WIRD NICHT ENTSÜHNT VON DEM DARIN VERGOSSENEN BLUT".
Warum ist das gesagt? Weil (die Bibel) sagt: „*Dort sollen sie der Kuh das Genick brechen*" (Dtn 21,4). Siehe, da hat man der Kuh das Genick gebrochen und nachher findet sich der Mörder. Ich könnte meinen: Es wird ihnen Sühne bewirkt. (Doch) die Bibel lehrt: „UND DAS LAND WIRD NICHT ENTSÜHNT".

L. „VERUNREINIGT NICHT DAS LAND, IN DEM IHR EUCH NIEDERGELASSEN HABT" (35,34).
Die Bibel besagt, daß Blutvergießen das Land verunreinigt und die Wesensgegenwart vertreibt; und wegen des Blutvergießens wurde auch der Tempel zerstört.

M. Eine Begebenheit mit zwei Priestern, die gleichauf die Rampe hinaufliefen. Der eine von ihnen kam vor seinem Kollegen in den Bereich der vier Ellen (zum Altar). Da nahm dieser das Messer und stach es ihm ins Herz.
Es kam R. Zadok und stellte sich auf die Stufen der Vorhalle und sagte: Hört mich, meine Brüder, Haus Israel! Siehe, (die Bibel) sagt: „*Wenn in dem Land... einer auf freiem Feld ermordet aufgefunden wird* usw." (Dtn 21,1). Kommt, messen wir, wem es zusteht, die Kuh zu bringen, dem Tempel selbst oder den Vorhöfen. Da brach ganz Israel in Weinen aus. Und nachher kam der Vater des jungen Mannes und fand ihn noch zukkend. Er sagte zu ihnen: Meine Brüder, siehe, ich werde eure Sühne sein. Noch zuckt mein Sohn und ist das Messer nicht verunreinigt (das soll dich lehren, daß die Unreinheit der Messer ihnen wichtiger war als das Blutvergießen).

Und so sagt (die Bibel): „*Und auch unschuldiges Blut vergoß Manasse in Strömen, bis er Jerusalem von einem Ende bis zum andern damit anfüllte*" (2 Kön 21,16).
Von daher sagten sie: Durch die Sünde des Blutvergießens entfernt sich die Wesensgegenwart und wird der Tempel verunreinigt.
N. „UND IN DESSEN MITTE ICH SELBST WOHNE *(schokhen)*".
Geliebt sind die Israeliten; denn obwohl sie unrein sind, ist die Wesensgegenwart *(schekhina)* unter ihnen.
Denn es heißt: „*der bei ihnen inmitten ihrer Unreinheiten seinen Sitz hat (schokhen)*" (Lev 16,16). Auch sagt (die Bibel): „*weil sie meine Wohnstätte in ihrer Mitte verunreinigen*" (Lev 15,31).
Auch sagt (die Schrift): „*Sie sollen nicht ihr Lager unrein machen (in dem ich mitten unter ihnen wohne)*" (Num 5,3).
O. R. Natan sagt: Geliebt sind die Israeliten; denn wohin immer sie verbannt wurden, war die Wesensgegenwart mit ihnen.
Sie wurden nach Ägypten verbannt, die Wesensgegenwart mit ihnen; denn es heißt: „*Wurde ich denn nicht zum Hause deines Vaters verbannt, als deine Vorfahren in Ägypten dem Haus des Pharao gehörten*" (1 Sam 2,27)?
Sie wurden nach Babylon verbannt, die Wesensgegenwart mit ihnen; denn es heißt: „*Um euretwillen wurde ich nach Babel geschickt*" (Jes 43,14). Sie wurden nach Elam verbannt; die Wesensgegenwart war mit ihnen; denn es heißt: „*Ich stellte meinen Thron in Elam auf und vernichtete dort König und Fürsten*" (Jer 49,38).
Sie wurden nach Edom verbannt, die Wesensgegenwart mit ihnen; denn es heißt: „*Wer ist jener, der aus Edom kommt, aus Bozra in rot gefärbten Gewändern*" (Jes 63,1)?
Und wenn sie zurückkehren, kehrt die Wesensgegenwart mit ihnen zurück; denn es heißt: „*dann wird der Herr, dein Gott, mit deinen Gefangenen zurückkehren, er wird sich deiner erbarmen*" (Dtn 30,3).
Es steht ja nicht geschrieben: „dann wird *zurückbringen*" (we-heschib), sondern: „*dann wird der Herr, dein Gott zurückkehren*" (we-schab).
Und es heißt: „*Mit mir vom Libanon, meine Braut, mit mir vom Libanon wirst du kommen, wirst du zurückkehren vom Gipfel des Amana, von den Höhen des Senir und Hermon; weg von den Lagern der Löwen, den Bergen der Panther*" (Hld 4,8).
P. Rabbi sagt: Ein Gleichnis. Wem gleich die Sache? einem König, der zu seinem Diener sagte: Wenn du mich suchst, siehe ich bin bei meinem Sohn; jederzeit, wenn du mich suchst, siehe ich bin bei meinem Sohn.
Und so sagt (die Bibel): „*der bei ihnen inmitten ihrer Unreinheiten seinen Sitz hat*" (Lev 16,16). Und sie sagt: „*weil sie meine Wohnstätte in ihrer Mitte verunreinigen*" (Lev 15,31). Und sie sagt: „*sie sollen nicht ihr Lager unrein machen (in dem ich mitten unter ihnen wohne)*" (Num 5,3). Und

Halakhische Midraschim: Bestrafung eines Mörders 79

sie sagt: „VERUNREINIGT NICHT DAS LAND, IN DEM IHR EUCH NIEDERGE-
LASSEN HABT UND IN DESSEN MITTE ICH SELBST WOHNE; DENN ICH, DER
HERR, WOHNE MITTEN UNTER DEN ISRAELITEN".

SifreNum gehört zur selben Gruppe wie die Mekhilta, wie schon an derselben Auslegungsterminologie zu erkennen ist. Der hier ausgewählte Abschnitt bildet den Abschluß des Midrasch (Num 36 wird darin nicht besprochen). Das ist wohl auch der Grund, warum dem rein gesetzlichen Kommentar eine haggadische Deutung des Schlußverses folgt: damit erhält der gesamte Midrasch einen tröstlichen und verheißungsvollen Abschluß.

Im Gegensatz zum vorausgehenden Gesetz über die Asylstädte, das an die Herrschaft Israels über alle sechs Städte (auch östlich des Jordan!) gebunden ist und somit nicht immer in Kraft ist, außerdem natürlich auch nur im heiligen Land gilt, gelten die Bestimmungen über die Bestrafung des Mörders zu allen Zeiten und überall (A).

B und C nehmen die Regelung der Blutrache in Num 35,12.27, die dort allerdings den Totschläger und nicht den vorsätzlichen Mörder betrifft, mit der Bestimmung von 35,30 zusammen und heben sie damit auf: in einem Gemeinwesen mit ordentlichen Gerichten hat Selbstjustiz keinen Platz mehr; es ist auf jeden Fall ein Gerichtsverfahren mit Zeugen erfordert. Statt „er tötet ihn", könnte man auch wiedergeben: „er läßt ihn hinrichten" – der Unterschied ist nicht so scharf, da das jüdische Rechtswesen keinen eigenen Henker kennt; das Gericht als Ganzes ist für die Hinrichtung zuständig und die für das Urteil verantwortlichen Zeugen legen als erste Hand an.

Da 35,30 schon von Zeugen in der Mehrzahl spricht, wäre der folgende Satz, daß ein einziger Zeuge nicht zählt, eine unnötige Wiederholung. D sieht ihn daher durch das abschließende „daß er sterbe" eingeschränkt: nur für die Hinrichtung gilt ein einzelner Zeuge nicht, wohl aber zugunsten des Angeklagten; das gilt auch für Vermögensprozesse: wenn ein einzelner Zeuge die Version des Beschuldigten bestätigt, muß dieser seine Aussage beschwören und bekommt recht (bei zwei Zeugen würde man auf den unbeliebten Eid verzichten).

Nach E ist es notwendig, daß 35,31 ausdrücklich ein Sühnegeld im Fall eines Mörders ablehnt; sonst würde man die Aussage von Ex 21,30 (dort ist vom Besitzer eines als angriffslustig bekannten Tieres die Rede, dem man ein Sühnegeld auferlegen kann) auch auf den Fall des Mörders ausdehnen und damit die Todesstrafe vermeiden. „Durch die Hand des Himmels zu töten", d.h. dem göttlichen Gericht überantwortet ist ein Mensch, der ein todeswürdiges Verbrechen begangen hat, aber durch die Maschen des Gesetzes schlüpfen kann. Er hat noch Zeit und Gelegenheit zur Sühne, somit auch für ein „Lösegeld".

F und G behandeln die Rechtslage des Verurteilten. Jeder Schaden, den er verursacht, wird geahndet, ebenso jeder Schaden, den ein anderer seinem Eigentum zufügt – dieses ist ja durch das Todesurteil nicht betroffen. Anders steht es, wenn jemand den Verurteilten verletzt oder gar tötet: dies gilt als Vorwegnahme der Hinrichtung, die ja der ganzen Gemeinde obliegt. Vor der Verurteilung aber steht der Angeklagte natürlich unter dem Schutz des Gesetzes.

Num 35,32 spricht, wie der Zusammenhang nahelegt, vom Totschläger, der in der Asylstadt Schutz vor der Blutrache gefunden hat; er darf die Stadt nicht gegen Lösegeld vorzeitig verlassen. Wenn H den Text anders versteht, so wegen der Verbalform: *la-nus* heißt „um zu flüchten"; für das übliche Verständnis, das auch die Übersetzungen annehmen, mußte *la-nas* dastehen, „für den, der geflüchtet ist". Diese Korrektur schlägt auch die kritische Ausgabe des hebräischen Bibeltextes vor. Der Midrasch aber korrigiert nie den Text, sondern bemüht sich, ihn zu nehmen, wie er ist.

I und J versuchen das mehrdeutige Verb *chanaf* in 35,33 zu erklären. Dabei verallgemeinert man die Aussage über den konkreten Fall des Blutvergießens hinaus: jede Art der Gottlosigkeit entweiht ebenso das Land und bewirkt, daß dieses den Menschen enttäuscht, sich nicht als das Land der Verheißung erweist. Die in J angewandte Methode des Notarikon versteht ein Wort als Abkürzung oder, wie hier, als Zusammensetzung von zwei oder mehreren Wörtern: Blutschuld „läßt (Gottes) Zorn ruhen" auf dem Land.

Die Aussage von 35,33, daß man nur mit dem Blut des Mörders das Land entsühnt, könnte nach den vorausgehenden Versen überflüssig erscheinen. Sie ist aber, wie K klarstellt, notwendig, um nicht aus Dtn 21 einen falschen Schluß zu ziehen. Dieser Text schildert einen Sühneritus für den Fall, daß man einen Erschlagenen findet, den Mörder aber nicht kennt. Man mißt, welche Ortschaft der Leiche am nächsten ist; deren Älteste müssen eine Kuh zu einem Bachbett bringen und ihr dort das Genick brechen, sie stellvertretend für den Mörder töten. Dennoch muß man einen nachträglich gefundenen Mörder hinrichten, wie K betont; denn der nur anzitierte Vers fährt fort: *„und das Land wird nicht entsühnt ... außer durch das Blut dessen, der es vergossen hat".*

Num 35,34 fordert, das Land, in dem Gott wohnt *(schokhen)*, nicht mit Blutvergießen zu verunreinigen; sonst, so folgert L, wohnt eben Gott nicht mehr darin, seine Wesensgegenwart *(Schekhina)* verläßt den Tempel, und dieser kann damit auch zerstört werden. Nach verbreiteter jüdischer Tradition wurde der erste Tempel zur Strafe für den Mord am Priester Secharja mitten im Tempel zerstört (2 Chron 24,20ff; vgl. Mt 23,35).

M bietet für den zweiten Tempel eine ähnliche Erzählung: im Wettstreit darum, wer die Asche vom Altar wegräumen dürfe, habe ein Priester seinen schnelleren Kollegen erstochen. Wenn R. Zadok hier Dtn 21 heranzieht, setzt dies voraus, daß es am Altar ein solches Gedränge gab, daß der Täter unbekannt blieb, man die Tat jedem zutrauen konnte. Nach Dtn 21 müssen die Ältesten der nächstgelegenen Siedlung die Kuh für den Sühneritus bringen. Im Tempel aber wohnt Gott selbst. Soll er also selbst die Kuh bringen, die Verantwortung übernehmen, wenn der Tatort dem Tempelgebäude näher liegt als den Vorhöfen?

Die schon hier deutliche Kritik an einer Ausübung des Kultes, in der persönlicher Ehrgeiz zu solchen Folgen führt, wird in der Fortsetzung noch verschärft: der Vater des Erstochenen beruhigt das Volk, sein Sohn sei noch nicht ganz tot, das Messer daher nicht totenunrein; die kultische Reinheit der Messer ist somit wichtiger als ein Menschenleben, wie der Midrasch die Erzählung ironisch kommentiert. Das abschließende Zitat, eingeleitet mit „Von daher sagten sie", findet sich nicht in der Mischna; doch ist der ganze Abschnitt M mit leichten Varianten einschließlich dieses Zitats in der Tosefta (Joma I,12; Schebuot I,4) enthalten.

N scheint vorauszusetzen, daß die Verunreinigung des Landes nur dann die

Entfernung der Schekhina bewirkt, wenn sie durch Blutvergießen erfolgt, bzw. deutet Num 35,34 überhaupt anders: trotz Unreinheit Israels bleibt Gott bei ihm, wie man mit einer Reihe von Versen belegen will.

O wandelt diesen Satz so ab, daß Gottes Wesensgegenwart Israel auch in jedes Exil begleitet. Die Belegverse werden allerdings jeweils anders als gewöhnlich (auch in heutigen Bibelübersetzungen) verstanden. 1 Sam 2,27 übersetzt man: „*Habe ich mich ... nicht deutlich offenbart?*"; derselbe Stamm *glh* bedeutet jedoch nicht nur „offenbaren", sondern auch „in die Verbannung gehen". Zwar nimmt die Bibel die hier verwendete Passivform nie in diesem Sinn; theoretisch kann man sie aber so verstehen, und so tut es denn auch der von seinem Auslegungsinteresse geleitete Midrasch. Um in Jes 43,14 das hier vorausgesetzte Verständnis zu erzielen („wurde ich geschickt" statt „habe ich geschickt"), muß man das Verb nur anders vokalisieren; das Fehlen einer Angabe, *wen* Gott geschickt hat, mag diese Auffassung noch verstärken. Die nachbiblische Entwicklung des hebräischen Zeitensystems führt dazu, daß man Jer 49,38 als Aussage über die Vergangenheit und nicht über die Gegenwart oder Zukunft versteht. Das Verständnis von Dtn 30,3 wieder beruht auf der biblischen Verbalform, wie der Midrasch auch ausdrücklich hervorhebt; daß man dann das folgende *et* nicht als Akkusativpartikel, sondern im Sinn von „mit" verstehen muß, ist grammatikalisch ebenfalls möglich. In Hld 4,8 schließlich steht das Verb im Futurum. Dies kann für die Befehlsform stehen, wie man hier auch gewöhnlich übersetzt; in der allegorischen Auslegung des Hohenlieds, die darin die Geschichte Gottes mit seinem Volk Israel sieht, liegt hingegen nahe, hier eine Aussage über die Zukunft zu sehen. Alle diese „Umdeutungen" ändern also nichts im Bibeltext; sie arbeiten vielmehr mit sprachlichen Möglichkeiten, die schon im Text selbst angelegt sind, und auf die man zu achten bestrebt ist, um die ganze Fülle des Textes auszuloten. Andere Möglichkeiten, den Text zu verstehen, behalten bei diesem Zugang dennoch ihr Recht, sind ebenso Teil der vollen Offenbarung Gottes.

Gott schickt also sein Volk in die Verbannung, unterwirft es der Herrschaft der Weltreiche (als Strafe für die Verunreinigung des Landes), läßt es aber auch dort nicht allein. Wenn Gott schon strafen muß, leidet er selbst mit, geht doch auch seine Wesensgegenwart mit in das Exil. Das letzte feindliche Reich ist Edom, womit Rom gemeint ist; nach diesem „vierten" Reich (Ägypten zählt in der Reihe ja nicht mit) erwartet man die Erlösung. Aus dem Norden, vom Amana her (bei Antiochien), von wo in der Geschichte stets die Feindestruppen kamen, um Israel zu unterjochen, wird dann der erlösende Gott kommen.

Die Gewißheit Israels, daß Gott ständig bei ihm ist, kleidet Rabbi in P in ein Gleichnis; dabei verwendet er dieselben Belegverse wie schon N. Der Abschnitt, und damit der ganze Midrasch, klingt so mit der tröstlichen Zusage Gottes aus, daß er stets bei seinem Volk wohnt. Biblische Gesetzestexte sind Anweisung für die Praxis und daher nach allen Nuancen abzufragen; doch selbst bei einer so unerfreulichen Materie wie der Behandlung des Mörders, hören die Rabbinen zugleich eine tiefere Botschaft mit: trotz Israels Sündhaftigkeit gilt die Heilszusage Gottes.

5) Das Gebot Gottes: Dtn 11,22 (SifreDtn § 48)

A. „WENN IHR AUF DIESES GANZE GEBOT ACHTET, JA ACHTET". Warum ist das gesagt? Weil gesagt ist: *„Und wenn ihr auf meine Gebote hört"* (Dtn 11,13). Ich könnte meinen: Wenn jemand Worte der Tora gehört hat, kann er sich hinsetzen und muß nicht lernen. (Doch) die Bibel lehrt: „WENN IHR ACHTET, JA ACHTET". Das besagt: So wie jemand auf sein Geld aufpassen muß, daß es nicht verloren geht, so muß er auch auf seine Lehre aufpassen, daß sie nicht verloren geht.

B. Auch sagt (die Bibel): *„wenn du sie (die Weisheit) suchst wie Silber"* (Spr 2,4). Wie Silber schwer zu erwerben ist, so sind auch die Worte der Tora schwer zu erwerben.
Oder (soll es vielleicht heißen): Wie Silber schwer zu zerstören ist, sind auch die Worte der Tora schwer zu zerstören?
Die Bibel lehrt: *„Gold und Glas stehen ihr nicht gleich"* (Ijob 28,17). Sie sind schwer zu erwerben wie Gold und leicht zu zerstören wie Gefäße aus Glas. *„Kein Tausch für sie ist Goldgerät"* (Ijob 28,17).

C. R. Jischmael pflegte zu sagen: *„Jedoch, nimm dich in acht, achte gut auf dich"* (Dtn 4,9). Ein Gleichnis: ein König von Fleisch und Blut fing einen Vogel und übergab ihn seinem Diener. Er sagte zu ihm: Paß auf diesen Vogel auf, (der) für meinen Sohn (bestimmt ist). Wenn du ihn verlierst, denke nicht, einen Vogel um einen Groschen hast du verloren; es ist vielmehr, als ob du dein Leben verloren hättest. Und so sagt (die Bibel): *„Das ist kein leeres Wort, das ohne Bedeutung für euch wäre"*; ein Wort, von dem ihr sagt, es sei leer, *„es ist euer Leben"* (Dtn 32,47).

D. R. Simeon ben Jochai sagt: Ein Gleichnis: zwei Brüder erbten nach (dem Tod) ihres Vaters. Der eine tauschte dafür einen Denar ein und verbrauchte ihn; der andere tauschte dafür einen Denar ein und hinterlegte ihn. Der, welcher dafür einen Denar eintauschte und ihn verbrauchte, der hatte nichts in seiner Hand; der aber, welcher dafür einen Denar eintauschte und ihn hinterlegte, wurde nach einiger Zeit reich.

E. Ebenso (ist es mit) Schülern von Gelehrten:
Einer lernt zwei oder drei Worte am Tag, zwei oder drei Kapitel in der Woche, zwei oder drei Abschnitte im Monat. Nach einiger Zeit ist er reich. Und über ihn sagt (die Bibel): *„Wer Stück für Stück sammelt, wird reich"* (Spr 13,11).
Wer aber sagt: Heute lerne ich, (nein), morgen lerne ich, heute wiederhole ich, (nein), morgen wiederhole ich, der hat am Schluß nichts in der Hand. Und über ihn sagt (die Bibel): *„Wer im Sommer sammelt, ist ein kluger Mensch; in Schande gerät, wer zur Erntezeit schläft"* (Spr 10,5). Auch sagt sie: *„Der Faule pflügt nicht im Herbst; sucht er in der Erntezeit, so ist nichts da"* (Spr 20,4). Auch sagt sie: *„Wer ständig nach dem*

Wind schaut, kommt nicht zum Säen" (Koh 11,4). Auch sagt sie: *„Am Acker eines faulen Mannes ging ich vorüber* usw. *Sieh da, er war ganz überwuchert von Disteln* usw." (Spr 24,30f).

F. *„Am Acker eines faulen Mannes ging ich vorüber"*: einer, der schon einen Acker gekauft hat; *„am Weinberg eines unverständigen Menschen"*: einer, der schon einen Weinberg gekauft hat. Da er schon einen Acker gekauft und einen Weinberg gekauft hat und einmal „Mann", einmal „Mensch" genannt wird, warum wird er (auch noch) „faul" und „unverständig" genannt? Weil er einen Acker und einen Weinberg gekauft hat und in ihnen nicht gearbeitet hat.

Woher (weiß ich), daß dieser schließlich zwei oder drei Worte im Abschnitt liegen läßt? Weil es heißt: *„Sieh da, er war ganz überwuchert von Disteln"*. Und woher (weiß ich), daß er die Erklärung eines Abschnitts suchen und nicht finden wird? Weil es heißt: *„seine Fläche war mit Unkraut bedeckt"*. Und über ihn sagt (die Schrift): *„und seine Steinmauer war eingerissen"* (Spr 24,31).

Obwohl er sieht, daß nichts in seiner Hand Bestand hat, sitzt er da und erklärt er das Reine für unrein und das Unreine für rein und durchbricht die Mauer der Weisen.

Was ist seine Strafe? Es kam Salomo und erklärte es in der Überlieferung: *„Wer eine Mauer einreißt, den wird die Schlange beißen"* (Koh 10,8). So werden über jeden, der die Mauer der Weisen einreißt, schließlich Strafen kommen.

G. R. Simeon ben Menasja sagt: Siehe, (die Bibel) sagt: *„Der Satte tritt Honig mit Füßen, (doch dem Hungrigen schmeckt alles Bittere süß)"* (Spr 27,7). Ein Schüler in seinen Anfängen hat noch nichts gelernt. (Für ihn) existiert nur, was er gelernt hat.

Eine andere Auslegung: *„Der Satte tritt Honig (nofet) mit Füßen"*. Wie ein Sieb *(nafa)* feines Mehl, gröberes Mehl und Grobmehl je für sich hervorbringt, so der Schüler: er sitzt und prüft die Worte der Tora und wägt sie ab – dieser Mann verbietet, jener erlaubt, dieser Mann erklärt für unrein, jener erklärt für rein.

H. R. Jehuda sagt: Ein Schüler mit guten Fähigkeiten gleicht einem Schwamm, der alles aufsaugt. Ein zweit(klassiger Schüler) gleicht Watte, die nur aufsaugt, was sie aufnehmen kann; das ist einer, der sagt: mir genügt, was mich mein Meister gelehrt hat.

I. R. Simeon ben Jochai sagt: Siehe, (die Bibel) sagt: *„Trink Wasser aus deiner eigenen Zisterne* usw." (Spr 5,15). Lerne von dem, der bei dir in der Stadt ist, und nachher geh weg wohin auch immer. Und so sagt (die Bibel): *„Sie gleicht den Schiffen des Kaufmanns (Aus der Ferne holt sie ihre Nahrung)"* (Spr 31,14).

J. R. Simeon ben Menasja sagt: Siehe, (die Bibel) sagt: *„Trink Wasser aus deiner eigenen Zisterne (mi-borekha)"* (Spr 5,15). Trink das Wasser dessen, der dich geschaffen hat *(sche-barakha),* und trink nicht trübes Wasser, laß dich nicht mitreißen von den Worten der Minim.

K. R. Aqiba sagt: Siehe, (die Bibel) sagt: *„Trink Wasser aus deiner eigenen Zisterne"* (Spr 5,15). Eine Zisterne kann anfangs keinen Tropfen Wasser aus sich selbst hervorbringen, sondern nur, was in ihr (gesammelt wurde). Ebenso ein Schüler: in seinen Anfängen hat noch nichts gelernt. (Für ihn) existiert nur, was er gelernt hat.

„Wasser, das aus deinem Brunnen quillt" (Spr 5,15): (Schließlich) gleicht er einem Brunnen: wie ein Brunnen lebendiges Wasser hervorquellen läßt von allen Seiten, so kommen die Schüler und lernen von ihm. Und so sagt (die Bibel): *„Deine Quellen sollen auf die Straße fließen usw."* (Spr 5,16).

L. Die Worte der Tora kann man mit Wasser vergleichen.

Wie Wasser Leben für die Welt (bedeutet), so sind die Worte der Tora Leben für die Welt; denn es heißt: *„Denn Leben bringen sie dem, der sie findet"* (Spr 4,22).

Wie Wasser Unreine aus ihrer Unreinheit aufsteigen läßt, so lassen die Worte der Tora Unreine aus ihrer Unreinheit aufsteigen; denn es heißt: *„Deine Worte sind rein und lauter; dein Knecht hat sie lieb"* (Ps 119,140).

Wie Wasser die Lebenskraft *(nefesch)* des Menschen wiederbringt – denn es heißt: *„Kühles Wasser für eine durstige Kehle (nefesch)"* (Spr 25,25) –, so bringen die Worte der Tora die Lebenskraft des Menschen wieder; denn es heißt: *„Die Weisung des Herrn ist vollkommen, sie erquickt den Menschen (nefesch)"* (Ps 19,8).

Wie es Wasser für alle Welt umsonst gibt, so sind auch die Worte der Tora für alle Welt umsonst; denn es heißt: *„Auf, ihr Durstigen, kommt alle zum Wasser! (Auch wer kein Geld hat, soll kommen)"* (Jes 55,1).

Wie Wasser unschätzbar ist, so sind auch die Worte der Tora unschätzbar; denn es heißt: *„Sie übertrifft die Perlen an Wert usw."* (Spr 3,15).

M. Oder (könnte ich meinen): Wie Wasser nicht das Herz erfreut, so erfreuen auch die Worte der Tora nicht das Herz? Die Bibel lehrt: *„Süßer als Wein ist deine Liebe"* (Hld 1,2).

N. Wie der Wein das Herz des Menschen erfreut, so erfreuen die Worte der Tora das Herz des Menschen; denn es heißt: *„Die Befehle des Herrn sind richtig, sie erfreuen das Herz"* (Ps 19,9).

Wie der Wein, auch wenn er dir anfangs nicht schmeckt, mit der Zeit, die er im Faß altert, schließlich hervorragend wird, so werden die Worte der Tora mit der Zeit, die sie im Körper altern, schließlich hervorragend; denn es heißt: *„Bei Greisen findet sich Weisheit usw."* (Ijob 12,12).

Wie der Wein sich in einem Silbergefäß und auch in einem Goldgefäß nicht halten kann, sondern nur im allerbescheidensten Gefäß, in einem

Tongefäß, so halten sich auch die Worte des Tora nicht in jemandem, der in seinen eigenen Augen wie ein Silbergefäß und wie ein Goldgefäß ist, sondern nur in jemandem, der in seinen eigenen Augen wie das allerbescheidendste Gefäß ist, wie ein Tongefäß.

O. Oder (könnte ich meinen): Wie der Wein manchmal schlecht für den Kopf und schlecht für den Körper ist, könnte (es sein), daß es auch bei den Worten der Tora so ist?
Die Bibel lehrt: *„Köstlich ist der Geruch deiner Öle"* (Hld 1,3).

P. Wie Öl gut für den Kopf und gut für den Körper ist, so sind die Worte der Tora gut für den Kopf und gut für den Körper; denn es heißt: *„Sie sind ein schöner Kranz auf deinem Haupt und eine Kette für deinen Hals usw."* (Spr 1,9). Und es heißt: *„Sie setzt dir einen schönen Kranz auf das Haupt"* (Spr 4,9).
Die Worte der Tora werden mit Öl verglichen, und auch mit Honig; denn es heißt: *„Sie sind süßer als Honig, als Honig aus Waben"* (Ps 19,11).

Q. Eine andere Auslegung. „WENN IHR AUF DIESES GANZE GEBOT ACHTET, JA ACHTET".
Woher leitest du ab, daß bei einem Menschen, der ein Wort von den Worten der Tora hört, eines nach dem anderen, so wie die ersten in seiner Hand Bestand haben, so auch die letzten in seiner Hand Bestand haben? Denn es heißt: „WENN IHR ACHTET, JA ACHTET".
Und woher, daß bei einem, der ein (Wort) nach dem anderen hört und es vergißt, so wie die ersten in seiner Hand nicht Bestand haben, so auch die letzten in seiner Hand nicht Bestand haben? Die Bibel lehrt: *„Wenn du aber vergißt, ja vergißt"* (Dtn 8,19). Kaum wendest du davon deine Augen ab, ist es weg; denn es heißt: *„Schaust du nach ihm, ist er weg"* (Spr 23,5). Und es steht geschrieben in der Rolle der Sonnenverehrer(?): „Verläßt du mich einen Tag, werde ich dich zwei Tage verlassen."

R. Eine andere Auslegung: „WENN IHR AUF DIESES GANZE GEBOT ACHTET, JA ACHTET".
Sag nicht: Lernen sollen die Söhne der Ältesten, lernen sollen die Söhne der Großen, lernen sollen die Söhne der Propheten! Die Bibel lehrt: „WENN *IHR* AUF DIESES GANZE GEBOT ACHTET, JA ACHTET." Das besagt, daß in der Tora alle gleich sind.
Auch sagt (die Bibel): *„Mose hat uns eine Weisung übergeben, ein Besitztum für die Gemeinde Jakobs"* (Dtn 33,4). „Priester, Leviten und Israeliten" steht da nicht geschrieben, sondern *„die Gemeinde Jakobs".*
Auch sagt (die Bibel): *„Ihr habt euch heute alle aufgestellt"* (Dtn 29,9). Wäre nicht dieser gewesen, der aufstand und die Tora in Israel verwirklichte, wäre da nicht die Tora in Vergessenheit geraten? Wäre nicht Schafan zu seiner Zeit aufgestanden, Esra zu seiner Zeit, R. Aqiba zu seiner Zeit, wäre da nicht die Tora in Vergessenheit geraten? Und so sagt

(die Bibel): „*Und wie gut ist doch ein Wort zur rechten Zeit*" (Spr 15,23). Ein Wort, das (einer von diesen) sagte, wiegt alles auf.

S. Und (die Bibel) sagt: „*Sie ziehen, um das Wort des Herrn zu suchen; doch sie finden es nicht*" (Am 8,12). Unsere Meister sagten, daß man von Stadt zu Stadt und von Provinz zu Provinz gehen werde wegen eines Kriechtiers, das einen Brotlaib berührt hat, um zu wissen, ob er im ersten oder zweiten Grad (unrein) sei.

R. Simeon ben Jochai sagt: Soll das heißen, daß die Tora aus Israel vergessen werden wird? Aber es heißt doch schon: „*denn seine Nachkommen werden es nicht vergessen, sondern es auswendig wissen*" (Dtn 31,21). Vielmehr wird der eine verbieten, der andere erlauben, der eine für unrein, der andere für rein erklären, und sie werden kein klares Wort finden.

T. Eine andere Auslegung. „Wenn ihr achtet, ja achtet". Man sage nicht: Siehe, ich lerne einen schwierigen Abschnitt und lasse den leichten aus. Die Bibel lehrt: „*Das ist kein leeres Wort, das für euch ohne Bedeutung wäre*" (Dtn 32,47). Ein Wort, von dem ihr sagt, es sei nichtig, ist euer Leben.

Sage nicht: Ich habe Halakhot gelernt, das genügt mir. Die Bibel lehrt: „Gebot", „Das Gebot", „Das ganze Gebot" – lerne Midrasch, Halakhot und Haggadot. Auch sagt (die Bibel): „*Der Mensch lebt nicht nur von Brot*" (Dtn 8,3): das ist Midrasch; „*sondern von allem, was der Mund des Herrn spricht*": das sind Halakhot und Haggadot.

U. Auch sagt (die Bibel): „*Sei weise, mein Sohn usw.*" (Spr 27,11). Und sie sagt: „*Mein Sohn, wenn dein Herz weise ist, so freut sich auch mein Herz, auch ich*" (Spr 23,15). R. Simeon ben Menasja sagt: Da habe ich nur seinen Vater auf Erden; seinen Vater im Himmel, woher (entnehme ich den)? Die Bibel lehrt: „*auch ich*", um damit seinen Vater einzuschließen, der im Himmel ist.

V. „Das ich euch gebiete, es zu tun". Warum ist das gesagt? Weil gesagt ist: „Wenn ihr achtet, ja achtet." Ich könnte meinen: Wenn ein Mensch auf die Worte der Tora achtet, kann er sich hinsetzen und sie nicht tun.

Die Bibel lehrt: „es zu tun"; die Antwort darauf ist, „es zu tun". Lernt ein Mensch Tora, ist in seiner Hand ein Gebot; lernt er und achtet er darauf, sind in seiner Hand zwei Gebote; lernt er und achtet er darauf und tut er sie, gibt es niemanden über ihm.

W. „Zu lieben". Sage nicht: Siehe, ich lerne Tora, damit ich Weiser genannt werde, damit ich in der Sitzung sitze, damit ich ein langes Leben habe für die kommende Welt. Die Bibel lehrt: „zu lieben". Lerne auf jeden Fall und am Schluß wird schon die Ehre kommen.

Und so sagt (die Bibel): „*Wer nach ihr greift, dem ist sie ein Lebensbaum* usw." (Spr 3,18). Und sie sagt: „*Denn Leben bringen sie dem, der sie findet*" (4,22). Auch sagt sie: „*Sie setzt dir einen schönen Kranz auf das Haupt*" in dieser Welt, „*eine prächtige Krone wird sie dir schenken*" (4,9) in der kommenden Welt.

„*Langes Leben birgt sie in ihrer Rechten*" für die kommende Welt, „*in ihrer Linken Reichtum und Erde*" (3,16) in dieser Welt.

X. R. Eleazar Sohn des R. Zadok sagt: Tue die Worte, damit sie getan werden, sprich von ihnen um ihretwillen.

Er pflegte zu sagen: Belschazzar bediente sich der Tempelgeräte, als sie schon profaniert waren; dafür wurde sein Leben ausgewurzelt aus dieser Welt und aus der kommenden Welt; um wieviel mehr wird da das Leben eines Menschen, der sich des Geräts bedient, womit die Welt erschaffen wurde, aus dieser Welt und aus der kommenden Welt ausgewurzelt werden.

Der übersetzte Abschnitt stammt aus dem haggadischen Rahmen von SifreDtn, der der „Schule Jischmaels" angehört; in seiner fast predigthaften Umkreisung des Themas, da sich streckenweise gegenüber dem kommentierten Bibelvers ziemlich selbständig macht, weist er schon auf die spätere Entwicklung des Predigtmidrasch. Der Vers ist Anlaß, über die Tora an sich zu meditieren; so bietet der Text gleichsam die spirituelle Grundlage der halakhischen Bibelauslegung.

Die Verben des hier ausgelegten Teils von Dtn 11,22 bestimmen den ganzen Kommentar: zuerst ist zweimal vom „Achten" die Rede (das der Midrasch als Studium versteht), dann vom Tun und zum Schluß vom Lieben. Entsprechend befaßt sich der Midrasch zuerst in besonders umfangreicher Weise mit dem Studium der Tora, das er als Voraussetzung für das Tun sieht; beides muß in der Liebe gründen, wie er abschließend hervorhebt. Sicher ist die besondere Betonung des Studiums der Tora auch daraus zu verstehen, daß der Text aus rabbinischen Kreisen stammt und für solche gedacht ist; zugleich entspringt sie aber auch der Einstellung, daß Wissen entsprechendes Verhalten zur Folge hat.

Das bloße Hören der Tora genügt nicht, wie A betont: man muß sie durch ständige Wiederholung lernen (wie das Verb *schana* genauer bedeutet). Sonst geht die angeeignete Lehre wieder verloren, wird zerstört (im Hebräischen dasselbe Verb *abad*).

Die in B zitierten Bibelverse sprechen von der Weisheit; die Rabbinen setzen diese aber immer mit der Tora gleich. Jeder Vergleich hinkt; nur in gewisser Beziehung ist die Tora mit Silber, Wasser usw. vergleichbar, andere Anwendungen des Vergleichs wären absurd. Der Hinweis darauf (eingeleitet mit „Oder...?") leitet jeweils schon zum nächsten Vergleich über, hier zu dem mit der Zerbrechlichkeit des in der Antike unendlich wertvollen Glases (ebenso aufgebaut sind die Abschnitte M und O). Ebenso leicht kann man die mühsam erworbene Lehre verlieren, sie vergessen; die Gefahr des Vergessens ist eine ständige Klage der Rabbinen.

Das Vergessen der Dinge/Worte ist auch der Gegenstand der Warnung von Dtn 4,9, das wie 11,22 mit dem wiederholten Zeitwort „achten" einsetzt und das R.

Jischmael daher in C für die Auslegung dieses Verses heranziehen kann. Statt „achte auf dich" wäre buchstäblich wiederzugeben: „achte auf deine Seele/dein Leben" (*nafschekha*), wie es dann auch im Gleichnis heißt: „als ob du dein Leben (*nafschekha*) verloren hättest"; sinngemäß kehrt der Begriff „Leben" in Dtn 32,47 wieder. Der am Schluß von B verloren wirkende zweite Teil des Ijob-Zitats scheint übrigens schon zu C überzuleiten. Wie der Vogel im Gleichnis nicht einfach nach seinem Geldeswert zu beurteilen ist, so ist auch die Weisheit/Tora nicht mit Gold aufzuwiegen.

Im Gleichnis von D ist vom Erbe die Rede, das der eine verbraucht, der andere hinterlegt: daraus, daß er am Schluß reich wird, ist klar, daß er es nicht einfach liegenläßt, sondern investiert (ähnlich das Gleichnis von den Talenten in Mt 25). Ebenso muß man mit dem Erbe der Tora umgehen, wie E verdeutlicht: durch kleinweises Ansammeln der Lehre wird man schließlich reich an Wissen, während das ständige Aufschieben des Lernens auf den nächsten Tag dazu führt, daß man am Schluß nichts in der Hand hat. Die biblischen Sprichwörter über den Faulen dienen dafür als schöne Illustration.

Das letzte Zitat, Spr 24,30 f, greift F auf, um es genauer auszulegen. Wer einen Acker kauft und nicht bearbeitet, ist faul; wenn er aber auch noch einen Weinberg dazukauft, der doch viel mehr Arbeit macht, erweist er sich als unverständig. Ebenso ist jemand, der sich mit der Tora und ihrer Lehre befaßt, ohne genügend Arbeit zu investieren. Wie in einem mit Disteln überwucherten Acker übersieht er so manches, läßt in einem Abschnitt wesentliche Worte unbemerkt liegen; wie in einem mit Unkraut bedeckten Feld findet er den Zugang, die Erklärung nicht (das Wort *patach* schließt beides ein). Meint er dennoch die Halakha entscheiden zu können, zerstört er damit die Mauer, den „Zaun um das Gesetz", mit dem die Rabbinen die Einhaltung der Tora sicherstellen, und setzt sich damit der Strafe aus. So stellt der Text in der Auffassung des Midrasch die Gefahr des Halbgebildeten dar.

Damit ist der Midrasch von der Auslegung von Dtn 11,22 schon ziemlich abgekommen. Auch die folgenden Abschnitte bis einschließlich P sammeln einfach Aussagen über das Torastudium, die meist auf Versen aus dem Buch der Sprichwörter beruhen. So manches dürfte hier im Lauf der Zeit einem ursprünglich textgebundenen Midrasch zugewachsen sein; allerdings fehlen uns brauchbare Kriterien für eine Quellenscheidung.

Die erste Auslegung von Spr 27,7 in G schließt vielleicht noch an das Motiv des Halbgebildeten in F an. Er weiß nur das Wenige, das er bisher gelernt hat; dennoch glaubt er schon satt zu sein und verachtet daher den Honig, den Spr 24,13 f mit der Weisheit vergleicht. Er ist nicht imstande, die verschiedenen Lehren zu sieben, wie die zweite Auslegung mit einem Wortspiel nahelegt.

Der traditionelle Vergleich des wissensdurstigen Schülers mit einem Schwamm in H (vgl. Abot V,15) baut auf dem schon biblischen Bild des Wassers für die Tora auf; dieses bestimmt auch die folgenden Abschnitte. Während I aus Spr 5,15 ableitet, daß man seine erste Ausbildung zu Hause genießen soll, versteht J „deine Zisterne" als „deinen Schöpfer", was im Hebräischen fast gleich klingt, und sieht deshalb im Vers eine Warnung vor dem trüben Wasser der Minim, der „Abweichler" von der wahren Tora. Als dritte Auslegung des Verses zitiert K die des R. Aqiba, die einen Satz aus G wieder aufgreift: hier im Vergleich mit der Zisterne

Halakhische Midraschim: Das Gebot Gottes 89

scheint die Aussage aber passender und vielleicht auch ursprünglicher zu sein. Erst in diesem dritten Anlauf legt man auch den zweiten Teil des Verses aus: ein guter Schüler, anfangs nur eine Zisterne, die man von außen mit Wasser füllen muß, wird schließlich zum Brunnen, zu einer selbständigen Quelle der Lehrentwicklung.

Es folgen in L 5 Vergleiche der Tora mit dem Wasser. Beide bedeuten Leben für die Welt (oder: auf ewig; *le-ʿolam* kann beides heißen), bringen Reinigung, erneuern die Lebenskraft (die verschiedenen Nuancen von *nefesch* lassen sich kaum mit einem Wort wiedergeben). Beide sind nicht zu bezahlen (hier spielt auch der rabbinische Gedanke herein, daß man für die Weitergabe der Tora oder auch ihre Anwendung im Gericht keine Bezahlung nehmen darf) und dennoch unschätzbar.

Nach dem Lobpreis des Wassers ist die Aussage von M natürlich nicht ernst gemeint, daß das Wasser das Herz nicht erfreut. Nur sagt die Bibel nicht ausdrücklich vom Wasser wie vom Wein, daß er „*das Herz des Menschen erfreut*" (Ps 104,15). Das Zitat aus dem Hohenlied paßt unter der den Rabbinen natürlichen Voraussetzung, daß Gott selbst der Bräutigam ist, die im selben Verse genannten Küsse seines Mundes seine Offenbarung sind. Deshalb kann es dann in 2,4 auch heißen: „*In das Weinhaus hat er mich geführt*".

Jedenfalls ist damit der Übergang zum Wein gegeben, mit dem N die Tora dreifach vergleicht. Das Zitat aus Ijob, mit dem man begründet, daß der Wert der Tora oft erst mit der Zeit offenbar wird, ist im Zusammenhang allerdings eine Frage, die der Dichter verneint. Für den letzten Vergleich, wonach der Wein ebenso wie die Tora nur in bescheidenen Gefäßen haltbar ist, kann der Midrasch keinen Bibelvers anführen; die Lebenserfahrung genügt für diesen moralischen Wink.

Wie N leitet auch O durch einen unmöglichen Vergleich mit der Tora zum nächsten Bild für diese über, nun zum Öl. Die Anregung bietet die Fortsetzung des schon zitierten Verses aus dem Hohenlied. Die Zitate aus den Sprichwörtern in P, die Bilder für die Lehre der Eltern und die Urteile Gottes bringen, haben allerdings schon das Bild des Öls verlassen; die Salbung des Hauptes leitet sofort zum Bild des Kranzes über. Die häufige Verbindung von Öl und Honig (etwa Dtn 8,8) ergibt auch schon den letzten Vergleich, mit dem P die Reihe der Bilder für die Tora abschließt. Dabei kehrt zum Schluß nochmals das Stichwort des Honigs, der schon in G ein Bild für die Tora war, und endet der lange Exkurs über die Tora mit Ps 19,11. Die vorausgehenden Verse kamen schon in den Abschnitten L (19,8) und N (19,9) vor. Bei aller Breite der Behandlung ist somit eine bewußte Strukturierung des Themas nicht zu verkennen.

Erst Q nimmt die eigentliche Auslegung von Dtn 11,22 wieder auf. Die Wiederholung des Zeitworts „achten" gilt hier als Hinweis auf den Bestand des zuerst wie des zuletzt Gelernten. Kontrast dazu ist die Aussage von Dtn 8,19 mit seinem wiederholten „vergessen". Natürlich ist auch die nicht zitierte Fortsetzung des Verses mitzudenken, der als Folge des Vergessens Gottes die Vernichtung des Volkes androht: Das dafür zweifach verwendete Verb ist *abad*, das im Sinn von „verlieren, zerstören" schon zu Beginn des Midrasch Kontrastbegriff zu „achten" war. Das Vergessen der Tora bedeutet somit immer auch die Gefahr, daß das Volk zugrunde geht. Explizit zitiert wird jedoch Spr 23,5, wo von der Vergänglichkeit des Reichtums die Rede ist; für den Midrasch geht es natürlich um den wahren

Reichtum, von dem schon E sprach, die Kenntnis der Tora. Wendet man sich von der Einsicht ab (23,4), ist dieser Reichtum auch schon weg.

Eigenartigerweise zitiert der Abschnitt zum Schluß mit der gewöhnlich für Bibeltexte verwendeten Einleitung „es steht geschrieben" *(katub)* einen nichtbiblischen Text; der Name der Schrift ist nicht einheitlich überliefert. Die hier wiedergegebene Lesart *charisim* im Sinn von „Sonnenverehrer" wurde gelegentlich auf die Essener gedeutet; möglich wäre auch die Wiedergabe „Töpfer". Andere Textzeugen lesen *chasidim,* „die Frommen"; die Schrift ist uns auf jeden Fall nicht bekannt, auch das Zitat nicht in einem bekannten Text zu finden.

R betont die Anrede in der zweiten Person Mehrzahl: der Bibeltext mit seiner Aufforderung, die Tora zu studieren, ist nicht an eine bestimmte Gruppe innerhalb des Judentums gerichtet. Man kann ihn nicht auf die Söhne der Ältesten, der Rabbinen, oder auf die Söhne der Großen der Gemeinde einschränken, auch nicht auf die der Propheten, wie der Text etwas überraschend fortfährt: hat ein Schreiber etwa bei den Ältesten im Sinne von Abot I an die siebzig Ältesten nach Mose gedacht, welche die Tora den Propheten weitergaben, und deshalb das Wort eingefügt? Als für die Zeit der Rabbinen relevante Aussage müßte der Text doch eher an die jetzt existierenden Gruppen im Judentum denken, die Ältesten eben im Sinne des Rabbinats! Wie dem auch sei, zeigt die persönliche Anrede die Verpflichtung jedes einzelnen zum Studium der Tora. Die ganze Gemeinde Jakobs, sie alle, die sich zum Bundesschluß vor Gott aufgestellt haben, sind hier angesprochen, „jeder Mann Israels", wie Dtn 29,9 fortfährt. Auf jeden einzelnen kommt es an: ohne den persönlichen Einsatz Schafans, der bei der Wiederauffindung der Tora unter Joschija eine entscheidende Rolle spielte (2 Kön 22), wäre die Tora ebenso in Vergessenheit geraten wie später ohne das Wirken Esras oder in jüngster Vergangenheit ohne den Einsatz Aqibas. Wie der Schluß des Abschnitts zu betonen scheint, kann man sich auch nicht darauf ausreden, nicht das Studium der gesamten Tora zu schaffen; das rechte Wort zur rechten Zeit ist soviel wert wie die gesamte Tora.

Zu den befürchteten Wirren der Endzeit gehört die geistige Orientierungslosigkeit, die man auch in Am 8,12 angekündigt sieht (S). Das folgende Zitat, eingeleitet mit „Unsere Meister sagten", findet sich weder in Mischna noch Tosefta; das hat wohl auch dazu geführt, daß eine Reihe von Textzeugen abänderten: „Unsere Meister *erlaubten*", für eine Auskunft in Fragen der Halakha herumzureisen. Fast genau derselbe Text findet sich allerdings auch im babylonischen Talmud (Schabbat 138b), eingeleitet mit: „Sie sagten"; im Kontext geht es dort eindeutig um die Endzeit. Die Aussage des Simeon ben Jochai präzisiert, daß auch dann die Lehre nicht vergessen, sondern nur nicht mehr einheitlich sein wird.

T legt nun den Akzent auf die Formulierung „das ganze Gebot". Sowohl der Artikel wie auch das Wort „ganz" gelten als Hinweise auf etwas Zusätzliches, das in der Aussage eingeschlossen ist: demnach geht es nicht einfach um die Gebote, sondern auch um Midrasch und Haggada; diese drei Begriffe schließen die Gesamtheit der religiösen Lehre ein, die man auch in Dtn 8,3 ausgesagt findet. Das religiöse Studium hat immer die Gesamtheit der Tradition zu umfassen. Die Erfüllung dieses Ideals, so fährt U ergänzend fort, ist nicht nur für den irdischen Vater eine Freude, sondern auch für den himmlischen Vater: dies leitet man hier ausdrücklich mit der Auslegungsregel der Einschließung ab, gestützt auf das sonst überflüssig wirkende „auch ich" in Spr 23,15.

Nach der langen Diskussion über das Lernen geht V nur knapp auf das Tun der Tora ein. Das könnte als selbstverständlich gelten; die Bibel müßte es nicht eigens sagen. Doch weiß man zu gut um die Gefahr, daß Theorie und Praxis auseinanderfallen, und betont deshalb, daß die Antwort auf das Gebot, die Konsequenz auf sein Studium das Tun ist. Lernen ist die notwendige Basis; den Höhepunkt aber bringt erst das Tun.

W schließlich sieht im „zu lieben" das einzig gültige Motiv für Lernen und Erfüllen der Gebote. Zwar winken dem Toragelehrten für sein Mühen auch Ehre und Belohnung; doch ist dies nur ein Nebeneffekt, darf nie angestrebtes Ziel sein. Wie die rabbinische Tradition immer wieder betont, muß Tun und Studium der Tora um ihrer selbst willen erfolgen, ohne irgendwelches Schielen auf daraus erwachsende Vorteile. Wie es in Abot I heißt, darf man sich der Tora nicht „bedienen", sie nicht für etwas verwenden. Warnendes Beispiel ist in X Belschazzar, der sich der heiligen Tempelgeräte bediente (Dan 5); um wieviel gefährlicher wäre es da, sich der Tora zu bedienen, mit der die Welt geschaffen wurde (wie man aus Spr 8 ableitet). Somit endet der ganze lange Abschnitt über Studium und Erfüllung des Gesetzes mit dem Grundmotiv der Liebe und Selbstlosigkeit. Wie anders ist das doch als das religiöse Leistungsdenken, das man so oft dem rabbinischen Judentum vorgeworfen hat!

II. Midrasch Rabba zu Genesis und Megillot

Dieser zweite Textblock umfaßt Proben aus den klassischen Auslegungsmidraschim der amoräischen Zeit in ihrer vermuteten zeitlichen Abfolge. Die ersten fünf Texte stammen aus der Zeit zwischen 400 und 500; nur der Ausschnitt aus KoheletRabba ist um einiges später anzusetzen, greift jedoch in vielen seiner Abschnitte auf ältere Texte zurück. Die Auslegung ist nicht mehr so formalisiert wie in den halakhischen Midraschim, dadurch auch dem ungeübten Leser leichter faßbar. Das Spektrum der Auslegungsmethoden ist hier viel breiter; besonders in den Texten zum Hohenlied und zu Kohelet kommt auch die allegorische Auslegung zu ihrem Recht. Genaues Hinhören auf den Text ist aber auch hier die Grundvoraussetzung, ebenso das Bewußtsein der Zusammengehörigkeit der ganzen Bibel. Die in den Überschriften genannten Bibelstellen geben nur den Leittext an; doch auch andere Stellen werden in Verbindung damit oft ausführlich beleuchtet.

1) Die Erschaffung des Menschen: Gen 1,26 (GenRabba 8,1–10)

1. „UND GOTT SPRACH: LASST UNS EINEN MENSCHEN MACHEN usw." (1,26).

A. R. Jochanan eröffnete: „*Von hinten* (achor) *und von vorne* (qedem) *hast du mich gebildet* usw." (Ps 139,5).

R. Jochanan sagte: Wenn der Mensch es verdient, genießt er zwei Welten; denn es heißt: „*Für Endzeit* (achor) *und Vorzeit* (qedem) *hast du mich gebildet."* Wenn nicht, wird er Rechenschaft abgeben müssen; denn es heißt: *„und legst deine Hand auf mich"* (Ps 139,5).

B. Es sagte R. Jirmeja ben Leazar: Als der Heilige, gepriesen sei er, den ersten Menschen erschuf, erschuf er ihn androgyn; denn es heißt: *„Als Mann und Frau erschuf er sie"* (Gen 5,2).

C. Es sagte R. Samuel bar Nachman: Als der Heilige, gepriesen sei er, den ersten Menschen erschuf, erschuf er ihn zweigesichtig. Er erschuf und zersägte ihn und machte ihm einen Rücken hier und einen Rücken dort.

D. Man erhob gegen ihn den Einwand: aber es steht doch geschrieben: *„Und er nahm eine seiner Rippen"* (tsal^{c}otaw: Gen 2,21)! Er antwortete ihnen: (eine) seiner Seiten! So liest du ja auch: *„Für die zweite Seite* (tsela^c) *der Wohnstätte"* (Ex 26,20).

E. R. Tanchuma im Namen des R. Benaja, R. Berekhja im Namen des R. Leazar: Als formlose Gestalt *(golem)* hat er ihn erschaffen; und er lag hingeworfen von einem Ende der Welt bis zum andern; denn es heißt: *„Meine formlose Gestalt"* (golmi) *sahen deine Augen"* (Ps 139,16).

F. R. Jehoschua beR. Nechemja, R. Jehuda beR. Simon im Namen des R. Leazar: Die ganze Welt ausfüllend erschuf er ihn; von Osten bis Westen – woher (weiß ich das)? Denn es heißt *„Von hinten und von Osten* (qedem) *hast du mich gebildet"* (Ps 139,5). Von Norden bis Süden – woher (weiß ich das)? Denn es heißt: *„(als Gott den Menschen schuf) und von einem Ende des Himmels bis zum anderen Ende"* (Dtn 4,32). Und woher (weiß ich, daß er) den Hohlraum der Welt (ausfüllte)? Die Bibel lehrt: *„Und legst deine Hand auf mich"* (Ps 139,5), so wie sie sagt: *„Zieh deine Hand von mir zurück"* (Ijob 13,21).

G. Es sagte R. Leazar: *„Nachher"* (achor), nach dem Werk des letzten Tages; *„und vorher" (qedem)*, zu Beginn des Werks des letzten Tages. Dies paßt zur Meinung des R. Leazar; denn R. Leazar sagte: *„Das Land bringe ein Lebewesen* (nefesch) *hervor"* (Gen 1,24): das ist der Geist des ersten Menschen.

H. R. Simeon ben Laqisch sagte: *„Nacher"*: nach dem Werk des letzten Tages; *„und vorher„*: zu Beginn des Werks des ersten Tages. Dies paßt zur Meinung des R. Simeon ben Laqisch; denn R. Simeon ben Laqisch sagte: *„Und Gottes Geist schwebte (über dem Wasser)"* (Gen 1,2): das ist der Geist des ersten Menschen, wie es heißt: *„Der Geist des Herrn läßt sich nieder auf ihm usw."* (Jes 11,2).

I. Es sagte Rab Nachman: *„Nachher"*: nach allen Werken; *„und vorher"*: als erster hinsichtlich der Strafen.

J. Es sagte R. Samuel beR. Tanchum: auch beim Lobpreis war er der letzte; denn es heißt: *„Halleluja! Lobet den Herrn vom Himmel her"*, und der ganze Text bis: *„er gab ihnen ein Gesetz, das sie nicht übertreten"*, und nachher: *„Lobet den Herrn, ihr auf der Erde usw."*, und nachher: *„Ihr Könige der Erde usw."* (Ps 148).

K. Es sagte R. Simlai: So wie sein Lobpreis erst nach dem von Vieh, Wild und Vögeln kommt, so kommt auch seine Erschaffung erst nach der von Vieh, Wild und Vögeln. Zuerst „*sprach Gott: Das Wasser wimmle usw.*" (Gen 1,20), und nach allem: „LASST UNS EINEN MENSCHEN MACHEN usw.".

2. R. Chama beR Chanina eröffnete: „*Weißt du das von Urzeit her, seit Gott Menschen auf die Erde gesetzt hat*" (Ijob 20,4)?
A. Es sagte R. Chama beR. Chanina: Das gleicht einer Stadt, die von Eseltreibern versorgt wurde. Diese fragten einander: welchen Preis erzielen wir heute in der Stadt? Die vom Freitag fragten die vom Donnerstag, die vom Donnerstag fragten die vom Mittwoch ... wen aber konnten die vom Sonntag fragen? Doch nur die Bewohner der Stadt, die sich mit den öffentlichen Angelegenheiten der Stadt befassen!
B. Ebenso fragten die Werke jeden einzelnen Tages einander: Welche Geschöpfe hat der Heilige, gepriesen sei er, unter euch heute erschaffen? Die des sechsten Tages fragten die des fünften ... doch wen konnte (das Werk des) ersten fragen? Doch nur die Tora, die der Erschaffung der Welt zweitausend Jahre vorausging. So steht ja geschrieben: „*da war ich als geliebtes Kind bei ihm. Ich war seine Freude Tag für Tag*" (Spr 8,30). Und der Tag des Heiligen, gepriesen sei er, ist tausend Jahre; denn es heißt: „*Denn tausend Jahre sind für dich wie der Tag, der gestern vergangen ist*" (Ps 90,4).
C. Das besagt (der Vers): „*Weißt du das von Urzeit her?*" Die Tora weiß, was vor Erschaffung der Welt war; du aber, für dich ziemt es nicht zu fragen außer „*seit Gott Menschen auf die Erde gesetzt hat*" (Ijob 20,4).
D. R. Leazar sagte im Namen des Bar Sira: Dem, was zu groß für dich ist, frage nicht nach; dem, was zu stark für dich ist, forsche nicht nach; was zu wunderbar für dich ist, verlange nicht zu wissen; nach dem, was vor dir verdeckt ist, frage nicht. Suche Einsicht in das, was dir erlaubt ist, doch mit Geheimnissen hast du dich nicht zu beschäftigen.

3. „UND GOTT SPRACH: LASST UNS EINEN MENSCHEN MACHEN".
A. Mit wem beriet er sich? R. Jehoschua sagte im Namen des R. Levi: Mit dem Werk von Himmel und Erde beriet er sich. Das gleicht einem König, der zwei Berater hatte, und nichts ohne deren Meinung tat.
B. R. Samuel bar Nachman sagte: Mit dem Werk jedes einzelnen Tages beriet er sich. Das gleicht einem König, der einen Mitregenten hatte und ohne dessen Meinung nichts tat.
C. R. Ammi sagte: Mit seinem Herzen beriet er sich. Das gleicht einem König, der durch einen Architekten einen Palast bauen ließ. Er sah ihn und er gefiel ihm nicht. Mit wem sollte er unzufrieden sein? Doch wohl mit dem Architekten! Ebenso: „*Da reute es sein Herz*" (Gen 6,6).

Es sagte Rab Jose: Das gleicht einem König, der über einen Agenten Handel trieb und Verluste machte. Mit wem sollte er unzufrieden sein? Doch wohl mit dem Agenten! Ebenso: „*Da reute es sein Herz*".

4. A. Es sagte R. Berekhja: Als der Heilige, gepriesen sei er, kam, den ersten Menschen zu erschaffen, sah er, daß Gerechte und Frevler von ihm abstammen würden. Da sagte er: erschaffe ich ihn, werden Frevler von ihm abstammen; erschaffe ich ihn nicht, wie sollen dann Gerechte von ihm abstammen? Was tat der Heilige, gepriesen sei er? Er sonderte den Weg der Frevler vor seinem Angesicht ab, verband damit die Eigenschaft des Erbarmens und erschuf ihn. So heißt es ja: „*Denn der Herr kennt den Weg der Gerechten, der Weg der Frevler aber verliert sich*" (Ps 1,6). Was heißt „*verliert sich*" *(tobed)*? Er vernichtete ihn *(ibbeda)* vor seinem Angesicht, verband damit die Eigenschaft des Erbarmens und erschuf ihn.

B. R. Chanina sagte nicht so, sondern: Als er kam, den ersten Menschen zu erschaffen, beriet er sich mit den Dienstengeln. Er sagte zu ihnen: „LASST UNS EINEN MENSCHEN MACHEN." Sie fragten ihn: Was wird seine Art sein? Er sagte ihnen: Gerechte werden von ihm abstammen. Es heißt ja: „*Denn der Herr kennt den Weg der Gerechten*": den Weg der Gerechten machte der Herr den Dienstengeln bekannt. „*Der Weg der Frevler aber verliert sich*" (Ps 1,6): diesen verschwieg er *(ibbeda)* vor ihnen. Er offenbarte ihnen, daß die Gerechten von ihm abstammen würden, offenbarte ihnen aber nicht, daß die Frevler von ihm abstammen würden; denn hätte er ihnen geoffenbart, daß die Frevler von ihm abstammen würden, hätte die Eigenschaft des Gerichts nicht zugestimmt, daß er erschaffen würde.

5. A. Es sagte R. Simon: Als der Heilige, gepriesen sei er, kam, den ersten Menschen zu erschaffen, da bildeten die Dienstengel Gruppen und Parteien. Die einen davon sagten: er werde erschaffen, die anderen sagten: er werde nicht erschaffen. Es heißt ja: „*Liebe und Wahrheit stießen aufeinander, Gerechtigkeit und Frieden bekämpften sich*" (Ps 85,11). Die Liebe sagt: er werde erschaffen; denn er wird Liebeswerke vollbringen; die Wahrheit sagt: er werde nicht erschaffen, er ist ja ganz und gar Lüge. Die Gerechtigkeit *(tsedaqa)* sagt: er werde erschaffen; denn er wird Werke der Nächstenliebe *(tsedaqot)* vollbringen; der Friede sagt: er werde nicht erschaffen, er ist ja ganz und gar streitsüchtig. Was tat der Heilige, gepriesen sei er? Er nahm die Wahrheit und warf sie auf die Erde. Es sagten die Dienstengel vor dem Heiligen, gepriesen sei er: Herr der Welten, warum erniedrigst du sie, die über deinen Ordnungen steht? Laß doch die Wahrheit von der Erde aufsteigen! Es heißt ja: „*Die Wahrheit sprieße von der Erde empor*" (Ps 85,12).

B. Alle Rabbinen sagen dazu im Namen des R. Chanina, R. Pinchas (und) R. Chilkijja im Namen des R. Simon: M'D (*meod*, „sehr") ist gleich 'DM (*adam*, „Mensch"). Es heißt ja: „*Gott sah alles an, was er gemacht hatte: Es war sehr* (meod) *gut*" (Gen 1,31). Der Mensch (*adam*) war gut.

C. R. Huna Rabba von Sepphoris sagte: während die Dienstengel noch miteinander diskutierten und miteinander stritten, erschuf ihn der Heilige, gepriesen sei er. Er sagte zu ihnen: Was richtet ihr aus? Schon „Wurde der Mensch gemacht".

6. R. Huna im Namen des R. Aibo: Mit Absicht erschuf er ihn erst, sobald er erschaffen hatte, was für seine Ernährung notwendig war; und nachher erschuf er ihn.
Es sagten die Dienstengel vor dem Heiligen, gepriesen sei er: Herr der Welt! „*Was ist der Mensch, daß du an ihn denkst, des Menschen Kind, daß du dich seiner annimmst*" (Ps 8,5)? Wozu wurde diese Sorge erschaffen? Er sagte ihnen: Wenn das so ist, wozu wurden „*all die Schafe, Ziegen und Rinder*" (Ps 8,8) erschaffen? Wozu wurden „*die Vögel des Himmels und die Fische im Meer*" (8,9) erschaffen? Ein Turm voll mit allem Guten und keine Gäste: was haben seine Besitzer davon, daß sie ihn gefüllt haben? Sie sagten vor ihm: Herr der Welt! „*Herr, unser Herrscher, wie gewaltig ist dein Name auf der ganzen Erde*" (8,10)! Tu, was dir gefällt!

7. R. Jehoschua von Sikhnin im Namen des R. Levi: Mit den Seelen der Gerechten beriet er sich. Es heißt ja: „*Sie sind die Former und Bewohner der Pflanzungen und des Zauns und saßen dort mit dem König bei seinem Werk*" (1 Chron 4,23).
„*Sie sind die Former*", weil (es heißt): „*Da formte Gott, der Herr, den Menschen* usw." (Gen 2,7).
„*Und Bewohner der Pflanzungen*", weil (es heißt): „*Und es pflanzte Gott, der Herr* usw." (Gen 2,8).
„*Und des Zauns*", weil (es heißt): „*ich, der dem Meer die Düne als Grenze gesetzt hat* usw." (Jer 5,22).
"*Und saßen dort mit dem König bei seinem Werk*": Mit dem König aller Könige, dem Heiligen gepriesen sei er, saßen die Seelen der Gerechten; mit ihnen beriet er sich und erschuf die Welt.

8. A. R. Samuel bar Nachman im Namen des R. Jochanan: Als Mose beim Schreiben der Tora war, schrieb er das Werk jedes einzelnen Tages. Als er zum Vers gelangte: „Und Gott sprach: lasst uns einen Menschen machen usw.", sagte er: Herr der Welt! Warum gibst du den Minim eine Handhabe? Er antwortete ihm: Schreib! Wer irren will, soll irren.

B. Der Heilige, gepriesen sei er, sagte zu ihm: Mose, der Mensch, den ich erschaffe, werde ich von dem nicht Große und Kleine abstammen lassen? Wenn nun der Große kommen wird, den um Erlaubnis zu fragen, der kleiner ist als er, sagt er: Was soll ich einen Kleineren um Erlaubnis fragen? Und man wird ihm sagen: Lerne von deinem Schöpfer, der die Oberen und die Unteren erschaffen hat; und als er kam, den Menschen zu erschaffen, beriet er sich mit den Dienstengeln.

C. Es sagte R. Levi: Es ist hier keine Beratung (gemeint); vielmehr (gleicht das) einem König, der vor dem Tor seines Palastes umherging und einen Steinbrocken (?) daliegen sah. Er sagte: Was machen wir damit? Einige sagten: ein öffentliches Bad, andere sagten: ein Privatbad. Der König sagte: eine Statue mache ich daraus. Wer kann ihn hindern?

9. A. Die Minim fragten den R. Simlai: Wieviel Gottheiten schufen die Welt? Er antwortete ihnen: Ich und ihr, fragen wir die ersten Tage. Es heißt ja: *„Frag doch die ersten Tage* usw." (Dtn 4,32). „Als Elohim den Menschen *schufen*", steht nicht da, sondern: *„als Elohim den Menschen schuf"*.

B. Sie fragten ihn weiter: Was bedeutet, daß geschrieben steht: *„Im Anfang schuf Elohim"* (Gen 1,1)? Er antwortete ihnen: „Im Anfang *schufen* Elohim" steht hier nicht geschrieben, sondern: *„schuf Elohim Himmel und Erde"*.

C. Es sagte R. Simlai: Überall, wo du eine Handhabe für die Minim findest, findest du daneben auch ein Mittel dagegen.

D. Sie fragten ihn weiter: Was bedeutet, daß geschrieben steht: „UND GOTT SPRACH: LASST UNS EINEN MENSCHEN MACHEN usw."? Er antwortete ihnen: Lest, was danach steht! „Elohim *schufen* also den Menschen" steht nicht geschrieben, sondern: „ELOHIM SCHUF ALSO DEN MENSCHEN" (Gen 1,27).

E. Als sie hinausgingen, sagten zu ihm seine Schüler: Diese hast du mit dem Stock abgewehrt; was aber antwortest du uns?
Er sagte ihnen: In der Vergangenheit wurde der Mensch (*adam*) aus Erde (*adama*) geschaffen und Eva aus Adam geschaffen, doch von nun an „ALS UNSER ABBILD, UNS ÄHNLICH": nicht Mann ohne Frau und nicht Frau ohne Mann und beide nicht ohne die Wesensgegenwart.

10. A. Es sagte R. Hoschaja: Als der Heilige, gepriesen sei er, den ersten Menschen schuf, irrten sich über ihn die Dienstengel und wollten vor ihm sagen: Heilig!

B. Wem gleicht die Sache? Einem König und einem Eparchen, die sich in einem Wagen befanden. Und die Bewohner der Provinz wollten zum König *Domine* sagen, wußten aber nicht, wer es war. Was tat der König? Er drängte ihn weg und warf ihn aus dem Wagen, und da kannten sie den König.

C. So war es, als der Heilige, gepriesen sei er, den ersten Menschen schuf. Da irrten sich bei ihm die Engel. Was tat der Heilige, gepriesen sei er? Er ließ Schlaf auf ihn fallen, und da wußten alle, daß er ein Mensch war. Es heißt ja: *„Laßt doch ab vom Menschen usw."* (Jes 2,22).

Das Kapitel setzt in 1 mit einem Proömium ein, das Ps 139,5 mit Gen 1,26, dem Anfang des hier besprochenen Abschnitts, verbindet. Da Gen 1,26 nicht der Anfang eines Wochenabschnitts in der Synagogenlesung war, gab es dazu keine traditionellen Proömien. So stellte man einfach ein Proömium aus den Meinungen verschiedener Rabbinen zusammen. Der Psalmvers, der Gen 1,26 beleuchten soll, ist sprachlich nicht eindeutig und zog gerade deswegen die Aufmerksamkeit der Rabbinen auf sich. Die Einheitsübersetzung gibt sinngemäß wieder: *„Du umschließst mich von allen Seiten"*. Septuaginta und Vulgata verbinden das hier mit „von allen Seiten" übersetzte *achor wa-qedem* mit dem vorausgehenden Vers in dem Sinn: *„Du, Herr, kennst das Jüngste wie das Alte"*, und setzen dann fort: *„Du hast mich gebildet."* Ebenso versteht der Midrasch das Zeitwort *tsartani*. *Achor* kann „von hinten" bedeuten, aber auch „nachher", somit auch die Endzeit einschließen; *qedem* kann „von vorne" bedeuten, aber auch „vorher", läßt damit auch an die Urzeit denken; zugleich steht es aber auch für „Osten". Diese Vielschichtigkeit der Aussage wertet die Auslegung aus.

R. Jochanan versteht den Vers in A zeitlich von der Zeit der Schöpfung, von dieser Welt, und von der Endzeit, der kommenden Welt, und sieht daher in der „Hand" Gottes das Gericht.

B–D sind drei Facetten derselben Aussage. B begründet die alte Vorstellung vom Urmenschen, der beide Geschlechter in sich vereinte, mit Gen 5,2: *„Als Mann und Frau erschuf er sie"* (leicht variiert auch Gen 1,26): direkt zuvor heißt es jedoch an beiden Stellen: *„erschuf er ihn."* Einzahl oder Mehrzahl? Beides verbindet man in der Vorstellung, daß zwei Menschen in einem angelegt waren. Dies veranschaulicht in C das Bild des zweigesichtigen Menschen. Ps 139,5 ist zwar nicht zitiert, aber vorausgesetzt: die beiden Gesichter sind, was Gott vorn und hinten gebildet hat. Die Erschaffung der Frau aus der Rippe ist kein Einwand: das Wort für Rippe kann ja auch Seite bedeuten, wie D belegt. Die Frau ist somit eine der beiden Seiten des zweigeschlechtlichen Urmenschen.

Gen 1,27 heißt es dreimal, daß Gott den Menschen „schuf". Da es nach rabbinischer Auffassung keine unnötige Wiederholung in der Bibel gibt, sieht man hier verschiedene Stufen in der Erschaffung des Menschen ausgesagt. Die erste davon ist die formlose Materie des Menschen; dies liest man in E, ohne das auslösende Problem zu nennen, aus Ps 139,16, wo allein in der Bibel das später so bedeutungsschwere Wort *golem* vorkommt.

F greift die alte Vorstellung auf, daß der Urmensch die ganze Welt ausfüllte. Indem man *qedem* als Osten versteht, kann man dann *achor* als Westen erschließen und in Dtn 4,32, dessen Satzbau man anders als üblich auflöst, die beiden anderen Himmelsrichtungen finden. Daß er auch den Hohlraum zwischen Erdoberfläche und dem Firmament, das man sich wie eine Halbkugel über die Erdfläche gestülpt dachte, ausfüllte, liest man aus dem Schluß von Ps 139,5: entweder denkt man sich die Hand Gottes direkt auf dem Firmament aufliegend oder man leitet *kappekha* „deine Handfläche" von *kippa*, „Kugel, Himmelsgewölbe", ab.

G-H verstehen *achor* und *qedem* wiederum zeitlich und sehen hier die Erschaffung des Menschen *nach* einem bestimmten Zeitpunkt und vor einem anderen. Für G ist der Bezugspunkt der letzte Tag der Schöpfung; dieser beginnt in 1,24 mit der Entstehung *„aller Arten von lebendigen Wesen..." (nefesch chajja)*. R. Leazar versteht mit dem zeitgenössischen Sprachgebrauch *nefesch* als Seele, *chajja* als wildes Tier, und findet so im Vers die Reihenfolge „Seele, wilde Tiere, Vieh" usw. Demnach begann der sechste Tag mit der Erschaffung der Seele und endet mit jener des ganzen Menschen. H findet einen Hinweis auf den (göttlichen) Geist des Menschen schon in Gen 1,2 und sieht also schon hier den Anfang des Menschen. Dabei ist wohl ein trichotomisches Menschenbild (Geist, Seele, Leib) vorausgesetzt. I schließlich nimmt eine ganzheitliche Entstehung des Menschen am Schluß der Schöpfung an. Erster ist der Mensch nur bei der Bestrafung: bei der Androhung der Flut in Gen 6,7 ist er als erster genannt!

Aus der Reihenfolge in Ps 148 liest J heraus, daß der Mensch erst als letzter in das Lob Gottes einstimmte, wie er ja auch bei der Schöpfung der letzte war. Das sieht K in Gen 1 bestätigt, wo erst nach Erschaffung von allem anderen es heißt: *„Laßt uns einen Menschen machen"*. Mit diesem Zitat ist der Anfang des auszulegenden Textes und somit auch das Ende des Proömiums erreicht.

2 beginnt zwar wie ein Proömium, führt jedoch nicht ans Ziel (Gen 1,26), ist also zumindest unvollständig. Wie das Gleichnis von A und seine Anwendung in B verdeutlicht, kommt menschliches Fragen hinter den ersten Schöpfungstag nicht zurück. Auskunft über die Zeit davor kann man nur aus der Tora gewinnen. Diese war ja bei der Schöpfung dabei, wie man aus Spr 8 ableitet; das dort wiederholte Wort „Tag" führt in Verbindung mit Ps 90,4 zur Vorstellung, daß die Tora der Schöpfung zweitausend Jahre vorangeht. Menschliches Wissen reicht hingegen nicht hinter die Erschaffung des Menschen zurück, wie C aus Ijob 20,4 ableitet.

D schließt den Abschnitt mit einem Zitat aus Sir 3,21 f ab. Die Schrift galt den Rabbinen zwar nicht als Teil der Bibel, wurde jedoch gerne verwendet. Schon die Mischna (Chagiga II,1) untersagt unter anderem die Erforschung des Vorher, Spekulationen über die Zeit, bevor die Welt war. Gen 1 war der Grundtext des einen der beiden Hauptzweige esoterischen Wissens, nämlich des „Schöpfungswerks"; doch das öffentliche Studium von Gen 1 suchte man zu beschränken, da man hier zu Recht die Gefahr gnostischer Spekulationen fürchtete.

Ab 3 geht es um das für die Rabbinen zentrale Problem von Gen 1,26, den Plural „laßt *uns* machen". Eine Mehrzahl von Göttern kann man nicht annehmen, auch nicht einen unter Gott oder gegen Gott stehenden Demiurgen, der für die materielle Welt verantwortlich wäre. Dennoch verbietet der Ernst im Umgang mit der biblischen Sprache, hier eine bloße Redensart zu sehen. Davon ausgehend, daß es vor der Schöpfung nichts außer Gott gab, können A und B im Plural nur das eben Erschaffene angesprochen sehen. Wenn sie Gott mit einem König vergleichen, der ohne Berater oder gar Mitregenten nichts tut, verleihen sie allerdings den Werken der Schöpfung fast gefährlich viel Eigenständigkeit. C wahrt die Einheit in Gott klarer, indem es den Plural als inneren Dialog versteht und aus Gen 6,6 liest, daß Gott selbst der Architekt ist, er mit sich selbst unzufrieden ist. Auch 4 A versteht den Plural als inneren Dialog. Gott konnte den Menschen nur erschaffen, weil er bewußt von dessen kommenden Sünden absah und nur die kommenden Gerechten sehen wollte, wie man aus Ps 1,6 liest. Das rabbinische Judentum betrachtet die göttlichen Eigenschaften des Gerichts und des Erbarmens fast wie eigenständige Personen. Die Mehrzahl „laßt uns machen" vereint in dieser Auslegung Gott mit seiner Eigenschaft des Erbarmens.

4 B wandelt die Auslegung ab: Nicht Gott selbst ignoriert absichtlich die kommenden Sünder, um die Guten schaffen zu können; vielmehr hält er die Sünder vor den Engeln verborgen, die laut GenRabba 3,8 am zweiten oder am fünften Tag erschaffen wurden. In den folgenden Abschnitten sind sie es, die im Plural „*Laßt uns machen*" eingeschlossen sind. Wie man aus verschiedenen Bibelstellen herausliest, waren die Engel auf den Menschen eifersüchtig und wollten daher seine Erschaffung verhindern.

5 A ist ein schönes Beispiel für den rabbinischen Umgang mit poetischen Texten der Bibel, die man in Auswertung ihrer sprachlichen Möglichkeiten gerne zu ganzen Geschichten auffüllt. Der Text liest aus Ps 85,11f ein Drama, das der Erschaffung des Menschen vorausging. Anders als die üblichen Übersetzungen versteht er Vers 11 von einem feindlichen Aufeinanderstoßen; Gegner sind die Engel von Liebe und Wahrheit usw., die Für und Wider der Erschaffung des Menschen vorbringen. Im folgenden Vers ist die Wahrheit plötzlich auf der Erde. Also muß sie davor, so folgern die Rabbinen, irgendwie dahingekommen sein, eben als Strafe für den Streit in Vers 11. Zu dieser Art des Textverständnisses paßt, daß man die Futurform des Verbs nicht als Aussage für die Zukunft versteht, sondern als Wunsch der anderen Engel, die Gott bitten: „*Sie möge aufsprießen...*".

5 B nennt zwar die Einwände der Engel aus der Sündhaftigkeit der Menschen nicht, setzt sie jedoch voraus. Mit Umstellung der Konsonanten eines Worts – einer auch im Hellenismus anerkannten Auslegungsmethode – deutet man die Aussage über die Schöpfung: „*Es war sehr gut*" gezielt auf den Menschen um: „Der Mensch war gut". C schließlich löst das Problem des Plurals „*laßt uns machen*" (na^{c}ase) radikal, indem es das Wort einfach anders vokalisiert: na^{c}asa, „*er wurde gemacht*": Gott setzt die streitenden Engel einfach vor vollendete Tatsachen.

In 6 geht es darum, warum Gott den Menschen erst zum Schluß schuf. Nicht, weil der Mensch eben auch rangmäßig am Ende steht, sondern um zuvor alles für ihn vorzubereiten. Dazu dramatisiert man wieder einen Psalm, liest ihn mit verteilten Rollen auf dem Hintergrund des Widerstandes der Engel gegen die Erschaffung des Menschen. Dem Einwand der Engel in Ps 8,5 entgegnet Gott mit den Versen 8f, worauf die Engel in Vers 10 nur noch einlenken können.

Gegen die Position der Rabbinen, daß in der Bibel nichts überflüssig und alles religiös bedeutsame Offenbarung Gottes sei, konnte man leicht die Namenslisten im Buch der Chronik anführen: Welchen religiösen Wert hatten solche Angaben? Deshalb bemühten sich die Rabbinen ganz besonders um die Deutung dieser Stellen und entlockten ihnen mit allegorischer Auslegung religiöse Aussagen. So ist es in Abschnitt 7 auch mit 1 Chron 4,23; die Wiedergabe des Textes muß dabei natürlich von üblichen Bibelübersetzungen stark abweichen, um das Verständnis der Rabbinen zu verdeutlichen. Die Auslegung ist sprachlich möglich, isoliert aber den Vers völlig von seinem direkten Kontext, um ihn durch Wortparallelen in den gesamtbiblischen Zusammenhang einzufügen, in unserem Beispiel ihn als Aussage über die Schöpfung zu lesen. Demnach sind die Menschen selbst, genauer ihre schon vor dem Körper erschaffenen Seelen (vgl. 1 G–H) in der Wendung „*laßt uns machen*" die Partner Gottes.

Erst 8 spricht deutlich aus, warum das Verständnis von „*laßt uns machen*" so wichtig ist. Warum, so fragt A, enthält die Bibel überhaupt eine so mißverständliche Formulierung? Mose hat natürlich ihre Problematik gesehen, daß die Minim den Text mißbrauchen würden. Doch, so Gottes Antwort, kann man immer einen Anhalt finden, wenn man irren will. B nimmt nochmals den Gedanken auf, daß Gott sich vor der Erschaffung des Menschen mit seinen Engeln beriet; C hingegen sieht hier einfach eine rhetorische Einbeziehung der Umgebung durch den König, ohne daß damit seine Entscheidungsfreiheit eingeschränkt würde.

Der Gottesname *Elohim* könnte der Form nach als Mehrzahl „Götter" verstanden werden. Darauf beruhende Einwände der Minim weist 9 A–D stets damit zurück, daß das dazugehörige Verb in der Einzahl steht, also auch Elohim Einzahl sein muß. Den Schülern, die eine tiefere Erklärung des Plurals „*laßt uns machen*" verlangen, dreht R. Simlai in E einfach die Reihenfolge von Gen 1,26 und 27 um (das galt auch in der Homerauslegung als erlaubte Methode): Gott hat den Menschen schon als Mann und Frau erschaffen 1,27) und fordert ihn jetzt auf, sich mit seiner Hilfe fortzupflanzen (1,26): „*laßt uns einen Menschen machen*"; der Mensch ist demnach nicht nur Abbild Gottes, sondern zugleich auch das der Eltern.

Die Gottebenbildlichkeit des Menschen könnte dazu führen, den Menschen selbst als Gottheit anzusehen. Dieser Gefahr erlagen auch die Engel, wie es in 10 A heißt. Im Gleichnis von B entgeht der König der Verwechslung mit seinem Statthalter, indem er dessen niedrigeren Rang deutlich macht; so erhält er allein die ihm zustehende Anrede als „Herr" (die lateinisch zitierte Anrede läßt die Vergöttlichung der römischen Kaiser mit anklingen). Ebenso beseitigt Gott in C jede Möglichkeit des Irrtums durch den Schlaf, in den er den Menschen fallen läßt (Gen 2,21).

2) Gottes Bund mit Abraham: Gen 15,8–21 (GenRabba 44,14–23)

14. „ER SAGTE: HERR, MEIN HERR, WORAN SOLL ICH ERKENNEN (DASS ICH ES ZU EIGEN BEKOMME)" (15,8)?

A. R. Chama bar Chanina sagte: (Das fragte er) nicht wie einer, der sich beklagt; vielmehr fragte er ihn: durch welches Verdienst (werde ich das Land besitzen)? Er antwortete ihm: durch die Sühnopfer, die ich deinen Söhnen geben werde.

B. „UND ER ANTWORTETE IHM: HOL MIR EIN DREIFACHES RIND, EINE DREIFACHE ZIEGE, EINEN DREIFACHEN WIDDER USW." (15,9).

Er zeigte ihm drei Arten von Rindern, drei Arten von Ziegen und drei

Arten von Widdern. Drei Arten von Rindern: den Jungstier für den Versöhnungstag, den Jungstier (für das Opfer nach unabsichtlicher Übertretung) irgendeines Gebotes (durch die Gemeinde), und die Kuh, der man das Genick bricht. Drei Arten von Ziegen: die Ziegen für die Feste, die Ziegen zu den Neumonden und die Ziege (nach unabsichtlicher Verfehlung) eines einzelnen. Drei Arten von Widdern: das sicher (notwendige) Sündopfer, das bedingt (notwendige) Sündopfer und das Schaf eines einzelnen. „EINE TURTELTAUBE UND EINE HAUSTAUBE" (15,8): Eine Turteltaube und eine junge Taube.

C. „UND ER HOLTE IHM ALL DIESE USW." (15,9).

R. Simeon ben Jochai sagte: Alle Sühnopfer zeigte der Heilige, gepriesen sei er, Abraham; (nur) das Zehntel Efa (Feinmehl) zeigte er ihm nicht. Die Rabbinen sagen: auch das Zehntel Efa zeigte er ihm. Hier heißt es: „ALL DIESE", und dort heißt es: *„du sollst die aus diesen (Zutaten) zubereitete Speise bringen"* (Lev 2,8).

D. „DIE VÖGEL ABER ZERTEILTE ER NICHT" (15,10).

Der Heilige, gepriesen sei er, zeigte ihm, daß man Vögel für ein Ganzopfer zerteilt, Vögel für ein Sündopfer aber nicht zerteilt.

15. A. Eine andere Auslegung: „HOL MIR EIN DREIFACHES RIND."
Das ist Babylon, das drei (Könige) hervorbringt: Nebukadnezzar, Ewil-Merodach und Belschazzar. „EINE DREIFACHE ZIEGE." Das ist Medien, das drei (Könige) hervorbringt: Kyrus, Darius und Ahaschwerosch. „EIN DREIFACHER WIDDER." Das ist Griechenland.

B. R. Leazar und R. Jochanan. R. Leazar sagte: Es eroberte alle Himmelsrichtungen, nur nicht die östliche. Es sagte ihm R. Jochanan: Aber es steht doch geschrieben: *„Ich sah, wie der Widder nach Westen, Norden und Süden stieß; kein Tier hielt ihm stand"* (Dan 8,4)! Jener aber war der Meinung, daß „nach Osten" nicht gesagt ist.

C. „EINE TURTELTAUBE UND EINE HAUSTAUBE *(gozal)*."
Das ist Edom: eine Turteltaube, doch eine räuberische *(gozlani)*.

D. „UND ER HOLTE IHM ALL DIESE USW."
R. Jehuda sagte: Die Fürsten der Weltvölker zeigte er ihm. R. Nechemja sagte: Die Fürsten Israels zeigte er ihm.
Nach der Meinung des R. Jehuda standen die Throne der einen den Thronen der anderen gegenüber. Nach der Meinung des R. Nechemja (bedeutet 15,10), daß dort der große Sanhedrin Israels saß und die Rechtsfälle Israels entschied.

E. „DIE VÖGEL ABER ZERTEILTE ER NICHT."
R. Abba bar Kahana im Namen des R. Levi: es zeigte ihm der Heilige, gepriesen sei er: jeden, der das Gesicht gegen die Welle hält, den schwemmt die Welle fort, und jeden, der das Gesicht nicht gegen die Welle hält, den schwemmt die Welle nicht fort.

16. „DA STIESSEN RAUBVÖGEL AUF DIE FLEISCHSTÜCKE (*pegarim*) HERAB usw." (15,11). Es sagte R. Assi: Abraham nahm einen Stock und schlug sie, doch sie ließen sich nicht vertreiben. Und dennoch: „UND ABRAHAM VERSCHEUCHTE (*wa-jascheb*) SIE," durch Buße (*teschuba*). Es sagte R. Azarja: wenn deine Kinder (wie) Leichen (*pegarim*) ohne Sehnen und ohne Knochen werden, steht dein Verdienst ihnen bei.

17. „BEI SONNENUNTERGANG usw." (15,12).
A. R. Jehoschua von Sikhnin im Namen des R. Levi: Der Anfang des Falles ist der Schlaf – schläft einer, studiert er nicht die Tora; schläft einer, tut er keine Arbeit.

B. Rab sagte: Drei (Formen von) Betäubung gibt es – die Betäubung des Schlafs, die Betäubung der Prophetie und die Betäubung der Bewußtlosigkeit. Die Betäubung des Schlafs: *„Da ließ Gott, der Herr, Betäubung auf den Menschen fallen, so daß er einschlief"* (Gen 2,21). Die Betäubung der Prophetie: „BEI SONNENUNTERGANG FIEL BETÄUBUNG AUF ABRAM. Die Betäubung der Bewußtlosigkeit: *„Niemand sah und niemand bemerkte etwas, und keiner wachte auf; alle schliefen, denn der Herr hatte sie in Betäubung fallen lassen"* (1 Sam 26,12).

C. R. Chanina bar Isaak sagte: Drei unreife Dinge gibt es. Die unreife Form des Todes ist der Schlaf, die unreife Form der Prophetie ist der Traum, die unreife Form der kommenden Welt ist der Sabbat. R. Abin fügt noch hinzu: Die unreife Form des himmlischen Lichts ist das Rad der Sonne, die unreife Form der himmlischen Weisheit ist die Tora.

D. „ANGST, GROSSE FINSTERNIS usw." (15,12).
„ANGST" (*ema*): das ist Babylon; denn es heißt: *„Da wurde Nebukadnezzar mit Wut (chema) erfüllt"* (Dan 3,19).
„FINSTERNIS": das ist Medien, das die Augen der Israeliten mit Fasten und Kasteiung verfinsterte.
„GROSSE": das ist Griechenland.

E. R. Simon sagte: Das griechische Reich stellte hundertzwanzig Feldherrn, hundertzwanzig Statthalter und hundertzwanzig Generäle auf. Die Rabbinen sagen: je sechzig; denn es heißt: *„Schlange, Saraf und Skorpion"* (Dtn 8,15). Wie der Skorpion je sechzig Junge hat, so stellt das griechische Reich je sechzig auf.

F. „ÜBERFIEL IHN" (15,12): das ist Edom; denn es heißt: *„Von ihrem dröhnenden Fall erbebt die Erde"* (Jer 49,21).

G. Andere drehen es um.
„ÜBERFIEL": das ist Babylon; denn es heißt: *„Gefallen ist Babel, gefallen"* (Jes 21,9). „GROSSE": das ist Medien; denn es heißt: *„Groß machte der König Ahaschwerosch usw."* (Est 3,1). „FINSTERNIS": das

ist Griechenland; denn es hat die Augen der Israeliten mit seinen Dekreten verfinstert. „ANGST": das ist Edom; denn es heißt: *„furchtbar und angsterregend"* (Dan 7,7).

18. A. „UND ER SPRACH ZU ABRAHAM: WISSE, JA WISSE" (15,13).
„WISSE", daß ich sie zerstreuen werde; „JA WISSE", daß ich sie einsammeln werde. „WISSE", daß ich sie verpfänden werde; „JA WISSE", daß ich sie auslösen werde. „WISSE", daß ich sie verknechten werde; „JA WISSE", daß ich sie loskaufen werde.
B. „FREMDE WERDEN DEINE NACHKOMMEN SEIN usw." (15,13).
Von dem Zeitpunkt an, da du Nachkommen hast, für vierhundert Jahre.
R. Judan sagte: Fremdsein, Sklaverei, harte Behandlung, in einem Land, das ihnen nicht gehört, für vierhundert Jahre: das ist ihre Zeitspanne.

19. A. „UND AUCH DAS VOLK usw." (15,14).
Es sagte R. Chelbo: „und das Volk" (würde genügen; warum steht:) „UND AUCH DAS VOLK, DEM SIE ALS SKLAVEN DIENEN usw."? (Das schließt ein:) Auch (Israel) selbst, auch Ägypten und die vier Reiche, die dich verknechten (werde ich richten).
B. „WERDE ICH RICHTEN" (DN).
R. Eleazar im Namen des R. Jose: Mit diesen beiden Buchstaben versprach der Heilige, gepriesen sei er, unserem Vater, daß er seine Kinder erlösen wird. Und wenn sie Buße täten, würde er sie mit zweiundsiebzig Buchstaben erlösen.
Es sagte R. Judan: *„(Hat je ein Gott versucht), zu einer Nation zu kommen und sie mitten aus einer Nation herauszuholen"* bis *„unter großen Schrecken"* (Dtn 4,34). Da findest du die zweiundsiebzig Buchstaben des Heiligen, gepriesen sei er. Und wenn dir jemand sagt, es sind fünfundsiebzig, nimmt das zweite „Nation" (*goi*), weg, das nicht zu zählen ist.
R. Abin sagte: mit seinem Namen hat er sie erlöst; denn der Name des Heiligen, gepriesen sei er, zählt zweiundsiebzig Buchstaben.

20. A. „UND NACHHER WERDEN SIE MIT REICHER HABE AUSZIEHEN" (15,14).
Es sagte R. Acha: Es heißt hier nicht „nach" (*achar*), sondern „nachher" (*achare*): erst wenn ich über sie zehn Plagen gebracht habe, „NACHHER WERDEN SIE MIT REICHER HABE AUSZIEHEN".
B. (Abraham) sagte zu ihm: werde auch ich versklavt werden? (Gott) antwortete ihm: „DU ABER WIRST IN FRIEDEN ZU DEINEN VÄTERN HEIMGEHEN; IN HOHEM ALTER WIRST DU BEGRABEN WERDEN" (15,15).
C. Es sagte R. Simeon ben Laqisch: Drei sind es, von denen es heißt: „in hohem Alter". Abraham war dessen würdig, David war dessen wür-

dig, Gideon war dessen nicht würdig. Warum? „*Gideon machte daraus ein Efod*" (Ri 8,27) zum Götzendienst.

21. „DIE SONNE WAR UNTERGEGANGEN, UND ES WAR DUNKEL GEWORDEN." Dunkelheit herrschte. „AUF EINMAL WAREN EIN RAUCHENDER OFEN UND EINE LODERNDE FACKEL DA" (15,17).

A. Simeon bar Abba sagte im Namen des R. Jochanan: vier Dinge zeigte er ihm – Gehinnom, die Reiche, die Verleihung der Tora und den Tempel. Er sagte zu ihm: immer, wenn deine Kinder sich mit diesen zwei befassen, werden sie von jenen zwei errettet. Wenn sie sich von diesen zwei fernhalten, werden sie durch jene zwei gerichtet.

B. Er fragte ihn: Wohin willst du, daß deine Kinder hinabsteigen? In das Gehinnom oder unter die Reiche? R. Chinena bar Papa sagte: Abraham wählte sich die Reiche; R. Judan und R. Idi und R. Chama beR. Chanina: Abraham wählte sich das Gehinnom, doch der Heilige, gepriesen sei er, wählte für ihn die Reiche; denn es steht ja geschrieben: „*(Wie kann denn ein einziger hinter tausend herjagen...,) es sei denn, ihr Fels hat sie verkauft*" – das ist Abraham, „*und der Herr hat sie preisgegeben*" (Dtn 32,30): das lehrt, daß der Heilige, gepriesen sei er, seinem Wort zustimmte. R. Huna im Namen des R. Acha: So saß Abraham und überlegte den ganzen Tag: was soll ich wählen? Da sagte ihm der Heilige, gepriesen sei er: brich sogleich das Nachdenken ab(?)! „AN DIESEM TAG SCHLOSS DER HERR usw." (15,18).

C. Wir stehen somit vor einer Streitfrage zwischen R. Chinena bar Papa und R. Judan und R. Idi und R. Chama beR. Chanina. R. Chinena bar Papa sagte: Abraham wählte sich die Reiche. R. Judan und R. Idi und R. Chama bar Chanina sagten im Namen eines gewissen Alten im Namen von Rabbi: Der Heilige, gepriesen sei er, wählte für ihn die Reiche; denn es steht ja geschrieben: „*Du ließest Menschen über unsere Köpfe schreiten*", die Völker ließest du über unsere Köpfe schreiten, „*wir gingen durch Feuer und Wasser*" (Ps 66,12).

D. R. Jehoschua sagte: Auch die Spaltung des Schilfmeeres zeigte er ihm; es steht ja geschrieben: „SIE FUHREN ZWISCHEN JENEN FLEISCHSTÜKKEN (*gezarim*) HINDURCH" (15,17), so wie es heißt: „*Der das Schilfmeer zerschnitt in zwei Teile*" (*gezarim*: Ps 136,13).

22. „AN DIESEM TAG SCHLOSS DER HERR MIT ABRAM usw." (15,18).

A. R. Judan, Rabban Jochanan ben Zakkai und R. Aqiba. Einer sagte: Diese Welt offenbarte er ihm, doch die kommende Welt offenbarte er ihm nicht. Und der andere sagte: Diese und die kommende offenbarte er ihm. R. Berekhja sagte: R. Leazar und R. Jose beR. Chanina. Der eine sagte: Bis zu jenem Tag offenbarte er ihm. Der andere sagte: ab jenem Tag offenbarte er ihm.

B. „Deinen Nachkommen habe ich dieses Land gegeben usw."
(15,18).
R. Huna und R. Dostai im Namen des R. Samuel ben Nachman: Auch das Wort des Heiligen, gepriesen sei er, ist eine Tat; denn es heißt: „Deinen Nachkommen habe ich gegeben". „Ich werde geben" steht nicht geschrieben, sondern „ich habe gegeben".
R. Judan im Namen des R. Abba: „*So sollen alle sprechen, die vom Herrn erlöst sind*"; „die er von den Feinden befreit" steht nicht geschrieben, sondern: „*die er befreit hat*" (Ps 107,2).
Es sagte R. Abin: „Denn der Herr wird Jakob erlösen" steht nicht geschrieben, sondern: „*Denn erlöst hat...*" (Jer 31,11).
Die Rabbinen sagen: „*Ich werde ihnen pfeifen und sie zusammenholen*"; „denn ich werde sie loskaufen" steht nicht geschrieben, sondern: „*denn ich habe sie losgekauft*" (Sach 10,8).
Es sagte R. Jehoschua: „So wird Gott schaffen" steht nicht geschrieben, sondern „*So hat geschaffen*" (Jes 4,5). (Die Wolke über dem Zion, die Gottes Schutz symbolisiert) ist schon geschaffen und bereit.

23. „Die Keniter, die Kenasiter usw." (15,19).
A. R. Dostai im Namen des R. Samuel ben Nachman: Da (die Bibel) hier die Hiwiter nicht erwähnt, bringt sie die Rafaïter an ihrer Stelle. R. Chelbo im Namen des R. Abba im Namen des R. Jochanan: Die Absicht des Heiligen, gepriesen sei er, war es, Israel zehn Völker zu Besitz zu geben, doch gab er ihnen nur sieben.
B. Das sind die anderen drei: „Die Keniter, die Kenasiter und die Kadmoniter"; Rabbi sagte: Die Araber, die Schalamiter und die Nabatäer; R. Simeon ben Jochai sagte: Damaskus, Asien und Apamea; R. Leazar ben Jakob sagte: Asien, Thrakien und Kartago. Die Rabbinen sagen: „*Edom, Moab und der Hauptteil der Ammoniter*" (Dan 11,41) sind die drei, die er ihnen nicht in dieser Welt gab; denn es heißt: „*Denn nicht gebe ich euch von ihrem Land usw.*" (Dtn 2,5).
Doch in den Tagen des Messias werden sie wieder Israel gehören, um das Wort des Heiligen, gepriesen sei er, zu verwirklichen.
Jetzt aber hat er ihnen (nur) sieben gegeben; denn es heißt: „*sieben Völker, zahlreicher und mächtiger (als du)*" (Dtn 7,1).
Es sagte R. Isaak: Das Schwein weidet mit zehn (Jungen), das Schaf hingegen nicht einmal mit einem. All diese: „Die Keniter, die Kenasiter usw." (versprach Gott Abraham). Und noch „*hatte Sarai, Abrams Frau, ihm keine Kinder geboren*" (16,1).

Der schwierige Text Gen 15,7–21 (V.7 ist die Verbindung mit dem Vorausgehenden) hat schon immer besonderes Interesse der Ausleger gefunden. Für die Rabbinen ist es ein ganz zentraler Text der Geschichtstheologie.

Die Zerteilung der Tiere in Gen 15 betrachtet man heute als Teil einer Schwurszene; doch schon der Bibeltext selbst hat mit der Hinzufügung der Vögel, die Abraham nicht zerteilt, offenbar an eine Liste von Opfertieren gedacht. In dieser Linie deutet der Abschnitt 14 die Schilderung von 15,9 f; doch sieht er sie nicht als jetzt stattfindendes Opfer, sondern als Belehrung Abrahams über die Zukunft: er muß die Tiere nur bringen, damit ihm Gott die verschiedenen Opfer zeigen kann, die Israel einst darbringen soll und die die Erfüllung der Landverheißung garantieren sollen. Das in 15,9 mit „dreifach" wiedergegebene hebräische Wort ist ungewöhnlich; man übersetzt es heute als „dreijährig", während die Rabbinen an drei Arten denken, nämlich die drei vorgeschriebenen Opfer eines Stiers in Lev 16,11; 4,13 f; Dtn 21,3 f; die drei Ziegenopfer finden sich in Num 28,22; 28,15; Lev 4,27 f; die ersten zwei der drei Widderopfer sind rabbinisch genauer definiert, das letzte ist in Lev 4,27 f belegt (14 B).

14 C geht es um den Ausdruck „all diese" *(et kol elle)*, den man als „Einschließung" über das explizit Gesagte hinaus verstehen kann. Anders als die halakhischen Midraschim erreicht jedoch GenRabba sein Ziel, auch das Feinmehl für das Speiseopfer schon in der Belehrung Abrahams eingeschlossen zu sehen, nicht mit dieser Methode, sondern über eine Wortanalogie mit Lev 2,8, wo die Zutaten zum Speiseopfer mit dem Wort „diese" *(elle)* zusammengefaßt werden. Für die Vorschriften zum Vogelopfer (14 D) siehe Lev 1,16 und 5,9 (Details in Mischna Zebachim VI,5 f).

War schon die Auslegung in 14 auf die Zukunft gerichtet, versteht die Deutung desselben Textes in 15 diesen nun explizit als Belehrung über die kommende Geschichte Israels. Rind, Ziege und Widder stehen für die ersten drei Weltreiche, die Israel unterjochen. Doch nur zu Babylon und Medien deutet man auch das „dreifach" im Sinn von je drei Königen, die für die Geschichte Israels aus rabbinischer Sicht besondere Bedeutung haben. Bei Griechenland, das vor allem für die hellenistischen Reiche der Ptolemäer und der Seleukiden steht, nennt der Kommentar hingegen keine Könige; vielmehr unterbricht mit B ein Einschub den Ablauf (ebenso auch in 17 D–E!). Dan 8,20 versteht den Widder von 8,4 ausdrücklich als Bild für Medien und Persien; hier hingegen steht er als Bild für Griechenland, das in Dan 8,5 der Ziegenbock darstellt. Wenn die Rabbinen die Tiere in Gen 15 auf die Weltreiche deuten wollten, ergab die Reihenfolge keine Übereinstimmung mit der Darstellung in Daniel. Dan 8,4 konnte man so nur verwenden, indem man den Zusammenhang des Verses völlig außer acht ließ. Aber auch so ist nicht ganz klar, was im Zusammenhang des Midrasch die Aussage soll, daß Griechenland den Osten nicht erobert hat. R. Leazar liest es daraus, daß der Vers den Osten nicht ausdrücklich erwähnt; R. Jochanan hingegen findet, daß dieser in der Aussage mitgemeint ist, daß *kein* Tier widerstehen konnte. Erst nach diesem Einschub folgt in C das vierte Reich, Edom; dieses bedeutet für die Rabbinen Rom, dessen Steuerpolitik man als räuberisch empfindet.

In D führt R. Jehuda die Deutung auf die Weltvölker konsequent fort, wenn er die einander gegenüberliegenden Hälften der Tiere als die Fürsten der Reiche ansieht. Für R. Nechemja hingegen symbolisieren sie die Sitzordnung des Sanhedrin. Demnach spricht der Text von den Fürsten Israels; für dieses steht dann auch die Taube, in der Bibel oft Bild Israels. Daß der Vogel nicht zerteilt wird, stellt somit das Überleben Israels inmitten der Weltreiche dar. Wie R. Levi in E sagt, gelingt dies Israel aber nur, wenn es sich nicht gegen die Wellen stemmt, die Weltreiche als gegeben annimmt und sich in die Unterwerfung fügt – ein politischer Leitsatz für die Gegenwart der Rabbinen. Dieselbe Lehre zieht 16 aus 15,11. Mit Gewalt kann Abraham die Raubvögel nicht vertreiben, wohl aber mit Buße und Umkehr, wie man aus dem hier von der Bibel verwendeten Zeitwort ableitet.

Abschnitt 17 kreist zuerst um das Stichwort *tardema*, „Tiefschlaf, Betäubung" in 15,12. Die Formulierung „Tiefschlaf, Betäubung *fiel* auf Abram" veranlaßt in A die weisheitlich geprägte negative Aussage über den Schlaf; B stellt dann drei Formen der „Betäubung" mit Bibelstellen zusammen, in denen das Stichwort vorkommt: bei Abraham wird das Wort positiv als Begleiterscheinung der Prophetie gedeutet. Diese Assoziation führt zur Aussage von C über drei *nobelot*, wörtlich „unreife Feigen", also unvollendete Formen. Auffällig ist, daß hier sogar die Tora als unvollendet, somit steigerbar betrachtet wird, insofern sie nur die irdische Ausdrucksform der himmlischen Weisheit ist.

Dann (D) kommt man aber wieder zur historischen Deutung des Textes. Wo der moderne Ausleger den Text überladen findet und eventuell eine spätere Glosse vermutet („Finsternis"), sehen die Rabbinen in jedem Wort zusätzliche Informationen. So findet man hier in der Wortreihe „Angst, Finsternis, große" wieder einen Hinweis auf die ersten drei Reiche, die Israel unterwerfen. Die Angleichung der Aussprache der hebräischen Worte für „Angst" und „Wut" ermöglicht die Verwendung von Dan 3,19.

Und wie in 15 A–B erfolgt auch hier wieder der Bruch bei Griechenland, mit dem man sich besonders ausführlich befaßt (E), ehe man dann in F noch einen Hinweis auf Edom/Rom findet. Das Zitat von Dtn 8,15 nennt die Schrecken der Wüste; wer den Text im Zusammenhang liest, findet darin aber auch, daß Gott Israel durch diese Gefahren hindurch gerettet hat. Der Text ist somit zugleich ein Trost für Israel, ebenso wie das Zitat über Edom aus Jer 49, das ja von dessen Fall spricht. Daß es der Auslegung auf die einzelnen Gleichungen nicht so ankommt, zeigt G, wonach man die vier Stichworte auch von hinten auflösen kann; dabei bekommt dann Rom seinen Stellenwert als besonders angsterregend, als das vierte Tier, von dem der zitierte Danielvers spricht.

18 A deutet dann das zweifache „wisse" von 15,13 im Sinn einer zweifachen Information Abrahams durch Gott: nicht nur die Knechtung Israels ist hier angekündigt, sondern auch seine Erlösung. In B geht es um den Zeitpunkt, von dem ab man die vierhundert Jahre rechnen muß: nimmt man den Begriff „Nachkommen" als Bezugspunkt, könnte man ab der Geburt Isaaks zählen; beziehen sich die vierhundert Jahre hingegen direkt auf die Knechtschaft in fremdem Land, müßte man einen späteren Ausgangspunkt nehmen.

19 A arbeitet mit der Methode der Einschließung. „Und auch das Volk, dem..." (*we-gam et-ha-goi, ascher*) enthält fünf für die bloße Mitteilung als nicht unbedingt notwendig empfundene Wörter. Man kann sie daher als Andeutung einer Zusatzinformation verstehen. Damit erreicht man die Aussage, daß mit Ägypten, den vier Reichen und Israel selbst die Gesamtheit der Welt vor Gottes Gericht kommt.

19 B sieht im Gericht Gottes über das Volk, dem Israel dienen wird, Israels Erlösung miteingeschlossen. Den zwei Buchstaben des hebräischen Wortes für „richten" stellt der Kommentar die Erlösung gegenüber, mit der Gott auf die

Buße Israels antworten würde (zur Rolle der Buße siehe schon Abschnitt 16!). Dann würde er mit der feierlichsten Form seines Namens eingreifen, den 72 Buchstaben, die R. Judan auch in dem als Errettungszusage verstandenen Vers Dtn 4,34 wiederfindet, soferne man das Wort *goi* nicht doppelt zählt. Dieser heutigen Lesern fremde Zugang zum Bibeltext beruht auf dem rabbinischen Verständnis, daß auch die einzelnen Buchstaben, das hebräische Alphabet (das in diesem Vers ganz vorkommt, wie die Masora anmerkt) und gewisse Zahlenverhältnisse in der Bibel Teil der Offenbarung sind.

15,14, verwendet die Langform des hebräischen Wortes für „nach", dessen nicht unbedingt nötiger Buchstabe *Jod* den Zahlenwert zehn hat und darum als Hinweis auf die zehn Plagen gesehen wird, die den Auszug aus Ägypten ermöglichen (20 A). Zwischen die Aussagen über die Zukunft Israels in 15,14 und 16 ist ein Vers über Abraham selbst eingeschoben; 20 B versteht ihn als Antwort auf eine Zwischenfrage Abrahams.

Abschnitt 21 fügt in das Bibelzitat zu Anfang eine aramäische Wiedergabe eines schwierigen hebräischen Ausdrucks. Die Vision Abrahams umfaßt im Hebräischen vier Worte: „Ofen (von) Rauch, Fackel (von) Feuer". 21 A versteht diese als vier Wirklichkeiten, die Gott Abraham zeigt und die den weiteren Ablauf der Geschichte Israels bestimmen werden.

Hier ist vom Sonnenuntergang die Rede; im folgenden Vers heißt es: „An diesem Tag..." Was geschah in der Zwischenzeit? Der Midrasch (21 B–C) füllt diese „Lücke" mit einer Dramatisierung des Textes auf. Abraham darf zwischen den beiden Negativa, die Israel für den Fall der Sünde drohen, wählen und zögert die ganze Nacht. Menschen würden vielleicht die Hölle erträglicher finden als die Unterdrückung Israels durch die Weltvölker. Und so entscheidet auch Abraham; doch Gott korrigiert seine Entscheidung; Dtn 32,30 und Ps 66,12 können dafür als Beleg verstanden werden.

21 D führt die Einzeldeutung der Vision noch weiter. Die geteilten Tiere verweisen hier auf das geteilte Meer, wie man mit einer Wortanalogie ableitet. Mit der Ankündigung der Unterdrückung durch die Weltvölker, bildlich durch den Rauch ausgedrückt, ist auch schon ein Hinweis auf die Errettung verbunden: Gott selbst führt Israel durch das Meer.

Die unnotwendig scheinende Zeitangabe „an diesem Tag" bestimmt auch die Auslegung in 22 A. Offenbar versteht man sie als Teil der zuvor geschilderten Vision, die Abraham die Geschichte bis „zu diesem Tag" offenbart. Nach den einen ist damit der Tag des Durchzugs durch das Schilfmeer gemeint; nach anderen ist auch die weitere Geschichte (eben die vier Weltreiche) und auch die kommende Welt miteingeschlossen, wie auch die Deutung des Ofens auf das Gehinnom nahelegt. 22 B deutet die Vergangenheitsform „ich *habe* gegeben", als Hinweis darauf, daß Gottes Wort soviel gilt wie eine Tat, auch wenn diese erst in Zukunft erfolgt. Dafür weiß man einige Belegstellen zu nennen, die allesamt unterstreichen, daß die verheißene Befreiung und Heimführung Israels und seine vollkommene Gemeinschaft mit Gott zwar noch in der Zukunft liegen, doch schon jetzt völlig sicher sind.

Der Bibeltext schließt mit einer Landverheißung, die zehn Völker nennt. Die Septuaginta (und moderne Übersetzungen) fügen auch die Hiwiter ein, die in anderen Listen vorkommen; der Midrasch hingegen (23 A) denkt an eine absichtliche Ersetzung der Hiwiter durch die sonst nicht genannten Rafaïter. Das Hauptproblem ist aber, warum bei der Besitzergreifung in Dtn 7,1 nur sieben Völker aufgezählt sind. Zuerst versucht 23 B die dort fehlenden Namen mit Völkern und großen Städten der Gegenwart zu identifizieren; dann aber findet man die drei in Dan 11,41. An erster Stelle ist hier Edom genannt, wohl als Rom verstanden; der folgende Vers Dtn 2,5 fährt ja fort: *„denn das Gebirge Seïr habe ich für Esau zum Besitz bestimmt";* auch Esau und Seïr stehen ja traditionell für Rom. Somit war also auch der Besitz Roms in der Verheißung an Abraham eingeschlossen, wurde jedoch nach Gottes Willen für die Zukunft aufgehoben. Darein muß sich Israel fügen. Jetzt gedeiht Rom, das „Schwein"; Israel hingegen, das „Schaf" hat keine Kinder, wie es nach der Verheißung an Abraham in 16,1 von Sarai ausdrücklich heißt. Diese Textfolge versteht man somit als bewußten Kontrast zwischen Verheißung und Wirklichkeit, wie man ihn ja auch in der eigenen Gegenwart erlebt. Doch das Wissen, daß ein Teil der Verheißung an Abraham und seiner Vision schon Wirklichkeit geworden ist, läßt auch auf den noch ausstehenden Teil hoffen. Ein zuerst rätselhafter Text der Bibel wird somit ein Schlüssel für das Verständnis der Geschichte und Quelle des Glaubens.

3) Trauer über Jerusalem: Klgl 1,1 (KlglRabba 1,1 – 5)

1. „WIE SITZT EINSAM DA".

A. Drei weissagten mit dem Ausdruck „wie": Mose, Jesaja und Jeremia. Mose sagte: *„Wie soll ich allein tragen usw."* (Dtn 1,12)? Jesaja sagte: *„Wie ist sie zur Dirne geworden"* (Jes 1,21)? Jeremia sagte: „WIE SITZT EINSAM DA".

Es sagte R. Levi: Das gleicht einer Dame, die drei Brautführer hatte. Einer sah sie in ihrem Glück; einer sah sie in ihrem Leichtsinn; und einer sah sie in ihrer Schande. So sah Mose Israel in seiner Ehre und in seinem Glück und sagte: *„Wie soll ich allein tragen eure Bürde?"*. Jesaja sah sie in ihrem Leichtsinn und sagte: *„Wie ist sie zur Dirne geworden?"* Jeremia sah sie in ihrer Schande und sagte: „WIE SITZT (EINSAM) DA".

B. Sie fragten Ben Azzai. Sie sagten zu ihm: Unser Meister, lege uns ein Wort aus der Rolle der Klagelieder aus!

Er sagte ihnen: Israel wurde nicht verbannt, ehe es den Einzigen der Welt, die Beschneidung, die in der zwanzigsten Generation gegeben wurde, die zehn Gebote und die fünf Bücher der Tora geleugnet hatte. Woher (weiß ich das? Aus dem Zahlenwert von) „WIE".

Es sagte R. Levi: Israel wurde nicht verbannt, ehe es die 36 Ausrottungen, die in der Tora enthalten sind, und die zehn Gebote geleugnet hatte. Woher (weiß ich das? Aus dem Zahlenwert von:) „WIE (SITZT) EINSAM".

C. R. Berekhja im Namen des R. Abdimi von Haifa: (Das gleicht) einem König, der einen Sohn hatte. Solange dieser den Willen seines Vaters tat, kleidete er ihn in Kleider aus milesischer Wolle; wenn er seinen

Willen nicht erfüllte, kleidete er ihn in Kleider aus Leinen (oder: des Einsamen; *badad*).
So war es mit Israel. Solange es den Willen des Heiligen, gepriesen sei er, erfüllt, steht geschrieben: *„Und ich kleidete dich in bunte Gewänder"* (Ez 16,10). (R. Sima sagte: Purpur; Onqelos übersetzte: „gestickte Gewänder"). Und wenn es nicht den Willen des Heiligen, gepriesen sei er, erfüllt, kleidet er es in Gewänder der Einsamkeit (*bedadin*), wie geschrieben steht: „WIE SITZT EINSAM (*badad*)."

D. Es sagte Rab Nachman, es sagte Samuel im Namen des R. Jehoschua ben Levi: Der Heilige, gepriesen sei er, rief die Dienstengel und sagte zu ihnen: Wenn einem König von Fleisch und Blut jemand stirbt und er trauert, wie verhält er sich da? Sie antworteten ihm: Er hängt einen Sack auf seine Tür. Er sagte ihnen: auch ich verhalte mich so, wie geschrieben steht: *„Ich kleide den Himmel in Schwarz und hülle ihn in einen Sack"* (Jes 50,3).

Wie verhält sich ein König von Fleisch und Blut (in Trauer)? Sie antworteten ihm: er löscht die Fackeln. Er sagte ihnen: so tue auch ich; denn es heißt: *„Sonne und Mond verfinstern sich, die Sterne halten ihr Licht zurück"* (Joel 4,15).

Wie verhält sich ein König von Fleisch und Blut? Er stürzt die Betten um. So tue auch ich; denn es heißt: *„da wurden Throne umgeworfen und ein Hochbetagter nahm Platz"* (Dan 7,9). Sie waren, wenn man so sagen darf, umgestürzt.

Wie verhält sich ein König von Fleisch und Blut? Er geht barfuß. So tue auch ich; denn es heißt: *„In Wirbel und Sturm nimmt er seinen Weg, die Wolken sind der Staub seiner Füße"* (Nah 1,3).

Wie verhält sich ein König von Fleisch und Blut? Er zerreißt seinen Purpur. So tue auch ich, wie geschrieben steht: *„Getan hat der Herr, was er geplant, sein Wort erfüllt (bitsa emrato)"* (Klgl 2,17). R. Jakob von Kefar Chanan legte aus: Was (bedeutet): *bitsa emrato*? Er zerriß seinen Purpur.

Wie verhält sich ein König von Fleisch und Blut? Er sitzt und schweigt. So tue auch ich; denn es heißt: *„Er sitzt einsam und schweigt"* (Klgl 3,28).

Wie verhält sich ein König von Fleisch und Blut in Trauer? Er sitzt und weint. So tue auch ich, geschrieben steht: *„An jenem Tag befahl Gott, der Herr der Heere, zu weinen und zu klagen, sich eine Glatze zu scheren"* (Jes 22,12).

E. Eine andere Auslegung (von): „WIE (SITZT EINSAM DA)."
Jeremia sagte zu ihnen: Was findet ihr am Götzendienst, daß ihr solche Leidenschaft dafür habt? Wenn (der Götze) einen Mund hätte, um zu diskutieren, hätten wir so geredet. So aber ist das Seine (des Götzen) und das Seine (Gottes) schon gesagt.

Das Seine (des Götzen) ist gesagt: *„So spricht der Herr: Gewöhnt euch* *nicht an den Weg der Völker, erschreckt nicht vor den Zeichen des Himmels, wenn auch die Völker vor ihnen erschrecken"* (Jer 10,2). Und das Seine (Gottes) ist gesagt: *„Von denen dagegen sollt ihr sagen: Die Götter, die weder Himmel noch Erde usw."* (10,11). *„Nicht wie diese ist Jakobs Anteil. Denn er ist der Schöpfer des Alls und Israel der Stamm, der ihm gehört. Herr der Heere ist sein Name"* (10,16).

F. R. Jehuda und R. Nechemja. R. Jehuda sagt: „WIE" ist nur ein Ausdruck der Zurechtweisung, so wie es heißt: *„Wie könnt ihr sagen: Weise sind wir, und das Gesetz des Herrn ist bei uns* usw.?" (Jer 8,8). R. Nechemja hingegen sagt: „WIE" (*ekha*) ist nur ein Ausdruck der Klage, so wie es heißt: *„Und Gott, der Herr, rief Adam und sprach: Wo bist du?"* (*ajjekha*: Gen 3,9) – Weh dir (*oi lekha*).

G. Und wann wurde die Rolle der Klagelieder vorgetragen? R. Jehuda sagt: In den Tagen Jojakims wurde sie vorgetragen. Ihm antwortete R. Nechemja: Weint man denn über einen Toten, ehe er gestorben ist? Wann wurde sie also vorgetragen? Nach Zerstörung des Tempels. Siehe das ist die Auslegung von: „WIE SITZT EINSAM DA".

2. „DIE VOLKREICHE STADT".

A. Es lehrte R. Samuel: 24 Hauptstraßen gab es in Jerusalem; zu jeder Hauptstraße führten 24 Gassen; jede Gasse hatte 24 Märkte und jeder Markt 24 Plätze; jeder Platz hatte 24 Höfe und jeder Hof 24 Häuser; und jeder Hof enthielt doppelt so viel Volk wie die, die aus Ägypten auszogen.

B. Wisse, daß dem so ist. Es sagte R. Eleazar: Es begab sich mit einer Karawane, die nach Jerusalem hinaufzog. Sie umfaßte zweihundert Kamele, die mit Pfeffer beladen waren. Sie kam an Tyrus vorbei und traf einen Schneider, der beim Tor der Stadt saß. Der fragte ihn (den Kaufmann): Was hast du geladen? Er antwortete ihm: Pfeffer. Er fragte ihn: Gibst du mir ein wenig? Jener sagte: Nein. Er sagte zu ihm: Dann kannst du ihn nur in einer anderen Stadt verkaufen.

Als er nach Jerusalem kam, traf er einen Schneider, der am Eingang des Tores saß. Der fragte ihn: Was hast du geladen? Er antwortete ihm: Schneide deinen Schnitt! Er traf einen anderen Schneider. Auch der fragte ihn: Was hast du geladen? Er antwortete ihm: Nähe deine Naht! Der aber sagte: Sag es mir! Wenn ich kann, werde ich es kaufen, und wenn nicht, werde ich dir jemanden bringen, der das Ganze kauft. Was hast du also geladen? Er antwortete ihm: Pfeffer. Er nahm ihn und brachte ihn zu einem Wohnhaus und zeigte ihm einen Haufen Denare. Er sagte: Schau diese Münze an; wenn sie in deinem Land gilt, nimm davon.

Am Morgen ging er auf den Markt hinaus; da traf ihn einer seiner Freunde. Der fragte ihn: Was hast du geladen? Er antwortete ihm: Pfeffer. Jener fragte: Kannst du mir nicht um hundert Denare geben? Ich gebe heute ein Gastmahl. Er antwortete: Ich habe ihn schon jemandem verkauft. Da ging jener zu diesem und sagte: Du hast Pfeffer gekauft. Gib mir ein wenig davon; denn ich habe ein Gastmahl. Dieser antwortete: Was soll ich sagen? Ich habe ihn schon einem Schneider verkauft. Doch ich werde es ihm sagen und er wird dir davon geben. Er ging und fand das Wohnhaus. (Die Leute) im ersten Raum nahmen jeder eine Unze, die im zweiten Raum jeder eine halbe Unze; auf die im dritten Raum achtete man nicht, um zu erfüllen, was gesagt ist: „DIE VOLKREICHE STADT...".

3. „SIE WURDE WIE EINE WITWE".
A. Es sagte R. Abba bar Kahana: Sie sind gegenüber der göttlichen Gerechtigkeit nicht zum Äußersten gegangen und die göttliche Gerechtigkeit ist ihnen gegenüber nicht zum Äußersten gegangen. Sie sind gegenüber der göttlichen Gerechtigkeit nicht zum Äußersten gegangen; denn es heißt: „*Und das Volk war wie Klagende*" (Num 11,1). „Klagende" steht hier nicht, sondern: „*wie* Klagende". „*Die Führer Judas waren wie Menschen, die Grenzsteine versetzen*" (Hos 5,10). „Menschen, die Grenzsteine versetzen" steht hier nicht, sondern: „*wie* Menschen, die Grenzsteine versetzen." „*Denn wie eine störrische Kuh* (war Israel)" (Hos 4,16). „Eine störrische Kuh" steht hier nicht, sondern: „*wie* eine störrische Kuh."
Und die göttliche Gerechtigkeit ist ihnen gegenüber nicht zum Äußersten gegangen: „SIE WURDE WIE EINE WITWE". „Sie wurde eine Witwe" steht hier nicht, sondern: „*wie* eine Witwe". Wie eine Frau, deren Mann in ein fernes Land zog und beabsichtigte, zu ihr zurückzukehren. „*Er spannte den Bogen wie ein Feind*" (Klgl 2,4). „Ein Feind" steht hier nicht, sondern: „*wie* ein Feind". „*Wie ein Feind ist geworden der Herr*" (Klgl 2,5). „Ein Feind" steht hier nicht, sondern: „*wie* ein Feind".
B. Eine andere Auslegung. „SIE WURDE WIE EINE WITWE". R. Chama bar Uqba und die Rabbinen. Rabbi Chama bar Uqba sagte: (Das gleicht) einer Witwe, die ihren Unterhalt forderte, nicht aber ihre Eheverschreibung forderte. Und die Rabbinen sagen: (Das gleicht) einem König, der seiner Gattin zürnte und für sie ihren Scheidebrief schrieb, diesen ihr aber gleich wieder wegnahm. Und stets, wenn sie sich mit einem anderen zu verheiraten wünschte, sagte er zu ihr: Wo ist dein Scheidebrief?
Ebenso sagte der Heilige, gepriesen sei er, wann immer die Israeliten Götzen dienen wollte, zu ihnen: „*Wo ist denn die Scheidungsurkunde eurer Mutter*" (Jes 50,1)? Und wenn immer sie fordern, er solle ihnen Wunder wirken wie am Anfang, sagt ihnen der Heilige, gepriesen sei er: ich habe euch schon fortgeschickt. Es steht ja geschrieben: „*Ich entließ sie und gab ihr die Scheidungsurkunde*" (Jer 3,8).
C. Eine andere Auslegung. „SIE WURDE WIE EINE WITWE."

R. Aqiba und die Rabbinen. R. Aqiba sagt: „Eine Witwe"; und du sagst: „*wie* eine Witwe". Vielmehr: eine Witwe, was die zehn Stämme betrifft, nicht aber, was den Stamm Juda und Benjamin betrifft. Und die Rabbinen sagen: Eine Witwe in Bezug auf diese und jene, nicht aber in Bezug auf den Heiligen, gepriesen sei er; denn es heißt: „*Nicht verwitwet sind Israel und Juda, nicht verlassen von ihrem Gott*" (Jer 51,5).

4. „DIE GROSSE UNTER DEN VÖLKERN".

A. Hat es denn nicht schon geheißen: „DIE VOLKREICHE" (*rabbati am*)? Wozu sagt dann die Bibel noch: „DIE GROSSE (*rabbati*) UNTER DEN VÖLKERN"? Vielmehr (bedeutet das): groß an Einsicht.

R. Huna im Namen des R. Jose: Wohin immer jemand von den Einwohnern Jerusalems ging, stellte man ihm einen Lehnstuhl (*kathedra*) auf, um seine Weisheit zu hören.

B. Ein Mann von Jerusalem ging in eine Provinz. Da kam für ihn die Zeit zu sterben. Er ließ den Herrn des Hauses kommen, vertraute ihm seine Habe an und sagte zu ihm: Wenn mein Sohn aus Jerusalem kommt und drei weise Taten vollbringt, gib ihm meine Habe; wenn nicht, gib ihm meine Habe nicht.

Sie hatten aber untereinander die Vereinbarung, daß keiner von ihnen einem Fremden das Haus seines Mitbürgers zeige.

Nun starb der Mann und wurde begraben. Nach einiger Zeit kam sein Sohn. Als er an den Eingang des Tores dieser Stadt kam, sah er einen Mann, der ein Bündel Holz trug. Er fragte ihn: Verkaufst du das Bündel Holz? Dieser sagte: Ja. Nimm von mir das Geld dafür und bringe es dem und dem. Er nahm das Geld dafür und brachte es zu diesem. Er ging dahin und der andere hinter ihm, bis er zum Haus des Mannes kam. Er rief: He, Mann, komm und nimm das Bündel Holz! Dieser antwortete: Habe ich dir denn gesagt, mir ein Bündel Holz zu bringen? Er entgegnete: Du hast es mir nicht gesagt, aber jener Mensch, der hinter mir ist; ihm gehört es. Und sofort öffnete er ihm sein Haus, er trat ein und sie begrüßten einander. – Das war die erste weise Tat...

Der Kommentar zu den Klageliedern, die vor allem zum Volkstrauertag des 9. Ab gelesen und ausgelegt wurden, sollte den Zuhörer an die Schuld Israels erinnern, die es in seinen jetzigen bedauerlichen Zustand gebracht hatte. Gleichzeitig sollte er ihm aber auch Trost und Kraft geben, in Treue zu seinem Glauben durchzuhalten. Diese beiden Elemente treten schon im Kommentar zum ersten Vers deutlich hervor.

1 A setzt mit der sprachlichen Beobachtung ein, daß die hier verwendete seltenere Langform des hebräischen Wortes „wie", *eikha*, bei den Propheten, zu denen auch Mose zählt, nur im Pentateuch, bei Jesaja und Jeremia vorkommt, dem man allgemein die Klagelieder zuschreibt. Darin sieht man einen Hinweis auf die drei

Stadien der Geschichte Israels, der Braut Gottes: Das Glück des Anfangs beim Einzug in das gelobte Land; den Leichtsinn der Königszeit (die Bibel verwendet das Bild des Ehebruchs für den Götzendienst); das Unglück nach der Zerstörung Jerusalems, für die man oft das Bild der Scheidung verwendet.

Der Zahlenwert der Buchstaben von *eikha* ist 36 (1+10+20+5). Darin sieht man einen Hinweis auf die Ursache der Vereinsamung Jerusalems. In B versucht Ben Azzai, für jeden Buchstaben des Wortes der Reihe nach eine Entsprechung mit dem Zahlenwert zu finden: Abraham, mit dem der Brauch der Beschneidung einsetzt (Gen 17) wird als zwanzigste Generation seit Adam gerechnet; die zehn Gebote stehen hier als der Inbegriff des ganzen Gesetzes. Die Deutung des R. Levi nimmt den Zahlenwert des gesamten Wortes und verbindet ihn mit den 36 Vergehen, die die Tora mit der Strafe der „Ausrottung" bedroht hat: nach rabbinischem Verständnis ist dies vorzeitiger Tod ohne Nachkommen, eine von Gott selbst verhängte Strafe, wo menschlichem Gericht kein Urteil zukommt. Auch damit wird also das Wesen des Gesetzes zusammengefaßt. Doch nimmt R. Levi auch noch das Wort „einsam", *bdd*, mit dem Zahlenwert 10 hinzu, um ebenfalls den Dekalog einzuschließen.

Das Gleichnis in 1 C greift auf die bildhafte Geschichte von der Annahme Israels durch Gott in Ez 16 zurück. Den dortigen Ausdruck *riqma*, hier als „bunte Gewänder" wiedergegeben, überträgt die aramäische Bibelübersetzung des Onqelos mit dem griechischen Wort für „bestickte" oder „bunt gewirkte" Kleider; schon das Fremdwort zeigt an, daß es ein Luxusartikel ist, wie es ja auch die Deutung „Purpur" versteht. Wolle aus Milet galt damals ebenfalls als die allerfeinste Ware. Indem man Klgl 1,1 als Kontrast zu Ez 16,10 versteht, sieht man auch hier einen Hinweis auf die Kleidung, verbindet „einsam", *badad*, mit „Leinen", *bad*, verknüpft beides in einem Wortspiel.

Doch auch in seiner Bestrafung ist Israel nicht allein. Gott bleibt bei ihm und trauert mit ihm (1 D). Er vollzieht alle Trauerriten, wofür man jeweils Bibelstellen als Beleg findet. Er trägt den Sack, hängt ihn als Zeichen der Trauer aus, er löscht das Licht und dreht die Betten um, da ein Leidtragender sie nicht benützen darf, sondern auf dem Boden schläft. Den Beleg dafür erhält man mit einem etwas anderen, sprachlich möglichen Verständnis von Dan 7,9. Der Staub auf Gottes Füßen in Nah 1,3 gilt als Hinweis, daß er barfuß geht. In Klgl 2,17 deutet man *emrato*, „sein Wort", als *imrato*, sein Staatsgewand, seine Toga, und kann dann für *bitsa* die Wortbedeutung „zerschneiden, zerreißen" nehmen. Das Motiv des mit seinem Volk trauernden und erniedrigten Gottes nimmt in der rabbinischen Tradition breiten Raum ein: auch in Exil und Strafe bleibt Gott bei seinem Volk, leidet selbst am meisten darunter, daß er strafen muß. Darin liegt aber auch alle Hoffnung begründet.

1 E scheint das Wort *eikha* zu teilen, als Fragepartikel und Antwort („so") zu verstehen, um darauf einen Dialog aufzubauen, in dem Gott zuerst für die Götzen spricht (die Völker mögen vor ihnen erschrecken), dann aber Jakob für sich allein beansprucht.

1 F betont die beiden Nuancen von Tadel oder Klage, die das Wort *eikha* haben kann; für die Klage zieht Nechemja das im Hebräischen völlig gleich geschriebene *ajjekha* von Gen 3,9 heran, versteht es als Weheruf über den Menschen nach seinem Sündenfall. Wie G zeigt, entscheidet die Antwort auf diese Alternative

auch die Frage, wann die Klagelieder vorgetragen wurden. Verstehe ich *eikha* als Zurechtweisung, als Mahnung zur Umkehr, müßte Jeremia sie vor dem Fall Jerusalems (unter Jojakin) rezitiert haben; eine Klage hingegen würde erst nach dem Untergang der Stadt sinnvoll.

Im zweiten Abschnitt des Kommentars geht es um die Bezeichnung Jerusalems als *„volkreiche Stadt"*. Liebevoll malen die Rabbinen (A) die einstige Größe Jerusalems aus, das einst unzählige Millionen beherbergt habe (600 000 ist die in der Bibel genannte Zahl der aus Ägypten ausgezogenen Männer). Die Geschichte von der Pfefferkarawane in B illustriert die Größe und den Reichtum der Stadt, in der ein kleiner Schneider eine so wertvolle Ladung aufkaufen kann und wo nicht einmal die Bewohner eines einzigen Hauses genug davon bekommen, auch wenn man sie in kleinste Mengen aufteilt. Ein einziges Wort des Bibeltextes beflügelt die Phantasie, Erzählfreude überstrahlt den Tag der Trauer, wenn auch die Wehmut über solch untergegangene Größe bleibt. Die hier übergangene Fortsetzung des Abschnitts bringt weitere Hinweise auf den Volkreichtum der Stadt.

Der dritte Abschnitt geht von der Formulierung *„wie eine Witwe"* aus. Jerusalem, Israel, ist nur annähernd eine Witwe geworden. Den Grund dafür sieht R. Abba bar Kahana in A darin, daß die Israeliten die göttliche Gerechtigkeit nicht bis zum letzten gereizt haben, wie die Verwendung des *„wie"* in einschlägigen Bibelversen nahelegt. Und deswegen ist Gott auch mit der Strafe nicht bis zum letzten gegangen, wie analog aus der Bibel abzuleiten ist.

In B vergleicht R. Chama die Lage Israels mit der einer Witwe: nach rabbinischem Recht hat sie Anspruch auf Unterhalt durch die Erben, solange sie sich nicht den im Ehevertrag zugesicherten Betrag ausbezahlen läßt; sie muß das Haus nicht verlassen, die Bindung ist noch nicht völlig gelöst. Die Rabbinen hingegen denken an eine schon vorbereitete, aber noch nicht vollzogene Scheidung. Erst wenn der Mann der Frau den Scheidebrief aushändigt, ist sie frei, wieder zu heiraten – auf Israel übertragen, sich einen neuen Gott zu suchen. Die Gegenüberstellung der Aussagen von Jes 50,1 und Jer 3,8 sollen diesen Schwebezustand unterstreichen, in dem sich Israel seinem Gott gegenüber befindet, verstoßen und doch nicht endgültig verlassen.

R. Aqibas Deutung von *„wie eine Witwe"* (3 C) knüpft an den zuvor zitierten Text Jer 3,8 an, wonach das Nordreich Israel den Scheidebrief erhalten hat; die Verbindung dieser zehn Stämme, die in der Verbannung untergegangen sind, mit ihrem Gott ist endgültig beendet. Für das Südreich Juda aber ist die Bindung noch nicht gerissen. Das soll das einschränkende *„wie"* ausdrücken. Die Rabbinen hingegen vertreten in Auslegung von Jer 51,5, daß Israel sowohl in Bezug auf die verlorenen zehn Stämme des Nordreichs, aber auch wegen des Untergangs Jerusalems sehr wohl als Witwe zu betrachten ist, dies aber keine Trennung von seinem Gott bedeutet. Der Vergleich wechselt hier ständig zwischen einer Witwe und einer Geschiedenen; es geht allein um die Trennung vom Mann.

Der vierte Abschnitt beginnt mit dem so häufigen Hinweis, daß der Bibeltext eine Wiederholung enthält, hier das zweifache *rabbati* im selben Vers. Da eine Wiederholung ohne neue Information nicht sein darf, sieht man in der Bezeichnung Jerusalems als der „großen unter den Völkern" einen Hinweis auf die besonderen Geistesgaben der Leute zu Jerusalem. Und wie schon in 2 B, beginnt man auch hier wieder zu erzählen, um die Überlegenheit der Leute Jerusalems zu verherrlichen. Hier ist bewußt nur der erste Teil der Geschichte wiedergegeben; er läßt ja deutlich genug diese Art von Erzählungen erkennen, eine Verbindung mit dem Bibeltext ist jedoch nicht mehr gegeben. Der Midrasch fügt, ehe er mit dem Bibeltext fortfährt, zahlreiche weitere Geschichten an, die zeigen sollen, daß die Jerusalemer viel klüger als die Athener waren. Der Vorzug der Tora vor weltlicher Philosophie ist dabei höchstens ein Randmotiv; es sind einfach volkstümliche Erzählungen, in denen sich schon in der Antike verbreitet der Lokalpatriotismus äußerte. Im Rahmen des Midrasch bedeuten sie harmlose Unterhaltung in schwerer Zeit, drücken das Gefühl aus, daß Israel selbst in seiner Unterjochung noch eine Quelle der Überlegenheit in der Tora hat. Der verklärte Blick zurück läßt auf die Zukunft hoffen.

4) Die Erlösung Israels: Hld 2,8–11 (HldRabba 2,19–25)

19. „HORCH! MEIN GELIEBTER! SIEH DA, ER KOMMT" (2,8).
A. R. Jehuda und R. Nechemja und die Rabbinen. R. Jehuda sagt: „HORCH! MEIN GELIEBTER! SIEH DA, ER KOMMT" – das ist Mose.
In der Stunde, als er kam und zu Israel sagte: In diesem Monat werdet ihr erlöst, antworteten sie ihm: Mose, unser Meister, wie werden wir erlöst? Hat nicht der Heilige, gepriesen sei er, zu Abraham gesagt: *„Sie werden dort als Sklaven dienen, und man wird sie vierhundert Jahre lang hart behandeln"* (Gen 15,13)? Bis jetzt haben wir erst 210 Jahre.
Er antwortete ihnen: Da ihm eure Erlösung gefällt, sieht er nicht auf eure Berechnungen, sondern „ER SPRINGT ÜBER DIE BERGE". Die Berge und Hügel, von denen hier die Rede ist, sind nichts anderes als Zeiten und Epochen. Er springt über Berechnungen, über Zeiten und Epochen und in diesem Monat werdet ihr erlöst; denn es heißt: *„Dieser Monat soll die Reihe eurer Monate eröffnen"* (Ex 12,2).
B. R. Nechemja sagte: „HORCH! MEIN GELIEBTER! SIEH DA, ER KOMMT" – das ist Mose.
In der Stunde, als er kam und zu Israel sagte: In diesem Monat werdet ihr erlöst, antworteten sie ihm: Mose, unser Meister, wie werden wir erlöst? Wir haben doch keine guten Werke vorzuweisen!
Er antwortete ihnen: Da ihm eure Erlösung gefällt, sieht er nicht auf eure bösen Werke. Vielmehr sieht er auf die Gerechten unter euch und ihre Werke, so auf Amram und seinen Gerichtshof. „ER SPRINGT ÜBER DIE BERGE, HÜPFT ÜBER DIE HÜGEL".
Die Berge sind nichts anderes als Gerichtshöfe; so liest du ja: *„Ich will gehen und hinabsteigen auf die Berge"* (Ri 11,37).
Und in diesem Monat werdet ihr erlöst; denn es heißt: *„Dieser Monat soll die Reihe eurer Monate eröffnen."*
C. Rabbinen sagen: „HORCH! MEIN GELIEBTER! SIEH DA, ER KOMMT" – das ist Mose.

In der Stunde, als er kam und zu Israel sagte: In diesem Monat werdet ihr erlöst, antworteten sie ihm: Mose, unser Meister, wie werden wir erlöst? Ganz Ägypten ist doch befleckt von unserem Götzendienst! Er antwortete ihnen: Da ihm eure Erlösung gefällt, sieht er nicht auf euren Götzendienst, sondern „ER SPRINGT ÜBER DIE BERGE usw.". Die Berge und die Hügel sind nichts anderes als Götzendienst. So liest du ja: „*sie feiern Schlachtopfer auf den Höhen der Berge, auf den Hügeln bringen sie Rauchopfer dar*" (Hos 4,13).
Und in diesem Monat werdet ihr erlöst; denn es heißt: „*Dieser Monat soll die Reihe eurer Monate eröffnen.*"
D. R. Judan und R. Chunja. R. Judan im Namen von R. Eliezer dem Sohn des R. Jose des Galiläers und R. Chunja im Namen des R. Eliezer ben Jakob sagen: „HORCH! MEIN GELIEBTER! SIEH DA, ER KOMMT" – das ist der Messiaskönig.
In der Stunde, da er zu Israel sagt: In diesem Monat werdet ihr erlöst, antworten sie ihm: Wie werden wir erlöst? Hat nicht schon der Heilige, gepriesen sei er, geschworen, er werde uns unter siebzig Völkern verknechten?
Er wird ihnen zwei Antworten geben und ihnen sagen: Einer von euch wird in das Berberland verbannt, einer nach Sarmatien. Das ist so, als ob ihr alle dorthin verbannt worden wäret. Und nicht nur das! Dieses Reich hebt in der ganzen Welt Soldaten aus, von jedem einzelnen Volk. Ein Kutäer oder ein Berber kommt und verknechtet euch. Das ist, als ob sie euch alle verknechtet hätten und als ob ihr unter siebzig Völkern verknechtet worden wäret.
Und in diesem Monat werdet ihr erlöst; denn es heißt: „*Dieser Monat soll die Reihe eurer Monate eröffnen.*"

20. „DER GAZELLE GLEICHT MEIN GELIEBTER" (2,9).
A. Es sagte R. Isaak: Es sagte die Versammlung Israels vor dem Heiligen, gepriesen sei er: Herr der Welt! Du sagst zu uns: Komm, komm (?)! Komm du zuerst zu uns!
B. „DER GAZELLE GLEICHT MEIN GELIEBTER".
Wie eine Gazelle von Berg zu Berg und von Tal zu Tal springt, von Baum zu Baum, von Dickicht zu Dickicht und von Zaun zu Zaun, so sprang der Heilige, gepriesen sei er, von Ägypten zum Meer und vom Meer zum Sinai und vom Sinai in die Zukunft. In Ägypten sahen sie ihn; denn es heißt: „*ich gehe durch Ägypten*" (Ex 12,12). Am Meer sahen sie ihn; denn es heißt: „*Und Israel sah die mächtige Hand usw. ... Dies ist mein Gott, ihn will ich preisen*" (Ex 14,31; 15,2). Am Sinai sahen sie ihn; denn es steht geschrieben: „*Auge in Auge hat der Herr mit euch geredet*" (Dtn 5,4). Und es steht geschrieben: „*Der Herr kam hervor aus dem Sinai*" (Dtn 33,2).

C. „ODER DEM JUNGEN HIRSCH".
R. Jose beR. Chanina sagte: dem Jungen einer Hindin.
D. „SIEHE, ER STEHT HINTER UNSERER MAUER".
Hinter unserer Mauer am Sinai, wie es heißt: „*Am dritten Tag nämlich wird der Herr herabsteigen*" (Ex 19,11). „ER BLICKT DURCH DIE FENSTER": „*Der Herr war auf den Sinai herabgestiegen*" (Ex 19,20). „SPÄHT DURCH DIE GITTER": „*Dann sprach Gott alle diese Worte*" (Ex 20,1). „DER GELIEBTE SAGT UND SPRICHT ZU MIR" (2,10). Was spricht er zu mir? „*Ich bin der Herr, dein Gott*" (Ex 20,2).

21. Eine andere Auslegung: „DER GAZELLE GLEICHT MEIN GELIEBTER."
A. Es sagte die Versammlung Israels vor dem Heiligen, gepriesen sei er: Herr der Welt! Du hast zu uns gesagt: Komm, komm! Komm du zuerst zu uns!
B. „DER GAZELLE GLEICHT MEIN GELIEBTER".
Wie eine Gazelle von Berg zu Berg und von Tal zu Tal springt, von Baum zu Baum, von Dickicht zu Dickicht und von Zaun zu Zaun, so springt der Heilige, gepriesen sei er, von Synagoge zu Synagoge, von Lehrhaus zu Lehrhaus. Und warum all das? Um Israel zu segnen.
C. Und durch welches Verdienst? Durch das Verdienst Abrahams, wie geschrieben steht: „*Und der Herr erschien ihm bei den Eichen von Mamre. (Abraham saß...)*" (Gen 18,1).
R. Berekhja im Namen des R. Levi: (Das Wort „saß" ist nicht voll): *joscheb*, sondern *jscheb* geschrieben. Abraham wollte aufstehen; da sagte zu ihm der Heilige, gepriesen sei er: Sitze (*scheb*), Abraham! Du bist ein Zeichen für deine Söhne. So wie du sitzt und ich stehe, so soll es mit deinen Söhnen sein, wenn sie in die Synagoge und in das Lehrhaus gehen und das Schemá rezitieren: sie sitzen und meine Herrlichkeit steht unter ihnen. Was ist der Beleg? „*Gott steht in der Versammlung Gottes*" (Ps 82,1).
R. Chaggai sagte im Namen des R. Isaak: (Das Wort für „stehen") ist hier nicht *omed*, sondern *nitsab*. Was bedeutet *nitsab*? Bereit, wie es heißt: „*Und dort auf dem Gipfel des Berges stell dich vor mir bereit*" (Ex 34,2, *nitsabta*). Und es steht geschrieben: „*Schon ehe sie rufen, gebe ich Antwort*" (Jes 65,24).
D. R. Samuel im Namen des R. Chanina: Wann immer Israel den Heiligen, gepriesen sei er, lobpreist, sitzt der Heilige, gepriesen sei er, zwischen ihnen, wie es heißt: „*Aber du bist heilig, du thronst über dem Lobpreis Israels*" (Ps 22,4).
D. „ODER DEM JUNGEN HIRSCH".
R. Jose und R. Chanina: dem Jungen einer Hindin. „SIEHE, ER STEHT HINTER UNSERER MAUER": hinter den Mauern der Synagogen und der Lehrhäuser. „ER BLICKT DURCH DIE FENSTER": über die Schultern der

Priester. „SPÄHT DURCH DIE GITTER": zwischen den Fingern der Priester. „DER GELIEBTE SAGT UND SPRICHT ZU MIR". Was spricht er zu mir? „*Der Herr segne dich und behüte dich*" (Num 6,24).

22. Eine andere Auslegung. „DER GAZELLE GLEICHT MEIN GELIEBTER".
A. Es sagte die Versammlung Israels zum Heiligen, gepriesen sei er: Du hast zu uns gesagt: Komm, komm! Komm du zuerst zu uns!
B. „DER GAZELLE GLEICHT MEIN GELIEBTER." Wie eine Gazelle sich sehen läßt und dann wieder verbirgt, sich sehen läßt und wieder verbirgt, so ließ der erste Erlöser sich sehen und verbarg sich wieder, ließ sich sehen und verbarg sich wieder. Und wie lang verbarg er sich vor ihnen? R. Tanchuma sagte: drei Monate; denn es steht geschrieben: „*Und sie stießen auf Mose und Aaron*" (Ex 5,20). Jehuda beRabbi sagte: von Zeit zu Zeit (ließ er sich sehen).
C. Ebenso wird der letzte Erlöser ihnen offenbart und dann wieder verborgen werden. Und wie lange wird er vor ihnen verborgen werden? Fünfundvierzig Tage, wie geschrieben steht: „*Und von der Zeit an, in der man das tägliche Opfer abschafft und den unheilvollen Greuel aufstellt, sind es zwölfhundertneunzig Tage.*" Und weiter heißt es: „*Wohl dem, der aushält und dreizehnhundertfünfunddreißig Tage erreicht*" (Dan 12,11 f). Was bedeuten diese überzähligen Tage? R. Jochanan ben Qetsarta sagte im Namen des R. Jona: Dies sind die fünfundvierzig Tage, die er vor ihnen verborgen wird, und in diesen Tagen wird Israel Salzmelde und Ginsterwurzeln pflücken und essen, wie es heißt: „*Sie pflücken Salzmelde im Gesträuch, und Ginsterwurzeln sind ihr Brot*" (Ijob 30,5).
D. Und wohin wird er sie führen? Einer sagt: in die Wüste Juda; und einer sagt: in die Wüste von Sihon und Og.
Wer sagt, in die Wüste Juda, (sagt dies), weil es heißt: „*Ich lasse dich wieder in Zelten wohnen wie in den Tagen der (ersten) Begegnung*" (Hos 12,10). Und wer sagt, in die Wüste von Sihon und Og, (sagt dies,) weil es heißt: „*Darum will ich selbst sie verlocken. Ich will sie in die Wüste hinausführen und sie umwerben. Dann gebe ich ihr dort ihre Weinberge wieder*" (Hos 2,16f).
Und jeder, der ihm glaubt und nachgeht und wartet, wird leben. Und jeder, der ihm nicht glaubt und zu den Weltvölkern geht, den töten diese schließlich.
Es sagte R. Isaak bar Marjon: Am Ende der fünfundvierzig Tage wird er ihnen geoffenbart und ihnen das Manna herabbringen. „*Es gibt nichts Neues unter der Sonne*" (Koh 1,9).
E. Eine andere Auslegung. „ODER EINEM JUNGEN HIRSCH". Dem Jungen einer Hindin. „SIEHE, ER STEHT HINTER UNSERER MAUER": hinter der Westmauer des Tempels. Warum? Weil er ihr geschworen hat, daß sie auf ewig nicht zerstört werden wird. Und auch das Priestertor

und das Huldator werden auf ewig nicht zerstört, bis der Heilige, gepriesen sei er, sie erneuern wird. „ER BLICKT DURCH DIE FINSTERNIS": das ist das Verdienst der Väter. „SPÄHT DURCH DIE GITTER": das ist das Verdienst der Mütter. „DER GELIEBTE SAGT UND SPRICHT ZU MIR". Was spricht er zu mir? *„Dieser Monat soll die Reihe eurer Monate eröffnen."*

23. Eine andere Auslegung. „DER GELIEBTE SAGT UND SPRICHT ZU MIR."
A. R. Azarja sagte: Ist nicht „Sagen" und „Sprechen" dasselbe? Vielmehr sagte er mir durch Mose und sprach zu mir durch Aaron. Und was sagte er mir? „STEH AUF, MEINE FREUNDIN, MEINE SCHÖNE, SO KOMM DOCH!" Mach schnell!
B. Eine andere Auslegung.
„STEH AUF", Tochter Abrahams; von ihm steht ja geschrieben: *„Zieh weg aus deinem Land und aus deinem Vaterhaus"* (Gen 12,1).
„MEINE FREUNDIN, MEINE SCHÖNE", Tochter Isaaks, der auf dem Altar mich zum Freund wählte und mich verherrlichte.
„SO KOMM DOCH", Tochter Jakobs, der auf seinen Vater und auf seine Mutter hörte; denn es heißt: *„Und Jakob hörte auf seinen Vater und seine Mutter und begab sich nach Paddan-Aram"* (Gen 28,7).

24. „DENN VORBEI IST DER WINTER" (2,11).
Das sind die vierhundert Jahre, die unsern Väter in Ägypten auferlegt waren. „VERRAUSCHT DER REGEN": das sind die zweihundertzehn Jahre. Und sind nicht Regen und Winter dasselbe?
Es sagte R. Tanchuma: Die wesentliche Mühsal (des Winters) ist der Regen. Ebenso bestand die wesentliche Verknechtung Israels in Ägypten in den sechsundachtzig Jahren von der Geburt Mirjams an.
[Erklärung: deshalb wurde sie Mirjam genannt, weil es heißt: *„Sie machten ihnen das Leben schwer"* (*jemareru*: Ex 1,14); denn Mirjam hängt mit dem Wort *merur*, „Bitterkeit", zusammen.]

25. A. „AUF DER ERDE ERSCHEINEN DIE BLUMEN" (*nitsabim*: 2,12).
Die ruhmreichen Männer (*natsochot*) erschienen auf der Erde.
Wer sind sie? Mose und Aaron; denn es heißt: *„Der Herr sprach zu Mose und Aaron im Lande Ägypten"* (Ex 12,1).
B. „DIE ZEIT ZUM SINGEN (*zamir*) IST GEKOMMEN".
Gekommen ist die Zeit, daß Israel erlöst werde. Gekommen ist die Zeit, daß die Vorhaut abgeschnitten werde (*tizzamer*). Gekommen ist die Zeit, daß Ägypten ausgeschnitten werde (*jizzuameru*). Gekommen ist die Zeit, daß sein Götzendienst ausgerottet werde; denn es heißt: *„Über alle Götter Ägyptens halte ich Gericht"* (Ex 12,12). Gekommen ist die Zeit, daß das Wasser des Meeres sich spalte; denn es heißt: *„und das Wasser spaltete sich"* (Ex 14,21). Gekommen ist die Zeit, daß das Lied gesungen

werde; denn es heißt: „*Damals sang Mose*" (Ex 15,1). R. Tanchuma sagte: Gekommen ist die Zeit, daß dem Heiligen, gepriesen sei er, Lieder (*zemirot*) angestimmt werden; denn es heißt: „*Meine Stärke und mein Lied ist der Herr*" (Ex 15,2) – Lieder des Herrn. Es sagte R. Bebai: „*Lieder wurden mir deine Gesetze*" (Ps 119,54).

C. „Die Stimme der Turteltaube (*tor*) ist zu hören in unserem Land".

Es sagte R. Jochanan: Die Stimme des guten Führers (*tajjar*) ist zu hören in unserem Land – das ist Mose –, als er sagte: „*Mose sagte: so spricht Jahwe: Um Mitternacht usw.*" (Ex 11,4).

Die rabbinische Auslegung des Hohenlieds sieht im Geliebten Gott, in der Braut Israel; die ganze Schrift ist eine allegorische Darlegung der Geschichte Israels mit seinem Gott, vor allem der Erlösung durch Gott. Deshalb lesen die Rabbinen das Hohelied auch mit Vorliebe in Verbindung mit der Exodus-Geschichte, bestimmen es als Schriftlesung für Pesach. Diese Voraussetzungen gelten auch für unseren Textabschnitt.

In Abschnitt 19 unterscheidet die Auslegung zwisxchen dem Geliebten und dem (hebr. betonter: „*diesem*"), der kommt; sonst würde nach rabbinischer Auffassung der Satz in seinem Parallelismus eine unnötige Wiederholung enthalten. Der Kommende ist Mose (A–C) bzw. der Messiaskönig (D). In vier Durchgängen legt man Hld 2,8 auf Ex 12,2 aus. A antwortet auf den Einwand, daß der eigentliche Aufenthalt in Ägypten statt der vierhundert Jahre von Gen 15,13 ja erst 210 Jahre währte (es geht um die Frage, von wann man die vierhundert Jahre rechnet: siehe S. 103 [18B] und 107; nach schon bei Pseudo-Philo belegter Tradition wurde Mose 130 Jahre nach Ankunft der Israeliten in Ägypten geboren; mit achtzig Jahren führte er Israel aus Ägypten: Ex 7,7). B–C verweisen auf die fehlenden Verdienste Israels und seinen Götzendienst. Doch dem Erlösungswillen Gottes sind keine Grenzen gesetzt. Weder Berechnungen von Zeiten noch menschliche Verdienste oder Sünden zählen gegenüber seinem Heilswillen.

Was für die Befreiung aus Ägypten galt, gilt auch für die Endzeit (D). Der Hinweis, daß Israel noch nicht das volle Ausmaß der ihm angedrohten Knechtschaft erlebt hat, kann nicht die Hoffnung auf die Erlösung unendlich hinausschieben. Im Grunde sind schon jetzt die Voraussetzungen gegeben, daß sich die Erlösung erfüllt; da diese dem Auszug aus Ägypten entsprechen wird, kann man auch hier Ex 12,2 zitieren.

Daß Gottes Initiative stets am Anfang stehen muß, betont auch 20 A (refrainhaft auch in 21 A und 22 A wiederholt). Das hier mit „komm, komm" übersetzte hebräische *deu, deu* wird mit dem griechischen *deuro, deui* („komm") verbunden, von verschiedenen hebräischen Wörtern abgeleitet oder einfach als Lockruf verstanden. Jedenfalls scheint es lautmalerisch *dodi* („Mein Geliebter") zu zerlegen; es knüpft wohl noch an Hld 2,8 an und deutet *qol dodi* (hier übersetzt: „Horch, mein Geliebter") so: „Eine Stimme (*qol*): komm, komm (*deu, deu*)!" Dem Lockruf Gottes, der so am Anfang der ganzen Szene steht, antwortet Israel, daß Gott zuerst zu ihm kommen muß.

Der Vergleich mit der Gazelle erinnert den Ausleger daran, daß Gott Israel bei der Errettung aus Ägypten und während der Wüstenwanderung immer wieder an den verschiedensten Orten unerwartet erschienen ist (B). C übersetzt einfach den hebräischen Ausdruck „junger Hirsch" ins Aramäische (wiederholt zu Beginn von 21 E und 22 E). D deutet dann die Fortsetzung von Hld 2,9 f Stück für Stück mit Versen aus Ex 19–20, sieht hier also die Offenbarung am Sinai dargestellt: Israel stand geschlossen wie eine Mauer am heiligen Berg, als Gott durch das Fenster des Himmels herabblickte und sich Israel als sein Gott offenbarte.

Wie eine Gazelle aus dem Dickicht taucht Gott auch in der Gegenwart allüberall auf, wo Israel zu Gebet oder Studium versammelt sitzt, und segnet es (21 B). Hier verwirklicht sich der Abraham für seine Nachkommenschaft verheißene Segen (Gen 18,18 f), begründet im Verdienst Abrahams (C), der die Beschneidung auf sich genommen hatte (Gen 17,24 ff) und, wie die rabbinische Auslegung will, noch krank davon vor seinem Zelte saß, als ihm Gott erschien (Gen 18,1). Die Schreibweise des hebr. Wortes für Sitzen regt dabei zur Vorstellung an, daß Abraham aufstehen wollte, doch Gott ihn sitzenbleiben hieß. Das Sitzen in Synagoge oder Lehrhaus erfolgt so in Nachahmung Abrahams. Der Schluß des Abschnittes betont übrigens auch hier wieder, daß Gott es ist, der mit Segen und Erhörung stets dem Menschen zuvorkommt.

21 E legt nun Hld 2,9 f auf die Gegenwart der Gemeinde hin aus. Wenn Gott „zwischen den Fingern der Priester" durchspäht, ist auf den Brauch angespielt, daß im Synagogengottesdienst Priester (wenn solche vorhanden sind) den Segen von Num 6 mit gespreizten Fingern rezitieren.

Der Abschnitt 22 zieht aus dem Vergleich mit der Gazelle eine Lehre für den Ablauf der Erlösung, dabei vom Exodus-Geschehen auf die Erlösung der Endzeit schließend. Mose, „der erste Erlöser" (B), verschwand nach seinem ersten Auftreten vor Pharao wieder (die Rabbinen sehen einen längeren Zeitraum zwischen Ex 5,1 ff und 5,20). So erwartet man auch vom endzeitlichen Erlöser (C), daß er sein Werk nicht in einem Zug vollbringen wird. Nach dem Anfang der Erlösung wird sich der Messias für einen Zeitraum von fünfundvierzig Tagen verbergen. Dies werden Tage der Prüfung und der Not sein, die es durchzuhalten gilt. Diese Probezeit erfolgt offenbar in der Wüste, in die der Messias Israel wie einst Mose hinausführen wird (D), sei es nun in die Wüste Juda oder die Wüste von Sihon und Og, das Ostjordanland. Nur wer in dieser Zeit nicht abfällt, nicht zu den Weltvölkern übergeht, sondern wartet, wird leben, die endgültige Offenbarung des Erlösers und die Erneuerung des Mannawunders sehen.

In der Zwischenzeit aber gibt das Bewußtsein Trost (E), daß Gott Israel nicht verlassen hat, daß er an der Westmauer (der „Klagemauer") des zerstörten Tempels wartet und diesen wegen des Verdienstes der Patriarchen und Stammütter Israels auch wieder erneuern wird. Und so hört ihn Israel im Glauben jetzt schon an den Ruinen des Tempels die Erlösung ankündigen: „Dieser Monat...".

23 A verteilt die beiden Verben „sagen, sprechen" auf zwei Personen und löst so die Wiederholung in der biblischen Formulierung auf. B sieht in der Aufforderung an die Geliebte die Wiederaufnahme der Patriarchengeschichte durch Israel. Wegen Abrahams Bereitschaft zum Auszug aus seinem Land kommt für Israel der Auszug aus dem Land der Knechtschaft; das Verdienst Isaaks, der bereit war, sich opfern zu lassen (Gen 22) macht Israel zur „Freundin", zur „Schönen", wie man wortspielend auslegt. Bei Jakob ist es wieder der gehorsame Auszug aus seinem

Land, der Israels Auszug aus Ägypten entspricht. Sprachliche Anklänge im Hebräischen zwischen Hld 2,10 und Gen 12,1 (*qumi lakh, lekh lekha*) sowie 28,7 (*lekhi, wajjelekh*) unterstützen diese Verbindung.

In 24 versucht man zuerst, den Parallelismus von 2,11 (Winter-Regen) auf die zwei traditionellen Zeiten der Knechtschaft aufzuteilen. R. Tanchuma hingegen sieht im Regen die Härte des Winters, den Regen somit als Bild für die letzte Zeit der Knechtschaft, die besonders hart war. Diese läßt er mit der Geburt Mirjams einsetzen, die man sechs Jahre vor der Moses ansetzt (Aaron ist drei Jahre älter als Mose: Ex 7,7; so läßt man Mirjam nochmals drei Jahre älter sein). Der in Klammern gesetzte Schluß des Abschnitts ist eine spätere Glosse, die volksetymologisch den Namen Mirjam von *merur*, Bitterkeit, ableitet.

25 A deutet die „Blumen" auf Mose und Aaron, B die gekommene Zeit als die der Erlösung. Siebenmal kehrt litaneiartig der Ruf wieder: „Gekommen ist die Zeit", nur gelegentlich durch Bibelbelege unterbrochen. Das hebräische Wort für „singen" (*zamar*) kann auch „beschneiden, ausschneiden" (vor allem das Ausschneiden der Reben) bedeuten. Darauf baut der Hinweis auf die Beschneidung, ohne die niemand am Pesach-Mahl teilnehmen darf (Ex 12,48), aber auch der auf das Gericht über die Götzen (das Ausschneiden der Reben ist ein traditionelles Bild für das Gericht). Die Vorstellung des Schneidens verbindet wohl auch mit dem Spalten des Meeres. Dann kehrt man wieder zum Motiv des Liedes zurück, zum Siegeslied am Schilfmeer (Ex 15), das die erfolgte Errettung besingt; hier ist aber wohl auch der Gedanke an die kommende Erlösung mit eingeschlossen, betonen doch die Rabbinen gerne, daß Ex 15,1 „Damals sang Mose" eigentlich ein Futurum ist, somit auch einschließe: „Einst wird Mose singen". Mose, so schließt der Text in C mit einem Wortspiel, ist die „Turteltaube" von Hld 2,12, der „Führer", der den Anbruch der Erlösung ankündigt.

Somit deutet der Midrasch den Text aus dem Hohenlied einheitlich auf dem Hintergrund von Ex 12–15. Er sieht darin die einstige Befreiung aus der Knechtschaft Ägyptens, zugleich aber liest er daraus auch einen Trost für die Gegenwart und die Hoffnung auf die kommende Erlösung am Ende der Zeiten.

5) Mordechai und Ester: Est 2,5–23 (EstRabba 6)

1. „*Wohl denen, die das Recht bewahren, und dem, der Gerechtigkeit übt zu jeder Zeit*" (Ps 106,3).

A. Sie stimmten im Obergeschoß des R. Tarfon ab und sagten: Wer ist der, „*der Gerechtigkeit übt zu jeder Zeit*"? Wenn du sagst, es sind die Bibellehrer und die Mischnalehrer – essen und trinken und schlafen die denn nicht? Oder sind es die Schreiber von Tefillin und Mezuzot? Essen und trinken und schlafen die denn nicht? Wer ist also der, „*der Gerechtigkeit übt zu jeder Zeit*"? Sage: Das ist der, der eine Waise in seinem Haus großzieht. Willst du sagen, daß er sich nicht in der Nacht

nackt (im Bett) wälzt? Sie sagten: wir brauchen noch (die Meinung) des Mannes aus Modeïn. Es kam R. Eleazar von Modeïn und lehrte: die Tora hat dies nur hinsichtlich des Stücks Brot gesagt, das (die Waise) in seinem Hause ißt.
Eine andere Auslegung. *„Wohl denen, die das Recht bewahren":* das ist Mordechai, *„der Gerechtigkeit übt zu jeder Zeit",* da er ein Waisenmädchen in seinem Haus großgezogen hat.

B. Es sagte David vor dem Heiligen, gepriesen sei er: Herr der Welt! *„Denke an mich, Herr, aus Liebe zu deinem Volk"* (Ps 106,4), in der Stunde, da du Israel Hilfe schaffst durch Mordechai und Ester, in der Stunde, da Haman Israel zu vernichten suchte und zehntausend Talente Silber in die Hände derer abwog, die das Werk des Ahaschwerosch tun, wie geschrieben steht: *„zehntausend Talente Silber* usw." (Est 3,9). Was steht dort geschrieben? „EIN MANN, EIN JUDE usw." (2,5).

2. „EIN MANN, EIN JUDE, WAR DORT IN DER BURG SUSA".
„EIN MANN": das lehrt, daß Mordechai in seiner Generation soviel wog wie Mose in seiner Generation; von diesem steht ja geschrieben: *„Der Mann Mose aber war sehr demütig"* (Num 12,3).
Mose sprang in die Bresche, wie geschrieben steht: *„Da faßte er einen Plan und er hätte sie vernichtet, wäre nicht Mose, sein Erwählter, für sie in die Bresche gesprungen"* (Ps 106,23).
Ebenso Mordechai, wie geschrieben steht: *„Er suchte das Wohl seines Volkes und war auf das Wohlergehen all seiner Nachkommen bedacht"* (Est 10,3).
Mose lehrte Israel Tora, wie geschrieben steht: *„Hiermit lehre ich euch Gesetze und Rechtsvorschriften"* (Dtn 4,5).
Ebenso Mordechai, wie geschrieben steht: *„Worte des Friedens und der Wahrheit"* (Est 9,30). Und es steht geschrieben: *„Erwirb dir Wahrheit und verkauf sie nicht mehr"* (Spr 23,23).

3. „UND SEIN NAME WAR MORDECHAI."
Die Bösen kommen vor „ihrem Namen": *„Nabal war sein Name"* (1 Sam 25,3); *„Scheba, Sohn des Bichri, war sein Name"* (2 Sam 20,21). Bei den Gerechten hingegen wird „ihr Name" vor ihnen genannt: *„Und sein Name war Manoach"* (Ri 13,2); *„und sein Name war Kisch"* (1 Sam 9,1); *„und sein Name war Saul"* (1 Sam 9,2); *„und sein Name war Elkana"* (1 Sam 1,1); *„und sein Name war Boas"* (Rut 2,1); „UND SEIN NAME WAR MORDECHAI". Darin gleichen sie ihrem Schöpfer, wie geschrieben steht: *„Aber unter meinem Namen Jahwe habe ich mich ihnen nicht zu erkennen gegeben"* (Ex 6,3).

4. „Ein Jude".
A. Warum wird er Jude *(Jehudi)* genannt? Er war doch aus Benjamin? Weil er den Namen des Heiligen, gepriesen sei er, vor allen Menschen als den einzigen bekannte *(jiched)*. So steht ja geschrieben: „*Er fiel nicht nieder und er huldigte nicht*" (Est 3,2).
War er denn streitsüchtig und übertrat den Erlaß des Königs? Vielmehr (war es so): Als Ahaschwerosch befahl, Haman zu huldigen, zeichnete dieser ein Götzenbild auf sein Herz in der Absicht, daß sie dem Götzenbild huldigten. Und als Haman sah, daß Mordechai ihm nicht huldigte, wurde er mit Zorn erfüllt. Und Mordechai sagte ihm: Es gibt einen Herrn, der erhaben ist über alle Erhabenen. Wie soll ich den verlassen und einem Götzen huldigen? Und weil er den Namen des Heiligen, gepriesen sei er, als den einzigen bekannte *(jiched)*, wird er Jude genannt; sozusagen: Jude (bedeutet) einziger *(jehudi – jechidi)*.
B. Und andere sagen: Er wog soviel wie Abraham in seiner Generation. Unser Vater Abraham ließ sich in den Feuerofen werfen und bekehrte die Geschöpfe und ließ sie die Größe des Heiligen, gepriesen sei er, erkennen; so steht ja geschrieben: „*und die Menschen, die sie in Haran gemacht hatten*" (Gen 12,5).
Ebenso ließ Mordechai in seinen Tagen die Geschöpfe die Größe des Heiligen, gepriesen sei er, erkennen; so steht ja geschrieben: „*In allen Völkern der Erde bekannten sich viele zum Judentum*" (Est 8,17). Und er bekannte den Namen des Heiligen, gepriesen sei er, als einzigen und heiligte ihn. Und deshalb wird er Jude genannt, wie geschrieben steht: „Ein Mann, ein Jude." Lese nicht „Jude" *(jehudi)*, sondern „einziger" *(jechidi)*!

5. „War".
A. Es sagte R. Jochanan: Jeder, von dem es heißt „*war*" *(haja)*, war es vom Anfang bis zum Ende. Man wandte gegen ihn ein: Aber es steht doch geschrieben: „*Abraham* war *nur ein einzelner Mann*" (Ez 33,24: *echad haja*)! Von daher (könnte ich meinen): er war dies vom Anfang bis zum Ende. Er antwortete ihnen: Das ist kein Widerspruch. Denn R. Chanina und R. Jochanan sagten beide: Als Dreijähriger erkannte Abraham seinen Schöpfer; es steht ja geschrieben: „*weil (ᶜeqeb) Abraham auf meinen Ruf gehört hat*" (Gen 26,5). Woher (weiß ich das?) 172 (Jahre; Zahlenwert von ᶜeqeb) hörte Abraham auf die Stimme seines Schöpfers, und seine Lebensjahre waren 175. Wie hält man (dann diese Auslegung von) „war" bei ihm aufrecht? Er war bestimmt, die ganze Welt zur Umkehr zu führen.
B. „*Seht, der Mensch ist geworden (haja)*" (Gen 3,22): er war zum Tode bestimmt. „*Die Schlange aber war (haja) schlauer*" (Gen 3,1): (sie war) zur Strafe bestimmt. „*Und Kain war Ackerbauer*" (Gen 4,2): (er

war) zur Verbannung bestimmt, wie es heißt: „*Dann ging Kain vom Herrn weg*" (Gen 4,16), ein unsteter Wanderer. „*Es war ein Mann im Lande Uz*" (Ijob 1,1): (er war) für Leiden bestimmt. „*Noach war ein gerechter, untadeliger Mann*" (Gen 6,9): er war bestimmt, seinen Schöpfer zu erkennen. „*Und Mose war Hirte*" (Ex 3,1): er war für die Erlösung bestimmt. Mordechai war (ebenso) für die Erlösung bestimmt.

6. R. Levi und die Rabbinen. R. Levi sagte: Jeder, von dem es heißt: „*war*" *(haja),* sah eine neue Welt. Es sagte R. Samuel bar Nachman: fünf sind es.
Noach: Einst „*zerrieb das Wasser Steine*" (Ijob 14,19); denn R. Levi sagte im Namen des R. Jochanan: Sogar die unteren Mühlsteine wurden im Wasser der Flut zerrieben. Und jetzt: „*Die Söhne Noachs, die aus der Arche gekommen waren*" (Gen 9,18), um zu sagen: Er sah eine neue Welt.
Josef: Einst „*spannte man seine Füße in Fesseln*" (Ps 105,18). Und jetzt: „*Josef verwaltete das Land*" (Gen 42,6). Das heißt, er sah eine neue Welt.
Mose: Einst floh er vor Pharao und nun versenkt er ihn im Meer. Das heißt, er sah eine neue Welt.
Ijob: Einst „*schüttet er meine Galle zur Erde*" (Ijob 26,13). Und jetzt: „*Und der Herr mehrte den Besitz Ijobs auf das Doppelte*" (42,10). Das heißt er sah eine neue Welt.
Und Mordechai: Gestern „*hüllte er sich in Sack und Asche*" (Est 4,1). Und jetzt: „*Er verließ den König in einem königlichen Gewand*" (8,15).

7. „Und sein Name war Mordechai".
So wie Myrrhe *(mor)* das Haupt aller Gewürze ist, so war auch Mordechai das Haupt aller Gerechten in seiner Generation.

8. „Er war aus Jerusalem verschleppt worden" (2,6).
R. Berekhja und R. Jirmeja und R. Chijja im Namen des R. Jose: Wenn R. Jochanan und die Rabbinen zu diesem Vers kamen: „Die Nebukadnezzar deportiert hatte", pflegten sie zu sagen: Nebukadnezzar, seine Gebeine mögen zermalmt werden.
Und warum sagten sie dies nicht auch bei Jeremia (wenn Nebukadnezzar genannt wird)? In Jeremia wird Nebukadnezzar immer als Lebender erwähnt, hier aber war er tot.

9. „Und er war der Vormund von Hadassa„ (2,7).
Wie der Duft einer Myrthe *(Hadassa)* süß und ihr Geschmack bitter ist, so war Ester für Mordechai süß und für Haman bitter.
„Sie hatte keinen Vater und keine Mutter".
R. Pinchas und R. Chama bar Gurjon im Namen Rabs: War sie denn ein

Findelkind, daß du sagst: „SIE HATTE KEINEN VATER UND KEINE MUTTER?" Vielmehr: als ihre Mutter mir ihr schwanger war, starb ihr Vater, und bei ihrer Geburt starb ihre Mutter.

10. Es steht geschrieben: „Und präg es Josua ein" (Ex 17,14).
A. Dieser ist einer von vier Gerechten, denen ein Hinweis gegeben wurde. Zwei achteten darauf und zwei achteten nicht darauf. Mose wurde ein Hinweis gegeben und er achtete nicht darauf; Jakob wurde ein Hinweis gegeben und er achtete nicht darauf; David und Mordechai wurde ein Hinweis gegeben und sie achteten darauf.
B. Zu Jakob sprach der Heilige, gepriesen sei er: „Ich behüte dich, wohin du auch gehst" (Gen 28,15), und doch fürchtete er sich. Ein Mensch, dem der Heilige, gepriesen sei er, Sicherheit gibt, hat Angst? Doch es steht geschrieben: „Und Jakob fürchtete sich usw." (32,8). Er dachte nämlich: Als ich im Hause des unreinen Laban war, habe ich mich wohl nicht mit Unreinheit beschmutzt? Mose: „Und präg es Josua ein". Das heißt, du wirst sterben und Josua wird Israel in das Land führen. Und doch heißt es: „Damals rief ich den Herrn um Gnade an" (Dtn 3,23).
C. David und Mordechai wurde hingegen ein Hinweis gegeben und sie achteten darauf. David sagte: „Dein Knecht hat den Löwen und den Bären erschlagen" (1 Sam 17,36). David dachte: Schaut man denn zu mir auf, weil ich diese wilden Tiere erschlagen habe? Wird etwa, dachte er, Israel etwas Böses widerfahren und sie werden durch mich gerettet werden? Mordechai: „JEDEN TAG GING MORDECHAI ZUM HOF DES FRAUENPALASTES" (2,11). Er dachte: Ist es denn möglich, daß diese Rechtschaffene mit einem Unbeschnittenen verheiratet wird? Nicht etwa, weil Israel ein großes Unheil zustoßen wird und es durch sie gerettet werden soll?

11. R. Berekhja im Namen des R. Levi: Der Heilige, gepriesen sei er, sagte zu Israel: Ihr habt geweint und gesagt: „Wir wurden Waisen, Kinder ohne Vater" (Klgl 5,3). Bei eurem Leben! Auch der Erlöser, den ich euch in Medien erstehen lassen werde, wird weder Vater noch Mutter haben. Darum steht geschrieben: „SIE HATTE KEINEN VATER UND KEINE MUTTER".

12. „JEDEN TAG GING MORDECHAI ZUM HOF DES FRAUENPALASTES" (2,11). Um nach ihrem Blutfleck und ihrer Regel zu fragen. „UM ZU ERFAHREN, WIE ES ESTER GING", damit man nicht mit ihr Zauberei treibe. R. Jakob bar Acha sagte: Es sagte der Heilige, gepriesen sei er: Du hast dich nach dem Wohl eines einzigen Menschen erkundigt, „UM ZU ERFAHREN, WIE ES ESTER GING". Bei deinem Leben! Du wirst noch das Wohl eines ganzen Volkes suchen. Darum steht geschrieben:

„*Er suchte das Wohl seines Volkes und war auf das Wohlergehen all seiner Nachkommen bedacht*" (10,3).

13. „UND ALS DIE REIHE AN ESTER KAM ... ESTER ABER FAND DIE GUNST ALLER, DIE SIE SAHEN" (2,15).
R. Jehuda sagt: Wie ein Bildnis, das tausend Menschen ansehen und das allen wohlgefällt. R. Nechemja sagt: Man stellt Mederinnen auf die eine Seite, Perserinnen auf die andere Seite, und Ester war die Schönste von allen. Die Rabbinen sagen: „ESTER ABER GEFIEL ALLEN, DIE SIE SAHEN", den Himmlischen wie den Irdischen, wie es heißt: „*Dann erlangst du Gunst und Beifall bei Gott und den Menschen*" (Spr 3,4).

14. UND ESTER WURDE ZUM KÖNIG AHASCHWEROSCH GEHOLT" (2,16).
Sie wurde versteigert. Der eine sagte: ich gebe hundert Denare, damit ich mit ihr hineingehen kann, und der andere sagte: ich gebe zweihundert Denare, damit ich mit ihr hineingehen kann (?).

15. „UND DER KÖNIG LIEBTE ESTER MEHR ALS ALLE FRAUEN, UND SIE FAND SEINE GUNST UND ZUNEIGUNG usw." (2,17).
R. Chelbo sagte: Das lehrt, daß man auch verheiratete Frauen zu ihm brachte. Deshalb heißt es: „MEHR ALS ALLE FRAUEN UND... MEHR ALS ALLE MÄDCHEN. „ER SETZTE IHR DAS KÖNIGLICHE DIADEM AUF UND MACHTE SIE ANSTELLE WASCHTIS ZUR KÖNIGIN". Bis man Ester zur Königin machte, gab es das Bildnis Waschtis. Als er Ester heiratete, ein Mädchen von guter und edler Herkunft, sagte er: herunter komme Waschti, und Ester komme hinauf. Darum steht geschrieben: „UND MACHTE SIE ANSTELLE WASCHTIS ZUR KÖNIGIN".

16. „ESTER ABER ERZÄHLTE NICHTS VON IHRER ABSTAMMUNG" (2,20).
Das lehrt, daß sie über sich Schweigen bewahrte wie ihre Ahnmutter Rahel, die sich an die Pflicht des Schweigens hielt. Alle ihre großen Nachfahren hielten das Schweigen. Rahel hielt sich an die Pflicht des Schweigens. Sie sah ihre Brautgeschenke in der Hand ihrer Schwester und schwieg. Ihr Sohn Benjamin hielt sich an das Schweigen. Wisse: sein Stein im Brustschild (des Hohenpriesters war ein Jaspis *(joschpe)*, um zu sagen: Er wußte vom Verkauf Josefs und schwieg. *Joschpe:* es gibt einen Mund *(jesch pe)*, und er schweigt. Und Saul, ihr Nachfahre – „*Die Sache mit dem Königtum aber erzählte er ihm nicht*" (1 Sam 10,16). Ester: „ESTER ABER ERZÄHLTE NICHTS VON IHRER ABSTAMMUNG UND IHREM VOLK".

17. „IN JENEN TAGEN – MORDECHAI SITZT AM TOR DES KÖNIGLICHEN PALASTES – ZÜRNTEN BIGTAN UND TERESCH, ZWEI KÖNIGLICHE KÄMMERER" (2,21).

Warum zürnten sie? Weil man zwei entfernt und einen hingesetzt hatte: Da entfernt man die zwei Coelesyrier, die die Schwelle bewachten und setzt diesen Babaren hin! „ER SITZT AM TOR DES KÖNIGLICHEN PALASTES"! R. Berekhja sagte im Namen des R. Levi: Es steht geschrieben: *„Kommt und schaut die Taten des Herrn, der Furchtbares vollbringt auf der Erde"* (Ps 46,9). Er ließ Knechte erzürnen durch ihre Herren, um den Gerechten Größe zu verleihen. Es heißt ja: „ES ZÜRNTEN BIGTAN UND TERESCH usw.", um Mordechai Größe zu verleihen. Er läßt Herren über ihre Knechte erzürnen, um Josef Größe zu verleihen. Es heißt ja: *„Der Pharao zürnte seinen Dienern"* (Gen 41,10).

18. „DIE SACHE WURDE UNTERSUCHT UND AUFGEDECKT" (2,23). R. Levi im Namen des R. Acha bar Schila von Kefar Temarta sagte: Wenn schon ein Buch von Menschen so (etwas bewirkt), um wieviel mehr wird dies einst das Buch des Heiligen, gepriesen sei er, von dem geschrieben steht: *„Der Herr horchte auf und hörte hin, und man schrieb vor ihm ein Buch, das alle in Erinnerung hält"* (Mal 3,16)!

In der Auslegung des Buches Ester, das für sich gelesen, wenig religiösen Gehalt zu haben scheint, kommt es den Rabbinen noch mehr als sonst darauf an, die Verbindung zur übrigen Bibel herzustellen, um so die wahre Bedeutung der Schrift freizulegen. Das hier ausgewählte Kapitel des Midrasch setzt in Art, wenn auch nicht Form, eines Proömiums mit Ps 106 ein, den es auf Mordechai bezieht. Er ist es, der „Gerechtigkeit" *(tsedaqa)* im rabbinischen Sinn von „Nächstenliebe" beispielhaft übt (1 A), ohne Unterbrechung, weil sein Schützling immer Nahrung findet. Die andere Auslegung des Verses bezieht beide Teile des Verses auf Mordechai. An ihn, so betont B, hat David bei der Rezitation dieses Psalms gedacht. Die Fortsetzung von Ps 106,4, auf die nur angespielt wird, ist nicht als Ruf Davids um seine eigene Errettung verstanden (Einheitsübersetzung: „such mich auf und bring mir Hilfe"), sondern im Sinn: „denk an mich bei deiner Hilfe" für Israel, nämlich in der Zeit Mordechais, der als einzelner die Verlockung von zehntausend Talenten Silber ausgleichen soll.

Mit diesem Psalm ist aber auch schon die Parallele Mordechai – Mose (2) hergestellt, wie ja allgemein die Rabbinen die Estergeschichte als Wiederholung der Gefährdung und Errettung Israels zur Zeit des Exodus verstehen. Das Stichwort „Mann", das man sonst nicht brauchen würde, soll auf diese Verbindung hinweisen. Mordechai ist aber nicht nur gleich Mose Retter seines Volkes, sondern auch Lehrer der Tora, die man in der „Wahrheit" von Est 9,30 ebenso sieht wie in Spr 23, wo Wahrheit und Weisheit (also auch Tora) nebeneinander stehen.

3 versucht aus der Wortstellung des Bibeltextes eine Regel abzuleiten: demnach würde „N. war sein Name" eine Person negativ, „sein Name war N." hingegen positiv kennzeichnen. Bei Scheba, dem Sohn des Bichri, kommen allerdings in 2 Sam 20,1.21 beide Stellungen vor: das allein zeigt schon, daß man hier nicht verallgemeinern darf. Das haben natürlich auch die Rabbinen gewußt, sich aber dennoch mit dieser Faustregel zufrieden gegeben.

4 A geht auf die Bezeichnung Mordechais als *Jehudi* ein: es versteht dies aber nicht allgemein als „Jude", wofür man in der rabbinischen Literatur den Ausdruck „Israel(it)" bevorzugt. Ein Angehöriger des Stammes Juda ist Mordechai aber auch nicht; deshalb deutet man den Ausdruck mit einem Wortspiel (h und ch werden in der Aussprache oft nicht unterschieden): Mordechai heißt so, weil er Gott als den einen bekennt *(jiched)*, Haman nicht huldigt. Est 3,2 verwendet das Wort „huldigen" neutral; die Rabbinen verstehen es aber als „göttliche Verehrung"; sonst hätte sich doch Mordechai nicht dem Befehl des Königs widersetzt! 4 B variiert das Wortspiel, um den *Jehudi* Mordechai mit Abraham zu vergleichen, der zu seiner Zeit als einziger *(jechidi)* den wahren Gott bekannte und dafür sein Leben auf das Spiel setzte, nach einer schon früh bezeugten Legende in den Feuerofen geworfen wurde. Gen 12,5 spricht wörtlich von Menschen, die Abraham *gemacht* hat (im Zusammenhang bedeutet das: „erworben"). Da nur Gott Menschen „machen" kann, ist für die Rabbinen hier die Konversion zum wahren Glauben gemeint, die einer Neuschöpfung des Menschen gleichkommt. Dem missionarischen Wirken Abrahams ist das Mordechais vergleichbar: Est 8,17 erwähnt ja, daß sich nach der Erhöhung Mordechais viele zum Judentum bekannten.

Der Vergleich mit Abraham bestimmt auch 5 A. Das Wort „war" ist im Hebräischen für das Verständnis des Satzes nicht unbedingt notwendig; daher erwarten die Rabbinen aus seiner Verwendung eine zusätzliche Information, etwa ein beständiges Sein. Das trifft jedoch für Ez 33,24 nicht zu, wonach Abraham bei der Landverheißung ein einziger Mann war (das Stichwort „einziger", *echad*, verknüpft natürlich nochmals mit dem Wortspiel *jehudi/jiched/jechidi* in 4): er *blieb* doch nicht kinderlos! Wenn man „war" hier als Hinweis auf Dauer sehen will, muß man „einer, einzelner" positiv verstehen: Abraham hat als einzelner den *einen* Gott erkannt, und dies schon im Alter von drei Jahren, wie man in Deutung des Zahlenwerts von „weil" *(ʿeqeb)* erschließt, und auch andere zum Bekenntnis des einen Gottes geführt. Versteht man hingegen „war" als Hinweis auf die Vorherbestimmung eines Menschen (5 B), so sieht man damit bei Mordechai seine Retterrolle angedeutet, die er mit Mose gemeinsam hat.

Eine andere Auslegung von „war" bringt Abschnitt 6 (die angekündigte abweichende Meinung der Rabbinen fehlt, findet sich aber in GenRabba). Leute, bei denen das Wort verwendet wird, erfuhren eine radikale Veränderung des Daseins, eine „neue Welt": bei Noach ist dies die aus Ijob gelesene Veränderung der Eigenschaften des Wassers, das früher sogar den besonders harten unteren Stein der Mühle zerrieb; bei Josef, Mose, Ijob und Mordechai ist es jeweils die Wendung des Unglücks zu Glück, die Ermöglichung eines Neuanfangs. Alle diese Verallgemeinerungen, die die Rabbinen aus der Sprache der Bibel ableiten, halten einer Überprüfung mit einer Konkordanz nicht statt. Den Rabbinen geht es nicht so sehr um lückenlose Beweise, als vielmehr um auch sprachlich gestützte Analogien zwischen wichtigen biblischen Gestalten. Wichtig ist auch hier der Vergleich Moses (aber auch schon des in der Folge des Kapitels bedeutsamen Josef) mit Mordechai.

7 deutet Mordechais Namen mit einer Volksetymologie. 8 spricht vom rabbinischen Brauch, bei Erwähnung von Feinden Israels wie Nebukadnezzar stets den Fluch anzufügen: „seine Gebeine mögen zermalmt werden"; auch für römische

Kaiser wie Hadrian war dies üblich. Doch sollte dies nie zu Lebzeiten des Gegners geschehen, wie man aus dem Umgang der Rabbinen mit dem Jeremia-Text lernt. Da Ester mit zweitem Namen Hadassa hieß, sucht 9 darin symbolische Bedeutung. Die Formulierung, daß Ester „keinen Vater und keine Mutter hatte", wird absolut genommen: sie hatte *nie* Eltern gehabt, von Geburt an war sie ohne Eltern. Sonst wäre ja die Aussage in der Fortsetzung des Verses „nach dem Tod ihres Vaters und ihrer Mutter" eine unnötige Wiederholung.

Abschnitt 10 scheint in den Kommentar eingeschoben zu sein, zumal 11 nochmals zum Thema von 9 zurückkehrt. In Art eines Proömiums stellt 10 eine überraschende Verbindung zwischen zwei Bibelversen her, zeigt unerwartete Gemeinsamkeiten auf. Nach Auffassung des Auslegers (B) ist Gottes Aufforderung an Mose, die Erinnerung an den Sieg über Amalek Josua einzuprägen, schon ein erster Hinweis, daß Josua einst seine Aufgabe vollenden werde. Mose hat dies nicht begriffen, wie sein Gebet von Dtn 3,23 zeigt. Auch Jakob hat die Heilszusage Gottes nicht begriffen; sonst hätte er nicht vor Esau Angst gehabt – eine Aufforderung auch für die Gegenwart des Auslegers, sich vor Esau/Rom nicht zu fürchten. Wohl einem späteren Ergänzer schien dies so selbstverständlich, daß er einen anderen Grund für Jakobs Angst suchte: Verunreinigung könnte die schützende Gegenwart Gottes verhindern, Israels Sünde bewirken, daß Gott es nicht mehr vor den Weltmächten beschützt. Im Gegensatz zu Jakob und Mose haben David und Mordechai Gottes Hinweis verstanden (C). David hat begriffen, daß sein Sieg über die wilden Tiere, an den er vor dem Kampf gegen Goliat erinnert, Vorzeichen des Sieges über diesen Feind Israels ist. Ebenso hat Mordechai die Wegführung Esters in den königlichen Palast (Est 2,8–10: auffälligerweise übergeht der ganz auf Mordechai bedachte Midrasch diese Verse) als göttliches Zeichen verstanden, als Hinweis auf drohendes Unheil, aus dem Gott sein Volk durch Ester retten wollte. Offenbar hat der Ausleger Est 2,11 als Entsprechung zu Ex 2,4 verstanden: wie Mirjam am Nil steht, um zu sehen, was mit Mose, den sie nach rabbinischer Tradition als Retter Israels geweissagt hat, geschehen würde, geht Mordechai täglich in den Frauenhof (wo er ja nichts zu schaffen hatte), um zu sehen, was mit Ester, der kommenden Retterin Israels, geschehen würde. Damit ist aber auch der Weg zu einer neuen Auslegung von Est 2,7 frei (11): Ester als die Retterin des sich verwaist fühlenden Israel hat weder Vater noch Mutter. Es wäre verlockend, hier an eine jüdische Übersteigerung des christlichen Anspruchs zu denken, daß Jesus keinen irdischen Vater hatte und Jesu Abbild Melchisedek ist, „ohne Vater, ohne Mutter und ohne Stammbaum" (Hebr 7,3). Beweisen läßt sich hier leider nichts.

Abschnitt 12 bringt dann eine erdverbundenere Erklärung von Est 2,11. Mordechai kommt in den Frauenhof aus Sorge, daß Ester sich an die Reinheitsvorschriften während ihrer Regel hält; er will verhindern, daß man sie durch Zauberei vom rechten Weg abbringt. Diese Treue im kleinen bringt ihm einst Größe: er wird sich einst um das Heil des ganzen Volkes kümmern. Mordechai ist hier wieder die Hauptperson und nicht mehr Ester als Erlöserin Israels.

Est 2,12–14 übergeht der Midrasch, da er sich allein auf die Hauptpersonen der Handlung konzentriert. Dafür betont man das allgemeine Wohlgefallen, das Ester erregt (13). Wegen dieses Zusammenhangs ist in unserer Übersetzung von 14 die Versteigerung positiv gedeutet, als Wetteifern um die Ehre, Ester zum König geleiten zu dürfen und nicht als Ersteigerung, um sich mit Ester sexuell zu belustigen, wie man an sich auch übersetzen konnte.

Daß auch verheiratete Frauen in den Harem gebracht wurden, erschließt man aus der Formulierung „Frauen... Mädchen", die sonst eine unnötige Verdoppelung wäre. Der König machte Ester „*anstelle* Waschtis" zur Königin: wörtlich könnte man auch verstehen: „*unter* Waschti", woraus der Midrasch ableitet, die Einsetzung Esters zur Königin sei unter dem Bild Waschtis erfolgt; dann habe man das Porträt Waschtis abgenommen und durch das Bildnis Esters ersetzt.

Gleich zweimal betont die Bibel (Est 2,10.20), daß Ester ihre Herkunft verschwieg. Warum bekennt sie sich nicht zu ihrem Judentum? 16 erklärt ihr Schweigen mit Familientradition, mit Esters Herkunft von Rahel, aus dem Stamm Benjamin. Das Schweigen Rahels zur Hochzeit Jakobs mit Lea ist ein verbreitetes Motiv; Benjamins Schweigen über den ihm bekannten Verkauf Josefs nach Ägypten hat hingegen keinen biblischen Anhaltspunkt und ist einfach durch ein Wortspiel mit dem Namen des Edelsteins erschlossen, der Benjamin im Brustschild des Hohenpriesters vertritt.

Est 2,21 spricht vom Zorn der beiden Kämmerer, ohne ihn zu begründen. 17 sucht daher nach einem Grund und findet ihn in der in den Satz eingeschobenen Bemerkung: „Mordechai sitzt am Tor". Er hat die Stelle der beiden Kämmerer (wörtlich: Hüter der Schwelle), nämlich der Coelesyrier Bigtan und Teresch, übertragen bekommen; aus Wut über ihre Absetzung planen sie ein Attentat, das Mordechai aufdecken kann. Die Wut, in die der König die beiden versetzt, bewirkt ebenso wie der Zorn des Pharao über seinen Obermundschenk und seinen Oberbäcker den Aufstieg eines Gerechten: Josef, an dessen Verkauf schon der vorige Abschnitt erinnert hatte und Mordechai, beide zentrale Gestalten der Heilsgeschichte Israels.

Die Aufdeckung der Verschwörung durch Mordechai wird in der Chronik des Königs festgehalten (Est 2,23); in einer schlaflosen Nacht liest dies der König (6,1–3) und läßt Mordechai zum Lohn erhöhen. Nicht so von Zufällen abhängig ist das Verhalten Gottes: das Kapitel endet also, indem es aus der biblischen Geschichte auf das Ende der Zeiten schließt, ihre Lehre verdeutlicht (18).

6) Von Alter und Tod: Koh 11,10–12,8 (KohRabba 12,1–8)

1. A. „HALTE DEINEN SINN VON ÄRGER FREI" (11,10).
Es sagte R. Levi: Alle jungen Leute sind streitsüchtig, und alle Streitsüchtigen sind dumm.

B. Es sagte Salomo: Da „DIE JUGEND UND DAS DUNKLE HAAR WINDHAUCH SIND", deshalb „DENK AN DEINEN SCHÖPFER" (12,1). Wir haben gelernt: „Aqabja ben Mahalalel sagt: Betrachte drei Dinge: Woher kommst du? Von einem stinkenden Tropfen. Und wohin gehst du? Zu einem Ort von Staub und Wurm und Made. Und vor wem wirst du einst Rechenschaft ablegen? Vor dem König der Könige der Könige, dem Heiligen, gepriesen sei er" (Abot III,1).

C. R. Jehoschua ben Levi von Sikhnin sagte: die drei hat Aqabja aus einer einzigen Form abgeleitet – *be'erkha* („dein Brunnen"), *borkha* („deine Grube"), *borekha* („dein Schöpfer"). Dein Brunnen ist eine stinkende Flüssigkeit; deine Grube ist Wurm und Made; dein Schöpfer ist der König der Könige der Könige, der Heilige, gepriesen sei er, vor dem du einst Rechenschaft geben wirst.

D. Deshalb heißt es: „DENK AN DEINEN SSCHÖPFER IN DEINEN FRÜHEN JAHREN": solange du noch deine Kraft hast; „EHE DIE TAGE DER KRANKHEIT KOMMEN": das sind die Tage des Alters; „UND DIE JAHRE DICH ERREICHEN *(von denen du sagen wirst: Ich mag sie nicht)"*: das sind die Strafen. R. Chijja bar Nechemja sagte: das sind die Tage des Messias, in denen es weder Verdienst noch Schuld gibt.

2. A. „EHE SICH VERDUNKELT DIE SONNE" (12,2): Das ist das Strahlen des Gesichts. „UND DAS LICHT": das ist die Nase. „UND DER MOND: das ist die Stirn. „UND DIE STERNE": das sind die Backenknochen.

B. „UND DIE WOLKEN NACH DEM REGEN WIEDERKOMMEN". R. Levi sagte dazu zwei Dinge, eines für die Gelehrten und eines für die Ungebildeten. Eines für die Gelehrten: einer beginnt zu weinen, und schon strömen seine Augen über von Tränen. Und eines für die Ungebildeten: einer will Wasser lassen, doch die Exkremente kommen ihm zuvor.

3. „AM TAG, DA DIE WÄCHTER DES HAUSES ZITTERN" (12,3): das sind die Rippen. „DIE STARKEN MÄNNER SICH KRÜMMEN": das sind seine Arme. R. Chijja beR.Nechemja sagt: das sind seine Rippen. „DIE MÜLLERINNEN IHRE ARBEIT EINSTELLEN": das ist der Magen. „WEIL SIE ZU WENIGE SIND": das sind die Zähne. „UND DUNKEL WERDEN, DIE AUS DEN FENSTERN BLICKEN": das sind die Augen. R. Chijja beR.Nechemja sagt: das sind die Lungenflügel, von denen die Stimme ausgeht.

4. „UND DAS TOR ZUR STRASSE VERSCHLOSSEN WIRD" (12,4). Das sind die Körperöffnungen des Menschen. „WENN DAS GERÄUSCH DER MÜHLE VERSTUMMT", weil der Magen nicht mehr mahlt, „STEHT MAN AUF BEIM ZWITSCHERN DER VÖGEL": wenn ein Greis Vögel zwitschern hört, meint er, Räuber sind gekommen, ihn zu berauben. „DOCH DIE TÖNE DES LIEDS VERKLINGEN": das sind die Lippen. R. Chijja beR.Nechemja sagte: das sind die Nieren, die denken, was das Herz beschließt.

5. A. „SELBST VOR DER ANHÖHE FÜRCHTET MAN SICH" (12,5). Wenn sie einen Greis irgendwohin einladen, fragt er sie: Geht es dort steil hinauf? Gibt es dort Stufen? Geht es dort steil hinunter?

B. „Und vor den Schrecken am Weg": R. Abba bar Kahana und R. Levi. Der eine sagt: Die Angst vor dem Weg überfällt ihn. Soll ich gehen? Soll ich nicht gehen? Er beschließt: ich gehe nicht. Der andere sagt: Er fängt an, Punkte am Weg zu fixieren. Er sagt: Bis zu dieser Straße, bis zu diesem Ort habe ich Kraft, zu gehen; doch bis zu diesem Ort zu gehen, habe ich nicht die Kraft.

C. „Der Mandelbaum blüht." R. Levi sagte: Das ist die „Mandel" der Wirbelsäule. Hadrian, seine Knochen mögen zermalmt werden, fragte R. Jehoschua ben Chananja: Woraus wird der Mensch für die kommende Welt aufblühen? Er antwortete ihm: Aus der „Mandel" der Wirbelsäule. Er sagte: Zeig es mir! Was tat er? Er brachte eine „Mandel" der Wirbelsäule und legte sie in Wasser; sie löste sich nicht auf; in Feuer und sie verbrannte nicht; in eine Mühle und sie wurde nicht zermahlen. Er legte sie auf den Amboß und schlug darauf mit dem Hammer. Der Amboß brach in Stücke, der Hammer spaltete sich, doch es half nichts.

D. „Die Heuschrecke schleppt sich dahin": das sind die Gelenke. „Die Frucht der Kaper platzt": das ist das geschlechtliche Begehren, das Frieden stiftet zwischen dem Mann und seiner Frau; es hört auf.

E. R. Simeon ben Chalafta war gewohnt, zu unserem Rabbi hinaufzugehen. Als er alt wurde, konnte er nicht mehr. Einmal aber ging er hinauf. Da fragte ihn unser Rabbi: Wie haben wir es verdient, heute den Glanz des Antlitzes des Meisters zu sehen? Er antwortete ihm: Ferne sind nah geworden und Nahe sind fern geworden; zwei sind drei geworden, und der Friedensstifter im Haus hat aufgehört.

F. Die Erklärung. Ferne sind nah geworden: das sind die Augen; einst sahen sie aus der Ferne, doch jetzt sehen sie nicht einmal mehr aus der Nähe. Nahe sind fern geworden: das sind die Ohren; einst hörten sie etwas beim ersten oder zweiten Mal, doch jetzt hören sie nicht einmal nach hundert Malen. Zwei sind drei geworden: der Stock und die beiden Beine. Und der Friedensstifter im Haus hat aufgehört: das ist das Begehren, das Liebe stiftet zwischen dem Mann und seiner Frau.

G. „Doch der Mensch geht zu seinem ewigen Haus". Zum ewigen Haus steht hier nicht geschrieben, sondern „zu seinem ewigen Haus". Es sagte Resch Laqisch: (Das gleicht) einem König, der in eine Stadt einzieht und mit ihm Heerführer, Statthalter und Generäle. Obwohl sie alle durch dasselbe Tor einziehen, geht jeder einzelne für sich und wohnt entsprechend seiner Würde. Hier (bedeutet das): Obwohl sie alle den Geschmack des Todes kosten, hat doch jeder einzelne eine Ewigkeit für sich.

H. „Und die Klagenden ziehen durch die Strassen": das sind die Maden.

6. A. „EHE DIE SILBERNE SCHNUR ZERREISST" (12,6): das ist die Schnur des Rückenmarks. „UND DIE GOLDENE SCHALE *(gulla)* BRICHT": das ist der Schädel *(golgolet)*. R. Chijja bar Nechemja sagte: das ist die Kehle, die das Gold verbrannte *(megalle)* und das Silber weglaufen ließ.

B. „DER KRUG AN DER QUELLE ZERSCHMETTERT WIRD": das ist der Bauch des Menschen. Nach drei Tagen platzt der Bauch des Menschen und gibt wieder (alles) dem Mund und sagt ihm: Da hast du, was du geraubt und erpreßt und in mich gegeben hast. R. Chaggai leitet es von diesem Schriftvers ab: *„und ich werfe euch Unrat ins Gesicht, den Unrat eurer Feste"* (Mal 2,3).

C. Bar Qappara sagte: Drei Tage lang ist die Trauer stark, da man noch die Form des Gesichtes erkennt. Denn dort haben wir gelernt: „Man bezeugt (die Identität eines Toten) nur bei vollem Gesicht mit Nase usw." (Jebamot XVI,3).

D. „DAS RAD ZERBROCHEN IN DIE GRUBE FÄLLT". Zwei kommentieren. Der eine sagt: wie die Räder von Sepphoris. Und der andere sagt: wie die Schollen von Tiberias, so wie es heißt: *„Ein Labsal sind für ihn die Schollen des Schachts"* (Ijob 21,33).

7. A. „DER STAUB AUF DIE ERDE ZURÜCKFÄLLT ALS DAS, WAS ER WAR" (12,7). R. Pinchas und R. Chilkija im Namen des R. Simon: Wann „KEHRT DER GEIST ZU GOTT ZURÜCK, DER IHN GEGEBEN HAT"? Sobald „DER STAUB AUF DIE ERDE ZURÜCKFÄLLT" *(als das, was er war)*". Wenn nicht, *„wird er die Seelen deiner Feinde fortschleudern* usw." (1 Sam 25,29).

B. R. Samuel bar Nachmani im Namen des R. Abdimi von Haifa: (Das gleicht) einem Priestergenossen, der einem ungebildeten Priester einen Laib Brot aus reiner Priesterhebe übergibt und zu ihm sagt: Siehe, ich bin rein, und mein Haus ist rein; mein Geschirr ist rein und auch dieser Laib, den ich dir gebe, ist rein. Wenn du ihn mir so zurückgibst, wie ich ihn dir gegeben habe, ist es gut; wenn nicht, dann verbrenne ich ihn vor dir. So sprach der Heilige, gepriesen sei er, zu diesem Menschen: Siehe, ich bin rein, und meine Wohnstätte ist rein; meine Diener sind rein, und auch die Seele, die ich dir gebe, ist rein. Wenn du sie mir gibst, wie ich sie dir gebe, ist es gut; wenn nicht, dann verbrenne ich sie vor dir.

C. All dies gilt für die Tage seines Alters. Wenn er aber in den Tagen seiner Jugend sündigt, schlägt ihn (Gott) mit Ausfluß und Aussatz. Deshalb mahnt Mose Israel: *„Wenn ein Mann einen Ausfluß aus seinem Körper hat…"* (Lev 15,2).

8. R. Jehoschua ben Levi deutete die Schriftstelle auf den Tempel.

A. Der Prophet sagte zu Israel: „DENK AN DEINEN SCHÖPFER (IN DEN TAGEN DEINER JUGEND *[bechurotekha])*" (12,1). Denkt an euren Schöpfer, solange eure Erwählungen *(bechurekhem)* bestehen. Solange der Bund des Priestertums besteht; denn es heißt: *„Ich habe sie aus allen Stämmen Israels (für mich als Priester) erwählt"* (1 Sam 2,28). Solange der Bund des Leviten tums besteht; denn es heißt: *„Denn ihn (Levi) hat der Herr, dein Gott, unter allen deinen Stämmen ausgewählt usw."* (Dtn 18,5). Solange der Bund Jerusalems besteht; denn es heißt: *„die Stadt, die ich erwählt habe"* (1 Kön 11,32). Solange das Königtum des Hauses David besteht; denn es heißt: *„Und er erwählte seinen Knecht David"* (Ps 78,70). Solange der Tempel besteht; denn es heißt: *„Ich habe jetzt dieses Haus erwählt und geheiligt"* (2 Chron 7,16). Solange ihr besteht; denn es heißt: *„Dich hat der Herr, dein Gott, ausgewählt, damit du das Volk wirst, das ihm persönlich gehört"* (Dtn 7,6).

B. „EHE DIE TAGE DES UNHEILS KOMMEN": das sind die Tage der Verbannung, wie geschrieben steht: *„die ihr den Tag des Unheils bannen wollt"* (Am 6,3). „UND DIE JAHRE KOMMEN usw.", wo das Verdienst der Väter nicht mehr wirkt.

C. „EHE SICH VERDUNKELT DIE SONNE" (12,2): das ist das Königtum des Hauses David; denn es heißt: *„Sein Thron habe Bestand vor mir wie die Sonne"* (Ps 89,37). „UND DAS LICHT": das ist die Tora, denn es heißt: *„Denn eine Leuchte ist das Gebot und die Tora ein Licht"* (Spr 6,23). „UND DER MOND": das ist der Sanhedrin, wie geschrieben steht: *„er soll ewig bestehen wie der Mond"* (Ps 89,38). „UND DIE STERNE": das sind die Schüler der Gelehrten. „UND DIE WOLKEN NACH DEM REGEN WIEDERKOMMEN". Du findest, daß alle Unheilsweissagungen, die Jeremia gegen sie weissagte, sie erst nach der Zerstörung des Tempels trafen.

D. „AM TAG, DA DIE WÄCHTER DES HAUSES ZITTERN" (12,3): das sind die Priester- und Levitenwachen. „DIE STARKEN MÄNNER SICH KRÜMMEN": das sind die Priester. Es sagte R. Abba bar Kahana: 22 000 Leviten weihte Aaron an einem einzigen Tag; denn es heißt: *„Und Aaron nahm an den Leviten vor den Augen des Herrn die Weihe vor"* (Num 8,11). Es sagte R. Chanina: So ein Vogelkropf ist etwas Leichtes. Doch der Priester pflegte zu zielen, ihn zu nehmen und hinter die Rampe des Altars zu werfen, 32 Ellen hinter sich.

„DIE MÜLLERINNEN IHRE ARBEIT EINSTELLEN": das sind die großen Mischnajot wie die Mischna des R. Aquiba, die Mischna des R. Chijja und R. Hoschaja und die Mischna des Bar Quappara. „WEIL SIE ZU WENIGE SIND": das ist die Lehre, die in ihnen eingearbeitet ist. „ES DUNKEL WIRD BEI DENEN, DIE AUS DEN FENSTERN BLICKEN". Du findest: als sie nach Babylonien verbannt wurden, konnte nicht einer seine Lehre erhellen.

E. „UND DAS TOR ZUR STRASSE VERSCHLOSSEN WIRD" (12,4): das sind die Tore von Nehuschta, der Tochter Elnatans, die weit offen standen. „WENN DAS GERÄUSCH DER MÜHLE VERSTUMMT", weil sie die Worte der Tora vernachlässigt haben.

Es sagte R. Samuel bar Nachmani: Die Worte der Tora werden mit einer Mühle verglichen. Wie die Mühle bei Tag und Nacht nicht ruht, so auch die Worte der Tora, von der es heißt: *„Tag und Nacht sollst du darüber nachsinnen"* (Jos 1,8).
F. „STEHT MAN AUF BEIM ZWITSCHERN DER VÖGEL": Das ist Nebukadnezzar. Es sagte R. Levi: Achtzehn Jahre rief eine Himmelsstimme aus und zwitscherte dem Nebukadnezzar zu: Böser Knecht, zieh hinauf und zerstöre das Haus deines Herrn! Seine Söhne haben sich empört und hören nicht auf ihn. „DOCH DIE TÖNE DES LIEDS VERKLINGEN"; denn er zog hinauf und ließ aufhören das Lied im Tempel, wie es heißt: *„Man trinkt keinen Wein mehr bei frohem Gesang"* (Jes 24,9).
G. „SELBST VOR DER ANHÖHE FÜRCHTET MAN SICH" (12,5): Vor der Hoheit der Welt, vor dem König der Könige der Könige fürchtete er sich. „UND VOR DEN SCHRECKEN AM WEG": Die Angst vor dem Weg befiel ihn. Und R. Levi sagte: Er fing an, Punkte am Weg zu fixieren; denn es heißt: *„Denn der König von Babel stand an der Wegscheide"*, am Zeichen der Abzweigung, *„am Anfang der zwei Wege"*, wo es sich in zwei Wege teilt. Zwei Wege gab es dort. Einer führt in die Wüste, der andere in bewohntes Land. *„Er ließ das Orakel entscheiden"*: Er begann das Orakel zu befragen – im Namen Roms, doch ohne Erfolg; im Namen Alexandrias, doch ohne Erfolg; im Namen Jerusalems mit Erfolg. *„Er schüttelte die Pfeile"* im Namen Roms, doch ohne Erfolg; im Namen Alexandrias, doch ohne Erfolg; im Namen Jerusalems mit Erfolg. Er zündete Kerzen und Fackeln an – im Namen Roms, doch sie brannten nicht; im Namen Alexandrias, doch sie brannten nicht; im Namen Jerusalems, und sie brannten. Er ließ Schiffe auf dem Eufrat schwimmen – im Namen Roms, doch sie bewegten sich nicht; im Namen Alexandrias, doch sie bewegten sich nicht; im Namen Jerusalems, und sie bewegten sich. *„Er befragte die Götterbilder"*, nämlich seine Götzen, *„und hielt Leberschau"*. Es sagte R. Levi: wie so ein Araber, der ein Lamm schlachtet und seine Leber anschaut. *„In seine rechte Hand geriet der Entscheid des Orakels: Jerusalem"*: das Orakel gegen Jerusalem fand sich in seiner Rechten, *„Sturmböcke aufzustellen"*, nämlich Kriegsführer, *„den Mund zu öffnen zu Mordgeschrei"*, für die Henker; *„Lärm laut werden zu lassen"* mit ihren Trompeten; *„Sturmböcke (karim) aufzustellen"*: er errichtete Feldlager für die Belagerung *(karkumim); „einen Damm aufzuschütten"*: Steine für die Wurfmaschinen *„und Belagerungstürme zu bauen"*: Leitern und alles Weitere. *„Doch es war für sie wie ein Trugorakel"* usw.".
Der Prophet sagte zu Israel: Wenn ihr es verdient hättet, könntet ihr in der Tora nachlesen, die in siebenmal siebenfacher Weise ausgelegt wird; da ihr es aber nicht verdient habt, legt nun Nebukadnezzar in siebenmal siebenfacher Weise das Orakel gegen euch aus. Und warum das alles? *„Er*

wird sie an ihre Schuld erinnern und sie packen" (Ez 21,26–28): das ist das Blut Secharjas.

H. „DER MANDELBAUM BLÜHT": das ist die Weissagung Jeremias; denn es heißt: *„Einen Mandelzweig sehe ich"* (Jer 1,11). Es sagte R. Eleazar: So wie ein Mandelbaum von der Blüte bis zur Reife der Frucht einundzwanzig Tage braucht, dauerte die ganze Heimsuchung nur vom 17. Tammuz bis zum 9. Ab.

T. „DIE HEUSCHRECKE SCHLEPPT SICH DAHIN": das ist das Standbild Nebukadnezzars; denn es heißt: *„König Nebukadnezzar ließ sich ein goldenes Standbild machen (sechzig Ellen hoch und sechs Ellen breit) usw."* (Dan 3,1). Es sagte R. Jochanan: Das würde besagen, daß alles, was sechzig Ellen hoch und sechs breit ist, einen Umfang von einem Drittel (der Höhe) braucht (um stehen zu können). Es sagte R. Bani: Es war wie ein Rohr; er stellte es auf, und es fiel um, er stellte es wieder auf, und es fiel wieder um. Es sagte R. Chaggai im Namen des R. Isaak: Es blieb nicht stehen, bis er alles Gold und Silber, das in Jerusalem war, brachte und es vor ihm als Fundament für die Füße ausgoß, wie es heißt: *„Sie werfen ihr Silber auf die Straße"* (Ez 7,19).

J. „DIE FRUCHT DER KAPER *(abijona)* PLATZT": das ist das Verdienst der Väter *(abot)*. „DOCH DER MENSCH GEHT ZU SEINEM EWIGEN HAUS": Aus Babylon kamen sie, und nach Babylon kehrten sie zurück. „UND DIE KLAGENDEN ZIEHEN DURCH DIE STRASSEN": das ist die Verbannung Jechonjas.

Du findest: als die Verbannten Zidkijas in die Verbannung zogen, zogen die Verbannten Jechonjas ihnen entgegen, innen in Sacktuch gekleidet, nach außen aber in weißen Kleidern. Und es fragten die einen die andern: Wie geht es Vater? Wie geht es Mutter? Wie geht es dem Bruder? Und sie antworteten ihnen: Sie sind getötet worden. Und sie trauerten mit der einen Hand, mit der andern aber priesen sie (den König), um zu erfüllen, was da steht: *„Euren Kopfbund werdet ihr auf dem Kopf behalten und eure Schuhe an den Füßen. Ihr werdet weder klagen noch weinen"* (Ez 24,23).

K. „EHE DIE SILBERNE SCHNUR ZERREISST" (12,6): das ist die Ahnenkette. „UND DIE GOLDENE SCHALE BRICHT": das sind die Worte der Tora; denn es heißt: *„Sie sind kostbarer als Gold, als Feingold"* (Ps 19,11). „DER KRUG AN DER QUELLE ZERSCHMETTERT WIRD". Zwei Lehrer (kommentieren). Der eine sagt: Der Krug Baruchs an der Quelle Jeremias. Und der andere sagt: Der Krug Jeremias an der Quelle Baruchs. So steht ja geschrieben: *„Er hat mir alle diese Worte diktiert, und ich habe sie mit Tinte in das Buch geschrieben"* (Jer 36,18).

L. „DAS RAD ZERBROCHEN IN DIE GRUBE FÄLLT". Von Babylon kamen sie, und nach Babylon kehrten sie zurück. Von Babylon kamen sie; denn es heißt: *„Der Herr sprach zu Abram: Zieh weg aus deinem Land"* (Gen

12,1). Und nach Babylon kehrten sie zurück: „*Er verschleppte das Volk nach Babel*" (Esra 5,12). M. Es sagte R. Jochanan: „*Der zur Tiefe sagt: Trockne aus*" (Jes 44,27). Die Tiefe ist Babel. Und warum wird es „Tiefe" *(tsulla)* genannt? Weil dort die Toten der Generation der Flut versanken *(tsalelu)*. Denn es steht geschrieben: „*In Babel müssen fallen die Erschlagenen Israels* usw." (Jer 51,49).

Resch Laqisch sagte: Es steht geschrieben: „*Und sie fanden eine Ebene im Lande Schinar*" (Gen 11,2). Warum wird sie Schinar genannt? Weil dort ausgeschüttet wurden *(sche-nin'eru)* die Toten der Generation der Flut. Eine andere Auslegung: Schinar, weil sie dort an Erstickung starben, ohne Licht und ohne Waschung. Eine andere Auslegung: (Es heißt) Schinar, da sie entleert waren *(schehen menu'arin)* von Geboten, ohne Priesterhebe und ohne Zehnten. Schinar, da ihre Fürsten als junge Männer *(na'arim)* starben; Schinar, weil es ihm (Gott) einen Feind und Hasser *(sone we-ar)* erstehen ließ. Wer ist dies? Nebukadnezzar.

N. „Der Staub auf die Erde zurückfällt als das, was er war" (12,7). Von Babylon kamen sie, und nach Babylon kehrten sie zurück. „Und der Geist zu Gott zurückkehrt": das ist der heilige Geist. Du findest: Als Jeremia sah, daß Jerusalem verwüstet und der Tempel verbrannt war, Israel in die Verbannung ging und der heilige Geist sich entfernte, begann er über sie zu sagen: „Windhauch, Windhauch" (12,8).

Eine Grundfrage in der Auslegung dieses Textes war es stets, ob er durchgehend als Allegorie zu verstehen ist, jeder Ausdruck auf eine andere Wirklichkeit zielt. Heute versteht man ihn gewöhnlich als poetischen Text, in dem nur die Verse 3–4a klar allegorisch sind; sonst aber bietet er einfach eine bildhafte, zuweilen recht realistische Schilderung der Leiden des Alters. Der Midrasch versteht den Text mit der älteren Auslegungstradition als Allegorie. In einem ersten Durchgang (Abschnitte 1–7) deutet man ihn auf die Altersbeschwerden des Menschen, darin heutiger Exegese nahe; der zweite Durchgang (Abschnitt 8) versucht ihn von den letzten Tagen des Reiches Juda und vom Untergang des Tempels zu verstehen, was nicht ganz ohne Schwierigkeiten abgeht.

Der Midrasch setzt mit 11,10 ein, betont so vor der Klage über das Alter, daß auch die Jugend ihre Nachteile hat. Offenbar ist es das Wortspiel *haser* („halte frei") – *sirwa* („stinkend, streitsüchtig"), welches das aramäische Sprichwort in 1 A mit dem Bibelvers verbindet. Ein Zitat aus dem Mischnatraktat Abot über die Vergänglichkeit des Menschen und sein kommendes Gericht (1 B) ist nach der Auslegung in C direkt aus diesem Bibeltext erflossen: das Wort für „dein Schöpfer", *borekha*, habe wegen der Wortähnlichkeit im Hebräischen den Gedanken an die Herkunft des Menschen aus dem Samentropfen und sein Ziel in der Grube bewirkt. Der Schluß von D scheint an die Wirren direkt vor dem Kommen des Messias zu denken, wenn das Wissen um Gut und Böse verlorengeht; es könnte aber auch gemeint sein, daß das Urteil über den Menschen in der messianischen Zeit schon feststeht, es keine Sünde mehr gibt, aber auch keine Möglichkeit, vergangene Schuld zu sühnen.

2–4 deutet nun, teilweise etwas gezwungen, jeden einzelnen Ausdruck des Textes auf Körperteile des Menschen. 2 findet ein recht drastisches Bild für die im Bibeltext ausgedrückte Umkehrung der Ordnung, wenn auch nach dem Regen wieder die Wolken kommen. Ein Wortspiel ist die Basis der für uns befremdlichen Auslegung von R. Chijja in 3: er verbindet *ha-root,* „die blicken", mit *ha-reot,* „die Lungen"; auch in 4 (wie schon in 2) bevorzugt er innere Organe des Menschen. Daß die Nieren der Sitz des Denkens sind, ist eine biblische Vorstellung (z. B. Ps 16,7).

Der Mandelbaum läßt in 5 C an die Auferstehung denken, die die Rabbinen gern als ein „Aufblühen" der Toten bezeichnen. Ein kleiner Wirbelknochen, *luz,* „Nuß, Mandel" genannt, ist ihrer Meinung nach unvergänglich und stellt die materielle Verbindung zwischen dem irdischen Menschen und seinem Auferstehungsleib dar. Das demonstriert R. Jehoschua dem Kaiser Hadrian, in der rabbinischen Literatur oft sein Gesprächspartner in religiösen Fragen. Die Kaper (5 D) galt in der Antike als Potenzmittel; im Alter hilft sie nicht mehr, das Geschlechtsleben als einigendes Band zwischen Eheleuten hört auf. Den Gedanken nimmt auch der Bildspruch des R. Simeon in E auf, der in F ausführlich erklärt wird.

Koh 12,5 lautet wörtlich: „zum Haus seiner Ewigkeit". Demnach sind auch im Tode nicht alle gleich, erwartet jeden sein eigenes Los (G). Da „Haus der Ewigkeit" auch den Friedhof bezeichnen kann, legt sich bei einer Auslegung des ganzen Textes auf den Körper des Menschen die Fortführung der Allegorie nahe, daß die Klagefrauen die Maden im Grab sind.

Die negative Bewertung der Eß- und Trinklust, die 6 A als Grundform der Verschwendung sieht, bestimmt auch 6 B: alle Nahrung, die der Mensch aufnimmt, wäre demnach im Grunde unrechte Beute. Wie der Bauch des Toten nach Ansicht des Auslegers nach drei Tagen seinen Inhalt ausschüttet, ist nach drei Tagen auch das Gesicht des Toten nicht mehr sicher zu erkennen; deshalb darf man auch nur drei Tage ab Todeseintritt die Identität des Verstorbenen bezeugen, wie es in der Fortsetzung des in C gebrachten Mischna-Zitats heißt. In D bleibt der erste Ausleger beim Bild des Brunnens, denkt an das Rad, mit dem man am Ziehbrunnen das Seil auf- und abwickelt; der zweite hingegen nimmt das Stichwort „Grube" im Sinn von „Grab" auf. Die Parallele in LevRabba 18,1 (die unsere Abschnitte 1 B bis 7 umfaßt) verwendet für „Schollen" den Ausdruck *gelale,* ein Wortspiel mit *galgal,* „Rad", im Bibelvers; unser Text hingegen hält sich an das Wort im Ijob-Zitat.

Die Rückkehr des Staubs zur Erde gilt in 7 A nicht einfach als Ausdruck der Verwesung; sie ist vielmehr die Rückkehr zum Schöpfer, der den Menschen rein erschaffen hat und ihn ebenso auch zurückerwartet. Nur rein kann der Mensch hoffen, im „Bündel des Lebens eingebunden" zu werden, wie es im Zusammenhang des Zitats aus 1 Sam heißt. 7 B vergleicht dies mit einem Priester, der einer pharisäischen Genossenschaft angehört und sich strikt an die Reinheitsgesetze hält. Der ungebildete Priester läuft Gefahr, diese Gesetze nicht zu beachten und damit die Priesterhebe, die geheiligtes Gut ist und daher besonderer kultischer Reinhaltung bedarf, unbrauchbar zu machen, so daß sie nur noch verbrannt werden kann – Bild für die Feuerstrafe des Sünders im Jenseits.

7 C schränkt die Aussagen von Koh 12 ein; all diese Beschwerden gelten nur vom

Alter; Verfehlungen der Jugend hingegen straft Gott mit Haut- und Geschlechtskrankheiten. Der Belegvers dafür zeigt, daß der gesamte Kommentar ursprünglich in der predigthaften Kommentierung von Levitikus als Proömium beheimatet ist; das begründet auch das Thema der priesterlichen Reinheit in 7 B.

Mit 8 setzt eine neue Auslegung von Koh 12 ein; eine ältere Parallele dazu ist Proömium 23 von KlglRabba. Tatsächlich gehört der Kommentar ursprünglich dorthin. Die Geschichte des Volkes Israel gleicht den Lebensphasen eines Menschen. Seine Jugend hat es erlebt, als es von Gott erwählt wurde, wie 8 A mit einem Wortspiel hervorhebt. Die grundlegende Erwählung des Volkes, ergänzt durch die Erwählung der Priester und Leviten, Jerusalems und seines Tempels sowie der davidischen Dynastie ist nicht automatisch für immer gegeben; sie setzt voraus, daß Israel auch stets an seinen Schöpfer denkt. Die Altersbeschwerden des Volkes sind das Exil (B), der Untergang des Hauses Davids und der Rückgang der Gelehrsamkeit. Der Regen ist hier Bild für die Zerstörung des Tempels; die nachher wiederkehrenden Wolken symbolisieren alles Unheil, das seither über das Volk hereingebrochen ist (C).

Von diesem Ansatz her liegt es nahe, die „starken Männer" auf die Priester zu deuten (D). Deren Stärke sieht man in der Szene der Levitenweihe durch Aaron, den Ahnherrn der Priester, belegt. Laut Num 3,39 gab es 22 000 Leviten. An einem einzigen Tag weihte Aaron sie alle – ein besonderer Kraftakt, wenn man den Ausdruck für Weihe hier wörtlich übersetzt: Aaron „schwang sie einen Schwung vor IHM" *(Buber)*, hob also alle auf und bewegte sie in der Luft hin und her. Den zweiten Beleg für die Stärke der Priester sieht man im Ritual der Vogelopfer: die besondere Leistung liegt hier darin, einen leichten Gegenstand so gezielt so weit zu werfen; Details dazu enthält die Mischna (Zebachim 6,5; Tamid 1,4; für die Maße des Tempels Middot).

Bei aller Konzentration auf den Tempel können die Rabbinen nicht umhin, auch ihr Hauptinteresse in die Auslegung einzubringen, das Studium der Tora und ihre Anwendung in der Mischna. Daß in Babylonien niemand seine Lehre klar machen konnte, mag auch polemisch gegen die babylonischen Rabbinen gerichtet sein: die Heimat der wahren Lehre bleibt Israel. In 8 E müßte man eigentlich übersetzen: „die Bronzetore des Hauses Elnatans"; doch dürfte „Haus" *(bait)* eine Verschreibung für „Tochter" *(bat)* und das mit „Bronze" übersetzte Wort ein Eigenname sein. 2 Kön 24,8 erwähnt nämlich „Nehuschta, die Tochter Elnatans", als Mutter Jojachins, des letzten Königs von Juda. Daß die Tore ihres Hauses, das vielleicht als besonders gastfreundlich galt, geschlossen werden, ist hier ein Vorzeichen des Untergangs.

Nebukadnezzar konnte den Tempel nach rabbinischer Auffassung nur deshalb zerstören, weil ihn Gott dazu beauftragt hatte, er Gottes Werkzeug war. Eine Himmelsstimme fordert ihn achtzehn Jahre lang auf, den Tempel zu zerstören (F). Auf diese Zahl kommt man, weil das Exil siebzig Jahre dauern sollte, nach rabbinischer Chronologie aber nur 52 Jahre währte. Deshalb muß man ab dem ersten Zug Nebukadnezzars gegen Jerusalem unter Jojakim (2 Kön 24,1) rechnen und betrachtet diese Jahre als die Zeit des Widerstands Nebukadnezzars gegen den göttlichen Befehl aus Angst, dabei in die Falle zu gehen.

Hier fügt der Kommentar eine Auslegung von Ez 21,26–28 ein (G), um das Zögern Nebukadnezzars zu illustrieren. Wie in 5 B von zögernden Alten heißt es

142 Ausgewählte Texte

hier vom König, daß er „Punkte am Weg fixiert", hier wohl als Anhaltspunkte für das Orakel gedacht. Alle Formen des Orakels weisen Nebukadnezzar nach Jerusalem. Interessant ist, wie der Schluß von G die vielfache Auslegungsmöglichkeit des Orakels der vielfachen Bedeutung des Schrifttextes gegenüberstellt; die Bibel kann in ihrer Bedeutungsfülle nicht einem gewöhnlichen Orakel unterlegen sein (an anderer Stelle argumentiert man ähnlich von der Traumdeutung her): es gibt eben nicht nur *eine* gültige Auslegung des Bibeltextes; seine Fähigkeit, verschiedenste Botschaften zu enthalten, ist Zeichen seiner göttlichen Qualität. Die Ermordung des Priesters Secharja im Tempel (2 Chron 24,20 f) gilt den Rabbinen als die entscheidende Schuld, die zur Zerstörung des Heiligtums geführt hatte (siehe schon S. 80).

Der Mandelbaum erinnert in der Perspektive dieser Auslegung an Jeremias Vision vom Mandelzweig, die ja auch im Zusammenhang mit dem Gericht Gottes über Jerusalem steht (H). Die beiden Daten sind der Tag, an dem die erste Bresche in Jerusalems Mauern gschlagen wurde und der Tag der Zerstörung des Tempels. In I deutet man etwas gezwungen die Heuschrecke als das Standbild Nebukadnezzars. In der Parallele in KlglR heißt es, daß die Breite des Standbilds ein Drittel seiner Höhe ausmachen müßte, damit es standfest ist; in KohRabba scheint der Text etwas durcheinander geraten.

Unter Jojachin, hier Jechonja genannt, waren die ersten Judäer ins Exil geführt worden (2 Kön 24,15 f), unter Zidkija kam es zur zweiten Deportationswelle (25,11 f). Damals aber war, wie J in Anspielung auf die Verhältnisse der eigenen Zeit deutet, die Loyalität der Exilierten schon geteilt: mit der einen Hand schlugen sie sich zum Zeichen der Trauer an die Brust, mit der anderen winkten sie dem Sieger zu; so schnell ging für viele die Anpassung an die neuen politischen Verhältnisse, die man schon bei Ez vorhergesagt sieht.

K sieht in der zerrissenen Silberschnur die durch das Morden des Krieges um Jerusalem ausgelöschten Familien. Die Deutung der goldenen Schale auf die Tora paßt in die Auslegung des Textes auf die Zerstörung Jerusalems durch Nebukadnezzar erst durch den Bezug auf Jeremia und seinen Schreiber Baruch. Die Diskussion, ob Jeremia die Quelle, Baruch der Krug ist oder umgekehrt, könnte das Selbstbewußtsein der Rabbinen spiegeln: wenn der Schreiber so wichtig ist, daß man ihn als die Quelle bezeichnen kann, den Propheten als den Krug, entspricht das der Rolle der Rabbinen, die sich ihrer Bedeutung für die Mitteilung der Offenbarung sehr wohl bewußt sind.

In M bezieht man wohl Jes 44,27 („Tiefe") auf Babel, weil im Zusammenhang von der Eneuerung Israels durch Kyrus die Rede ist; deshalb kann man das Austrocknen der Tiefe als die Heimholung der Israeliten aus Babylon verstehen. Das folgende Zitat Jer 51,49 ist nur wegen seiner Fortsetzung relevant: *„nach Babylon sind auch gefallen die Erschlagenen der ganzen Erde"*, worunter man die Toten der Flut versteht. Diesen gleichen die verbannten Israeliten: beider Ziel ist Babylon.

Die Fortsetzung versucht den Namen Schinar in Babylonien etymologisch zu deuten, dabei sowohl an die Zeit der Flut wie auch die des babylonischen Exils denkend (Parallele im palästinischen Talmud, Berakhot IV,1,7b). Wenn man den Namen mit dem Ersticken der Generation der Flut erklärt, ohne daß jemand an ihrer Bahre eine Kerze angezündet oder ihre Leichen gewaschen hätte, ist der

Predigtmidraschim: Aussatz und böse Nachrede 143

sprachliche Bezug von Schinar zu „Ersticken" *(taschnuq)* nicht mehr sichtbar. Seine Grundlage erkennt man jedoch in Targum Onqelos zu Ex 14,27: *„der Herr trieb die Ägypter mitten ins Meer".* Der Targum übersetzt mit demselben Wort das hebräische Verb *na'ar.*

Im ursprünglichen Zusammenhang von KlglR endete N mit Klgl 1,1: *„Weh, wie einsam sitzt da die einst so volkreiche Stadt".* In der Anpassung des Abschnittes an den neuen Zusammenhang, einen Kommentar zu Kohelet, ersetzte man diesen Vers einfach und mechanisch durch das Grundmotto von Kohelet, daß alles nur Windhauch ist, scheint aber auf diese Weise das Buch Kohelet Jeremia anstatt Salomo zuzuschreiben, was gewiß nicht beabsichtigt war.

III. Predigtmidraschim

Predigtmidraschim bieten gewöhnlich nicht tatsächlich gehaltene Predigten. Es sind literarische Texte, Lesepredigten, die für eine Synagogenpredigt Material bieten oder sie ersetzen. Ziel der Predigten ist stets Stärkung des religiösen Bewußtseins und des Stolzes auf die eigene Geschichte, die immer auch Leitbild für die Gegenwart ist, Ermutigung zum Durchhalten auch in schwierigen Zeiten, moralische Aufrüstung in jeder Beziehung. Zwei der hier ausgewählten Stücke sind den Propheten entnommen, die ja außerhalb dieser Texte nie einen selbständigen Kommentar erhalten. Die beiden anderen behandeln Schriftstellen, die in unserer Auswahl nochmals vertreten sind (Lev 14 bei den halakhischen Midraschim, Gen 12 im Rahmen der nacherzählten Bibel). Das soll zumindest beispielhaft den Vergleich ermöglichen, wie verschieden der Zugang zu einem Text in den verschiedenen Gattungen des Midrasch, aber auch in verschiedenen Zeiten ist.

1) Aussatz und böse Nachrede: Lev 14,2-5 (LevRabba 16)

1. „Das ist das Gesetz für den Aussätzigen" (14,2).
A. *„Sechs Dinge sind dem Herrn verhaßt und sieben sind ihm ein Greuel"* (Spr 6,16). R. Meir und die Rabbinen. R. Meir sagte: Sechs und sieben macht dreizehn. Und die Rabbinen sagten: Sieben (sind es insgesamt). Wie verstehen die Rabbinen *„und sieben"*? Das bedeutet, daß das siebente schwerer wiegt als alle anderen. Welches ist es? *„Wer Streit entfacht unter Brüdern"* (Spr 6,19).
Und das sind sie: *„Stolze Augen, eine falsche Zunge, Hände, die unschuldiges Blut vergießen, ein Herz, das finstere Pläne hegt, Füße, die schnell dem Bösen nachlaufen, ein falscher Zeuge, der Lügen zuflüstert, und wer Streit entfacht unter den Brüdern"* (Spr 6,17-19). Es sagte R. Jochanan: Und sie werden alle mit Aussatz bestraft.

B. *Stolze Augen":* (Das wissen wir) von den Töchtern Zions. *„Weil die Töchter Zions hochmütig sind":* Sie waren nämlich stolz auf ihre hohe Gestalt und gingen eingebildet einher; *„mit gereckten Hälsen gehen":* Wenn eine von ihnen ihren Schmuck anlegte, reckte sie ihren Hals, um ihren Schmuck zu zeigen; *„mit verführerischen* (mesaqrot) *Blicken"* (Jes 3,16): R. Nisi von Caesarea sagte, daß sie ihre Augen mit roter Farbe färbten *(soqrot be-siqra);* R. Simeon ben Laqisch sagte, mit roter Augensalbe.

C. *„Immerzu trippelnd* (tafof) *daherstolzieren"* (Jes 3,16)« Wenn eine von ihnen groß war, nahm sie zwei kleinere Frauen mit, eine auf jeder Seite, damit es aussah, sie schwebe *(taefa)* über ihnen. Wenn aber eine von ihnen klein war, zog sie dicksohlige Schuhe an, um größer auszusehen.

D. *„Und mit ihren Fußspangen klirren"* (Jes 3,16). R. Abba bar Kahana sagt, daß sie die Form eines Drachen auf ihrem Schuh abbildete. Und die Rabbinen sagen, daß sie den Kropf eines Hahns nahm, ihn mit Balsam füllte und unter ihre Ferse in den Schuh gab. Und wenn sie eine Gruppe von jungen Männern sah, trat sie fest darauf, und sein Duft drang in sie ein wie das Gift einer Schlange.

E. Und der Heilige sagte zu Jeremia: Was handeln diese so? Sie sollen aufstehen und von hier verbannt werden. Und Jeremia sagte zu ihnen: Tut Buße, ehe die Feinde kommen. Sie antworteten ihm: Wenn die Feinde über uns kommen, was können die uns tun? *„Sie sagen: Was er tun will, das tue er schnell; er soll sich beeilen, damit wir es sehen."* Ein Heerführer sieht mich und nimmt mich; ein Statthalter sieht mich und nimmt mich; ein Offizier sieht mich, nimmt mich und setzt mich in den Wagen. *„Was der Heilige Israels plant, treffe bald ein; wir wollen es wissen"* (Jes 5,19). Wir wollen wissen, wessen (Plan) Bestand hat, unser oder seiner.

Als die Sünden bewirkten, daß die Feinde kamen, schmückten sie sich und zogen vor ihnen wie Huren hinaus. Ein Heerführer sieht sie und nimmt sie; ein Statthalter sieht sie und nimmt sie; ein Offizier sieht sie, nimmt sie und setzt sie zu sich in den Wagen.

F. Der Heilige sagte: ihr (Plan) hat nicht Bestand. Was tat er? *„Und es bedeckte der Herr den Scheitel der Töchter Zions mit Schorf"* (sippach: Jes 3,17). R. Leazar und R. Jose beR. Chanina. R. Leazar sagte: Er schlug sie mit Aussatz, wie es heißt: „von *Geschwülsten, Ausschlag* (sappachat) *und hellen Flecken"* (Lev 14,56). Und R. Jose beR. Chanina sagte: Er brachte auf ihre Köpfe ganze Familien *(mischpachot)* von Läusen. Und R. Chijja bar Abba sagte: Er machte sie zu Mägden *(schefachot),* zu Zwangsarbeiterinnen. Was sind Zwangsarbeiterinnen? Versklavte Mägde.

G. R. Berekhja und Chilfi bar Zebed im Namen des R. Issi: Was be-

deutet *we-sippach*? Soviel wie *schafa^c*, einen Ausfluß haben. Dies sollte den heiligen Samen bewahren, damit nicht „*der heilige Same mit den Völkern der Länder vermischt werde*" (Esra 9,2).
Es sagte der Heilige, gepriesen sei er: Ich weiß, daß die Völker der Welt die Aussätzigen nicht absondern. Was tat er? „*Und es wird der Herr ihre Scham entblößen*" (Jes 3,17). Der Heilige, gepriesen sei er, deutete auf ihre Quelle und diese brachte Blut hervor, bis es den Wagen erfüllte. Und der Statthalter durchbohrte sie mit dem Speer und warf sie vor den Wagen; der Wagen fuhr darüber und zerstückelte sie.
Das ist es, was Jeremia sagte: „*Fort, unrein!, rief man ihnen zu. Fort, fort* (suru, suru)! *Nicht berühren!*" (Klgl 4,15). R. Ruben sagte: Es ist ein griechisches Wort: *Seron, seron* („Kehrt auf").

H. „*Eine falsche Zunge*" (Spr 6,17). (Das wissen wir) von Mirjam: „*Mirjam und Aaron redeten über Mose*" (Num 12,1). Und woher (wissen wir), daß sie mit Aussatz geschlagen wurde? Denn es heißt: „*Kaum hatte die Wolke das Zelt verlassen (da war Mirjam weiß wie Schnee vor Aussatz)*" (Num 12,10).

I. „*Hände, die unschuldiges Blut vergießen*" (Spr 6,17). (Das wissen wir) von Joab; denn es heißt: „*Der Herr lasse sein Blut auf sein Haupt kommen...*" (1 Kön 2,32). Und woher (wissen wir), daß er mit Aussatz geschlagen wurde? (Die Schuld) „*falle auf das Haupt Joabs* usw." (2 Sam 3,29).

J. „*Ein Herz, das finstere Pläne hegt*" (Spr 6,18). (Das wissen wir) von Usija, der das Hohepriestertum rauben wollte. Und woher (wissen wir), daß er mit Aussatz geschlagen wurde? Denn es heißt: „*Doch der Herr schlug den König mit Aussatz*" (2 Kön 15,5).

K. „*Füße, die schnell dem Bösen nachlaufen*" (Spr 6,18). (Das wissen wir) von Gehasi; denn es heißt: „*es sagte Gehasi, der Diener Elischas, des Gottesmannes: Mein Herr hat diesen Aramäer Naaman geschont und nichts angenommen usw.*" (2 Kön 5,20). Und woher (wissen wir), daß er mit Aussatz geschlagen wurde? „*Der Aussatz Naamans aber soll an dir haften*" (5,27).

L. „*Ein falscher Zeuge, der Lügen zuflüstert*" (Spr 6,19). (Das wissen wir) von den Israeliten, die falsches Zeugnis ablegten und zum Kalb sagten: „*Das sind deine Götter, Israel*" (Ex 32,4). Und woher (wissen wir), daß sie mit Aussatz geschlagen wurden? Denn es heißt: „*Mose sah, wie verwildert* (parua^c) *das Volk war; denn Aaron hatte es verwildern lassen*" (32,25). Was bedeutet *parua^c*? Es sagte R. Jochanan: Es lehrt, daß Aussatz und Ausfluß bei ihnen ausbrach, wie es heißt: „*und sein Kopfhaar sei verwildert*" (*parua^c*: Lev 13,45).

M. „*Und wer Streit entfacht unter Brüdern*" (Spr 6,19). (Das wissen wir) vom Pharao, der Streit zwischen Abraham und Sara entfachte. Und woher (wissen wir), daß er mit Aussatz geschlagen wurde? Denn es heißt:

„Und der Herr schlug den Pharao und sein Haus mit schweren Plagen" (Gen 12,17).

N. Es sagte Rabban Simeon ben Gamaliel: Einmal war ich auf dem Weg von Tiberias nach Sepphoris. Da traf mich ein Alter und sagte zu mir: Rabbi, es gibt vierundzwanzig Arten von Hautkrankheiten und keine davon ist schlecht für den Geschlechtsverkehr, ausgenommen *ratan*. Es sagte R. Pedat: Und genau damit wurde der böse Pharao geschlagen.

O. Deshalb warnt Mose die Israeliten und sagt ihnen: „Das ist das Gesetz für den Aussätzigen" (*metsora^c*: Lev 14,2), das Gesetz für den, der Böses hervorbringt (*motsi ra^c*).

2. „*Wer ist der Mensch, der das Leben liebt* usw." (Ps 34,13)?

A. Eine Begebenheit mit einem Hausierer, der die Runde der Dörfer in der Umgebung von Sepphoris machte und ausrief: Wer ein Lebenselixier kaufen will, komme und nehme! Er kam auch nach Akbara, nahe dem Haus des R. Jannai; dieser saß in seinem Zimmer und legte aus. Da hörte er ihn ausrufen: Wer will ein Lebenselixier kaufen? R. Jannai schaute nach ihm aus und sagte zu ihm: Komm, geh hier herauf und verkauf mir! Doch dieser sagte ihm: Du brauchst es nicht, weder du noch deinesgleichen. Er drängte ihn und jener kam zu ihm hinauf, zog ein Psalmbuch hervor und zeigte ihm den Vers: „*Wer ist der Mensch, der das Leben liebt und gute Tage zu sehen wünscht*"? Was steht danach geschrieben? „*Bewahre deine Zunge vor Bösem und deine Lippen vor falscher Rede! Meide das Böse, und tu das Gute; suche Frieden, und jage ihm nach*" (V.14f)!

B. Es sagte R. Jannai: All meine Tage habe ich diesen Schriftvers gelesen und nicht gewußt, worauf er auszulegen ist, bis dieser Hausierer kam und es mich wissen ließ: „*Wer ist der Mensch, der das Leben liebt?*"

C. Es sagte R. Chaggai: Auch Salomo ruft aus und sagt: „*Wer seinen Mund und seine Zunge behütet, der behütet sein Leben vor Drangsal*" (*mi-tsarot*: Spr 21,23). Der behütet sein Leben vor Aussatz (*mi-tsara^{c}at*).

D. Deshalb warnt Mose die Israeliten und sagt ihnen: „Das ist das Gesetz für den Aussätzigen" (*metsora^c*: Lev 14,2), das Gesetz für den, der Böses hervorbringt (*motsi ra^c*).

3. „*Steigt auch sein Übermut zum Himmel usw.*" (Ijob 20,6).

A. „*Steigt auch sein Übermut*", sein Hochmut, „*zum Himmel und rührt sein Kopf bis ans Gewölk*", an die Wolken, „*wie sein Kot vergeht er doch für immer*". Wie der Kot abstoßend ist, ist auch er abstoßend. „*Die ihn gesehen haben, werden fragen: Wo ist er?*" (Ijob 20,6f). Sie sehen ihn, und sie erkennen ihn nicht; denn so steht von den Freunden Ijobs geschrieben: „*Als sie von fern aufblickten, erkannten sie ihn nicht*" (Ijob 2,12).

B. R. Jochanan und R. Simon ben Laqisch. R. Jochanan sagte: Es ist verboten, innerhalb von vier Ellen im Osten eines Aussätzigen zu gehen. Und R. Simon sagte: bis hundert Ellen. Und sie sind nicht verschiedener Meinung. Wer sagt, innerhalb von vier Ellen, (denkt) an die Zeit, da kein Wind weht; und wer sagt, bis hundert Ellen, (denkt) an die Zeit, da Wind weht: da ist es sogar auf hundert Ellen verboten, zu gehen.

C. R. Meir pflegte kein Ei zu essen, das aus der Gasse eines Aussätzigen kam. R. Ammi und R. Assi pflegten die Gassen von Aussätzigen nicht zu betreten. Und wenn R. Simeon ben Laqisch einen von ihnen in der Stadt sah, warf er mit Steinen nach ihm und sagte ihm: Geh weg zu deinem Platz und verunreinige nicht die Leute! Es lehrte R. Chijja: *„Er soll abgesondert werden"* (Lev 13,46); für sich allein soll er wohnen. Und wenn R. Eleasar beR. Simon einen von ihnen sah, versteckte er sich vor ihm, da geschrieben steht: „Das ist das Gesetz für den Aussätzigen" (metsora^c: Lev 14,2), das Gesetz für den, der Böses hervorbringt *(motsi ra^c).*

4. *„Zum Frevler aber spricht Gott: Was zählst du meine Gebote auf"* (Ps 50,16)?

A. Ben Azzai saß da und legte aus, und Feuer brannte um ihn herum. Sie kamen und sagten dem R. Aqiba: Ben Azzai sitzt da und legt aus, und Feuer brennt um ihn herum. Da kam er zu ihm und fragte ihn: Beschäftigst du dich etwa mit den Kammern des Thronwagens? Er antwortete ihm: Nein, vielmehr verbinde ich Worte der Tora mit solchen der Propheten und Worte der Propheten mit solchen der Schriften; und die Worte der Tora freuen sich wie am Tag, als sie vom Sinai gegeben wurden. Und wurden sie nicht ursprünglich, als sie vom Sinai gegeben wurden, in Feuer gegeben? Es steht ja geschrieben: *„Und der Berg brannte: Feuer, hoch bis in den Himmel hinauf"* (Dtn 4,11).

B. Es sagte R. Levi: Wir haben in der Tora und in den Propheten und in den Schriften gefunden, daß der Heilige, gepriesen sei er, kein Wohlgefallen hat am Lobpreis des Frevlers.

Wo (finden wir dies in der Tora? *„Er soll seine Oberlippe verhüllen"* (Lev 13,45).

Wo (finden wir dies) in den Propheten? *„Während dieser dem König erzählte, wie Elischa den Toten zum Leben erweckt hatte usw."* (2 Kön 8,5). Vielleicht stand sie (die Mutter des Toten) gerade hinter der Tür? Doch die Rabbinen sagen: Und wäre sie auch am Ende der Welt gewesen, hätte der Heilige, gepriesen sei er, sie eingeflogen und hergebracht, damit nicht dieser Frevler von den Wundertaten des Heiligen erzähle.

Wo (finden wir dies) in den Schriften? *„Zum Frevler aber spricht Gott: Was zählst du meine Gebote auf?"* (Ps 50,16).

C. R. Leazar im Namen des R. Jose ben Zimra: 248 Körperteile hat der Mensch; die einen davon liegen, die anderen sind aufrecht. Und die Zunge liegt zwischen den beiden Wangen, eine Wasserleitung ist unter ihr, und sie ist vielfach gefaltet. Komm und sieh, wie viele Brände sie entzündet. Wenn sie aufrecht stünde, um wieviel mehr (wären es dann)!

D. Deshalb warnt Mose die Israeliten und sagt ihnen: „DAS IST DAS GESETZ FÜR DEN AUSSÄTZIGEN" (metsora^c: Lev 14,2), das Gesetz für den, der Böses hervorbringt (motsi ra^c).

5. „Gib nicht zu, daß dein Mund dein Fleisch in Sünde stürzt" (Koh 5,5).

A. R. Jehoschua ben Levi legte den Vers auf jene aus, die öffentlich eine Spende versprechen und sie dann nicht geben. „Gib nicht zu, daß dein Mund dein Fleisch in Sünde stürzt": Gib nicht einem deiner Körperteile die Erlaubnis, alle deine Körperteile in Sünde zu stürzen. Dein Mund stürzt deinen ganzen Körper in Sünde. „Erkläre nie vor dem Boten", nämlich dem Vertreter der Gemeinde: „Es war ein Versehen", ich habe versprochen und doch nicht versprochen. „Warum soll Gott zürnen über deine Stimme", über die Stimme, die verspricht und nicht gibt; „und vernichten, was deine Hände tun" (Koh 5,5)? Sogar den wenigen Besitz in deinen Händen bringst du durcheinander.

B. R. Benjamin legte den Vers auf jene aus, die die Tora (zu kennen) vorgeben. „Gib nicht zu, daß dein Mund dein Fleisch in Sünde stürzt". Gib nicht einem deiner Körperteile die Erlaubnis, alle deine Körperteile in Sünde zu stürzen. Dein Mund stürzt deinen ganzen Körper in Sünde. „Erkläre nie vor dem Boten", nämlich dem Meister: „Es war ein Versehen". Er tut so, als ob er Bibel studiert hätte, hat es aber nicht, als ob er Mischna gelernt hätte, hat es aber nicht. „Warum soll Gott zürnen über deine Stimme", die die Worte der Tora (zu kennen) vorgab; „und vernichten, was deine Hände tun?" Sogar die wenigen Traktate, die du beherrschst, bringst du durcheinander.

C. R. Chananja legte den Vers auf jene aus, die verleumden. „Gib nicht zu, daß dein Mund dein Fleisch in Sünde stürzt." Gib nicht einem deiner Körperteile die Erlaubnis, alle deine Körperteile in Sünde zu stürzen. Dein Mund stürzt deinen ganzen Körper in Sünde. „Erkläre nie vor dem Boten", nämlich dem für den Körper zuständigen Engel: „Es war ein Versehen", ich habe verleumdet und doch nicht verleumdet. „Warum soll Gott zürnen über deine Stimme", über die Stimme, die verleumdet, „und vernichten, was deine Hände tun?" Sogar die wenigen Teile, die es in deinem Körper gibt, bringst du durcheinander.

D. R. Mani legte den Vers auf die Gelübde aus. „Gib nicht zu, daß dein Mund dein Fleisch in Sünde stürzt." Gib nicht einem deiner Körperteile die Erlaubnis, alle deine Körperteile in Sünde zu stürzen. Dein Mund stürzt deinen ganzen Körper in Sünde. „Erkläre nie vor dem Boten", nämlich dem Ältesten: „Es war ein Versehen", ich habe gelobt und doch nicht gelobt. „*Warum soll Gott zürnen über deine Stimme*", über die Stimme, die gelobt und nicht verwirklicht hat, „*und vernichten, was deine Hände tun?*" Sogar die wenigen Gebote, die du erfüllt hast, bringst du durcheinander.

E. Die Rabbinen legen den Vers auf Mirjam aus. „*Gib nicht zu, daß dein Mund dein Fleisch in Sünde stürzt.*" Gib nicht einem deiner Körperteile die Erlaubnis, alle deine Körperteile in Sünde zu stürzen. Dein Mund stürzt deinen ganzen Körper in Sünde. „*Erkläre nie vor dem Boten*", nämlich Mose, wie geschrieben steht: „*Er schickte uns einen Boten, und der Bote führte uns aus Ägypten heraus*" (Num, 20,16). „*Es war ein Versehen*", „*wir haben uns betören lassen und haben gesündigt*" (Num 12,11). „*Warum soll Gott zürnen über deine Stimme?*" Über die Stimme (von der es heißt): „*Der Herr wurde zornig auf sie und ging weg*" (Num 12,9). „*Und vernichten, was deine Hände tun?*" Es sagte R. Jochanan: Mirjam sündigte mit ihrem Mund und alle ihre Glieder wurden geschlagen, wie geschrieben steht: „*Kaum hatte die Wolke das Zelt verlassen (da war Mirjam weiß wie Schnee vor Aussatz)*" (Num 12,10).

F. Es sagte R. Jehoschua ben Levi: Ein Wort ist ein Sela wert, Schweigen aber zwei; denn wir haben gelernt: „Sein Sohn Simeon sagte: Zeit meines Lebens bin ich unter den Weisen aufgewachsen, und ich habe nichts Besseres für den Körper gefunden als Schweigen. Und nicht die Auslegung ist die Hauptsache, sondern das Tun; und jeder, der viel redet, bringt Sünde" (Abot I,17).

6. Es sagte R. Jehoschua ben Levi: Fünfmal verwendet die Bibel „Gesetz" (Tora) im Zusammenhang mit dem Aussätzigen. „*Das ist das Gesetz für den Fall von Aussatz*" (Lev 13,59). „*Das ist das Gesetz für einen, der vom Aussatz befallen ist*" (14,32). „*Das ist das Gesetz für alle Fälle von Aussatz und Flechte*" (14,54). „*Das ist das Gesetz über den Aussatz*" (14,57). (Dies alles) faßt zusammen: „Das ist das Gesetz für den Aussätzigen" (*metsora^c*: Lev 14,2), das Gesetz für den, der Böses hervorbringt *(motsi ra^c)*. Das lehrt dich, daß jeder, der verleumdet, die fünf Bücher der Tora übertritt. Deshalb warnt Mose die Israeliten und sagt ihnen: „Das ist das Gesetz für den Aussätzigen" (*metsora^c*: Lev 14,2), das Gesetz für den, der Böses hervorbringt *(motsi ra^c)*.

7. „So ordne der Priester an und man nehme für den, der sich reinigen lässt, zwei reine Vögel" (14,4).
Es sagte R. Jehuda beR. Simon: das sind lautstarke Vögel, und er ist ein Verleumder. Der Heilige, gepriesen sei er, sagte: Es komme eine Stimme und sühne für eine Stimme.
Und R. Jehoschua ben Levi sagte: freilebende Vögel, die von seinem Brot gegessen und von seinem Wasser getrunken haben. Und ist das nicht ein

Schluß vom Leichteren auf das Schwerere? Wenn schon Vögel, die von seinem Brot essen und von seinem Wasser trinken, für ihn sühnen, um wieviel mehr (sühnt) ein Priester, der von den Israeliten vierundzwanzig Gaben erhält. In einem Sprichwort heißt es: Wer das Palmherz ißt, wird mit der Palmrute geschlagen.

8. A. Es sagte R. Acha: Vom Menschen hängt es ab, daß nicht Krankheiten über ihn kommen. (Das ist) gemäß der Meinung des R. Acha; denn R. Acha sagte: *„Jede Krankheit wird der Herr von dir ablenken"* (Dtn 7,15); „von dir" hängt es ab, daß nicht Krankheiten über dich kommen. B. R. Hunia und R. Jakob legen im Namen des R. Eleasa aus: *„Jede Krankheit wird der Herr von dir ablenken"*, nämlich das Fieber. R. Jakob bar Acha im Namen des R. Jochanan: *„Jede Krankheit wird der Herr von dir ablenken"*, nämlich die Depression. R. Abin aber sagte: Das ist der böse Trieb, dessen Anfang süß und dessen Ende bitter ist. R. Tanchuma im Namen des R. Leazar und R. Menachema im Namen Rabs: *„Jede Krankheit wird der Herr von dir ablenken"*, nämlich die Galle.

C. Nach Meinung des R. Eleazar (sterben) neunundneunzig an der Galle und einer durch die Hand Gottes. Rab und R. Chijja Rabba sagen beide: neunundneunzig (sterben) am (bösen) Auge und einer durch die Hand Gottes. R. Chanina und R. Natan sagen beide: neunundneunzig (sterben) an Erkältung und einer durch die Hand Gottes. Und Rab hat mit seiner Meinung (ebenso recht) wie R. Chanina mit seiner Meinung. Rab wohnte nämlich in Babylonien, wo das böse Auge häufig ist, und R. Chanina wohnte in Sepphoris, wo es kalt ist.

D. Antoninus sagte zu unserem heiligen Rabbi: Bete für mich! Der sagte zu ihm: Mögest du von Kälte verschont bleiben. Er antwortete ihm: Das ist kein Gebet. Eine Decke mehr und die Kälte ist vorbei. Da sagte er ihm: Du mögest von Hitze verschont bleiben. Er antwortete ihm: das (sollst du sagen), wenn du für mich betest; denn es steht geschrieben: *„Nichts kann sich vor seiner Glut verbergen"* (Ps 19,7).

E. R. Samuel bar Nachman im Namen des R. Natan: Neunundneunzig (sterben) an Hitze und einer durch die Hand Gottes. Und die Rabbinen sagen: Neunundneunzig (sterben) an ihrer Nachlässigkeit und einer durch die Hand Gottes.

9. „DANN SOLL DER PRIESTER ANORDNEN, DEN EINEN VOGEL ZU SCHLACHTEN" (14,5).

A. Warum schlachtet er einen (Vogel) und läßt den anderen zurück? Um zu sagen: so wie der geschlachtete (Vogel) nicht zurückkommen kann, kann auch der Aussatz nicht zurückkommen. Zur selben Stunde ruft der Heilige, gepriesen sei er, seine Legionen und sagt ihnen: „Seht, nicht umsonst schlug ich ihn; vielmehr *„zürnte ich wegen der Sünde* *seiner Begehrlichkeit, ich schlug ihn und verbarg mich vor Zorn* usw." (Jes 57,17).

B. R. Abba bar Kahana sagte: Greuel kehrt zu Greuel zurück, wie es heißt: „*Wie ein Hund, der zurückkehrt zu dem, was er erbrochen hat* usw." (Spr 26,11). R. Jehoschua ben Levi sagt: Der Tor kehrt zu den Wegen seiner Torheit zurück, wie es heißt: „*ein Tor, der seine Dummheit wiederholt*" (Spr 26,11).

C. „*Seine Wege sah ich, doch ich will ihn heilen*", ich will ihn gesund machen; „*und ich will ihn führen*", ihn geleiten, „*und wiederum trösten ihn und seine Trauernden*", nämlich seine Glieder, die über ihn trauern; „*Lob* (nib) *schaffe ich auf den Lippen*" (Jes 57,18 f).

D. R. Jehoschua ben Levi sagte: Wenn die Lippen des Menschen im Gebet überfließen *(henibu)*, kann er sicher sein, daß sein Gebet erhört wird. Was ist der Beleg? „*Du stärkst ihr Herz, du hörst auf sie*" (Ps 10,17).

E. „*Friede, Friede (den Fernen und den Nahen)*." Wenn dem Nahen, der lebt ja schon in Frieden von und in ihm (?). Wenn dem Fernen, (so meinen) R. Huna und R. Judan im Namen des R. Acha: Das ist der Aussätzige, der fern war und nahe gebracht wurde. „*Es spricht der Herr: ich werde ihn heilen*", ich mache ihn gesund (Jes 57,19). „*Heile mich, Herr, so bin ich heil, hilf mir, so ist mir geholfen; ja, mein Lobpreis bist du*" (Jer 17,14).

Ein Abschnitt aus dem halakhischen Kommentar zu Levitikus, Sifra, hat schon gezeigt, wie eng an den Text und jedes seiner Worte die gesetzliche Auslegung dieses Textes gebunden ist. Als Kontrast folgt hier die Kommentierung desselben Textes in Form einer Predigt. Wie alle Kapitel von LevRabba ist auch dieses eine geschlossene Einheit, die daher auch in ihrer Gänze wiedergegeben ist. Es ist eine Literaturpredigt, die mit mehreren Petichot (Abschnitte 1-6) beginnt, einen kurzen Hauptteil hat (7-8) und mit einem tröstlichen Ausblick, der sogenannten Chatima (9), endet. Grundmotiv ist die moralische Deutung des Aussatzes, der als Folge oder Sinnbild der Sünde, vor allem der bösen Nachrede, der Verleumdung gilt, wie man aus der Geschichte von Mirjams Aussatz in Num 12 weiß und von Anfang an voraussetzt, auch wenn der explizite Hinweis darauf erst in 1 H kommt.

Zu Beginn des Textes steht, gewissermaßen als Überschrift, der Anfang der Tora-Lesung. Es folgt eine erste, groß ausgebaute Peticha, die bei Spr 6,16-19 einsetzt (1 A). Gegen R. Meir, der im biblischen Zahlenspruch die beiden Zahlen zusammenzählen will, dann aber die sechs verhaßten Dinge nicht nennen könnte, sehen die Rabbinen die sechs Dinge in den sieben eingeschlossen; das siebente soll nur besonders hervorgehoben werden. Strafe für alle genannten Vergehen ist der Aussatz, wie die folgenden Abschnitte im einzelnen zu belegen suchen.

Besonders ausführlich ist der Beweis, daß Stolz mit Aussatz bestraft wird (B-G). Der Kommentar zum Belegvers Jes 3,16 schildert in enger Anlehnung an einzelne Ausdrücke im Text, was die Töchter Zions in ihrem Stolz alles treiben. Wörtlich heißt es: „sie klirren *(te^cakasna)* mit ihren Füßen"; D verbindet das Verb mit (ᶜekhes bzw. ᶜakhan, „Schlange", und leitet daher zuerst ab, daß sie Fußspangen in Form einer Schlange, eines „Drachen", tragen oder mit ihren Füßen Schlangengift versprühen. Damit fordern die Bewohnerinnen Jerusalems die Strafe Gottes heraus, wie E mit Jes 5,19 belegt. Deshalb lesen manche Handschrift auch statt Jeremia Jesaja; doch ist hier wohl an Jeremia als Propheten des Untergangs Jerusalems gedacht, mit dessen Worten auch die Einheit E-G endet. Statt „damit wir es sehen" *(nir'e)* liest der Ausleger offenbar in anderer Vokalisierung *nera'e,* „damit wir gesehen werden": die stolzen Frauen sehen sogar noch in der Eroberung Jerusalems eine Gelegenheit, sich zur Schau zu stellen. „Wir wollen wissen", steht im Bibeltext ohne Objekt, das man daher erzählerisch aus dem Zusammenhang ergänzt.

1 F kehrt wieder zum Ausgangstext Jes 3,16 f zurück. Das stolze Verhalten der Frauen wird mit Aussatz bestraft, wie man etymologisch „mit Schorf bedecken" *(sippach)* deutet. So weit wäre unserem Zusammenhang Genüge getan; doch zitiert man dann auch gleich die anderen Deutemöglichkeiten von *sippach* durch Anklänge an andere hebräische Wörter. Aussatz allein hätte keine hinreichend abschreckende Wirkung bei Nichtjuden, wie G weiter ausmalt. Diese hätten trotzdem mit den Israelitinnen geschlafen und damit deren Nachkommenschaft befleckt. Deshalb verursacht Gott, daß sie Blutungen haben, wie man ebenfalls aus *sippach* ableitet, und zeigt dies auch den Heiden, wie man aus Jes 3,17 herausliest. Erst angesichts ihrer Leichen ruft man: „unrein", wie dies die Aussätzigen tun müssen, um andere von sich fern zu halten (Lev 13,45).

Diese dramatische Auslegung des Jesaja-Textes weiß zwar den Leser zu fesseln, läßt aber den Ausgangspunkt in Spr 6,17 fast vergessen; die anderen Punkte des Bibeltextes werden nun ziemlich knapp besprochen. Bei Mirjam (H) ist der Bibeltext explizit: als Strafe für ihre böse Nachrede über Mose befällt sie Aussatz; auf Joab (I) und seine Nachkommen ruft David in seinem Fluch in 2 Sam 3,29 Aussatz herab. Daß die Anmaßung hohepriesterlicher Vorrechte die Ursache für Usijas Aussatz war (J), geht explizit nur aus 2 Chron 26,16 hervor. Gehasi (K) nimmt unter einem Vorwand von Naaman die Belohnung, die Elischa abgelehnt hatte und wird deshalb mit Naamans Aussatz bestraft. Das falsche Zeugnis sieht L exemplarisch in der Szene vom goldenen Kalb verwirklicht, zur selben Zeit, da Mose die Bundestafeln, wörtlich „die Tafeln des Zeugnisses", erhält (Ex 31,18). Das Stichwort *paruaᶜ* deutet dem Ausleger an, daß auch hier Aussatz die Strafe war.

Ganz kurz erwähnt dann M den Aussatz des Pharao; für N ist es wichtig, festzustellen, daß es eine Art von Aussatz war, die Geschlechtsverkehr unmöglich machte: damit ist auch gesichert, daß die Mutter Israels nicht in Pharaos Harem verunreinigt wurde; dahinter steht also dasselbe Motiv wie in 1 G.

1 O führt dann etwas abrupt zum ersten Vers des Textes, über den eigentlich gepredigt wird, Lev 14,2: aussätzig ist jeder, der Böses hervorbringt, jede Art böser, verleumderischer, lügnerischer Rede. Insoferne gehörte die ganze Auslegung von Spr 6,16 ff einschließlich der langen Kommentierung von Jesaja sehr wohl in diesen Zusammenhang, solange man die Bibel als Einheit sieht.

Die zweite Peticha (2) kommt zur selben Auslegung aufgrund von Ps 34. Wer das Leben lebt, halte sich an die sittliche Weisung der Psalmen; sie ist das wahre Lebenselixier. Wer sich daran hält und seine Zunge vor böser Rede hütet, bewahrt sich vor Drangsal, vor Aussatz. Refrainartig schließt der Text, wie auch die folgenden Petichot (3, 4, 6) mit dem Abschluß von 1, unterstreicht damit das Grundmotiv der ganzen Predigt.

Daß man einen Vers aus Ijob für die nächste Peticha (3) verwendet, mag daher rühren, daß Kap. 19 ihn wie einen Aussätzigen schildert. Wie in 1 B ist hier Hochmut die Verfehlung, um die es geht; doch auch das Motiv der bösen Rede kommt etwas später im Kapitel vor (20,12) und mag hier wohl mitverstanden sein. Der Hochmütige bzw. der Verleumder ist abstoßend, übelriechend wie Kot. Darin gleicht er dem Aussätzigen (B), vor dessen üblem Geruch man Abstand hält – im Osten, weil das die Hauptwindrichtung in Israel ist. Er ist abgesondert wie der kranke Ijob. Die Beispiele in C zeigen allerdings auch, welche Folgen diese Moralisierung einer Krankheit für die Betroffenen haben konnte, auch wenn es dem Prediger in erster Linie um die Aussonderung des Verleumders geht.

Wer böse Reden führt, darf nicht Gottes Worte äußern, wie dann Abschnitt 4 ausführt. Nicht nur die Beschäftigung mit der Auslegung von Ez 1, der Vision des göttlichen Thronwagens, läßt Feuer aufflammen, das den Unbefugten gefährdet; vielmehr erzeugt jede kundige Kombination von Bibeltexten, also das Verständnis der wahren biblischen Zusammenhänge, Feuer wie bei der Gesetzgebung am Sinai (A). Belege aus allen drei Teilen der Bibel beweisen dem R. Levi in B, daß der Frevler das Lob Gottes nicht sprechen darf: wie der Aussätzige muß er den Mund verhüllen. Gehasi (vgl. 1 K) will in 2 Kön 8 von der Totenerweckung durch Elischa erzählen, also Gottes Wunder berichten, darf dies aber wegen seiner Lüge gegenüber Naaman nicht. C sieht in der besonderen Anordnung der Zunge im menschlichen Körper einen Hinweis darauf, wie schwer sie im Zaum zu halten ist: sie steht nicht aufrecht, sondern liegt, eingesperrt zwischen die beiden Wangen und ist vom Fluß des Speichels befeuchtet: und doch entfacht sie Brände. Daher, so impliziert der Text, darf auch keine Zunge, die böse Worte hervorbringt, sich mit den feurigen Worten der Tora befassen. Mit dem ganzen Text ist im Neuen Testament das Kapitel über die Macht der Zunge in Jak 3 zu vergleichen, ebenso auch zum Folgenden.

Eine letzte Peticha (5–6) geht von Koh 5,5 aus. Falsche oder unbedachte Aussagen können den ganzen Menschen in Sünde bringen. Dies kann bei einem Spendenaufruf im Sabbat-Gottesdienst sein, wo man sich vor dem Vertreter der Gemeinde zu etwas verpflichtet, später jedoch die Zahlung verweigert (A) oder wenn ein Ungebildeter sich gegenüber einem Rabbi als Kenner der religiösen Lehre ausgibt, ohne an die Konsequenzen einer Fehlentscheidung zu denken (B); das kann aber auch schlechte Nachrede über andere sein, die nur der über einen gesetzte Engel erkennen und beurteilen kann (C) oder ein unbedachtes Gelübde, um dessen Aufhebung man sich dann an den Ältesten, einen dazu befugten Rabbi wendet (D). Vor all dem warnt der Prediger mit dem Hinweis, daß man dadurch auch die wenigen Verdienste, die man tatsächlich erworben hat, gefährdet. In E wendet er sich nochmals der Exodusgeschichte und der bösen Nachrede Mirjams gegenüber Mose zu, dem schon in 1 H gebrachtem Grundbeispiel zum Thema der Predigt; damit kehrt der Text auch wieder zum Motiv des Aussatzes als Strafe für jede Form sündiger Rede zurück. Bei solchen Gefahren des Redens ist es denn auch angebracht, das Schweigen vorzuziehen, wie das Wort der Mischna unterstreicht (F).

Da Abschnitt 5 nicht mit Lev 14,2, dem Grundvers der Tora-Lesung endet, muß auch 6 zu dieser Einheit gehören, auch wenn die Verbindung hier eher locker ist, 6 auch für sich allein stehen könnte. Das fünfmalige Vorkommen von „Gesetz (Tora) für den Aussatz" und ähnlich legt dem Prediger nahe, daß der „Aussätzige", mit einem Wortspiel im Hebräischen derjenige, der Böses hervorbringt, alle fünf Bücher der Tora übertritt, die Gesamtheit des göttlichen Gesetzes.

Gegenüber dieser langen Einführung ist der Hauptteil der Predigt sehr kurz gehalten. 7 geht kurz auf die Bestimmung von Lev 14,4 ein, daß man beim Reinigungsritus des Aussätzigen Vögel verwendet. Stimmstarke, lärmende Vögel sollen es sein, da sie ja für Verfehlungen des Menschen mit der Stimme sühnen sollen. Nach der Tradition (Tosefta Negaim VIII,3) sind es Spatzen oder Drosseln *(deror)*. Im hebräischen Wort ist die Vorstellung der „Freiheit" inbegriffen, zugleich denkt man aber auch an den Stamm *dar*, „wohnen"; es sollen also Vögel sein, die frei waren, zuletzt aber bei Menschen gewohnt und deren Nahrung genossen haben: Darin verweisen sie auf den Priester; er genießt die Gaben der Gemeinde, muß für sie aber auch sühnen, wie es die Opfervögel tun.

Nach dem Zeugnis zweier Oxforder Handschriften kommentiert 8 Lev 14,3: *„und siehe, der Aussätzige ist von seinem Aussatz geheilt"*. Wenn dies tatsächlich die Absicht des Auslegers ist, deutet er mit Dtn 7,15 das Passiv auf Gott: dieser hat die Krankheit abgelenkt; allerdings nicht ohne Zutun des Menschen, wie es dann in Auslegung des Ausdrucks „von dir" heißt. Vielleicht spielt aber auch die Fortsetzung von Dtn 7,15 in der Auswahl dieses Textes eine Rolle: *„Jede Krankheit wird der Herr von dir abwenden und alle bösen Seuchen Ägyptens"* (mitsraim): bei Hinzufügung nur eines Buchstabens kann man *metsoraʿim* lesen, die „Seuchen der Aussätzigen", womit die Verbindung zur Thematik unserer Predigt noch enger wäre. Der Kommentar geht aber in erster Linie auf die Worte „jede Krankheit *(choli)*" ein, sucht wegen des Singulars eine Krankheit, die als Inbegriff oder Wurzel aller Krankheiten gelten kann. Der Hinweis auf den bösen Trieb, der anfänglich süß ist (B), kommt deshalb, weil *chala* nicht nur „krank" sein, sondern auch „süß sein" bedeutet. Die Aussagen in C und E, daß neunundneunzig an einer bestimmten Sache sterben, nur einer durch die Hand Gottes, dürfte auf der Wortfolge von Dtn 7,15 *„von dir jede Krankheit"* (mimmekha kol choli) beruhen: alle Krankheiten gehen in erster Linie auf den Menschen zurück, sind nur in den seltensten Fällen als direktes Eingreifen Gottes zu betrachten.

Der im Hauptteil schon anklingende Trost, daß Gott jede Krankheit abwenden wird, bestimmt dann vollends den abschließenden Abschnitt 9, die Chatima der Predigt. Schöpft der Prediger zuerst aus dem Bild des davonfliegenden Vogels in Lev 14,5 Zuversicht, daß die Krankheit nicht wieder kehrt, so dann vollends durch die Verbindung mit Jes 57,17–19. Wie auch der frühe liturgische Dichter Jannai bezeugt, war zumindest in manchen Gegenden Jes 57,17 ff die Prophetenlesung, die man mit der Tora-Lesung Lev 14,2 ff verband. Nachdem die ganze Predigt von den Gefahren handelte, die der Mißbrauch der Rede bewirkt, schließt sie mit der Hoffnung auf die Heilung durch Gott, der Lob auf die Lippen der Trauernden schafft. In C wie auch in E sind in das Bibelzitat kurze Stücke der aramäischen Übersetzung eingefügt, was die deutsche Wiedergabe mit einer Paraphrase andeuten muß. Daß in C die „Trauernden" die „Glieder" bedeuten, beruht auf einem Wortspiel im Hebräischen: *abelim – ibarim*.

Trotz vielfacher Abschweifungen vom Hauptthema, die oft durch schon vorliegende und hier wiederverwendete Traditionsblöcke bedingt sind, die man nicht auseinanderreißen wollte, ist die Predigt eine thematisch geschlossene Einheit. Ihr Basistext, die Tora-Lesung, kommt dabei nur selten ausdrücklich zur Sprache, ist jedoch stets als Fundament vorausgesetzt. Wörtlich verstanden spricht dieser Text von Wirklichkeiten, mit denen die jüdische Gemeinde zur Zeit des Predigers nichts mehr zu tun hat. Doch durch Verbindung mit anderen Bibeltexten und in deren Licht wird er für den Alltag bedeutsam. Die so erschlossene sittliche Weisung ist Zielvorgabe; das Ziel zu erreichen ist aber, wie man weiß, dem Menschen in seiner Schwäche nur unvollkommen möglich. Deshalb schließt auch die Predigt mit einem aus der Prophetenlesung gewonnenen Zuspruch, der Zusage der kommenden Heilung durch Gott.

2) Die Botschaft Jeremias: Jer 1,1–3 (Pesiqta deRab Kahana 13)

1. R. Abba bar Kahana eröffnete (seinen Vortrag mit dem Vers): *„Laß deine Stimme gellen, Tochter Gallim! Lausche, Lajescha! Antworte ihr, Anatot"* (Jes 10,30)!

A. *„Laß deine Stimme gellen":* Schrei auf mit deiner Stimme! *„Tochter Gallim":* Wie diese Wellen *(gallim)* im Meer sich hervorheben, so heben sich eure Väter in der Welt hervor.

B. Eine andere Auslegung. *„Tochter Gallim":* Tochter der Verbannten *(golim),* Tochter der Heimatlosen *(gillulaja).* Tochter Abrahams. Was steht von ihm geschrieben? *„Der Herr sprach zu Abram: Zieh weg aus deinem Land usw."* (Gen 12,1). Tochter Isaaks. Was steht von ihm geschrieben? *„Und Isaak begab sich nach Gerar zu Abimelech, dem König der Philister"* (26,1). Tochter Jakobs. Was steht von ihm geschrieben? *„Jakob hörte auf seinen Vater und auf seine Mutter (und begab sich auf den Weg nach Paddan-Aram)"* (28,7).

C. *„Lausche!"* Lauscht auf meine Gebote, lauscht auf die Worte der Tora, lauscht auf die Worte der Prophetie. Wenn aber nicht, *„Lajescha"*, siehe, dann erhebt sich ein Löwe gegen dich, nämlich der Frevler Nebukadnezzar, von dem geschrieben steht: *„Der Löwe hat sich aus dem Dickicht erhoben"* (Jer 4,7).

D. *„Antworte ihr"* (ᶜanijja)! [Du Arme, ᶜanijja] an Gerechten, du Arme an Worten der Tora, du Arme an Geboten und guten Werken. Und wenn (du ihr) nicht (antwortest), *„Anatot"*, wird der von Anatot kommen und gegen dich Worte der Zurechtweisung weissagen. Deshalb mußte die Schrift sagen: „DIE WORTE JEREMIAS, DES SOHNES HILKIJAS" (1,1).

2. R. Acha eröffnete (seinen Vortrag mit dem Vers): „*Wie lang noch, ihr Törichten, liebt ihr Betörung, gefällt den Spöttern ihr Spott*" (Spr 1,22)?
A. Es sagte R. Simeon ben Nezira: Wie es in der Welt zugeht, ißt ein Mensch zwei, drei Tage verdorbene Nahrung, und dann ekelt ihn davor. Ihr aber, wie viele Jahre dient ihr den Götzen, von denen geschrieben steht: „*Sage dazu: Hinaus!*" (tse: Jes 30,22), nenne sie „Kot" *(tsea)*! Und dennoch graut euch nicht davor.
B. Es sagte R. Judan: Zwei Menschen prophezeiten gegen die Spötterei, und zwar Salomo und Jesaja. Salomo sagte: „*gefällt den Spöttern ihr Spott*". Und Jesaja sagte: „*Darum laßt jetzt euren Spott, sonst werden eure Fesseln noch fester*" (28,22).
C. R. Pinchas und R. Jirmeja im Namen des R. Samuel bar Rab Isaak: Schwer wiegt die Spötterei; ihr Anfang sind Strafen, ihr Ende Untergang. Ihr Anfang sind Strafen: „*sonst werden eure Fesseln noch fester*"; und ihr Ende ist Untergang: „*Denn die Vernichtung, die fest beschlossene, habe ich gehört*" (Jes 28,22).
D. „*Wendet euch meiner Mahnung zu! Dann will ich auf euch meinen Geist ausgießen und meine Worte euch kundtun*" (Spr 1,23). Wenn ihr „*euch meiner Mahnung zuwendet, will ich auf euch meinen Geist ausgießen*" durch Ezechiel: „*Es erging das Wort des Herrn an Ezechiel, den Sohn Busis, den Priester*" (Ez 1,3). Und wenn (ihr es) nicht (tut), „*werde ich euch meine Worte kundtun*" durch Jeremia. Deshalb mußte die Schrift sagen: „Die Worte Jeremias, des Sohnes Hilkijas".

3. R. Acha eröffnete (seinen Vortrag mit dem Vers): „*Wo sind nun eure Väter? Und die Propheten – leben sie ewig*" (Sach 1,5)?
Es sagte R. Acha: Es sagte der Heilige zu Israel: Meine Söhne, wo sind eure Väter, die vor mir gesündigt haben? Sie antworteten ihm: Herr der Welten, „*und die Propheten – leben sie ewig*"? Er sagte ihnen: Sie sind zwar gestorben; doch besteht nicht ihre Prophetie weiter? Mose ist gestorben; besteht nicht seine Prophetie weiter? Und Jeremia, der noch lebt: auch seine Worte bestehen weiter. Deshalb mußte die Schrift sagen: „Die Worte Jeremias, des Sohnes Hilkijas".

4. R. Jehoschua von Sikhnin im Namen des R. Levi eröffnete (seinen Vortrag mit dem Vers): „*Ein kluger Knecht wird Herr über einen schandbaren Sohn, und mit den Brüdern teilt er das Erbe*" (Spr 17,2).
A. „*Ein kluger Knecht*", nämlich Jeremia, „*wird Herr über einen schandbaren Sohn*", nämlich die Israeliten, die sich der Schande des Götzendienstes hingaben.
B. Es sagte R. Abba bar Kahana: Es steht geschrieben: „*Du warst nicht wie eine gewöhnliche Dirne; denn du hast es verschmäht, dich bezahlen zu lassen*" (Ez 16,31). Es komme der Sohn der Verdorbenen, die ihre

Werke in Ordnung gebracht hat, und weise den Sohn derer zurecht, die in Ordnung war und ihre Werke verdorben hat.

C. Du findest: alles, was von Israel zur Schande geschrieben steht, steht von Rahab zum Lob geschrieben.
Von Rahab steht geschrieben: „*Nun schwört mir beim Herrn, weil ich euch Wohlwollen erwiesen habe*" (Jos 2,12). Und von Israel steht geschrieben: „*Sie schwören gewiß einen Meineid*" (Jer 5,2).
Von Rahab steht geschrieben: „*daß ihr meinen Vater und meine Mutter am Leben laßt*" (Jos 2,13). Und von Israel steht geschrieben: „*In dir verachtet man Vater und Mutter*" (Ez 22,7).
Von Rahab steht geschrieben: „*Sie aber hatte sie auf das flache Dach gebracht*" (Jos 2,6). Und von Israel steht geschrieben: „*alle, die sich auf den Dächern niederwerfen vor dem Heer des Himmels*" (Zef 1,5).
Von Rahab steht geschrieben: „*und sie unter den Holzspänen versteckt*" (Jos 2,6). Und von Israel steht geschrieben: „*Sie sagen ja zum Holz: Du bist mein Vater*" (Jer 2,27).
Von Rahab steht geschrieben: „*Sie riet ihnen: Geht ins Gebirge*" (Jos 2,16). Und von Israel steht geschrieben: „*Sie feiern Schlachtopfer auf den Höhen der Berge*" ((Hos 4,13).
Von Rahab steht geschrieben: „*Und gebt mir ein wahres Zeichen*" (Jos 2,12). Und von Israel steht geschrieben: „*Und die Wahrheit reden sie nicht*" (Jer 9,4).
Somit ist alles, was von Israel zur Schande geschrieben steht, von Rahab zum Lob geschrieben.

D. „*Und mit den Brüdern teilt* (jachaloq) *er das Erbe*" (Spr 17,2). Das ist Jeremia. Von ihm steht geschrieben: „*Da zog Jeremia aus Jerusalem weg, um zu gehen usw.*" (Jer 37,12). Rab sagte: Um seinen Anteil zu nehmen, zog er weg. R. Benjamin ben Levi sagte: Um dort viele Prophezeiungen zu verbreiten. Es steht hier nicht geschrieben: „Wort Jeremias", sondern „Worte Jeremias". Deshalb mußte die Schrift sagen: „Die Worte Jeremias".

5. R. Samuel bar Nachman eröffnete (seinen Vortrag mit dem Vers): „*Wenn ihr die Einwohner des Landes vor euch nicht vertreibt usw.*" (Num 33,55).
Es sagte der Heilige zu Israel: Ich habe euch gesagt: „*Du sollst der Vernichtung weihen die Hetiter und Amoriter*" (Dtn 20,17); ihr aber habt das nicht getan, vielmehr: „*Und die Dirne Rahab und die Familie ihres Vaters und alles, was ihr gehörte, ließ Josua am Leben*" (Jos 6,25). Siehe, Jeremia stammt von den Kindeskindern der Dirne Rahab ab und wird euch Dinge tun, die „*zu Splittern in euren Augen und zu Stacheln in eurer Seite*" werden (Num 33,55).
Deshalb muß die Schrift sagen: „Die Worte Jeremias."

6. R. Juda beR. Simon eröffnete (seinen Vortrag mit dem Vers): „*Einen Propheten wie dich will ich ihnen mitten unter ihren Brüdern erstehen lassen*" (Dtn 18,18). A. Es steht aber geschrieben: „*Niemals wieder ist in Israel ein Prophet wie Mose aufgetreten*" (34,10). Und da sagst du: „*Wie dich*". Vielmehr (ist gemeint): „*wie dich*" hinsichtlich der Worte der Zurechtweisung.
B. Du findest: Alles, was von diesem geschrieben steht, steht auch von jenem geschrieben. Dieser prophezeite vierzig Jahre lang und jener prophezeite vierzig Jahre lang. Dieser prophezeite über Juda und Israel und jener prophezeite über Juda und Israel. Gegen diesen stellten sich die Söhne seines Stammes und gegen jenen stellten sich die Söhne seines Stammes. Dieser wurde in den Nil geworfen, und jener wurde in die Zisterne geworfen. Dieser wurde durch eine Magd gerettet, und jener wurde durch einen Sklaven gerettet. Dieser kam mit Worten der Zurechtweisung, und jener kam mit Worten der Zurechtweisung. Deshalb muß die Schrift sagen: „Die Worte Jeremias."

7. R. Tanchuma sagte es, R. Leazar im Namen des R. Meir, (ebenso) R. Menachema und R. Bibi. R. Leazar (sagt) im Namen des R. Meir: Überall, wo es heißt: „Wort, Worte des..., die Worte", sind es Flüche und Zurechtweisungen.
Es steht geschrieben: „*Das sind die Worte, die Mose vor ganz Israel gesprochen hat*" ((Dtn 1,1). Und wie heißt es später? „*Sie werden ausgemergelt durch den Hunger, verzehrt durch die Pest*" (32,24).
Es steht geschrieben: „*Das Wort des Herrn, das an Hosea, den Sohn Beeris, erging*" (Hos 1,1). Und wie heißt es später? „*Denn ihr seid nicht mein Volk*" (1,9).
Es steht geschrieben: „Die Worte Jeremias, des Sohnes Hilkijas". Und wie heißt es später? „*Wer für den Tod bestimmt ist, verfällt dem Tod, wer für die Gefangenschaft, der Gefangenschaft*" (Jer 43,11).

8. A. Es sagte R. Tanchum bar Chanilai: An drei Stellen klagt der Heilige, gepriesen sei er, den Frevler Nebukadnezzar an: im Buch Jeremia, im Buch der Könige und im Buch der Chronik. Wie ein Mensch, der zu seinem Freund sagt: schau, was mir der und der getan hat, seine Knochen mögen zermalmt werden, so sagte der Heilige, gepriesen sei er: Schaut, was mir der Zwerg aus Babylon getan hat.
B. Eine andere Auslegung. (Der Name) „Jeremia" ist eine Bezeichnung des Jeremia: „*Weh, wie einsam sitzt da*" (Klgl 1,1); „*weh, mit seinem Zorn umwölkt*" (2,1); „*weh, wie glanzlos ist das Gold*" (4,1).
C. Eine andere Auslegung. („Die Worte Jeremias" bedeutet) die Tode Jeremias: „*Wer für den Tod bestimmt ist, verfällt dem Tod*" (Jer 15,2; 43,11).

D. Eine andere Auslegung. „DIE WORTE JEREMIAS". Es sagte der Heilige, gepriesen sei er, zu Jeremia: Geh, sag den Israeliten: Tut Buße! Wenn nicht, zerstöre ich meinen Tempel. Sie sagen: Und wenn er ihn zerstört, zerstört er da nicht das Seine? Doch so sagte der Heilige, gepriesen sei er: Siehe, ich zerstöre meinen Tempel, und mein Wort wird sich durch Jeremia erfüllen.

E. Eine andere Auslegung: „(DIE WORTE) JEREMIAS". Es sagte der Heilige, gepriesen sei er, zu Jeremia: Ich suche bei ihnen meine Worte, Jeremia.

Ich sagte ihnen: „*Ich bin Jahwe, dein Gott*" (Ex 20,2). Sie aber handelten nicht danach, sondern „*sagen zum Holz: Du bist mein Vater*" (Jer 2,27).

Ich sagte ihnen: „*Du sollst keine anderen Götter haben*" (Ex 20,3). Sie aber handelten nicht danach, sondern „*sie werfen sich auf den Dächern nieder vor dem Heer des Himmels*" (Zef 1,5).

Ich sagte ihnen: „*Du sollst den Namen des Herrn, deines Gottes, nicht mißbrauchen*" (Ex 20,7). Sie aber handelten nicht danach, sondern „*sie schwören gewiß einen Meineid*" (Jer 5,2).

Ich sagte ihnen: „*Gedenke des Sabbats: Halte ihn heilig*" (Ex 20,7). Sie aber handelten nicht danach, sondern „*was mir heilig ist, verachtest du. Meine Sabbat-Tage entweihst du*" (Ez 22,8).

Ich sagte ihnen: „*Ehre deinen Vater und deine Mutter*" (Ex 20,12). Sie aber handelten nicht danach, sondern „*in dir verachtet man Vater und Mutter*" (Ez 22,7).

Ich sagte ihnen: „*Du sollst nicht morden. Du sollst nicht die Ehe brechen. Du sollst nicht stehlen*" (Ex 20,13–15). Sie aber handelten nicht danach, sondern „*stehlen, morden, brechen die Ehe*" (Jer 7,9).

Ich sagte ihnen: „*Du sollst nicht falsch gegen deinen Nächsten aussagen*" (Ex 20,16). Sie aber handelten nicht danach, sondern „*sie spannten ihre Zunge zu einem Bogen der Lüge*" (Jer 9,2).

Ich sagte ihnen: „*Du sollst nicht begehren*" (Ex 20,17). Sie aber handelten nicht so, sondern „*sie begehren Felder und reißen sie an sich, Häuser und bringen sie in ihren Besitz*" (Mi 2,2).

9. Eine andere Auslegung. „(DIE WORTE) JEREMIAS".

A. Es sagte der Heilige, gepriesen sei er, zu Jeremia: Entweder ziehst du mit ihnen nach Babylon, und ich bleibe da, oder du bleibst da, und ich ziehe mit ihnen. Da sagte Jeremia vor dem Heiligen, gepriesen sei er: Herr der Welten! Wenn ich hinabziehe, was werde ich ihnen da nützen? Vielmehr soll ihr Schöpfer mit ihnen hinabziehen; denn er nützt ihnen.

B. Drei Tage trug Nebukadnezzar dem Nebusaradan bezüglich Jeremia auf. Er sagte ihm: „*Laß ihn holen, kümmere dich um ihn, und füg ihm kein Leid zu*" (Jer 39,12).
Jeremia sah eine Gruppe von jungen Männern, die in Halseisen gekettet

waren, und er ging und wollte ihr Los teilen; dann sah er wieder eine Gruppe von alten Männern, die in Halseisen gekettet waren, und er ging und wollte ihr Los teilen. Da sagte zu ihm Nebusaradan: Eines von dreien gilt von dir; entweder du bist ein Lügenprophet, oder du wehrst dich gegen Strafen, oder du bist ein Blutvergießer. Entweder du bist ein Lügenprophet; denn wie viele Jahre stehst du da und prophezeist gegen diesen Winkel, er werde zerstört werden; nun aber, da ich ihn zerstört habe, hältst du es für schlecht. Oder du wehrst dich gegen Strafen; ich will dir ja nichts antun; für dich aber zählen Verbote nichts. Oder du bist ein Blutvergießer: denn wenn der König hört, was du dir antun läßt – ich habe dir ja gar nichts getan – läßt er diesem Mann [mir] den Kopf abschlagen. Aber *„wenn es dir beliebt, mit mir nach Babel zu kommen (so komm mit, und ich will für dich sorgen. Willst du aber nicht mit mir nach Babel kommen), so laß es usw."* (Jer 40,4).

C. *„Und er wollte nicht umkehren"* (40,5), bis der Heilige, gepriesen sei er, es ihm offenbarte. Das ist es, was geschrieben steht: *„Das Wort, das vom Herrn an Jeremia erging, nachdem ihn Nebusaradan freigelassen hatte… Und er war mit Handschellen gefesselt"* (40,1). Was bedeutet: „und er„"? Wenn man so sagen dürfte, er und Er.

D. Was war dieses Wort? R. Eleazar und R. Jochanan. R. Eleazar sagte: *„Er, der Israel zerstreut hat, wird es auch sammeln und hüten wie ein Hirt seine Herde"* (31,10). R. Jochanan sagte: *„Denn der Herr wird Jakob erlösen und ihn befreien aus der Hand des Stärkeren"* (31,11).

E. Und auf dem Rückweg sah er Finger und Zehen, die man abgehauen und auf die Wege geworfen hatte. Und er hob sie auf, drückte sie an sich und küßte sie, er gab sie in seinen Mantel und sagte zu ihnen: Meine Söhne, habe ich es euch nicht gesagt: *„Erweist dem Herrn, eurem Gott, die Ehre, bevor es dunkel wird, bevor eure Füße straucheln"* (13,16), bevor über euch dunkel werden die Worte der Tora, bevor dunkel werden die Worte der Prophetie.

10. A. *„Über die Berge will ich erheben Weinen und Klagen, über die Weideplätze der Steppe ein Totenlied"*. Über die erhabenen und hohen Berge, die zur Steppe wurden, will ich ein Totenlied erheben.

B. *„Denn sie sind verwüstet, niemand zieht hindurch, und sie hören die Stimme der Herde* (miqne) *nicht mehr"*: es genügt euch nicht, daß ihr nicht auf seine Stimme gehört habt, auch wenn er euch seine Eifersucht erklärt (meqane). Ihr macht mich dennoch weiterhin eifersüchtig durch euren Götzendienst.

C. *„Von den Vögeln des Himmels bis zum Vieh ist alles geflohen, auf und davon"*. Es sagte R. Jose bar Chalfuta: Zweiundfünfzig Jahre sah man keinen Vogel, der über das Land Israel flog, um zu erfüllen, was

Predigtmidraschim: Die Botschaft Jeremias 161

gesagt ist: „*Von den Vögeln des Himmels bis zum Vieh ist alles geflohen, auf und davon*" (Jer 9,9).

D. Es sagte R. Chanina: Vierzig Jahre vor der Verbannung der Israeliten nach Babylonien pflanzte man Palmen in Babylonien, da die Israeliten ganz heiß nach der Süßigkeit waren, die die Zunge an die Tora gewöhnt.

E. Sie lehrten im Namen des R. Juda: Sieben Jahre erfüllte sich am Land: „*Schwefel und Salz, seine Fläche eine einzige Brandstätte*" (Dtn 29,22), da er „*den Bund für die Vielen verwirklichte, eine Woche lang*" (Dan 9,27).

Was taten die Samaritaner im Land? Streifenweise brannte es; sie säten da, bis es verbrannte, sie säten dort, bis es verbrannte. Es sagte R. Zeira: Komm und sieh, wie unverschämt das Land Israel war, das (dennoch) Früchte trug. Und warum trug es Früchte? Zwei Amoräer: der eine sagt, daß sie es düngten; der andere sagt, daß sie den Boden umgruben wie jemand, der ein Feld umpflügt: was oben ist, kommt nach unten, und was unten ist, kommt hinauf. Und es begab sich mit einem Mann, der im Tale von Arbel beim Pflügen war; seine Pflugschar ging tief, und brennende Erde kam hervor und verbrannte die Saat.

F. Es sagte R. Chanina, der Sohn des R. Abbahu: Es gibt siebenhundert Arten von reinen Fischen, achthundert Arten von reinen Heuschrecken und Vögel ohne Zahl. Und sie alle sind mit den Israeliten in das Exil nach Babylonien gegangen. Und als diese zurückkehrten, kehrten auch sie alle mit ihnen zurück, mit Ausnahme des Fisches, der Schibuta heißt. Wie aber konnten die Fische ins Exil gehen? R. Huna im Namen des Rab Jose: Über den Weg der Urflut gingen sie ins Exil, und auf dem Weg der Urflut kehrten sie zurück.

11. Eine andere Auslegung. „JEREMIA" (bedeutet): „Zehnmal erhob sich Jahwe" (j ram ja).

A. Zehn Wanderungen unternahm die Wesensgegenwart: Von Kerub zu Kerub; vom Kerub zur Schwelle des Tempels; und von der Schwelle des Tempels (zurück) zu den Kerubim; von den Kerubim zum östlichen Tor; vom östlichen Tor zum Vorhof; vom Vorhof zum Altar; vom Altar auf das Dach; vom Dach auf die Mauer; von der Mauer in die Stadt; von der Stadt auf den Ölberg.

B. Von Kerub zu Kerub: „*Und die Herrlichkeit des Gottes Israels erhob sich von dem Kerub, auf dem sie war*" (Ez 9,3), auf den zweiten Kerub. Vom Kerub zur Schwelle des Tempels: „*Und es erhob sich die Herrlichkeit des Herrn vom Kerub auf die Schwelle des Tempels*" (10,4). Und von der Schwelle des Hauses zu den Kerubim: „*Da ging die Herrlichkeit des Herrn hinaus von der Schwelle des Tempels und nahm wieder ihren Platz über den Kerubim ein*" (10,18).

C. „*Da ging die Herrlichkeit des Herrn hinaus von der Schwelle des Tempels*": Notwendig wäre doch nur gewesen: „Und es kam die Herrlichkeit des Herrn!"
Man trug ein Gleichnis vor. Wem gleicht die Sache? Einem König, der seinen Palast verließ und die Mauern küßte und die Säulen umarmte und sagte: Bleibe ganz, mein Haus, bleibe ganz, mein Palast! Ebenso küßte die Wesensgegenwart die Mauern und umarmte die Säulen und sagte: sei gegrüßt, mein Haus, sei gegrüßt, mein Palast!
D. Von den Kerubim zum östlichen Tor: „*Die Kerubim bewegten ihre Flügel und hoben sich vor meinen Augen vom Boden empor*" (10,19). Vom östlichen Tor zum Vorhof: „*Und der Vorhof war voll vom Glanz der Herrlichkeit des Herrn*" (10,4). Vom Vorhof zum Altar: „*Ich sah den Herrn beim Altar stehen*" (Am 9,1). Vom Altar auf das Dach: „*Besser, in einer Ecke des Daches wohnen*" (Spr 21,9). Vom Dach auf die Mauer: „*Dies zeigte er mir und siehe, der Herr stand auf einer Mauer, die mit dem Senkblei ausgerichtet war*" (Am 7,7). Von der Mauer in die Stadt: „*Horch! Der Herr ruft der Stadt zu*" (Mi 6,9). Von der Stadt auf den Ölberg: „*Die Herrlichkeit des Herrn stieg aus der Mitte der Stadt empor und blieb auf dem Berg stehen*" (Ez 11,23).
E. Es sagte R. Jochanan: Dreieinhalb Jahre verweilte die Wesensgegenwart auf dem Ölberg und verkündete dreimal an jedem Tag und rief: „*Kehrt um, ihr abtrünnigen Söhne, ich will eure Abtrünnigkeit heilen*" (Jer 3,22). Und als sie nicht umkehrten, begann die Wesensgegenwart in der Luft zu schweben und diesen Vers zu rezitieren: „*Ich gehe weg, ich kehre an meinen Ort zurück, bis sie mich schuldbewußt suchen, bis sie in ihrer Not wieder Ausschau halten nach mir*" (Hos 5,16).

12. A. Eine andere Auslegung. „JEREMIA" (heißt er), weil in seinen Tagen der Tempel zu einer Einöde *(eremon)* wurde. Eine andere Auslegung. „JEREMIA„ (heißt er), weil in seinen Tagen die göttliche Eigenschaft des Gerichts erhöht wurde *(nitromema)*.
B. „SOHN HILKIJAS". Es sagte R. Juda beR. Simon: (Er war) aus demselben Stamm, von dem geschrieben steht: „*Ich bin dein Besitz* (chelqekha) *und dein Erbteil*" (Num 18,20).
C. Es sagte R. Samuel bar Nachman: Vier sind es, die aus einer angegriffenen Familie stammen, und zwar Pinhas, Urija, Ezechiel und Jeremia.
D. (Bei) Pinhas findest du: in der Stunde, als er kam, die Stammbäume der Israeliten festzustellen, sagten sie zu ihm: Du kommst, unsere Stammbäume festzustellen? Mit wem war denn Eleasar verheiratet? Nicht etwa mit der Tochter Putiëls? Steht nicht so geschrieben: „*Und Eleasar, der Sohn Aarons, nahm eine Tochter Putiëls zur Frau*" (Ex 6,25)? Und du kommst, unsere Stammbäume festzustellen?! Und als der Heilige, geprie-

sen sei er, sah, daß sie ihn verachteten, begann er, seinen Stammbaum festzustellen: „Pinhas, der Sohn Eleasars, des Sohnes des Priesters Aaron" (Num 25,11) – Priester, Sohn eines Priesters, Eiferer, Sohn eines Eiferers.

E. Urija verachteten die Israeliten und sagten: Ist er nicht ein Gibeoniter? „Damals wirkte noch ein Mann als Prophet im Namen des Herrn, Urija, der Sohn Schemajas, aus Kirjat-Jearim" (Jer 26,20). Und es steht geschrieben: „und ihre Städte, Gibeon, Kefira, Beerot und Kirjat-Jearim" (Jos 9,17). Deshalb mußte die Schrift seinen Stammbaum feststellen: „Und ich nahm mir zuverlässige Zeugen, den Priester Urija" (Jes 8,2).

F. Ezechiel verachteten die Israeliten und sagten: Gehört er nicht zu den Nachfahren der Dirne Rahab? Deshalb mußte die Schrift seinen Stammbaum feststellen: „Es erging das Wort des Herrn an Ezechiel, den Sohn Busis, den Priester" (Ez 1,3).

G. Jeremia verachteten die Israeliten und sagten: Gehört er nicht zu den Nachfahren der Dirne Rahab? Deshalb mußte die Schrift seinen Stammbaum feststellen: „DIE WORTE JEREMIAS, DES SOHNES HILKIJAS".

13. „VON DEN PRIESTERN, WELCHE...".
Es sagte R. Berekhja: Jeremia sagte: Belastet ist mein Name bei den Priestern.
In den Tagen Moses (sagten die Priester): „Der Herr segne dich" (Num 6,24); in meinen Tagen aber (heißt es: „und er wird von ihnen den Fluch herleiten" (Jer 29,22).
In den Tagen Moses (sagten die Priester): „Und er behüte dich" (Num 6,24); in meinen Tagen aber heißt es: „Wer dem Tod verfallen ist, zum Tod!" (Jer 15,2; 43,11).
In den Tagen Moses (sagten die Priester): „Der Herr lasse sein Angesicht über dich leuchten" (Num 6,25); in meinen Tagen aber (heißt es): „Im Finstern ließ er mich wohnen, wie längst Verstorbene" (Klgl 3,6).
In den Tagen Moses (sagten die Priester): „Und er sei dir gnädig" (Num 6,25); in meinen Tagen aber (heißt es): „Ich aber werde euch keine Gnade mehr schenken" (Jer 16,13).
In den Tagen Moses (sagten die Priester): „Der Herr wende sein Angesicht dir zu" (Num 6,26); in meinen Tagen aber (heißt es): „Ein Volk mit frechem Gesicht, das nicht das Angesicht zuwendet dem Greis" (Dtn 28,50).
In den Tagen Moses (sagten die Priester): „Und er schenke dir Heil" (Num 6,26); in meinen Tagen aber (heißt es): „Denn ich habe diesem Volk mein Heil entzogen – Spruch des Herrn –, die Güte und das Erbarmen" (Jer 16,5).

14. „IM LAND BENJAMIN."
A. Sein Anteil lag im Lande Benjamins. Warum Benjamin? Der Segen unseres Vaters Jakobs, daß er zwölf Stämme zeugen werde, erfüllte sich erst, als Benjamin geboren war. Ebenso wurde die Weissagung aller Propheten, die gegen Jerusalem weissagten, erst ganz klar, als Jeremia auftrat.
B. Oder: Warum Benjamin? Solange Benjamin im Leib seiner Mutter war, starb sie nicht; doch als er aus ihr herausging, starb sie. Das bedeutet der Schriftvers: „*Und es geschah beim Herausgehen, da starb ihre Seele*" (Gen 35,18). Ebenso wurde Jerusalem all die Tage, die Jeremia darin war, nicht zerstört; doch als er von dort herausging, wurde es zerstört. Davon sagt Jeremia: „*Du hast mich betört, o Herr, und ich ließ mich betören*" (Jer 20,7); verlockt hast du mich, und ich habe mich verlocken lassen; du hast mich aus ihr herausgehen lassen und hast sie zerstört. Gestern hast du mir gesagt: „*Hanamel, der Sohn deines Onkels Schallum, wird zu dir kommen und sagen: Kauf dir meinen Acker*" (32,7); und nun „*hast du mich gepackt und überwältigt*" (20,7).
C. Oder: Wie Benjamin der letzte aller Stämme ist, so ist Jeremia der letzte aller Propheten. Haben aber nicht nach ihm Haggai, Sacharja und Maleachi geweissagt? R. Leazar und R. Samuel bar Nachman. R. Leazar sagt: Sie waren nur Kurzfassungen der Prophetie. R. Samuel bar Nachman sagte: Die Prophetie war ihnen, nämlich Haggai, Sacharja und Maleachi, schon (früher) anvertraut worden.
D. R. Leazar und R. Jochanan. R. Leazar sagt: Alle Propheten haben mit Worten der Zurechtweisung begonnen und mit Trostworten geendet, ausgenommen Jeremia, der mit Worten der Zurechtweisung endete und sagte: „*So soll Babel versinken und nicht wieder hochkommen*"(51,64).
R. Jochanan aber sagte: Auch er hat mit Trostworten geendet. Da er immer wieder den Untergang des Tempels weissagte, könnte (man glauben), daß er auch mit dem Untergang des Tempels endete. Doch die Bibel lehrt: „*So weit reichen die Worte Jeremias*" (51,64); mit dem Sturz seiner Zerstörer hat er geendet:
Und hat nicht auch Jesaja mit Worten der Zurechtweisung geendet? Es steht doch geschrieben: „und ein Ekel sind sie für alle Welt" (Jes 64,24)! — Da hat er sich mit den Völkern befaßt.
Aber es steht doch geschrieben: „*Hast du uns denn ganz verworfen*" (Klgl 5,22)? „*Laß uns umkehren*" (5,21) (ist) unter „*hast du uns denn ganz verworfen?*" (hinzuzufügen).

15. „AN IHN ERGING DAS WORT DES HERRN ZUR ZEIT DES KÖNIGS JOSCHIJA VON JUDA... BIS ZUM ENDE DES ZEHNTEN JAHRES DES KÖNIGS ZIDKIJA VON JUDA, DES SOHNES JOSCHIJAS, ALS IM FÜNFTEN MONAT JERUSALEM IN DIE VERBANNUNG ZIEHEN MUSSTE" (1,1–3).

A. Es sagte R. Abun: Ein Löwe kam herauf im Sternzeichen des Löwen und zerstörte den Löwen Gottes *(Ariël)*. Ein Löwe kam herauf, nämlich der Frevler Nebukadnezzar, von dem ja geschrieben steht: „*Der Löwe ist aus dem Dickicht heraufgekommen*" (4,7). Im Sternzeichen des Löwen, „ALS IM FÜNFTEN MONAT JERUSALEM IN DIE VERBANNUNG ZIEHEN MUSSTE". Und zerstörte den Löwen Gottes: „*Weh dir, Ariël, Ariël, du Stadt, wo David gelagert hat*" (Jes 29,1).

B. (Dies ist geschehen,) damit einst ein Löwe im Sternzeichen des Löwen kommen und den Löwen Gottes aufbauen wird. Ein Löwe wird kommen, nämlich der Heilige, von dem geschrieben steht: „*Der Löwe brüllt – wer fürchtet sich nicht*" (Am 3,8)? Im Sternzeichen des Löwen: „*ich verwandle ihre Trauer in Jubel*" (Jer 31,31). Und er wird den Löwen Gottes aufbauen: „*Der Herr baut Jerusalem wieder auf, er sammelt die Versprengten Israels*" (Ps 147,2).

An den drei Sabbaten vor dem 9.Ab, dem Jahrestag der Zerstörung des Tempels, predigt man über die Prophetenlesung. Unser Text ist für den ersten dieser Sabbate bestimmt, sein Thema die Unheilsverkündigung Jeremias. Auch hier haben wir eine Literaturpredigt vorliegen, die in dieser Form kaum einmal gehalten wurde; sie enthält eine Fülle von alternativen Auslegungen und Anwendungen, aus denen ein Prediger wählen konnte. Dennoch ist sie eine gut aufgebaute, in sich geschlossene literarische Einheit; dies zeigen unter anderem eine Reihe von Entsprechungen zwischen der ersten und der zweiten Hälfte der Predigt, die ihr eine gewisse Symmetrie und Ausgewogenheit verleihen (so kehrt z. B. der Löwe aus Jer 4,7 in 1 C und 15 A wieder, also ganz zu Beginn und zum Schluß der Predigt; das Motiv der Betörung in 2 und 14, jenes der Prophetie in 3 und 14, die Abstammung Jeremias von Rahab in 5 und 12 usw.). Die Abschnitte 1–6 sind Petichot; daran schließt sich der Hauptteil, die Auslegung von Jer 1,1–3; Abschnitt 15 leitet direkt in den tröstlichen Ausklang über, ist also die Chatima, auf die aber der Prediger schon ab Abschnitt 9 mit wiederholten Ankündigungen der kommenden Erlösung hinweist. Es gelingt ihm, von den knappen Angaben der Einleitung des Jeremia-Buches her eine volle Charakterisierung des Propheten und seiner Botschaft auszubreiten.

Die Wahl des ersten Peticha-Verses, Jes 10,30, der eine Reihe von Stationen beim Anmarsch der Assyrer gegen Jerusalem nennt, ist neben der allgemeinen Thematik, die der Text mit Jeremia gemeinsam hat, vor allem durch die Nennung von Anatot bestimmt: dieses Dorf bei Jerusalem ist ja die Heimat Jeremias. Die angeführten Ortsnamen allegorisch deutend, sieht der Prediger hier Israel als Tochter der heimatlosen Patriarchen (1 B); deren Los muß es übernehmen, wenn es nicht auf die Worte der Tora hört. Lajescha erinnert an den Löwen *(laisch)* Nebukadnezzar (1 C). Da Israel nicht auf das Wort Jesajas gehört, nicht geantwortet hat, bleibt es arm an guten Werken und muß schließlich die Unheilsankündigungen des Mannes aus Anatot hören (1 D). Dieses Grundmotiv bestimmt auch die folgenden Petichot: nur weil Israel nicht auf frühere Belehrung und Mahnung gehört hat, war die Prophetie Jeremias notwendig.

Die zweite Peticha verbindet die Mahnung Jeremias mit jener Salomos. Die

Umdeutung von „hinaus" in „Kot" in Jes 30,22 (2 A) entspricht übrigens einer Textkorrektur, die auch die moderne kritische Ausgabe der hebräischen Bibel vorschlägt. Die Verbindung von Spr 1,23 mit Ez 1,3 in 2 D ist durch die Fortsetzung in Ez 1,4 bedingt; die Ankündigung des Geistes (ruach) Gottes verbindet mit dem Sturmwind (ruach), den Ezechiel kommen sieht. Da aber Israel auf die Mahnung Salomos nicht gehört hat, kann es auch nicht zur Geistausgießung durch Ezechiel kommen, müssen sich zuerst die Unheilsworte Jeremias erfüllen.

Abschnitt 3 geht es um die dauernde Geltung der Worte der Propheten, zu denen natürlich auch Mose gehört (Dtn 18,18). Schon hier mag die Frage mitschwingen, was diese Texte in der prophetenlosen Zeit des Predigers und seiner Gemeinde bedeuten. Gegen Schluß der Predigt (14 C–D) kommt das Thema nochmals. Noch immer muß Israel mit den von Jeremia angekündigten Folgen rechnen, wenn es sich nicht an die Worte des Propheten Mose hält.

In 4 B–C versteht R. Abba bar Kahana die Geschichte von der Dirne Rahab in Jose 2 als Gegensatz zum Verhalten Israels. Die verächtliche Frau, noch dazu eine Nichtjüdin, beschämt Israel. Die hier angewandte Form der Auslegung lebt von der detaillierten Gegenüberstellung eines Bibeltextes mit anderen und braucht keine weitere Erklärung; auch in 8 E und 13 finden wir dieselbe Methode wieder. Sie setzt natürlich wie jede rabbinische Exegese die Einheit der Schrift voraus. In Jos 2,6 übersetzt man gewöhnlich „Flachsstengel"; in 4 C ist es als „Holzspäne" wiedergegeben, um die Entsprechung zu Jer 2,27 erkennen zu lassen.

4 D verbindet Spr 17,2 mit Jer 37,12; dabei ist vorausgesetzt, daß der Leser die Fortsetzung des Verses kennt: Jeremia will Jerusalem verlassen, in das Land Benjamin gehen, *lachaliq mi-scham „inmitten seines Volkes"*. Die Einheitsübersetzung versteht wie Rab: „um dort mit seinen Verwandten ein Erbe zu teilen"; *L. Zunz* übertrug: *„von da in die Mitte des Volkes zu entschlüpfen"*. Diese Mehrdeutigkeit des Zeitworts, verstärkt durch das Fehlen eines Objekts, führt R. Benjamin zu seiner Deutung: in dieser Notsituation kann sich doch Jeremia nicht um banale Erbangelegenheiten gekümmert haben! Auffällig ist, daß der Schluß von 4 D die Worte *„des Sohnes Hilkijas"* nicht bringt; denn gerade dieser Name Chilqija läßt an das Teilen *(chalaq)* denken.

Daß Israel bei der Landnahme die Vorbewohner nicht völlig vertrieben, sondern Rahab und ihre ganze Sippe – und nicht nur Rahab selbst mit ihrem Besitz, wie in Jos 6,22 von Josua befohlen – im Land gelassen hat, gerät jetzt zum Bumerang; in der Person Jeremias, eines Nachfahren Rahabs, verwirklicht sich die Drohung von Num 33,55. Die Unheilpredigt Jeremias ist eine direkte Konsequenz davon, wie Peticha 5 meint. Hätte man sich in allem strikt an die Tora gehalten, dann hätte es den Propheten Jeremia nicht gebraucht.

Abschnitt 6 gleicht die Verheißung des Propheten gleich Mose in Dtn 18 mit der Aussage von Dtn 34 aus, daß ein Prophet wie Mose nicht mehr aufgetreten ist. Doch tut es der Prediger nicht mit dem Hinweis auf die Endzeit, in der dieser Prophet kommen wird; vielmehr ist Jeremia der Prophet gleich Mose, aber eben nur in gewisser Hinsicht, in den Zurechtweisungen wie im persönlichen Schicksal, und somit eben doch nicht in vollem Sinn.

Der Hauptteil setzt in 7 mit der durch Beispiele belegten allgemeinen Feststellung ein, daß „Wort, Worte, die Worte" gewöhnlich eine negative Aussage eröffnet. Solche rabbinischen Verallgemeinerungen sind allerdings nie mehr als Annäherungwerte und nicht zu pressen. 8 A rechtfertigt zuerst die Tatsache, daß Nebukadnezzar gleich in drei Büchern der Bibel genannt ist, obwohl die Bibel an sich keine unnötigen Wiederholungen enthalten darf. Die Bezeichnung Nebukadnezzars als Zwerg beruht auf Dan 4,14, wo er sich selbst „*den Niedrigsten der Menschen*" nennt. B faßt den Namen Jeremia als Bezeichnung seiner Person auf, scheint also den Namen in Anklang an das griechische Wort *eremos*, „einsam", zu verstehen, Jeremia als Künder der Einsamkeit zu sehen. C wiederum sieht den Tod als Hauptinhalt seiner Verkündigung, liest also offenbar *dibre*, „Worte", als Plural von *deber*, „Pest, Tod".

8 D vokalisiert statt *dibre debari*, so daß es heißt: „Mein Wort, Jeremia…" Das Prophetenwort ist dem Gotteswort gleichzuhalten. E setzt die Vokalisierung *debarai* voraus, „meine Worte", und denkt an das Zehnwort vom Sinai. Jedem der zehn Worte („Gebote") aus Ex 20 steht ein Prophetenwort als Beleg dafür gegenüber, daß Israel sich nicht an die zehn Worte Gottes, den Inbegriff seiner Weisung schlechthin, gehalten hat. Jer 7,9 als Kurzfassung des Dekalogs mag diesen Vergleich angeregt haben.

Auch 9 beruht auf einer Umdeutung von *dibre*, „Worte", faßt es als das aramäische Verb *debar*, „führen, wegschicken", auf. Warum führt nicht Jeremia sein Volk in das von ihm angekündigte Exil, zumal er in 40,1 schon unter denen ist, die nach Babel weggeführt werden sollen? Die Erklärung von A meint, daß Jeremia verstanden habe, daß Gott Israel im Exil mehr nützen kann als er selbst. B führt die Sonderbehandlung Jeremias durch die Babylonier auf eine direkte Weisung Nebukadnezzars zurück. Jeremia wollte ja unbedingt das Schicksal seines Volkes teilen, konnte aber nicht. Nebusaradan beschimpft ihn als Lügenpropheten: ist er doch selbst unglücklich, daß sich seine eigene Weissagung verwirklicht und der vom Bablonier verächtlich „Winkel" genannte Tempel zerstört wird; auch scheint er sich gegen die Bestrafung des Volkes zu wehren. „Strafen – Verbote" ist im Hebräischen ein Wortspiel: *jissurin – issurin*.

Doch Gott selbst, so C, bringt schließlich Jeremia dazu, zurückzubleiben. „*Das Wort, das vom Herrn an Jeremia erging*" (Jer 40,1) wird im folgenden nicht präzisiert; die kritische Ausgabe des hebräischen Textes schlägt daher vor, diese Worte zu streichen. Für die Rabbinen wäre das ein unmögliches Vorgehen; wo etwas Erwartetes im Text fehlt, muß man dies aus dem Zusammenhang erschließen: hier muß das nicht angeführte Wort Gottes den Sinneswandel des Jeremia bewirkt haben, doch in Jerusalem zu bleiben. Das unnötig scheinende „und" in der Wendung „*Und er war mit Handschellen…*" gilt dem Ausleger als Hinweis, daß neben Jeremia ein anderer mitgemeint ist, nämlich Gott selbst, der in Handschellen das Schicksal seines gefangenen Volkes teilt. Dieses Motiv des mit seinem Volk, das er strafen muß, mitleidenden Gottes kehrt in der rabbinischen Literatur immer wieder. Das Wort, mit dem Gott Jeremia zum Umdenken bringt, ist seine Zusage der Erlösung (D). Die Einleitung des Buches Jeremia nennt in diesem Verständnis nicht nur „die Worte Jeremias", seine Unheilsverkündigung, sondern enthält auch schon „die Worte an Jeremia", die Ankündigung der Erlösung. Im Unheilswort selbst liegt schon das Trostwort eingeschlossen; der mitleidende Gott bleibt bei seinem Volk.

Der in das verwüstete Land zurückkehrende Jeremia beweint das Schicksal seines Volkes (9 E), erhebt die Klage über das Land (10 A–C) mit dem Vers Jer

9,9. Wenn das Vieh geflohen ist (C), ist es selbstverständlich, daß man die Herde *(miqne)* nicht mehr hört; daher liest es der Ausleger mit anderer Vokalisierung als *meqane*: wie ein Gatte vor Gericht „seine Eifersucht erklärt", seiner Frau den Umgang mit bestimmten Männern verbietet, so auch Gott, eifersüchtig wegen des Götzendienstes Israels (B).

Die andere Möglichkeit, diese Verdoppelung Herde – Vieh zu vermeiden, ist eine Umdeutung von Vieh *(behema)*, die C voraussetzt (explizit in Joma 54a): der Zahlenwert des Wortes ist 52; somit kann man verstehen: „*Von den Vögeln des Himmels ist auf 52 (Jahre) alles geflohen.*" Eine Jahrwoche lang, sieben Jahre, verwirklichte Gott den bei Mißachtung des Bundes angedrohten Fluch von Dtn 29 (10 E); so muß der Erzähler erklären, wie trotzdem noch Leute wie die Samaritaner in diesen Jahren im Land leben konnten.

In die Schilderung des verwüsteten Landes fügt der Text zwei Abschnitte über die Fürsorge Gottes gegenüber den Verbannten.

Laut D hat er für sie in Babylonien schon vorgesorgt; die süßen Datteln sollten sie zur Süßigkeit der Tora führen, deren Studium und Erfüllung Voraussetzung der Erlösung ist. Aber auch alle gewohnten reinen Tiere begleiteten Israel in das Exil (F): damit konnte Israel sich auch dort voll an die Speisegesetze halten; zugleich überstanden die reinen Tiere im Exil die Jahre der völligen Vernichtung, von denen zuvor die Rede war. Die Fische konnten natürlich nicht auf dem Landweg kommen, sondern schwammen durch die Urflut, die sich unter der Erde hinzieht. Mit der Rückkehr der Tiere nach dem Exil konnte Israel dann auch daheim wieder ein voll der Tora entsprechendes Leben aufnehmen. Doch ganz so wie früher ist es nicht mehr geworden, zumindest ein Fisch ist nicht zurückgekehrt. Sein Name *schibuta* läßt wohl an *schebet* denken, den Herrscherstab: die davidische Dynastie wurde nicht wieder eingesetzt.

11 zerlegt den Namen Jeremias in drei Teile und findet so darin einen Hinweis auf die zehn Stationen, in denen sich die Schekhina aus dem Tempel entfernt hat. Diese verbreitete rabbinische Tradition, die sich vor allem auf Ez 10f stützt, betont, wie ungern und zögernd Gott den Tempel verläßt. Besonders C macht dies deutlich: Warum sagt Ez 10,18, daß die Wesensgegenwart von der Schwelle *hinausging*? Sie kehrt doch wieder zu den Keruben zurück! Einfacher wäre die Formulierung gewesen: sie kam zu den Keruben. Der Text hebt somit die Unentschlossenheit, das Hin- und Hergerissensein der Wesensgegenwart hervor; die Verabschiedung des Königs von seinem Haus „Lebe wohl" könnte auch übersetzt werden: „bleibe heil, bleibe ganz". An Gott liegt es also nicht, daß der Tempel zerstört wird; nur die Sünden seines Volkes zwingen ihn, dies zuzulassen. 11 E erinnert an die Vorzeichen, die laut Josephus (Jüdischer Krieg 6,288 ff) schon Jahre vor der Zerstörung des Tempels durch Titus einsetzten. Doch endet auch dieser Abschnitt positiv: Gott wendet sich ja nur auf Zeit ab; in der Not wird ihn das Volk suchen, was die Voraussetzung für seine Wiederkehr ist.

12 fährt mit der Auslegung des Namens Jeremias fort, wobei B in Hilkija („Mein Anteil ist Ja[hwe]") seine Zugehörigkeit zum Stamm Levi angedeutet sieht. Daß die Bibel seine priesterliche Herkunft explizit hervorhebt, geht laut C wie bei Pinhas, Urija und Ezechiel auf Vorwürfe zurück, denen diese Männer ausgesetzt waren. Bei Pinhas (D) bereitet die Angabe von Ex 6,25 Probleme, daß er mütterlicherseits von Putiël abstammt. Diesen erwähnt die Bibel sonst nie;

damit erhebt sich wie bei anderen Namenslisten die Frage nach dem religiösen Nutzen dieser Information, ergibt sich die Notwendigkeit der Auslegung des Namens. Wie der Talmud (Baba Batra 109b) ausführt, identifiziert man Putiël mit einer bekannten Gestalt, Jitro, und sieht in diesem neuen Namen einen seiner Eigenschaften angedeutet: er mästete *(patam)* Kälber für Götzenopfer. Den Propheten Urija (E) bringt man wegen seiner Herkunft aus Kirjat-Jearim mit den laut Jos 9,23 für immer verfluchten Gibeonitern in Verbindung; daß dieser Urija aus zeitlichen Gründen nicht der Priester Urija aus Jes 8,2 sein kann, stört die Rabbinen nicht. Daß man gegen Ezechiel (F) den selben Vorwurf wie gegen Jeremia erhebt, scheint mit der allerdings nur spät belegten Tradition zusammenzuhängen, die Ezechiels Vater Busi mit Jeremia identifiziert. Die Bezeichnung als Priester ist somit auch hier die Ehrenrettung. Auch bei Jeremia (G) ist dies entsprechend der Fortsetzung des Bibeltextes als selbstverständlich vorausgesetzt, wird aber wegen der Formulierung Thema eines eigenen Abschnittes.

Daß Jeremia nicht einfach ein Priester genannt wird, sondern „von den Priestern" (13), ist Anlaß weiterer Auslegung. Die rabbinische Auslegungsregel der „Ausschließung" besagt, daß „von" *(min)* eine Minderung bedeutet; die Aussage gilt nicht voll. Demnach wäre Jeremia zwar Priester, doch nicht im Vollsinn. Den Abstieg gegenüber den Anfängen des Priestertums verdeutlicht eine Gegenüberstellung von Schriftversen: je einem Stück aus dem Priestersegen von Num 6 steht als Kontrast ein Vers aus Jeremia und den ihm zugeschriebenen Klageliedern, einmal aber auch aus dem Jeremia in manchen Punkten verwandten Deuteronomium gegenüber.

In 14 geht der Autor auf die Bedeutung der Herkunft Jeremias aus Benjamin ein. A arbeitet mit einem Wortspiel: der Segen erfüllt sich – die Weissagung wird klar *(nitbarekh – nitbarer)*. B greift nochmals das Thema von 9 auf, warum Jeremia Jerusalem verlassen hat. Im Gegensatz zu den Frevlern von 2, die Betörung lieben, deshalb nicht zu den Götzen sagen: „Hinaus!", hat Jeremia sich von Gott betören lassen, aus der Stadt herauszugehen. Die Klage des Propheten, von Gott betört worden zu sein (Jer 20,7), gilt dem Prediger also nicht von der Sendung Jeremias insgesamt; Jeremia ist für ihn kein Prophet wider seinen Willen, doch will er die heilige Stadt nicht im Stich lassen, sie nicht der Zerstörung preisgeben. Für den Zusammenhang mußte auch Gen 35,18 anders als üblich übersetzt werden.

14 C leitet aus der Herkunft Jeremias aus Benjamin ab, daß er der letzte Prophet ist, und bekommt damit natürlich Probleme mit der allgemein anerkannten Chronologie der Propheten. Daß Ezechiel nach Jeremia kommt, wird gar nicht erwähnt, vielleicht, weil er allein nicht im Land Israel wirkt und somit ein Fall für sich ist. Haggai, Sacharja und Maleachi sind nach dieser Auffassung keine eigenständigen Propheten mehr bzw. haben ihre Inspiration schon früher, offenbar in der Zeit des Tempels, erhalten; nach Auffassung mancher Rabbinen ist ja mit dem Tag der Tempelzerstörung den Propheten die Prophetie genommen worden (Baba Batra 12a–b).

14 D geht es um das Prinzip, daß alle Propheten mit positiven Aussagen enden. Dazu zählen auch Ankündigungen des Untergangs der Feinde Israels. Die Klagelieder enden jedoch negativ; daher hilft man sich in der liturgischen Lesung, indem man nach dem Schluß nochmals den vorletzten Vers liest. Dieses Prinzip

des guten Endes ist Vorbild für jede rabbinische Predigt, so auch hier. Der Abschnitt 15 greift den Anfang der gesamten Predigt wieder auf und schließt damit ihren Kreis: doch nennt er nicht nur das schon in der Einleitung des Buches Jeremia zusammengefaßte Unheil, das der Löwe Nebukadnezzar über Jerusalem bringt, die als „Löwe Gottes" bezeichnete heilige Stadt (A); vielmehr stellt er dem Unheil die von Gott erwartete genaue Umkehrung der Verhältnisse am Ende der Zeiten gegenüber (B).

3) Das Licht des Messias: Jes 60,1–2 (Pesiqta Rabbati 36)

„AUF, WERDE LICHT, DENN ES KOMMT DEIN LICHT, UND DIE HERRLICHKEIT DES HERRN GEHT LEUCHTEND AUF ÜBER DIR" (60,1).

A. Da ist es, was im heiligen Geist durch David, den König Israels, gesagt wurde: „*Denn bei dir ist die Quelle des Lebens, in deinem Licht schauen wir das Licht*" (Ps 36,10). Worauf bezog David diesen Bibelvers? Er bezog ihn allein auf die Gemeinde Israels. Sie sagte vor dem Heiligen, gepriesen sei er: Herr der Welt! Um der Tora willen, die du mir gegeben hast und die „*Quelle des Lebens*" heißt, werde ich in der kommenden Zeit dein Licht genießen.

B. Was (bedeutet): „*In deinem Licht schauen wir das Licht*"? Welches ist das Licht, nach dem die Gemeinde Israels Ausschau hält? Es ist das Licht des Messias; denn es heißt: „*Und Gott sah das Licht, daß es gut war*" (Gen 1,4). Das lehrt, daß der Heilige, gepriesen sei er, den Messias und seine Werke schaute, ehe die Welt erschaffen war, und seinen Messias für seine Generation unter dem Thron seiner Herrlichkeit verbarg.

C. Es sagte der Satan vor dem Heiligen, gepriesen sei er: Herr der Welt! Für wen ist das Licht, das unter dem Thron deiner Herrlichkeit verborgen ist? Er antwortete ihm: Für den, der dich einst zurückweisen und mit der Schmach des Angesichts beschämen wird. Er antwortete ihm: Herr der Welt, zeig ihn mir! Er sagte ihm: Komm und sieh ihn an. Und als er ihn sah, erzitterte er und fiel auf sein Gesicht und sagte: Fürwahr, das ist der Messias, der mich und alle Fürsten der Weltvölker in das Gehinnom werfen wird; denn es heißt: „*Er beseitigt den Tod für immer. Gott, der Herr, wischt die Tränen ab von jedem Gesicht*" (Jes 25,8).

D. In jener Stunde erregten sich die (Fürsten der) Völker. Sie sagten vor ihm: Herr der Welt, wer ist dieser, durch dessen Hand wir fallen werden? Was ist sein Name? Was ist seine Art? Es sagte ihnen der Heilige, gepriesen sei er: Es ist der Messias. Und sein Name ist Efraim, Messias meiner Gerechtigkeit. Und er wird aufrichten seine Gestalt und die Gestalt seiner Generation und er wird die Augen Israels erleuchten und sein Volk erlösen. Und kein Volk und keine Zunge wird gegen ihn bestehen können; denn es heißt: „*Kein Feind soll ihn täuschen, kein ruchloser Mensch kann ihn bezwingen"* (Ps 89,23). Und all seine Feinde und seine Bedränger wenden sich zur Flucht; denn es heißt: *„Vor ihm will ich die Feinde zerschmettern"* (V. 24). Und sogar die Flüsse hören auf, in das Meer (zu fließen); denn es heißt: *„Und ich lege seine Hand auf das Meer und über die Ströme seine Rechte"* (V. 26).

E. Es begann der Heilige, gepriesen sei er, mit ihm Bedingungen festzusetzen, und sagte: Die Sünden derer, die bei dir verborgen sind, werden dich in ein ehernes Joch bringen und dich gleich einem Kalb machen, dessen Augen trüb geworden sind. Und sie werden deinen Geist im Joch würgen. Und wegen ihrer Sünden wird deine Zunge dir am Gaumen kleben. Bist du damit einverstanden?

Es sagte der Messias vor dem Heiligen, gepriesen sei er: Diese Bedrängnis wird doch nicht viele Jahre währen? Der Heilige, gepriesen sei er, antwortete im: Bei deinem Leben und beim Leben meines Hauptes, eine Woche habe ich über dich beschlossen. Wenn aber deine Seele betrübt ist, werde ich jene schon jetzt verbannen.

Er sprach vor ihm: Herr der Welten! Im Jubel meiner Seele und in der Freude meines Herzens nehme ich es auf mich, damit auch nicht einer aus Israel verloren gehe. Und nicht nur die Lebenden sollen in meinen Tagen gerettet werden, sondern auch die Toten, die seit den Tagen des ersten Menschen bis heute gestorben sind. Und nicht nur diese, sondern auch die Fehlgeburten sollen in meinen Tagen gerettet werden; und nicht nur diese sollen in meinen Tagen gerettet werden, sondern auch jeder, den zu erschaffen du gedacht hast und der dann doch nicht erschaffen wurde. Das möchte ich und dafür nehme ich es auf mich.

In jener Stunde bestimmt ihm der Heilige, gepriesen sei er, vier Lebewesen, den Thron der Herrlichkeit des Messias zu tragen.

F. In jener Stunde sagten seine Feinde und die Fürsten der Reiche: Kommt, erheben wir Anklage gegen die Generation des Messias, damit sie nie erschaffen werde. Es sagte zu ihnen der Heilige, gepriesen sei er: Wie erhebt ihr Anklage gegen diese Generation, die lieb und angenehm ist? Und ich freue mich über sie und ich habe Wohlgefallen daran; ich werde sie unterstützen und sie hat mein Wohlwollen; denn es heißt: *„Seht, das ist mein Knecht, den ich stütze usw."* (Jes 42,1). Wie aber könnt ihr gegen sie Anklage erheben? Siehe, ich vernichte *„euch alle, die ihr Feuer legt und Brandpfeile entzündet"* (Jes 50,11). Aber nicht eine Seele werde ich vernichten. Deshalb heißt es: *„Denn bei dir ist die Quelle des Lebens, in deinem Licht schauen wir das Licht"* (Ps 36,10).

G. Sie sagten: In der Woche, in der der Sohn Davids kommt, bringt man Eisenbalken und legt sie ihm auf den Nacken, bis seine Gestalt gebeugt ist. Und er schreit und weint und seine Stimme steigt empor zur Höhe. Er sagt vor ihm: Herr der Welt! Wie groß wird meine Kraft sein, wieviel wird mein Geist, wieviel wird meine Seele und wieviel werden meine Glieder aushalten? Bin ich denn nicht Fleisch und Blut? Über diese Stunde weinte David und sagte: „*Meine Seele ist trocken wie eine Scherbe*" (Ps 22,16).

In dieser Stunde sagte ihm der Heilige, gepriesen sei er: Efraim, Messias meiner Gerechtigkeit, du hast es schon seit den sechs Tagen der Schöpfung auf dich genommen. Nun sei dein Schmerz wie mein Schmerz. Denn seit dem Tag, da der Frevler Nebukadnezzar heraufzog und mein Haus zerstörte, meinen Tempel verbrannte und meine Kinder unter die Weltvölker verbannte, bin ich – bei deinem Leben und beim Leben meines Hauptes! – nicht zu meinem Thron hineingegangen. Und wenn du das nicht glaubst, siehe den Tau, der auf meinen Kopf gefallen ist; denn es heißt: „*Mein Kopf ist voll Tau, aus meinen Locken tropft die Nacht*" (Hld 5,2). In jener Stunde sagte er vor ihm: Nun hat sich mein Geist beruhigt. Es genügt dem Knecht, daß er sei wie sein Herr.

H. Es sagte R. Levi: In der Stunde, da der Heilige, gepriesen sei er, zur Gemeinde Israels sagt: „AUF, WERDE LICHT, DENN ES KOMMT DEIN LICHT", sagt sie vor ihm: Herr der Welt, stell du dich an unsere Spitze! In dieser Stunde sagt der Heilige, gepriesen sei er, zu ihr: Meine Tochter, schön sprichst du; denn es heißt: „*Der Geliebte antwortete mir: Steh auf, meine Freundin, meine Schöne, so komm doch*" (Hld 2,10)!

I. Eine andere Auslegung: Wem gleicht die Gemeinde Israels in dieser Welt? Einem Lahmen, der nicht gehen und kommen kann. Und die Weltvölker verspotten sie und sagen ihr Tag für Tag: Wo ist dein Gott? Warum rettet er dich nicht? Sie antwortet ihnen: Mir ist ein Tag (bestimmt), an dem sich mein König über mir offenbaren wird, an dem er mir Kraft geben und mich auf meine Füße stellen wird; denn es heißt: „*Die Schwachen werden unterdrückt, die Armen seufzen. Darum spricht der Herr: Jetzt stehe ich auf, dem Verachteten bringe ich Heil*" (Ps 12,6).

J. Es sagte R. Isaak: Das Jahr, in dem sich der Messiaskönig offenbaren wird, werden alle Könige der Weltvölker einander bekämpfen. Der König Persiens kämpft gegen den König Arabiens. Und der König Arabiens geht nach Edom, um von ihnen Rat einzuholen. Und der König Persiens kehrt zurück und zerstört die ganze Welt. Und alle Völker der Welt werden erschüttert und entsetzt sein und auf ihre Gesichter fallen; und Wehen werden sie erfassen wie die Wehen einer Gebärenden. Auch Israel wird erschüttert und entsetzt sein und sich fragen: Wohin sollen wir gehen? Wohin sollen wir kommen? Und er wird ihnen sagen: Meine Kinder, fürchtet euch nicht! Alles, was ich getan habe, habe ich nur um euretwillen getan. Warum fürchtet ihr euch? Fürchtet euch nicht! Gekommen ist die Zeit eurer Erlösung. Doch nicht wie die erste Erlösung wird die letzte Erlösung sein. Denn nach der ersten Erlösung traf euch Schmerz und Verknechtung durch die Reiche; doch nach der letzten Erlösung trifft euch kein Schmerz und keine Verknechtung durch die Reiche mehr.

Predigtmidraschim: Das Licht des Messias 173

K. Es lehrten unsere Meister: In der Stunde, da der Messiaskönig sich offenbaren wird, kommt er und steht auf dem Dach des Tempels. Und er läßt Israel hören und sagt zu ihnen: Ihr Geduldigen, gekommen ist die Zeit eurer Erlösung! Und wenn ihr nicht glaubt, seht doch das Licht, das über euch aufgeht! Denn es heißt: „AUF, WERDE LICHT, DENN ES KOMMT DEIN LICHT, UND DIE HERRLICHKEIT DES HERRN GEHT LEUCHTEND AUF ÜBER DIR". Und über euch allein geht sie auf, nicht aber geht sie auf über den Völkern der Welt; denn es heißt: „DENN SIEHE, FINSTERNIS BEDECKT DIE ERDE UND DUNKEL DIE VÖLKER, DOCH ÜBER DIR GEHT LEUCHTEND DER HERR AUF, SEINE HERRLICHKEIT ERSCHEINT ÜBER DIR" (60,2).

L. In jener Stunde läßt der Heilige, gepriesen sei er, das Licht des Messiaskönigs und das Israels aufleuchten. Doch alle Völker der Welt werden in Finsternis und Dunkel sein. Und sie werden alle zum Licht des Messias und Israels gehen; denn es heißt: „VÖLKER WANDERN ZU DEINEM LICHT UND KÖNIGE ZU DEINEM STRAHLENDEN GLANZ" (60,3). Und sie werden kommen und den Staub unter den Füßen des Messiaskönigs auflecken; denn es heißt: *„Und lecken dir den Staub von den Füßen"* (Jes 49,23). Und sie werden alle kommen und auf ihr Gesicht niederfallen vor dem Messias und vor Israel und zu ihnen sagen: Wir wollen dir und Israel Knechte sein. Und jeder einzelne aus Israel wird zweitausendachthundert Knechte haben; denn es heißt: *„An jenem Tage werden zehn Männer aus Völkern aller Sprachen einen Mann aus Juda an seinem Gewand fassen, ihn festhalten und sagen: Wir wollen mit euch gehen; denn wir haben gehört: Gott ist mit euch"* (Sach 8,23).

Das Kapitel ist eine Predigt für einen der sieben Trostsabbate nach dem 9.Ab; gepredigt wird dabei stets über die Prophetenlesung. Innerhalb der Pesiqta bildet der Text mit einigen anderen Kapiteln eine Einheit, die schon die Erwähnung des heiligen Geistes in der Peticha verbindet. Unter diesen Texten gehören 34 und 36–37 besonders eng zusammen, verbunden durch eine starke apokalyptische Tendenz und die Erwartung eines leidenden Messias. Wie in Predigtmidraschim üblich, ist auch hier der größte Teil des Kapitels die Peticha, die die Abschnitte A–F umfaßt; G ist eine thematisch bedingte Ergänzung dazu. H–K bieten dann den Kommentar zur Prophetenlesung selbst; dieser ist als ganzer so verheißungsvoll, daß ein eigener tröstlicher Abschluß nicht mehr notwendig ist.

Das Licht, von dem die Prophetenlesung spricht, auf die man jedoch direkt erst ziemlich spät in der Predigt eingeht, ist nach A das bei Gott verborgene Licht, das Israel dank des Lichtes der Tora in der Endzeit schauen wird. Dieses Licht des Messias, so B, ist das Licht der Schöpfung, von dem Gott gesagt hatte, daß es gut ist (Gen 1,4). Doch erwähnt erst Gen 1,14ff die Erschaffung der Lichter am Himmel; das mußte natürlich zu Spekulationen über das schon zuvor genannte Licht herausfordern. Die Predigt setzt sehr viel als bekannt voraus, so daß der heutige Leser die Art der Ableitung oft nur noch vermuten kann. Hier mag die rabbinische Regel der „Einschließung" angewandt worden sein: *„Gott sah das*

Licht" (*et ha-or*) also nicht nur das Licht selbst, sondern dazu noch anderes, aus endzeitlicher Perspektive den Messias und seine Werke. So wird auch nicht deutlich, ob der Messias selbst das Licht oder von ihm unterschieden ist. Gott, so fährt der Bibeltext fort, trennt das Licht von der Finsternis: nach Auffassung des Predigers bewahrt er es für das Ende der Zeiten auf.

Der in C auftretende Satan vertritt offenbar die Finsternis, wird aber auch mit dem Tod im Belegvers Jes 25,8 gleichgesetzt. Daß Gott ihm das Licht zeigt, hat man vielleicht ebenfalls aus Gen 1,4 gelesen, in „*Gott sah* (wa-jar') *das Licht*" zugleich „*Gott zeigte* (wa-jar'e) *das Licht*" mitverstanden. Wie dem auch sei, jedenfalls ist damit die Bühne gerichtet: noch vor Erschaffung der Menschen und ihrer Schuld existiert schon die Erlösung im Plan Gottes, existiert aber auch schon der Widerstand Satans dagegen, der aber auch schon um seine kommende Niederlage weiß.

Nach dem Satan treten in D die Völkerengel auf. Ihnen nennt Gott als Namen des Messias Efraim. Zwar kennt die rabbinische Tradition die Vorstellung eines Messias aus dem Hause Josef (zu dem auch Efraim gehört); als kriegerischer Messias, der im Kampf fällt, geht er dem Messias aus dem Hause David voran, doch stellt man ihn gewöhnlich nicht als leidenden Messias wie hier dar. Die auf ihn gedeuteten Verse aus Ps 89 gelten im ursprünglichen Zusammenhang ausdrücklich von David. Ob der Prediger den Messias Efraim als den davidischen Messias versteht, ist durchaus nicht klar und wird auch in G, wo der Sohn Davids genannt wird, nicht deutlicher: es könnte auch an zwei nebeneinander auftretenden messianische Gestalten gedacht sein.

E bietet einen Dialog zwischen Gott und dem Messias; Gott weist ihn schon jetzt darauf hin, daß er für die Sünden der noch ungeschaffenen Menschen leiden müsse. Diese Prüfung wird eine Woche währen, die Jahrwoche der Wirren, die nach apokalyptischer Tradition dem Kommen des Davidsohnes vorangeht. Nähme der Messias nicht im voraus die Leiden an, würde Gott die Menschen schon jetzt verbannen, also wohl gar nicht erschaffen. Doch Efraim nimmt ihretwegen alles auf sich; alle sollen am Heil teilhaben, auch die, die nur geplant, nie erschaffen wurden: damit muß der Messias auch gar nicht warten, bis alle Seelen, die im „Seelenkörper" ihrer Inkarnation harren, aufgebraucht sind, wie es rabbinische Traditionen wollen; er kann jederzeit kommen. Als Lohn für seine freudige Zustimmung zum Leiden bestimmt ihm Gott schon jetzt vier Lebewesen, die seinen Thron tragen, wie solche vier Lebewesen auch den Thron Gottes selbst tragen (Ez 1).

Schriftverse fehlen in diesem Abschnitt völlig; der Text erinnert in seiner Art eher an eine Apokalypse. Doch kann die Fortsetzung des in D zitierten Ps 89 hier mitzudenken sein: „*Er wird zu mir rufen: Mein Vater bist du…*" (V.27) wäre Hinweis auf den Dialog zwischen dem Messias und Gott. V.28 heißt es: „*ich mache ihn zum erstgeborenen Sohn*" (*bekhor etnehu*) – wörtlich verstanden Hinweis auf den Messias als den Erstgeborenen aller Menschen, wie ja hier vorausgesetzt wird; doch kann man darin auch einen Hinweis auf die Leiden des Messias gesehen haben: *be-khur etnehu*, „in den Schmelzofen werde ich ihn geben", biblisches Bild für Prüfung und Leiden (Jes 48,10: „*im Schmelzofen des Elends prüfte ich dich*"). Anschließend spricht V.30 vom David auf ewig zugesicherten Thron. Da der Text nicht explizit ist, müssen dies allerdings bloße Vermutungen bleiben.

Predigtmidraschim: Das Licht des Messias

In F treten die Mächte des Bösen vor Gott auf, um die Generation des Messias und damit dessen Werk selbst zu verhindern; rabbinische Texte sprechen öfter davon, daß die Engel die Erschaffung des Menschen verhindern wollen. Hier ist es eine Verzögerung des Dramas nach schon erfolgter Entscheidung. Doch Gott bleibt unter Berufung auf die Schrift bei seinem Entschluß. Mit der Wiederholung des Eröffnungsverses von A schließt die Peticha.

G führt im Stil einer Apokalypse das Motiv vom Leiden des Messias weiter. In den Wehen der messianischen Zeit schreit der leidende Messias auf; Gott aber verweist ihn auf sein schon bei der Schöpfung gegebenes Versprechen. Auch hat Gott schon vor dem Messias zu leiden begonnen: Seit Zerstörung des Tempels ist er gleichsam obdachlos, er sitzt nicht mehr auf seinem Thron, verbringt die Nacht im Freien. Das Bewußtsein der Schicksalsgemeinschaft mit seinem Gott gibt auch dem Messias Kraft, alles zu ertragen.

Nun erst setzt mit H die eigentliche Auslegung der Lesung ein. Die Aufforderung an Israel, aufzustehen, verbindet man mit dem Aufruf an die Geliebte, aufzustehen, mit dem Geliebten mitzukommen. Auch in I ist „aufstehen" das zentrale Wort: Israel ist lahm, kann nicht gehen, solange nicht Gott selbst aufsteht und Israel auf die Füße stellt.

Bevor man mit der Kommentierung des Textes fortfährt, fügt der Prediger in J nochmal ein apokalyptisches Stück ein. Die Schilderung der Kriege vor dem Kommen des Messias hat verschiedene Versuche hervorgerufen, den Text historisch zu deuten. Am ehesten ist hier ursprünglich an die Kämpfe zwischen Rom (Edom) und Persien im dritten Jahrhundert gedacht. Der König Arabiens, nämlich Odenat von Palmyra, war dabei offiziell auf der Seite Roms, machte sich aber ziemlich selbständig. Für kurze Zeit erwarteten sich die Rabbinen von seiner Herrschaft die Vorbereitung der messianischen Zeit. Solche konkreten Hoffnungen wurden immer wieder enttäuscht, Erzählmotive blieben jedoch bestehen, wurden immer zeitloser und so auch später geeignet, die Wirren der Endzeit zu schildern. Israel wird die Erlösung zugesichert: Vorbild dafür war immer die Befreiung aus Ägypten. Diese war jedoch sehr unvollkommen, folgte ihr doch eine sehr wechselhafte Geschichte; anders die kommende Erlösung, die endgültig sein würde.

K scheint mit der Möglichkeit zu rechnen, daß noch vor Ankunft des Messias der Tempel wieder erstehen werde. Oder ist einfach an den höchsten Punkt auf dem Tempelplatz gedacht, von dem aus die Kunde der Erlösung erklingen soll? Aus der Fortsetzung des Textes der Bibellesung entnimmt der Prediger, daß der Triumph Israels am Ende der Zeiten dadurch vergrößert wird, daß Israels Feinde im Dunkel sein werden. L führt dieses Motiv fort: die irdischen Verhältnisse, da Israel den Völkern dienen mußte, werden nunmehr völlig umgedreht. Doch bleibt es nicht bei diesem Ausschluß der Heidenvölker vom Heil. Wie man aus Sach 8 liest, werden sie sich Israel als Knechte anschließen. Die Zahl 2800 ergibt sich so: zehn Männer jedes der siebzig Völker halten sich an jedem der vier Zipfel des Kleides eines Israeliten fest. Dem erwählten Volk, das sich stets zu Gott bekannt hat, wird nun die Herrschaft zuteil; doch an seinem Gewand sich anhaltend, finden auch die Völker zu Gott.

Die Predigt erweist ich als geschlossene Einheit, deren Bogen sich von der Weltschöpfung bis zur Erlösung spannt. Sicher hat der Prediger viele vorgeformte

Texteinheiten aufgenommen. Die apokalyptischen Motive vom sühnenden Leiden des Messias Efraim und von den Wirren der messianischen Zeit beherrschen den Gesamtaufbau des Textes. Doch versteht es der Prediger, diese Elemente voll und ganz dem von der Bibellesung vorgegebenen Thema des Lichts der Erlösung einzufügen, das er dem Licht der Schöpfung gleichsetzt. Der direkte Bezug zum Lesungstext mag zwar nicht immer ganz deutlich werden; doch bleibt seine Botschaft der ständige Rahmen der Predigt. Über direkte Bibelzitate hinaus enthält sie in ihrer ganzen Begrifflichkeit eine Fülle von Anklängen an die verschiedensten biblischen Motive und setzt so die gesamte Bibel als Verstehenshorizont des Textes voraus.

4) Die Berufung Abrahams: Gen 12,1–17 (Tanchuma Lekh lekha 1–5)

1. A. Es belehre uns unser Meister: Darf ein Mensch aus Israel das Himmelreich auf sich nehmen, während er geht?
B. Rab Idi und Rab Huna im Namen des R. Jehuda und R. Jose im Namen des R. Samuel sagten: Es ist verboten, das Himmelreich auf sich zu nehmen, während man geht. Vielmehr stehe man an einem Platz und lenke sein Herz auf den Himmel in Angst und Furcht und Schrecken und Zittern, wenn man die Einheit des Namens (Gottes) bekennt, und rezitiere: *„Höre, Israel! Der Herr, unser Gott, der Herr ist einzig"* (Dtn 6,4), jedes einzelne (Wort) in der Konzentration des Herzens. Und dann (sage man): Gepriesen sei der Name der Herrlichkeit seines Reiches auf immer und ewig. Sobald man aber beginnt: *„Darum sollst du... lieben"* (V.5), kann man ganz nach Belieben gehen, stehen oder sitzen; denn so steht geschrieben: *„wenn du zu Hause sitzt und wenn du auf der Straße gehst, wenn du dich schlafen legst und wenn du aufstehst"* (V.7).
C. Du findest: Jeder, der es mit den Geboten genau nimmt, erhält viel Lohn; denn so haben wir bei Abraham gefunden: Er hat es mit den Geboten genau genommen und deshalb wird er der Freund des Heiligen, gepriesen sei er, genannt; denn es heißt: *„Nachkomme meines Freundes Abraham"* (Jes 41,8).
D. Es sagte R. Samuel bar Nachmani, es sagte R. Jonatan: Sogar die „Vermischung der Speisen" hat man im Haus unseres Vaters Abraham eingehalten; denn es heißt: *„weil er auf meine Anordnungen, Gebote, Satzungen und Weisungen (torotai) geachtet hat"* (Gen 26,5). Gibt es denn viele Torot? Es heißt doch schon: *„Eine einzige Tora soll bei euch gelten"* (Ex 12,49)! Und es steht geschrieben: *„Eine einzige Tora und ein einziges Recht"* (Num 15,16). *„Meine Weisungen"* (torotai) bedeutet vielmehr die Feinheiten der Gebote, die Abraham genau eingehalten hat.
E. Der Heilige, gepriesen sei er, sagte zu ihm: Du nimmst es genau mit

meinen Geboten und doch wohnst du unter den Götzendienern! Zieh von ihnen weg! „ZIEH WEG AUS DEINEM LAND usw." (V. 1).

2. R. Berekhja eröffnete (seinen Vortrag mit dem Vers): „*Wir haben eine kleine Schwester, noch ohne Brüste*" (Hld 8,8).
A. Wovon spricht die Schrift? Von Abraham, als ihn Nimrod in den Feuerofen warf. „*Klein*", denn noch hatte der Heilige, gepriesen sei er, an ihm keine Wunder getan. Und warum wird er „*Schwester*" *(achot)* genannt? Weil er die Welt vor dem Heiligen, gepriesen sei er, zusammenfügte *(icha)*, wie ein Mensch, der zerreißt und wieder zusammenfügt. Deshalb wird er „*Schwester*" *(achot)* genannt. „*Noch ohne Brüste*", denn er hatte noch keine Söhne.
B. „*Was tun wir mit unserer Schwester an dem Tag, da von ihr gesprochen wird*" (8,8)? (Das ist) am Tag, da Nimrod sagte, man solle ihn in den Feuerofen werfen.
C. „*Ist sie eine Mauer, bauen wir silberne Zinnen auf ihr*" (8,9): Wenn er sich zu einer Mauer macht, die vielen Kriegen standhält, und sich zur Heiligung des (göttlichen) Namens hingibt, „*bauen wir silberne Zinnen auf ihr*", nämlich Israel, das „*eine Taube mit silbernen Schwingen*" (Ps 68,14) genannt wird.
D. „*Ist sie eine Tür*" *(delet*: Hld 8,9): ist er zu schwach *(dal)*, sein Leben für die Heiligung des (göttlichen) Namens hinzugeben, „*versperren* (natsur) *wir sie mit einem Zedernbrett*" (8,9): wie eine Zeichnung *(tsura)* auf einem Zedernbrett leicht zu verwischen ist, so auch Abraham: ich werde nicht auf ihn achten.
E. Abraham sagte: „*Ich bin eine Mauer*" (8,10), mein Leben für die Heiligung deines Namens hinzugeben; und nicht nur ich, sondern „*meine Brüste gleichen Türmen*" (8,10), (nämlich) seine Nachfahren Hananja, Mischaël und Asarja und die Generation des R. Chananja ben Teradjon und seiner Gefährten, die ihr Leben für die Heiligung deines Namens hingeben werden.
F. Daher „*habe ich da in seinen Augen Gefallen gefunden*" *(motset schalom*: 8,10): aus dem Feuerofen ist er heil herausgekommen *(jatsa schalom)*. Du findest: Sein Vater Terach erzeugte Götzenbilder und verehrte sie. (Deshalb) sagte ihm der Heilige, gepriesen sei er: „ZIEH WEG AUS DEINEM LAND usw." (V. 1).

3. „DER HERR SPRACH ZU ABRAM: ZIEH WEG" (V. 1).
A. Das ist es, was die Bibel sagt: „*Höre, Tochter, sieh her und neige dein Ohr, vergiß dein Volk und dein Vaterhaus*" (Ps 45,11)! „*Höre, Tochter, sieh her und neige dein Ohr*": das ist Abraham. „*Vergiß dein Volk und dein Vaterhaus*": das ist der Götzendienst, wie es heißt: „*Sie sagen ja zum Holz: Du bist mein Vater usw.*" (Jer 2,27).

B. „*Der König verlangt nach deiner Schönheit*" (Ps 45,12): das ist der König der Könige, dem es gefiel, ihn schön (stark) werden zu lassen in dieser Welt und für die kommende Welt.

C. „*Er ist ja dein Herr, verneig dich vor ihm*" (V.12)! Es sagte R. Abin: Das gleicht einer Flasche von Nardenöl, die in einem Grab lag; kein Mensch kannte ihren Duft. Was tat man? Man nahm sie und brachte sie von Ort zu Ort und machte so ihren Duft in der Welt bekannt. So wohnte Abraham mitten unter Götzendienern; da sagte ihm der Heilige, gepriesen sei er: „ZIEH WEG AUS DEINEM LAND" und ich mache dein Wesen in der Welt bekannt.

D. „ZIEH WEG"! Was (bedeutet) „ZIEH WEG (LK LK)? L bedeutet dreißig, K zwanzig. Das ergibt nach der Zahlenberechnung hundert. (Gott) wies ihn darauf hin: Wenn du hundert Jahre alt bist, wirst du einen würdigen Sohn zeugen. So steht ja geschrieben: „*Abraham war hundert Jahre alt, (als sein Sohn Isaak zur Welt kam)*" (Gen 21,5).

E. Und R. Levi sagte: Die erste Prüfung war wie die letzte Prüfung. Die erste Prüfung (erfolgte) mit (dem Befehl): „ZIEH WEG AUS DEINEM LAND", die letzte Prüfung mit: „*Zieh weg in das Land Morija*" (Gen 22,2).

F. Es sagte R. Chanina: Komm und sieh, wie Abraham seinen Schöpfer liebte. Als Dreijähriger erkannte er seinen Schöpfer; denn es heißt: „*weil* (ᶜQB) *Abraham gehört hat* usw." (26,5). ᶜ bedeutet siebzig, Q hundert, B zwei, also hundertzweiundsiebzig. Und die gesamte Lebenszeit Abrahams waren hundertfünfundsiebzig Jahre. Daraus lernst du, daß er als Dreijähriger seinen Schöpfer erkannt hat.

G. „IN DAS LAND, DAS ICH DIR ZEIGEN WERDE" (V.1). Er sagte ihm nicht, zu dem und dem Ort. Das war eine Prüfung innerhalb einer Prüfung. Gibt es denn einen Menschen, der geht und nicht weiß, wohin er geht? Was tat er? Er nahm seine Habe und seine Frau „UND ABRAM ZOG WEG, WIE DER HERR IHM GESAGT HATTE" (V.4).

H. „ICH WERDE DICH (ZU EINEM GROSSEN VOLK) MACHEN" (V.2). Es steht nicht geschrieben: „Ich werde dich einsetzen", sondern: „ICH WERDE DICH MACHEN". Er sagte zu ihm: Ich erschaffe dich wie eine neue Schöpfung, wie es im Bibeltext heißt: „*Gott machte also das Gewölbe... Und Gott machte die beiden Lichter* usw." (Gen 1,7.16).

I. Es sagte R. Pinachs Hakohen bar Chama: Wann machte der Heilige, gepriesen sei er, Abraham zu einem großen Volk? Sobald Israel die Tora annahm. Denn so sagte Mose zu ihnen: „*Oder welches große Volk (besäße Gesetze und Rechtsvorschriften, die so gerecht sind wie alles in dieser Weisung, die ich euch heute vorlege?)*" (Dtn 4,8).

4. A. „UND ICH WERDE DICH SEGNEN"; denn ich segne dich mit meiner Herrlichkeit. „UND DEINEN NAMEN GROSS MACHEN"; denn dein Name

wird groß werden in der Welt. „EIN SEGEN SOLLST DU SEIN" (V.2): Das bedeutet, daß dein Segen meinem Segen vorangeht. Zuerst sagt man „der Schild Abrahams" und dann erst „der die Toten belebt".

B. Eine andere Auslegung: „EIN SEGEN SOLLST DU SEIN". Es sagte zu ihm der Heilige, gepriesen sei er: Von der Stunde an, da ich meine Welt erschuf, war ich verpflichtet, meine Geschöpfe zu segnen. Ich segnete Adam und Eva; denn es steht geschrieben: „Und Gott segnete sie" (Gen 1,28). Noach und seine Söhne; denn es steht geschrieben: „Dann segnete Gott Noach und seine Söhne" (9,7). Von nun an seist du zum Segnen bestimmt.

C. Als Isaak auftrat, wünschte Abraham ihn zu segnen. Da sah er vorher, daß Esau und Jakob aus ihm hervorgehen würden, und segnete ihn nicht. Es sagte Abraham: Es komme der Herr der Welt und segne, wen er will.

D. Das gleicht einem König, der einen Obstgarten besaß. Er gab ihn einem Pächter zum Bearbeiten und zum Bewachen. Im Garten standen ein Baum mit einem Lebenselixier und ein Baum mit tödlichem Gift ganz eng beisammen. Da sagte der Pächter: Was soll ich tun? Den Lebensbaum bewässern und den andern zu lassen ist unmöglich; denn das Wasser, das dieser trinkt, saugt jener von ihm auf. Vielmehr lasse ich sie, bis der Herr des Gartens kommt und tut, was er will.

E. So dachte Abraham, Isaak nicht zu segnen: Es ist unmöglich, weil Esau aus ihm hervorgeht. Vielmehr überlasse ich es dem Herrn des Segens; der Heilige, gepriesen sei er, wird tun, was ihm gefällt. Als Abraham und Isaak gestorben waren, segnete der Heilige, gepriesen sei er, Jakob selbst; denn es heißt: „Gott erschien Jakob noch einmal nach seiner Rückkehr aus Paddan-Aram und segnete ihn" (35,9).

F. Eine andere Auslegung: „ICH WILL SEGNEN, DIE DICH SEGNEN" (V.3). Er sagte zu ihm: Ich werde von den Söhnen deiner Söhne einen Stamm erstehen lassen, der Israel segnen wird, nämlich den Stamm Levi. (Abraham) sagte vor ihm: Herr der Welt! Und wer wird diesen Stamm segnen? Er antwortete ihm: Sobald sie Israel segnen, werde ich diesen Stamm segnen; denn es heißt: „So sollen sie meinen Namen auf die Israeliten legen und, ich werde sie segnen" (Num 6,27).

G. Es sagte der Heilige, gepriesen sei er, zu Israel: In dieser Welt segnet euch der Stamm Levi; in der kommenden Welt aber werde ich euch mit meiner Herrlichkeit segnen; denn es heißt: „Segnen wird dich der Herr, du Hort der Gerechtigkeit, du heiliger Berg" (Jer 31,23).

5. A. „UND ES ENTSTAND EINE HUNGERSNOT IM LANDE" (V.10). Was steht weiter oben geschrieben? „DER HERR SPRACH ZU ABRAHAM (ZIEH WEG...)" (V.1).
Gelobt sei der Name des Heiligen, gepriesen sei er, der diesen Gerechten

auf die Probe stellen wollte, um seine guten Werke in der Welt bekannt zu machen. Sofort kam eine Hungersnot in die Welt, so daß er die Hungersnot im Land Israel vorfand.

B. Er sagte zu seiner Frau Sara: Siehe, Hungersnot herrscht im Lande. (Es sagten unsere Meister: Es gab keine Hungersnot in der Welt, die ihr gleich war.) Er sagte zu ihr: In Ägypten zu wohnen ist schön; gehen wir dorthin, denn dort gibt es reichliche Versorgung mit Brot und Fleisch. Noch in derselben Stunde gingen sie beide.

C. Als sie zum Tor Ägyptens kamen und am Nil standen, sah Abraham das Spiegelbild Saras im Fluß wie die aufgehende Sonne. (Von daher lehrten die Weisen, daß alle Frauen im Vergleich zu Sara wie ein Affe im Vergleich zu einem Menschen waren.) Er sagte zu ihr: „Nun habe ich erkannt, dass du eine schöne Frau bist" (V.11). (Daraus kannst du lernen, daß er sie zuvor nicht nach Frauenart kannte.)

D. Er sagte zu ihr: Die Ägypter sind der Unzucht ergeben; es steht ja geschrieben: „*Ihre Glieder sind wie die Glieder der Esel*" (Ez 23,20). Ich gebe dich also in eine Truhe und schließe dich darin ein; denn ich habe Angst für mich, „Wenn dich die Ägypter sehen" (V.12).

E. Als sie das getan hatten, kam er zum Grenzübergang. Da versammelten sich die Zöllner und fragten ihn: Was beförderst du in der Truhe? Er antwortete ihnen: Gerste. Sie erwiderten ihm: Das ist doch Weizen! Er sagte ihnen: Dann nehmt den Zoll für Weizen! Da sagten sie zu ihm: Es ist Pfeffer! Er antwortete ihnen: Nehmt eben den Zoll für Pfeffer! Da sagten sie zu ihm: Es sind Goldstücke. So bedrängten sie ihn, bis sie die Truhe öffneten und sie wie die aufgehende Sonne sahen. Sie sagten ihm: Es geht nicht an, daß sich ein einfacher Mann mit ihr befaßt. „Und es sahen sie die Fürsten des Pharao und rühmten sie vor dem Pharao" (V.15).

F. Als Abraham das sah, begann er zu weinen und vor dem Heiligen, gepriesen sei er, zu beten. Und er sagte: Herr der Welt, mit solchem Vertrauen habe ich auf dich vertraut! Nun handle um deines Erbarmens und deiner Gnade willen und lasse meine Hoffnung nicht zuschanden werden.

G. Und auch Sara schrie und klagte: Herr der Welt, ich habe nichts gewußt. Als er mir aber sagte, daß du ihm befohlen hast: „Zieh weg"(V.1), habe ich deinen Worten geglaubt. Und jetzt bin ich allein, ohne meinen Vater und meine Mutter und meinen Mann. Es wird dieser Frevler kommen und sich mit mir belustigen. Handle um deines großen Namens und um meines Vertrauens auf deine Worte willen.

H. Es sagte ihr der Heilige, gepriesen sei er: Bei deinem Leben! Nichts Böses wird dir und deinem Mann widerfahren. Das bedeutet der Schriftvers: „*Kein Unheil trifft den Gerechten, doch die Frevler erdrückt das Böse*" (Spr 12,21). Und am Pharao und an seinem Haus werde ich ein

Exempel statuieren; denn es steht geschrieben: „UND DER HERR SCHLUG DEN PHARAO UND SEIN HAUS MIT SCHWEREN PLAGEN AUF DAS WORT SARAIS" (V.17).

I. Was bedeutet: „AUF DAS WORT SARAIS"? In derselben Stunde stieg ein Engel vom Himmel herab, einen Stab in seiner Hand. Der Pharao wollte ihr den Schuh ausziehen, da schlug (der Engel) ihm auf die Hand. Er wollte ihre Kleider berühren; da schlug er ihn wieder. Der Engel beriet sich mit Sara über jeden einzelnen Schlag. Woher (weiß ich), daß es so war? Es steht geschrieben: „AUF DAS WORT SARAIS". Es heißt weder „auf den Befehl Sarais" noch „wegen der Angelegenheit", auch nicht „wegen der Sache" (Sarais), „ihretwegen" oder „um ihretwillen", sondern „AUF DAS WORT SARAIS". Wenn Sarai sagte, er solle zuhauen, schlug er ihn, und wenn sie sagte, er solle ein wenig einhalten, tat er es.

J. Und auch die Statthalter und die Minister und alle Söhne seines Hauses wurden mit ihm geschlagen; denn es heißt: „UND DER HERR SCHLUG DEN PHARAO MIT GROSSEN PLAGEN": (größere Plagen) als alle Plagen, die je über Menschen gekommen sind oder kommen werden, kamen über ihn. „UND SEIN HAUS" (V.17): Das schließt die Diener und die Wände, die Säulen, die Geräte und gar alles ein, um zu erfüllen, was gesagt wird: *„Den Gerechten trifft kein Unheil, doch die Frevler erdrückt das Böse"* (Spr 12,21).

K. Von Abraham aber heißt es: *„Der Gerechte gedeiht wie die Palme, er wächst wie die Zedern des Libanon"* (Ps 92,13). So erklärte R. Tanchuma bar Abba: Warum werden die Gerechten mit der Palme und der Zeder verglichen? Um dir zu sagen: Wie du weißt, kann der Mensch die Bäume nicht aus der Ferne sehen, weil sie klein sind. Die Palme und die Zeder aber sind höher als alle anderen Bäume; daher sieht man sie aus der Ferne. Alle stehen unter ihnen und erheben ihre Augen zu ihren Wipfeln. Deshalb werden die Gerechten mit der Palme und der Zeder verglichen; denn der Heilige, gepriesen sei er, hat sie in der Welt erhöht.
Und warum noch werden die Gerechten mit Palme und Zeder verglichen? Du findest: Wenn immer die übrigen Bäume alt werden, fällt man sie und pflanzt einen ihrer Sprößlinge ein und gleich sind sie wieder groß. Wenn man aber Zeder und Palme gefällt hat, was kann an ihrer Stelle hochkommen, es sei denn mit großer Mühe und nach vielen Jahren? Ebenso ist es, wenn ein Gerechter aus der Welt verloren geht. Wer kann sofort an seiner Stelle stehen? Doch erst nach vielen Jahren! Deshalb (heißt es): *„Der Gerechte gedeiht wie die Palme"*.

Diese Predigt zu Gen 12 ist aus der gewöhnlichen Fassung der Tanchuma-Midraschim entnommen. Wie in dieser Literaturgattung üblich, bietet der erste Abschnitt eine kurze Erörterung einer religionsgesetzlichen Frage und fügt daran eine allgemeine Aufforderung, es mit den Geboten genau zu nehmen. Es folgt in 2 eine haggadische Peticha, die die Stelle mit dem Hohenlied verbindet; 3–4 bietet dann die Auslegung zu den ersten beiden Versen der Lesung und schließt in 4 G mit einem kurzen endzeitlichen Ausblick. Damit wäre die eigentliche Predigt zu Ende. Doch wollte der Redaktor (vielleicht sekundär?) nicht völlig die populäre Erzähltradition übergehen, die sich an Abrahams und Saras Abenteuer in Ägypten geknüpft hat, und setzt so in 5 nochmals ein, ohne dann aber einen völlig zufriedenstellenden Schluß zu bieten. Ohne diesen in sich interessanten Abschnitt wäre die Predigt sicher geschlossener gewesen (die von *S. Buber* veröffentlichte Fassung des Tanchuma kennt ihn auch nicht). Wir haben den Text dennoch mit aufgenommen; denn er ist für die jetzt vorliegende, oft schon zerfließende Form des Tanchuma bezeichnend.

1 A setzt mit der klassischen Eröffnung ein: Schüler stellen dem Prediger eine (gewöhnlich wohl schon zuvor abgesprochene) einfache Frage zum Religionsgesetz; diese darf den gewöhnlichen Zuhörer nicht überfordern und sollte auch irgendwie mit der Tageslesung zusammenhängen. Diese Bedingungen erfüllt die Frage nach der Art, wie man „das Himmelreich auf sich nimmt", das heißt, das tägliche Morgen- und Abendgebet rezitiert, das aus Dtn 6,4–9; 11,13–21 und Num 15,37–41 besteht. Muß man dabei stillstehen oder kann man dabei auch weitergehen? Die Frage nach dem Gehen verbindet mit Gottes Aufforderung an Abraham, aus seiner Heimat wegzuziehen. Gerade damit hat er ja, wie die folgende Auslegung verdeutlicht, die Konsequenzen aus seinem Bekenntnis zur Einzigkeit Gottes abgelegt, das Joch des Himmelreiches auf sich genommen. Die Antwort in 1 B legt fest, daß nur für den ersten Vers, das Bekenntnis zur Einheit Gottes, höchste Konzentration und daher auch eine Unterbrechung des Weges erforderlich ist.

C mahnt zu genauer Einhaltung sämtlicher Gebote nach dem Vorbild Abrahams, des „Freundes Gottes". Die Häufung der Begriffe für Gottes Gesetz in Gen 26,5 muß nach allgemeiner rabbinischer Auffassung mehr als ein Stilmittel sein, muß je zusätzliche Informationen bieten, also auf die verschiedensten Gebote verweisen, die Abraham eingehalten hat (D). So sieht man hier sogar die in der Mischna (Betsa II,1) geregelte „Vermischung der Speisen" eingeschlossen: An einem Sabbat darf man gar nicht, an einem Feiertag nur für diesen Tag selbst kochen. Wenn nun ein Feiertag auf einen Freitag fällt, kann man an diesem das Sabbatmahl nur dann vorbereiten, wenn man etwas dafür schon am Donnerstag gekocht hat, so daß das weitere Kochen am Feiertag nur eine Fortsetzung des schon begonnenen Werkes ist: man „vermischt" also die Speisen von zwei Tagen.

Wie die Hörer der Predigt aus eigener Erfahrung wissen, ist eine so strikte Einhaltung des Gesetzes nur in einer geschlossenen jüdischen Umgebung möglich. Somit ergibt sich der Abschluß dieser ersten Einheit in E: Der Auftrag an Abraham, aus dem Land der Heiden wegzuziehen, ist Folge seiner Gesetzestreue. Unausgesprochen ist damit natürlich auch der Hinweis an die Zuhörer verbunden, im Land Israel und auch hier in jüdischer Umwelt zu wohnen.

Die Peticha in 2 geht vom Hohenlied aus, das ja allgemein auf die Geschichte Israels gedeutet wird. Dabei macht es dem allegorischen Sprachspiel auch nichts, daß die „Schwester" *(achot)* ein Mann ist: Abraham hat die Zerrissenheit der polytheistischen Welt durch das Bekenntnis des einen Gottes wieder behoben *(icha,* vgl. das Stichwort *jiched,* „er hat die Einheit bekannt" in EstRabba, wo auch

Predigtmidraschim: Die Berufung Abrahams 183

schon das Thema des Feuerofens vorkam: S. 125). Ein Wortspiel ist wohl auch bei der Deutung der „Brüste" *(schadaim)* beabsichtigt: „daß er noch *sche-ᶜadajin*) nicht Söhne hatte".

Die Bereitschaft Abrahams zum Martyrium für das Bekenntnis zum einen Gott ist dem Prediger Voraussetzung für die Erfüllung der Verheißung an ihn, für die Dauerhaftigkeit des aus ihm hervorgehenden Volkes. Die drei Jünglinge im Feuerofen (Dan 3) sind ebenso wie die Märtyrer der Verfolgung nach dem Bar Kokhba-Aufstand, unter denen R. Chananja herausragt (2 E), der nach rabbinischer Erzählung in einer Torarolle eingewickelt verbrannt wurde, Abrahams würdige Nachfahren: sie sind Beispiel für die noch immer geforderte Bereitschaft zum Märtyrertod. Daß Abrahams Vater Terach ein Götzendiener war (2 F), steht in Jos 24,2, einem auch in der Pesach-Haggada zitierten Text; schon die zwischentestamentliche Literatur knüpft daran die Erzählung von Terachs Werkstätte für Götzenbilder, in der anfangs auch Abraham gearbeitet hatte. Dieser Versuchung zu entrinnen, sollte er sein Land verlassen.

Damit hat der Prediger den Zuhörer/Leser zur Wochenlesung hingeführt, die er nun kurz kommentiert. Von der Thematik her ist Ps 45 bestens zur Illustration geeignet; daß Abraham nun mit der „Tochter" im Psalm identifiziert wird, liegt in einer Linie mit Abschnitt 2, wo er die „Schwester" war. Spätestens in C sieht man allerdings keine Verbindung mehr zwischen dem zitierten Vers und dem Kommentar. Schon der Rabbinenname signalisiert, daß wir es hier mit einem Zitat zu tun haben; tatsächlich hat hier Tanchuma ein Stück aus GenRabba 39,2 übernommen, das Gen 12,1 in Verbindung mit Hld 1,3 bespricht: „*Köstlich ist der Duft deiner Salben, dein Name hingegossenes Salböl.*" Dazu gehört das Gleichnis vom Parfümfläschchen.

3 D und F arbeiten mit der beliebten Methode der Zahlendeutung (Gematria): in D stützt man sich auf die unnötige Langform des Befehls (*lekh lekha* statt einfach *lekh*), in F auf die ebenso unnötig breite Wendung für „weil" (*ᶜeqeb ascher*; das zweite Wort würde genügen); dem zweiten Beispiel sind wir schon in EstRabba begegnet (S. 125.130). Auch hinter dieser der Willkür besonders offenen Methode steht also meist eine genaue Beachtung des biblischen Wortlauts. E bezieht sich auf die alte rabbinische Tradition der zehn Prüfungen oder Versuchungen, die Abraham zu bestehen hatte. Diese beginnen mit dem Befehl zum Auszug und gipfeln in der Aufforderung, seinen einzigen Sohn zu opfern (Gen 22).

Gewöhnlich stützt sich die rabbinische Tradition auf das Verb „*machen*" in Gen 12,5, um die Konversion zum wahren Glauben als neue Schöpfung zu kennzeichnen (so auch in EstRabba: siehe S. 125 und 130); in 3 H–I bezieht man dies auf das ganze Volk Israel, das durch die Annahme des Gesetzes erst erschaffen wird und darin seine ganze Existenz hat.

4 A bezieht sich auf das täglich verrichtete „Achtzehngebet", dessen erste Benediktion Gott „Schild Abrahams" nennt und daher als ganze so bezeichnet wird; die zweite Benediktion ruft Gott als den an, „der die Toten belebt". Von daher leitet B ab, daß Gott seine Aufgabe, die Geschöpfe zu segnen, an Abraham abgetreten habe. Um so mehr muß erstaunen, daß die Bibel ausführlich schildert, wie Isaak und Jakob vor ihrem Tod ihre Kinder segnen (Gen 27; 48f), doch keinen „Abrahamssegen" kennt. Darauf geht C–E ein. Abraham habe so in Voraussicht

der Zukunft gehandelt: Gott selbst sollte entscheiden, ob der Segen auf Esau, den Ahnherrn Roms und des Christentums übergehen sollte, oder auf Jakob = Israel. Innerhalb von Israel geben die Leviten Gottes Segen weiter; in der Endzeit aber wird Gott wie zu Beginn der Schöpfung (vgl. B) wieder persönlich und unmittelbar seinen Segen erteilen.

Formal ist damit die Predigt zu Ende. Doch fügt der Text die Geschichte von der „Gefährdung der Ahnfrau" an, wie man Gen 12,10 ff gerne nennt. Abraham verläßt das ihm gerade zugesagte Land, gibt seine Frau Sara, von der ihm die verheißene große Nachkommenschaft kommen soll, an den Harem des Pharao ab, um sein eigenes Leben zu sichern, setzt also den ihm erteilten Segen aufs Spiel. Aus dieser für Abraham nicht gerade ruhmreichen Geschichte sucht der Prediger das Beste zu machen. Auch in diesem Zusammenhang nennt er Abraham „den Gerechten"; Gott selbst schickt ihn gewissermaßen fort, um ihn zu prüfen und zugleich in Ägypten seine guten Werke bekannt zu machen, also für die wahre Religion zu werben (A). Gen 12,10 spricht von Hungersnot „im Lande": Im Lande Israel oder „auf der Erde", wie man den Ausdruck auch verstehen könnte? Da der Vers noch dazu die Aussage wiederholt: *„denn die Hungersnot lastete schwer auf dem Land"*, es in der Bibel aber für die Rabbinen Wiederholungen nicht geben darf, sieht man hier eine Hungersnot, die auf die ganze Welt kam und sich erst dann im Land Israel konzentrierte. Der Artikel *„die* Hungersnot" belegt den Rabbinen (B), daß es die größte Hungersnot überhaupt war.

12,11 ist hier anders als üblich übersetzt; denn C versteht das Verb „erkennen" wie oft in der Bibel (vgl. Gen 4,1 f) im geschlechtlichen Sinn: Abraham hat bisher mit Sara keinen Verkehr gehabt. Das erklärt nicht nur, warum die beiden noch keine Kinder haben; es würde auch rechtfertigen, daß Sara sich als seine „Schwester" ausgeben soll (V.13). Doch übergeht der Erzähler bewußt diese für Abraham nicht rühmliche Stelle. Abraham stiftet nicht zu einer Notlüge an, sondern tut alles, um Sara vor der sprichwörtlichen Unzucht der Ägypter zu schützen (D–E). Daß Abraham vom Pharao reich dafür belohnt wurde, daß er ihm Sara abgetreten hat (V.16), paßt ebenfalls nicht in die Erzählung und wird daher übergangen. Dafür füllt der Erzähler das Schweigen der Bibel über die Reaktion Abrahams auf das Geschehen auf: er betet zu Gott und beruft sich (welche Ironie!) auf das Vertrauen, das er in Gott gesetzt hat (F).

H hingegen stützt sich wieder auf den Bibeltext. Wir dürfen V.17 jedoch nicht wie üblich übersetzen: „wegen (der Sache mit) Sarai", sondern haben, wie es auch möglich ist, zu verstehen: „auf das Wort Sarais". Gen 12 ist völlig aus der Sicht Abrahams geschrieben. Sara äußert kein Wort, wird auch nicht gefragt; sie ist völlig fremdbestimmt. Welche Größe im stummen Gehorsam der Frau liegt, würdigt der Prediger in ihrem Gebet, das sie in den Auftrag und die Verheißung von Gen 12,1 ff einbezieht. So antwortet denn auch Gott erst auf das Gebet Saras und nicht Abrahams, auch wenn diesen das Schriftzitat in H wiederum als den „Gerechten" bezeichnet.

I läßt nicht Gott direkt eingreifen, sondern, wie so oft in rabbinischen Texten, einen Engel als sein Werkzeug auftreten. Die erzählerische Entfaltung der Szene stützt sich auf den Singular „Wort" statt der zu erwartenden Mehrzahl, die ihr Gebet geeigneter bezeichnet hätte. Im Singular kann es einen (einzelnen) Auftrag oder Befehl bedeuten. Zugleich füllt diese Erzählung eine für Israel wichtige

Lücke im Bibeltext: dieser sagt ja nicht, ob der Pharao mit Sara Verkehr gehabt hat oder nicht. Wenn dies der Fall gewesen wäre, hätte nach jüdischem Recht Abraham Sara nicht als Frau behalten dürfen! Also mußte man verdeutlichen, was der Text überging: Sara ist im Harem nicht das Geringste widerfahren.

J dehnt die Strafe auf die hier nicht explizit genannten Minister (oder Beamten) des Pharao aus: sie waren es ja, die Sara in 12,15 erst an das Haus des Pharao vermittelt und dafür natürlich die Verantwortung zu tragen hatten. Die Worte „*und sein Haus*" hinken im Satz nach (was die Einheitsübersetzung glättet; die kritische Ausgabe der hebräischen Bibel vermutet hier eine spätere Ergänzung). Der rabbinische Ausleger stützt darauf sein Verständnis, daß zuerst einmal der Pharao herausgehoben wird, seine Plagen größer als die aller anderen sind, dann aber auch die Wendung „*und sein Haus*" so umfassend wie möglich zu verstehen ist (worauf auch die Akkusativ-Partikel *et* deuten kann).

Das Stichwort vom gerechten Abraham, das diesen ganzen Abschnitt bestimmte, bildet auch das Grundmotiv des Abschlusses der Predigt in K. Der biblische Vergleich des Gerechten mit Palme und Zeder wird hier so verstanden, daß sie alle auf lange Sicht nicht zu ersetzen sind. Will der Prediger damit die (übergangene) Aussage Abrahams in 12,13 rechtfertigen: Sara soll sich fügen, „*damit es mir deinetwegen gut geht und ich um deinetwillen am Leben bleibe*"? Für den Prediger handelt Abraham ja durchaus nicht egoistisch, vergißt nicht die Verheißung, setzt seine Sendung nicht aufs Spiel; er hat sich vielmehr auch in der ägyptischen Episode als Gerechter bewährt. Gewiß eine *tour de force* des Auslegers; doch hat er es sich nicht leicht gemacht, nicht wie üblich nur den Anfang des Kapitels behandelt, sondern in einem Anhang zu zeigen versucht, wie auch die Fortsetzung damit zu vereinbaren ist. Das Ergebnis ist ein idealisiertes Abrahamsbild ohne negative Züge.

IV. Nacherzählte Bibel

Die schon in der Zeit des zweiten Tempels beliebte Tradition der Bibelerzählung gelangt im Rabbinat trotz vieler früherer Ansätze erst in arabischer Umwelt zu neuer Blüte. Die lehrmäßige Interpretation des Bibeltextes ist nun weithin geleistet; jetzt gilt es für das breite Volk, das man immer mehr für rabbinische Ideale gewinnen will, das angesammelte Traditionsgut attraktiv zu verarbeiten. Die hier übersetzten Beispiele zeigen die Bandbreite der Möglichkeiten: sie reichen von der Aufnahme apokalyptisch-esoterischer Tendenzen in der Verarbeitung der Jona-Geschichte in Pirqe deRabbi Eliezer über die Verwendung der Berufung Abrahams als ethisches Beispiel im Seder Elijahu bis zur fast reinen Unterhaltung im „Leben Moses".

1) Jona im Meer: Jona 1–2 (Pirqe deRabbi Eliezer 10)

A. Am fünften Tag floh Jona vor dem Herrn (vgl. 1,3). Und warum floh er? Ein erstes Mal sandte ihn (Gott), die Grenze Israels wieder herzustellen, und seine Worte erfüllten sich; denn es heißt: „*Er (Jerobeam) stellte die Grenzen Israels wieder her von Lebo Hamat...*" (2 Kön 14,25). Ein zweites Mal sandte er ihn nach Jerusalem, es zu zerstören. Doch als sie Buße taten, handelte der Heilige, gepriesen sei er, an ihnen entsprechend der Fülle seines Erbarmens; ihn reute das Unheil und er zerstörte es nicht. Und da nannten ihn die Israeliten einen Lügenpropheten. Ein drittes Mal sandte er ihn nach Ninive. Da überlegte Jona bei sich und dachte: Ich weiß, daß die Völker zur Buße geneigt sind. Wenn sie nun Buße tun, schickt der Heilige, gepriesen sei er, seinen Zorn auf Israel. Und nicht genug, daß die Israeliten mich einen Lügenpropheten nennen, sondern auch die Völker der Welt. Ich fliehe also zu einem Ort, an dem seine Herrlichkeit nicht erwähnt wird. Über den Himmel heißt es, daß seine Herrlichkeit dort ist; denn es heißt: „*Seine Herrlichkeit überragt die Himmel*" (Ps 113,4). Über die Erde heißt es, daß seine Herrlichkeit dort ist; denn es heißt: „*Von seiner Herrlichkeit ist die ganze Erde erfüllt*" (Jes 6,3). Ich fliehe also zu einem Ort, an dem seine Herrlichkeit nicht erwähnt wird.

B. Jona ging nach Jafo hinab und fand dort kein Schiff, auf dem er sich einschiffen konnte. Und das Schiff, auf dem Jona sich einschiffen sollte, war von Jafo (schon) zwei Tagesreisen weit entfernt, um Jona auf die Probe zu stellen. Was tat der Heilige, gepriesen sei er: Er brachte über (das Schiff) einen Sturmwind auf dem Meer und brachte es nach Jafo zurück. Und Jona sah es, freute sich in seinem Herzen und sagte: Nun weiß ich, daß mein Weg gelingen wird.
Er sagte zu ihnen: Ich will mich mit euch einschiffen. Sie antworteten ihm: Wir fahren zu den Inseln des Meeres, nach Tarschisch. Er sagte zu ihnen: Ich werde mit euch kommen. Und es ist bei jedem Schiff üblich: Erst wenn es jemand verläßt, zahlt er den Lohn. Jona aber zahlte in der Freude seines Herzens den Lohn im Voraus; denn es heißt: „Und Jona stand auf, nach Tarschisch zu fliehen, weit weg vom Herrn. Er ging also nach Jafo hinab (und fand dort ein Schiff, das nach Tarschisch fuhr. Er bezahlte das Fahrgeld und ging an Bord)" (1,3).

C. Sie segelten eine Tagereise weit. Da erhob sich über ihnen ein Sturmwind auf dem Meer, zu ihrer Rechten und zu ihrer Linken. Doch die Fahrt aller (anderen) Schiffe, die kamen und gingen, war friedlich und in ruhiger See. Nur das Schiff, auf dem Jona sich eingeschifft hatte, war in großer Not; denn es heißt: „Und das Schiff drohte auseinanderzubrechen" (1,4).

R. Chananja sagt: (Vertreter) der siebzig Sprachen waren auf dem Schiff, und jeder einzelne hatte seinen Götzen in der Hand; denn es heißt: „DIE SEELEUTE BEKAMEN ANGST, UND JEDER SCHRIE ZU SEINEM GOTT UM HILFE" (1,5).
Sie warfen sich nieder und sagten: Rufen wir jeder den Namen seines Gottes an! Und der Gott, der antwortet und uns aus dieser Not errettet, der soll der (wahre) Gott sein. Und sie riefen jeder zu seinem Gott und es half nichts.
D. Jona aber schlief in der Not seines Herzens fest und schlummerte. Da kam zu ihm der Kapitän und sagte zu ihm: Schau! Wir stehen zwischen Leben und Tod und du schläfst fest und schlummerst! Von welchem Volk stammst du? Er antwortete ihm: „ICH BIN EIN HEBRÄER (1,9). Dieser sagte ihm: Haben wir denn nicht gehört, daß der Gott der Hebräer groß ist? „STEH AUF, RUF DEINEN GOTT AN, VIELLEICHT DENKT DIESER GOTT AN UNS" (1,6) und wirkt an uns Wunder, wie er es euch im Schilfmeer getan hat.
(Jona) antwortete ihnen: Ich will euch nicht verbergen, daß diese Not um meinetwillen über euch gekommen ist. Nehmt mich und werft mich ins Meer, damit das Meer sich beruhigt und euch verschont; denn es heißt: „UND ER ANTWORTETE IHNEN: NEHMT MICH UND WERFT MICH usw." (1,12).
E. R. Simeon sagt: Die Leute nahmen (den Vorschlag) nicht an, Jona ins Meer zu werfen. So warfen sie Lose über sich und das Los fiel auf Jona; denn es heißt: „SIE WARFEN DAS LOS UND ES FIEL usw." (1,7). Was taten sie? Sie nahmen die Ladung, die auf dem Schiff war, und warfen sie ins Meer, damit das Schiff leichter wurde (1,5); doch es half nichts. Sie wollten zum Festland rudern, doch sie richteten nichts aus (1,13). Was taten sie nun? Sie nahmen Jona, stellten sich an den Rand des Schiffes und sagten: Gott der Welt! Herr! „LASS NICHT UNSCHULDIGES BLUT ÜBER UNS KOMMEN" (1,14); wir wissen ja nicht, welcher Art dieser Mann ist.
(Jona) sagte ihnen: Um meinetwillen ist diese Not über euch gekommen. „NEHMT MICH UND WERFT MICH INS MEER" (1,12). Sogleich nahmen sie ihn und warfen ihn bis zu seinen Knien hinein. Und das Meer ließ von seinem Wüten ab. Sie nahmen ihn wieder zu sich und das Meer stürmte weiter gegen sie. Da warfen sie ihn bis zum Nabel hinein. Und das Meer ließ von seinem Wüten ab. Sie hoben ihn wieder zu sich herauf und das Meer stürmte weiter gegen sie. Sie warfen ihn bis zum Hals hinein und das Meer ließ von seinem Wüten ab. Und nochmals holten sie ihn zu sich zurück und das Meer stürmte weiter gegen sie. Da warfen sie ihn ganz hinein und sofort ließ das Meer von seinem Wüten ab.
F. R. Tarfon sagt: Seit den sechs Schöpfungstagen war dieser Fisch bestimmt, Jona zu verschlingen; denn es heißt: „DER HERR ABER BE-

STIMMTE EINEN GROSSEN FISCH, JONA ZU VERSCHLINGEN" (2,1). Und er betrat sein Maul, so wie ein Mensch die große Synagoge betritt, und stand (darin). Und die beiden Augen des Fisches waren wie Glasfenster, die Jona Licht gaben.

R. Meir sagt: Eine Perle hing im Inneren des Fisches und leuchtete Jona, wie die Sonne zu Mittag leuchtet, und zeigte ihm alles, was im Meer und seinem Abgrund ist. Und darüber sagt die Schrift: „*Ein Licht erstrahlt den Gerechten*" (Ps 97,11).

Der Fisch sagte zu Jona: Weißt du nicht, daß mein Tag gekommen ist, vom Maul des Leviatan gefressen zu werden? Jona antwortete ihm: Bring mich zu ihm!

Jona sagte zu Leviatan: Deinetwegen bin ich herabgekommen, den Ort deiner Wohnstätte zu sehen; denn ich werde ein Seil durch deine Zunge geben und dich heraufholen und dich für das große Mahl der Gerechten schlachten. Er zeigte ihm das Siegel Abrahams und sagte: Schau auf das (Zeichen des) Bundes. Und Leviatan sah es und floh vor Jona zwei Tagereisen weit.

G. (Jona) sagte zu(m Fisch): Siehe, ich habe dich vor dem Maul des Leviatan gerettet. Zeig mir alles, was im Meer und in den Abgründen ist! Und er zeigte ihm den großen Fluß des Ozeans; denn es heißt: „DIE URFLUT UMSCHLOSS MICH" (2,6). Und er zeigte ihm die Pfade des Schilfmeers, auf denen Israel mittendurch gezogen war; denn es heißt: „SCHILFGRAS UMSCHLANG MEINEN KOPF" (2,6). Und er zeigte ihm den Ort, von dem die Wogen des Meeres und seine Wellen ausgehen; denn es heißt: „ALL DEINE WELLEN UND WOGEN SCHLUGEN ÜBER MIR ZUSAMMEN" (2,4). Und er zeigte ihm die Säulen der Erde und ihre Fundamente; denn es heißt: „DIE ERDE, IHRE RIEGEL SCHLOSSEN MICH EIN FÜR IMMER" (2,7).

Und er zeigte ihm das Gehinnom; denn es heißt: „DOCH DU HOLTEST MICH LEBENDIG AUS DEM GRAB HERAUF, HERR, MEIN GOTT" (2,7). Er zeigte ihm die unterste Unterwelt; denn es heißt: „AUS DER TIEFE DER UNTERWELT SCHRIE ICH UM HILFE, UND DU HÖRTEST MEIN RUFEN" (2,3). Und er zeigte ihm den Tempel Gottes; denn es heißt: „BIS ZU DEN WURZELN DER BERGE KAM ICH HINAB" (2,7). Von daher lernen wir, daß Jerusalem auf sieben Bergen ruht. Und er zeigte ihm den Grundstein, der in den Abgründen unter dem Tempel Gottes befestigt ist, und die Söhne Korachs, die auf ihm stehen und beten.

H. Der Fisch sagte zu Jona: Siehe, du stehst unter dem Tempel Gottes. Bete, und du wirst erhört werden! Jona sagte zum Fisch: Bleib an dem Platz, wo du bist, stehen; denn ich will beten. Der Fisch blieb stehen und Jona begann vor dem Heiligen, gepriesen sei er, zu beten, und er sagte vor ihm:

Herr der Welt! Man nennt dich den, der (in die Unterwelt) hinabführt

Nacherzählte Bibel: Jona im Meer

und heraufbringt. Ich bin herabgestiegen; bring mich hinauf! Man nennt dich den, der tötet und lebendig macht (1 Sam 2,6). Siehe, meine Seele steht an der Schwelle des Todes. Mach mich lebendig! Doch er wurde nicht erhört, bis aus seinem Mund dieses Wort hervorging und er sagte: „WAS ICH GELOBT HABE, WILL ICH ERFÜLLEN" (2,10). „WAS ICH GELOBT HABE": den Leviatan hinaufzubringen und ihn vor dir zu schlachten, „WILL ICH ERFÜLLEN" am Tag der Erlösung Israels. Sofort deutete der Heilige, gepriesen sei er, (dem Fisch) und dieser spie Jona aus; denn es heißt: „DA BEFAHL DER HERR DEM FISCH, JONA ANS LAND ZU SPEIEN" (2,11).

I. Die Seeleute sahen alle die Zeichen und die großen Wundertaten, die der Heilige, gepriesen sei er, an Jona getan hatte. Sofort standen sie auf und warfen jeder seinen Götzen ins Meer; denn es heißt: „DIE NICHTIGE GÖTZEN VEREHRTEN, GEBEN AUF IHRE SCHANDE" (2,9).

Und sie kehrten nach Jafo zurück, zogen nach Jerusalem hinauf und beschnitten das Fleisch ihrer Vorhaut; denn es heißt: „DA ERGRIFF DIE MÄNNER GROSSE FURCHT VOR JAHWE, UND SIE SCHLACHTETEN FÜR JAHWE EIN OPFER" (1,16). Haben sie wirklich ein Opfer geschlachtet? Man nimmt doch von Heiden kein Opfer an! Vielmehr bezieht sich das auf das Blut der Beschneidung, das wie Opferblut ist. Und sie gelobten und erfüllten es auch, daß jeder seine Frau und all die Seinen zur Furcht des Gottes Jonas bringen werde. Sie gelobten also und erfüllten es. Und von ihnen heißt es: „Über die Proselyten, die Proselyten aus Gerechtigkeit".

Das Buch Jona wird wegen seines zentralen Themas der Buße und Umkehr am Versöhnungstag in der Synagoge gelesen; man weiß allerdings nicht, wie alt dieser Brauch ist. Unser Midrasch reiht das Kapitel über Jona nicht entsprechend seinem geschichtlichen Platz ein, sondern bringt es im Rahmen der breit nacherzählten Schöpfungsgeschichte. Die Tiere des Wassers wurden nach Gen 1,20–23 am fünften Tag der Schöpfungswoche geschaffen; dazu gehören natürlich auch der Fisch, der Jona verschlingt, und Leviatan, die im zweiten Teil der Erzählung eine so wichtige Rolle spielen. Dennoch kommt in der Schilderung der Ereignisse der Schöpfungswoche dieses Kapitel völlig überraschend. Man könnte natürlich den Anfang einfach übersetzen: „An einem Donnerstag (= fünfter Tag) floh Jona vor dem Herrn"; doch kommt es dem Erzähler offensichtlich darauf an, die Jona-Geschichte mit der Schöpfungsgeschichte zu verbinden: nur an einem fünften Tag der Woche kann Jona dem für ihn bestimmten Fisch begegnen. Er tritt damit aus der geschichtlichen Zeit in die mythologische Zeit des Anfangs, der Schöpfung, und überwindet damit auch in seiner Erfahrung alle Schranken der Zeit, wie der zweite Teil des Midrasch-Kapitels klarmacht.

Das biblische Buch Jona ist eine ziemlich spät entstandene Lehrerzählung, die als Helden den im 2 Kön 14,25 genannten und sonst unbekannten Jona aus dem achten Jahrhundert verwendet. Rabbinische Bibelerzählung versucht, dem Leser seiner Zeit die Fragen zu beantworten, die der Bibeltext offenläßt, die dem Leser jedoch für ein zusammenhängendes Bild notwendig sind. So versucht A zuerst erzählerisch zu begründen, warum Jona als einziger biblischer Prophet auf seine göttliche Sendung sofort mit der Flucht antwortet. Er hat eben schon schlechte Erfahrungen gemacht, wie man aus Jona 3,9 („Wer weiß, vielleicht reut es Gott wieder") und vielleicht auch aus 2 Kön 9 erschließt: die Gleichsetzung des hier ungenannten Prophetenjüngers mit Jona ist allerdings erst später belegt.

Aber kann man denn vor Gott überhaupt fliehen? Ps 139, 7–12 (vgl. Am 9,1–3) schildert beredt die Unmöglichkeit dieser Flucht. Doch läßt der Erzähler bewußt Jona nicht an diese Stellen denken, damit sein Unternehmen nicht von vornherein sinnlos ist. Jona argumentiert wie heidnische Gestalten der Bibel mit Schriftstellen und verkennt doch die Gesamtaussage der Schrift. So wählt er das sagenhafte Tarschisch als Ziel und wagt sich dafür sogar auf das gefürchtete Meer.

Die erzählerische Erweiterung in B setzt wohl bei der Formulierung von 1,3 ein. Daß Jona ein Schiff „fand", setzt sein Suchen voraus; vor allem aber ist das hebräische *baa Tarschisch"*, hier übersetzt *„das nach Tarschisch fuhr"*, auffällig; gewöhnlich bedeutet das Verb „kommen"; auch fehlt beim Ortsnamen das Suffix, das die Richtung anzeigt *(Tarschischa)*: so kommt man zur Vorstellung, daß das Schiff vom Weg nach Tarschisch zurückkommt. Es ist damit eine Verzögerung in der Erzählung eingebaut, die Jona Zeit gibt, noch einmal nachzudenken. Doch er bleibt fest entschlossen bei seinem Vorhaben.

Daß 1,4 von der Gefährdung nur dieses einen Schiffes spricht, ist dem Verfasser in C ein Hinweis, daß der Sturm sich auf dieses Schiff allein konzentriert, wie er ja auch schon zuvor dieses Schiff allein nach Jafo zurückgebracht hat; die anderen Schiffe sind nicht betroffen. Das gezielte Eingreifen Gottes wird damit um so deutlicher herausgearbeitet. Anderseits ist auf dem Schiff ohnedies die gesamte Menschheit mit all ihren siebzig Sprachen vertreten (vgl. die Völkerliste in Gen 10). Jetzt rufen sie noch *„jeder zu seinem Gott"*; doch wie in Mi 4 zum Schluß alle Völker zum Zion wallfahren, endet auch die Jona-Geschichte in der Midrasch-Fassung mit dem Weg der Vertreter der siebzig Sprachen zum Tempel in Jerusalem.

In D tritt Jona wieder auf den Plan. Ironischerweise muß erst der heidnische Kapitän ihn an die Errettung der Hebräer am Schilfmeer erinnern; der Durchzug der Israeliten durch das Meer ist das Grundbeispiel göttlicher Errettung, gibt Hoffnung, daß auch das Schiff der Menschheit heil über das Meer kommt. Anders als im Bibeltext wartet Jona nicht, bis das Los der Matrosen ihn entlarvt. Der Umschwung in seiner Haltung kommt schon jetzt: freiwillig bekennt er sich als Ursache der Not, bietet selbst an, man solle ihn ins Wasser werfen.

Jetzt erst (E) werfen die Matrosen das Los; sie wollen keinen Unschuldigen töten. Das Schuldbekenntnis Jonas von 1,10 hat der Erzähler ja bezeichnenderweise übergangen. Es geht nicht mehr um Jonas persönliche Geschichte; vielmehr vertritt er das Volk der Hebräer, das sich freiwillig zum Heil der Menschheit opfert. Dem dreimaligen Angebot des Jona, ihn zu opfern, steht das Zögern der Matrosen gegenüber, die ihn dreimal wieder aus dem Meer heraufholen, ehe sie ihn endgültig dem Meer überlassen und durch „unschuldiges Blut" Rettung finden. Die heilsgeschichtliche Aufgabe des Leidens Israels unter den Völkern ist somit der Grundgedanke der Nacherzählung des Bibeltextes.

Daß Israel diese Rolle von allem Anfang an bestimmt war, hebt die Aussage von F hervor: schon seit den Tagen der Schöpfung wartet der Fisch darauf, Jona zu verschlingen. Das bedeutet für ihn jedoch nicht Untergang, sondern eine neue Welt der Erfahrung. In der apokalyptischen Literatur klären Reisen des Sehers durch Himmel und Unterwelt diesen über den Bau der Welt, die Anfänge der Schöpfung und das Ziel der Geschichte auf. Dasselbe widerfährt Jona, den das Psalmzitat ausdrücklich als Gerechten bezeichnet (also nicht als einen, der auf der Flucht vor Gott ist!). Der Fisch übernimmt dabei die Rolle des Führers, die in den Apokalypsen gewöhnlich ein „Deuteengel" hat. Als erstes beseitigt Jona kraft des Siegels der Beschneidung, des Bundes mit Gott, die Bedrohung durch Leviatan, das gottfeindliche Meerestier, Symbol für die Mächte des Urchaos, die in der Endzeit völlig überwunden den Gerechten zum Mahl serviert werden.

Es folgt in G eine Auslegung des Psalms, den Jona im Bauch des Fisches betet. Der Erzähler sieht darin die Erfahrungen Jonas ausgedrückt: die Urflut, auf der die Erdscheibe schwimmt, findet Jona ebenso vor wie die Spuren der Heilsgeschichte und die Säulen, auf denen die Erde aufruht, die Totenwelt ebenso wie die Fundamente des Tempels, der ja der Inbegriff des gesamten Kosmos ist. Dort trifft er auch die Söhne Korachs an, die laut Num 16 unrechtmäßig das Priestertum für sich beanspruchten und zur Strafe von der Erde verschlungen wurden. Sie beten direkt unter dem Tempel, in dem zu dienen sie angestrebt hatten, erfahren also doch eine gewisse Rechtfertigung. Die Fahrt in das Herz der Meere bringt somit Jona die Erkenntnis der Grundlagen des Kosmos, der wesentlichen Ereignisse der Heilsgeschichte und auch schon der kommenden Endzeit. Sein Versprechen, am Tag der Erlösung Leviatan aus der Unterwelt heraufzuholen, das Böse zu vernichten, ist für Jona die Errettung (H).

Der Bibeltext fährt in Jona 3–4 mit Jonas Reise nach Ninive und der Bekehrung der Stadt fort. Dies paßt jedoch gar nicht zum Bild, das sich der Midrasch von der Aufgabe Jonas gemacht hat. Seine universale, die Zeiten überspannende Rolle erfüllt sich in der Bekehrung der gesamten Menschheit zum wahren Gott. So greift I auf den Schluß von Kapitel 1 zurück, den E übergangen hatte. Jona 2,9, das der Ausleger mit 1,16 verbindet, mußte dabei für den Zusammenhang anders als üblich übersetzt werden. Die Seeleute bekehren sich und nehmen die Beschneidung auf sich. Von ihnen gilt daher die 13. Benediktion des Achtzehngebets, mit dem das Kapitel schließt. Mit der Bekehrung der Menschheit hat das Abenteuer Jonas, die Rolle des leidenden Israel in der Geschichte, das Ziel erreicht.

2) Das Vorbild Abrahams (Seder Elijahu Rabba 6)

A. Warum verdiente Abraham ein Leben ohne Sorge und ohne bösen Trieb in dieser Welt, wie es (Gott) den Gerechten in der kommenden Welt geben wird?
Weil er sich zur Ehre Gottes dem Tod im Feuer der Chaldäer auslieferte. Und jeder, der sich zur Ehre Gottes dem Tod ausliefert, dem wird Leben in dieser Welt und reiches, langes Leben ohne Ende in der kommenden

Welt zuteil werden. Woher (weiß ich das? Aus dem Folgenden) wirst du erfahren, daß es so ist.

B. Das Elternhaus Abrahams diente den Götzen. Und sie erzeugten Götzen, gingen hinaus und verkauften sie auf dem Markt. Eines Tages fiel der Verkauf Abraham zu. Einer kam und fragte ihn: Wieviel kostet diese Statue? Drei Minen, antwortete er ihm und fragte ihn: Wie alt bist du? Jener antwortete: Dreißig Jahre. Da sagte er zu ihm: Dreißig Jahre bist du alt und willst das verehren, was ich gerade heute gemacht habe? Da wandte dieser sich ab und ging fort.

Wieder kam ein anderer und fragte ihn: Wieviel kostet dieses Statue? Fünf Minen, antwortete er ihm und fragte ihn: Wie alt bis du? Jener antwortete: Fünfzig Jahre. Da sagte er zu ihm: Fünfzig Jahre bist du alt und willst das verehren, was ich gerade heute gemacht habe? Da wandte dieser sich ab und ging fort.

C. Seine Worte kamen Nimrod zu Ohren. Er sandte, ließ ihn kommen und vor sich treten. Er sagte zu ihm: Sohn Terachs, mach mir ein schönes Götterbild; es soll für mich sein!
Er ging heim und sagte zu seiner Familie: Macht ihm eine schöne Statue! Sie machten (die Statue) zurecht, schnitten sie zu und malten sie bunt an. Und er ging und brachte sie ihm hinaus. Und die Gerechtigkeit unseres Vaters Abraham (bewirkte, daß) dieser Tag bewölkt war und an diesem Tag Regen fiel, der auch mitten in den Feuerofen fiel.

D. Nimrod saß da und die ganze Generation der Zerstreuung saß auch da. (Abraham) trat ein und stellte (den Götzen) in die Mitte. Er stieg herab und sagte seine Worte. (Nimrod) antwortete ihm: Wenn nicht (dem Götzen), wem soll ich (dann) dienen? (Abraham) antwortete ihm: Dem Gott der Götter und dem Herrn der Herren, dessen Herrschaft Bestand hat im Himmel und auf Erden und auch im obersten Himmel. (Nimrod) sagte zu ihm: Ich aber will dem Gott des Feuers dienen. Und siehe, ich werfe dich mitten hinein. Es komme der Gott, von dem du sprichst, und rette dich mitten aus dem Feuerofen.
Sofort fesselten sie ihn, banden ihn und legten ihn auf die Erde. Und sie umgaben ihn an allen vier Seiten mit Holz, fünfhundert Ellen nach Norden, fünfhundert Ellen nach Süden, fünfhundert Ellen nach Westen und fünfhundert Ellen nach Osten. Sie gingen rundherum und legten Feuer daran.

E. Und das ganze Haus Terachs waren Götzendiener und bis zu dieser Stunde erkannte keiner seinen Schöpfer. Sogleich kamen seine Nachbarn und die Leute seiner Stadt, tippten ihm an den Kopf und sagten zu ihm: Mit großer Schande bist du beschämt worden! Der Sohn, von dem du sagst, er werde diese Welt und die kommende Welt erben, den hat Nimrod im Feuer verbrannt!
Sofort wurde das Erbarmen des Heiligen, gepriesen sei er, gerührt und

Nacherzählte Bibel: Das Vorbild Abrahams 193

vom allerhöchsten Himmel, vom Ort seiner Herrlichkeit, seiner Größe und seiner Schönheit kam die Heiligkeit seines großen Namens hernieder. Und er rettete unseren Vater Abraham mitten aus dieser Schande, mitten aus dieser Schmach und mitten aus dem Feuerofen; denn es heißt: „ICH BIN DER HERR, DER DICH HERAUSGEFÜHRT HAT (AUS DEM FEUER DER CHALDÄER)" (Gen 15,7).

F. Und als er an unserem Vater Abraham das Wunder gewirkt hatte, da löste das (der Familie Terachs) die Zunge gegenüber der Generation der Zerstreuung, so daß sie ihnen eine Antwort geben konnten. Über Terach und seinen Sohn Abraham sagten sie: „*Weise ist mein Sohn und er erfreut mein Herz; so kann ich dem antworten, der mich beschimpft*" (Spr 27,11). Das gilt von den Leuten der Generation der Zerstreuung; wenn es nach ihnen gegangen wäre, hätten sie meinen Sohn umgebracht und er wäre aus dieser Welt und aus der kommenden Welt ausgelöscht worden. Er stand auf und ging um Gottes willen von dort weg; denn es heißt: „UND TERACH NAHM SEINEN SOHN ABRAM usw. (Gen 11,31). Zum Lohn dafür, daß (Terach) von dort weggegangen war, ließ der Heilige, gepriesen sei er, seinen Sohn Abraham zu seinen Lebzeiten fünfunddreißig Jahre König sein.

G. Und Abraham und Sara gingen in das Land Kanaan; denn es heißt: „UND ABRAM NAHM SEINE FRAU SARA MIT" (Gen 12,5). Abraham wurde alt, seine Haare wurden weiß und er konnte nicht mehr nach Art der Welt (mit seiner Frau Umgang haben). Auch Sara wurde alt, ihre Haare wurden weiß und auch sie konnte nicht mehr nach Art der Welt. Doch dann wurden die Haare des alten und weißhaarigen Abraham wieder schwarz und er kehrte in seine Jugend zurück. Und auch die Haare der alten und weißhaarigen Sara wurden wieder schwarz und sie kehrte in ihre Jugend zurück. Es heißt ja: „ABRAHAM UND SARA WAREN SCHON ALT" (Gen 18,11). Abraham wurde (wieder) wie ein junger Mann und Sara wurde wie eine junge Frau.

Es versammelten sich bei ihnen alle Menschen und fragten: Welcher Art sind sie, daß durch sie all diese Werke zustande kommen? Sogleich setzte sich Abraham und erzählte ihnen alles, was ihm in der Welt widerfahren war, vom Feuer der Chaldäer an bis zu jener Stunde. Es heißt ja: „*Wer hat im Osten den geweckt, dem Gerechtigkeit begegnet* usw." (Jes 41,2). Und als sie von ihm Worte der Tora gehört hatten, machten sie ihn zum König über sich.

H. Sofort, in derselben Stunde, versammelten sich alle Könige des Ostens. Und sie kamen und setzten die Könige in der Umgebung Abrahams unter Druck. Er aber sagte nichts zu ihnen, bis sie ihn am eigenen Leibe schlugen. Es heißt ja: "ABRAHAM HÖRTE, SEIN BRUDER SEI GEFANGEN" (Gen 14,14).

In jener Stunde zeigte der Heilige, gepriesen sei er, unserem Vater Abra-

ham, daß seine Nachfahren in Dan Götzendienst treiben werden, und da verließ ihn seine Kraft. Es heißt ja: „*Die Daniter stellten das Gottesbild bei sich auf*" (Ri 19,30). Und ebenso sagt die Schrift: „UND DIE NACHT TEILTE SIE, IHN UND SEINE KNECHTE" (Gen 14,15). Sie sagten: Der Engel, der auszog, Abraham zu helfen, hieß Nacht.
Und womit rüstet er (seine Leute) aus? Mit Silber und Gold und Edelsteinen und Perlen und mit allen wertvollen Dingen, die es in der Welt gibt, um alle Leute wissen zu lassen, daß Abraham ein großer reicher Mann sei. Die Geschöpfe sollten nicht sagen: Nur dazu ist Abraham ausgezogen und hat die Könige getötet, um ihren Besitz zu erbeuten, den sie bei sich hatten. Deshalb heißt es: „UND DIE NACHT TEILTE SIE usw."

I. Und woher (wissen wir), daß unser Vater Abraham König wurde auf der Welt? Es heißt ja: „DU BIST EIN GOTTESFÜRST IN UNSERER MITTE" (Gen 23,6). Und (die Bibel) sagt: „*Wenn ein Fürst sündigt*" (Lev 4,22). „*Du entweihter, verbrecherischer Fürst von Israel*" (Ez 21,30). „*Genug, ihr Fürsten Israels*" (Ez 45,9).
So wie „Fürst", wenn von den Königen Israels ausgesagt, einen Fürsten meint, über dem niemand ist außer dem Herrn, seinem Gott, so meint „Fürst", wenn von den Königen Judas ausgesagt, ebenso einen Fürsten, über dem niemand ist außer dem Herrn, seinem Gott. Daraus lernen wir auch über den in der Tora genannten Fürsten:
So wie der in der Tora genannte Fürst einer ist, über dem niemand ist außer dem Herrn, seinem Gott, so bedeutet auch der von Abraham verwendete Ausdruck „Fürst", daß niemand über ihm ist außer dem Herrn, seinem Gott.
So lernen wir, daß unser Vater Abraham fünfundsiebzig Jahre lang in der Welt König war, fünfunddreißig zur Zeit Terachs und vierzig nach seinem Tod. Und wie waren die Münzen, die er ausgab? Ein alter Mann und eine alte Frau waren auf der einen Seite, ein junger Mann und eine junge Frau auf der anderen.

J. Und der Heilige, gepriesen sei er, ließ keinen Segen in der Welt, mit dem er ihn nicht segnete. Er segnete ihn mit Weisheit und Einsicht, mit Wissen und mit Verstand. Und er segnete ihn mit Reichtum und Einkünften. Und er ließ ihn Himmel und Erde erwerben und setzte ihn ein zum Herrn über seine Welt; denn es heißt: „UND ER SEGNETE IHN UND SAGTE: GESEGNET SEI ABRAM VOM HÖCHSTEN GOTT. (ER ERWIRBT HIMMEL UND ERDE)" (Gen 14,19). Und er segnete ihn mit Kindern und Kindeskindern.
Und er ließ ihn diese Welt und die kommende Welt erwerben; denn es heißt: „ABRAHAM WAR ALT UND KAM IN DIE TAGE" (Gen 24,1). Die Bibel spricht nicht von den Tagen Abrahams. Vielmehr (sind) ein Tag von dieser Welt und ein Tag von den Tagen des Messias und ein Tag von der kommenden Welt (gemeint).

K. In jener Stunde sagte der Heilige, gepriesen sei er: Zehn Generationen kamen und dann zerstörte ich meine Welt; und ich vertrieb aus der Welt, was ich in der Welt hatte hochkommen lassen. Als Abraham kam, war mein Herz (wieder) bei meiner Welt. *„Mein Herz hast du bezaubert, meine Schwester Braut, mein Herz hast du bezaubert mit einem deiner Augen"* (Hld 4,9). Das gleicht einem König von Fleisch und Blut, der sich eine Frau antraute, von der er nur eines ihrer Augen gesehen hatte. Und er liebte sie mit übermäßiger Liebe; er freute sich über sie und sehnte sich nach ihr. Du kannst dir denken, um wieviel mehr (er sie lieben würde), wenn er von ihr beide Augen gesehen hätte.

So war unser Vater Abraham, der den Geschöpfen die Augen öffnete und sie unter die Flügel der Wesensgegenwart führte: so sehr liebte ihn der Heilige, gepriesen sei er, mit vollendeter Liebe und freute sich über ihn und sehnte sich nach ihm.

Und wenn er unseren Vater Abraham schon zur Zeit, da er den Geschöpfen die Augen öffnete und sie unter die Flügel der Wesensgegenwart führte, so liebte, um wieviel mehr (wird er ihn erst lieben), sobald seine Kinder große Gebote verwirklichen und Bündel um Bündel der (Gebote der) Tora erfüllen werden. Deshalb heißt es: *„Mein Herz hast du bezaubert, meine Schwester Braut"*.

L. Und sogar die tödlichen Wunden, die der Heilige, gepriesen sei er, Israel wegen seiner Sünden in dieser Welt geschlagen hat, werden ihnen Heilung sein für die kommende Welt. Es heißt ja: *„Kommt, wir kehren zum Herrn zurück! Denn er hat (Wunden) gerissen, er wird uns auch heilen usw."*: Das bezieht sich auf diese Welt und die Tage des Messias. *„Und am dritten Tag läßt er uns wieder aufstehen"* (Hos 6,1): Das ist die kommende Welt.

Seder Elijahu ist ein ethischer Midrasch. Bibelerzählungen stehen darin nicht für sich, sondern sind als Teil der sittlichen Unterweisung eingebaut. Der hier übersetzte Text ist der erste Teil eines Kapitels, das Abraham, Jakob, Jitro und Jabez als sittliche Vorbilder vor Augen stellt, wie man ohne falsche Sorge und ohne Bedrohung durch den bösen Trieb leben kann. Die sittliche Botschaft des Textes besteht natürlich in der Verbindung *aller* in diesem Kapitel geschilderten Grundeinstellungen; doch möge für unseren Zusammenhang das Beispiel Abrahams genügen. Seine Bereitschaft, für die Ehre Gottes sogar sein Leben aufs Spiel zu setzen, stellt A gleich zu Beginn dem Leser als Vorbild hin.

B variiert die schon aus der Apokalypse Abrahams bekannte Geschichte über die Götzenherstellung im Elternhaus Abrahams (siehe schon S. 178). Jos 24,2 sagt, daß sie *„anderen Göttern dienten"* (wa-jaʿabdu), vom späteren, vor allem aramäischen Sprachgebrauch her kann man auch verstehen: sie *machten* andere Götter. Daß man gerade aus der Herstellung der Götzen ihre Nichtigkeit lernen kann, ist ein in der Bibel verbreitetes Motiv (siehe vor allem Jes 44,9–20). So weiß auch Abraham um der Wertlosigkeit seiner Erzeugnisse und macht dies auch seinen Kunden klar.

Nimrod (C) ist zwar einige Generationen älter als Abraham (Gen 10,8–12), gilt aber, wohl wegen der hohen Lebensalter der Erzväter in Gen 11,10ff als der König, der zur Zeit Abrahams herrschte und der auch den Turmbau von Babel veranlaßte. Man vermutet, daß im Text von C einiges ausgefallen ist und ursprünglich hier von einem ersten Versuch, Abraham im Feuerofen zu verbrennen, die Rede war, aus dem ihn der Regen rettete. Doch kommt man auch so mit dem Text zurecht, wenn man in der Erwähnung des Regens eine Vorwegnahme des Endes der Geschichte sieht, die ja der Leser kennen mußte. Auch sonst setzt ja der Erzähler voraus, daß der Leser die biblische Geschichte und auch spätere Traditionen um diese kennt (siehe z. B. unten zu G: Abimelech).

Als Generation der Zerstreuung (D) bezeichnet die rabbinische Tradition die nach dem Turmbau von Babel durch die Sprachenverwirrung in alle Welt zerstreuten Menschen (Gen 11,9). Nach der Fassung des pseudophilonischen Buchs der biblischen Altertümer ließ übrigens Nimrod Abraham in den Feuerofen werfen, weil er nicht zum Turmbau beitragen wollte. Was Abraham zu Nimrod sagt, wird vorausgesetzt, da schon zuvor bei den zwei Kunden zitiert. Wenn hier Nimrod sich als Verehrer des Feuergottes bekennt, mag dies die zoroastrische Feuerverehrung voraussetzen, die ja bis zur arabischen Eroberung im persischen Reich, somit auch in Babylonien herrschte. Dazu würde auch die riesige Fläche des Scheiterhaufens passen, mit dem man Abraham umgibt: sie könnte übertreibend die Vorsorge schildern, sich ja nicht an einem Toten zu verunreinigen. Auch sonst spiegelt das Buch ja mehrfach die Auseinandersetzung des Judentums mit den zoroastrischen Magiern.

E erklärt zuerst, daß bis jetzt die Familie Terachs Gott nicht erkannt hatte, zitiert aber doch Terach so, daß dieser seinem Sohn Abraham auch die kommende Welt zuspricht. Eine Wende wird hier jedenfalls schon vorbereitet. Und Gott selbst, nicht einfach ein Engel wie bei den drei jungen Männern von Dan 3, rettet Abraham aus dem Feuerofen, wie man aus dem doppeldeutigen Gen 15,7 liest, wo man Ur nicht als Ortsname, sondern als „Licht, Feuer" versteht (zum Thema vgl. EstRabba S. 125).

Da Abraham der „Vater des Glaubens" ist, kommt natürlich auch sein Vater nur über ihn zur wahren Einsicht. Angesichts des Wunders erkennt er Abraham als den wahren Weisen (Spr 27,11) und zieht die Konsequenzen: er verläßt die Chaldäer (F). Der Schlußsatz erklärt sich aus Gen 11,26.32 im Vergleich mit 21,5: Terach lebte nach der Geburt Isaaks noch 35 Jahre; ab Isaaks Geburt rechnet I Abrahams Königtum.

Doch vor Isaaks Geburt kommt es zu Abrahams Begegnung mit den drei Engeln bzw. Gott selbst bei Mamre: an die Verheißung des Kindes fügt Gen 18,11 den Hinweis auf das Alter von Abraham und Sara an, der „*es längst nicht mehr erging, wie es Frauen zu ergehen pflegt*". Um so erstaunlicher ist es, daß König Abimelech dann in Gen 20,2 Sara in seinen Harem holt! Der Erzähler kann sich das hier nicht eigens erwähnte Geschehen nur mit einer wundersamen Verjüngung Abrahams und Saras erklären (G).

Die bekannte rabbinische Tradition, daß alle Leute zu Abrahams Zelt kamen, er sie gastfreundlich aufnahm und zum wahren Glauben bekehrte, setzt G voraus.

Nacherzählte Bibel: Das Vorbild Abrahams 197

Daß die Leute kommen, sieht der Erzähler in den Wundern begründet, die Abraham widerfahren; ihre Frage formuliert man mit Jes 41,2 als Frage nach dem Gott, der Abraham aus dem Osten gesandt hat. Seine Lebensgeschichte und die Verkündigung der Tora bewirken, daß sie ihn zum König machen. Doch belegt dies der Text nicht sofort aus der Bibel, sondern fügt hier das so rätselhafte Kapitel Gen 14 ein, welches das Königtum Abrahams illustrieren kann. Die zeitliche Aufeinanderfolge der biblischen Erzählung gilt ja den Rabbinen als verbindlich.

Der Beginn von H setzt Gen 14,1-4 voraus: Der König von Schinar, also der Nachfolger Nimrods, zieht mit seinen Verbündeten, als deren letzter der „König der Völker" bzw. „Heiden" genannt wird, gegen eine Reihe von Königen, die vom König von Elam abgefallen waren. Warum dies geschah, sagt die Bibel nicht. Der Erzähler ergänzt hier den Grund: sie haben ja soeben Abraham zum König gemacht! Doch Abraham reagiert auf die Bedrohung von außen erst, als sein eigener Neffe in Gefangenschaft gerät (14,12-14). Daß Abraham die Verfolgung der Könige nur bis Dan führt, sieht der Midrasch im Götzendienst begründet, der später in Dan geübt werden sollte (vgl. auch 1 Kön 12,29 f das goldene Kalb in Dan). Die Heilsgeschichte ist eine Einheit: nicht nur das Verdienst der Väter wirkt in alle Zukunft nach, auch die Sünden der Zukunft wirken in die Vergangenheit zurück. Die etwas schwierige Formulierung von V.15 führt zu verschiedenen Deuteversuchen; der hier genannte Vorschlag, ein Engel namens Nacht habe Abraham geholfen, findet sich im Talmud (Sanhedrin 96a). Jedenfalls hat die Vorausschau kommender Sünde verhindert, daß Abraham die Mächte der Völker über Dan hinaus verfolgen konnte.

Der folgende Absatz geht von 14,14 aus: Abraham „*musterte* (jaddeq) *seine ausgebildete Mannschaft*". Diese Lesung setzen schon die alten Übersetzungen voraus; doch ist sie eine Korrektur des traditionellen hebräischen Textes, der *jareq* liest. Das könnte man übersetzen: „er schüttete aus", was hier aber wenig Sinn ergibt. Der Midrasch versteht daher den Ausdruck im Vergleich mit einem anderen seltenen Wort, das in einer gewöhnlich von Israel verstandenen Stelle vorkommt: „*Du Taube mit silbernen Schwingen, mit goldig glänzenden* (jeraqraq) *Flügeln*" (Ps 68,14). Abraham hat also, wörtlich übersetzt, seine Leute „erglänzen" lassen. Sie haben selbst genug, um nicht auf Beute aus zu sein.

Erst nach diesem Intermezzo, das einen königlichen Abraham voraussetzt (man denke auch an die 318 Mann von V.14), kommt I auf den expliziten Beleg für Abrahams Königswürde zu sprechen: Gen 23, also nach Isaaks Geburt und Saras Tod, sprechen ihn die Hethiter zu Hebron als „Gottesfürsten" an. Doch interessiert den Verfasser vor allem die hier ausgesagte Beziehung des „Fürsten" mit Gott: es ist ein Fürst, über dem nur Gott steht, der daher (dazu die folgenden Textbeispiele) nur Gott zur Rechenschaft ziehen kann. Der Schluß des Abschnitts führt das Ende von F über die Dauer von Abrahams Königtum fort. Die Münzprägung ist Ausdruck der königlichen Macht; das Bildmotiv der Münzen ist aus der Geschichte von der Verjüngung Abrahams und Saras in G entnommen.

Gott segnet Abraham für sein vorbildliches Verhalten (J). Der hier verwendete Vers Gen 14,19 wird, sprachlich völlig einwandfrei, anders als üblich verstanden: *qone*, hier gewöhlich mit „erschafft" übersetzt, heißt ja normal: „kauft, erwirbt"; damit ist das Subjekt des Verbs natürlich nicht Gott, sondern Abraham! Der zweite Teil des Abschnitts sieht in der Wendung „*er kam* (bzw. kommt) *in die*

Tage" (Gen 24,1) nicht einfach eine andere Form zu sagen, daß Abraham alt geworden war; die Bibel wiederholt sich nicht! Vielmehr versteht man den Plural „Tage" allumfassend als Hinweis, daß Abraham an allen „Tagen", an allen Zeiten teilhat.

K hebt die Bedeutung Abrahams für die Heilsgeschichte hervor. Das Verhalten der ersten zehn Generationen seit der Schöpfung hatte Gott dazu gebracht, mit der Flut alles Leben zu vernichten. Doch mit Abraham begann dann Gottes große Liebe, die das Hohelied besingt. Was Abraham mit seiner Missionspredigt begonnen hat, ist erst eine Verheißung, nur ein flüchtiger Blick auf ein einziges Auge des verschleierten Mädchens; die Erfüllung kommt erst, wenn Israel die Tora annehmen und verwirklichen wird. Zwar zeigt die Geschichte die vielen Krisen dieser Liebe, wenn Israel sich nicht an die Tora hält (K). Dann ist Gott gezwungen, Israel zu verwunden. Doch die Wunden bringen Israel zu Gott zurück; die Heilung ist schon garantiert, auch wenn sie erst in den Tagen des Messias und in der kommenden Welt endgültig sein wird. Damit ist dann auch die mit Abraham begonnene Geschichte ans Ziel gekommen.

3) Die Kindheit Moses: Ex 1–2 (Dibre ha-Jamim schel Mosche)

A. Im Jahr 130 seit dem Zug Israels nach Ägypten träumte der Pharao. Und siehe, er saß auf dem Thron seiner Herrschaft. Und er hob seine Augen und sah: siehe da, ein Alter stand ihm gegenüber; in seiner Hand hielt er eine Waage, eine Kaufmannswaage. Und der alte Mann nahm die Waage und hielt sie vor dem Pharao hoch; und er nahm alle Ältesten Ägyptens, seine Fürsten und all seine Großen und band sie und gab sie zusammen in eine Waagschale. Und dann nahm er ein junges Lamm und gab es in die zweite Waagschale. Und das Lamm wog sie alle auf.
Und der Pharao wunderte sich über diesen schrecklichen Traum, warum das Lamm sie alle aufwog. Und da wachte Pharao auf, und siehe, es war ein Traum.

B. Und der Pharao stand frühmorgens auf und rief all seine Diener und erzählte ihnen den Traum; und die Männer fürchteten sich sehr. Und es antwortete einer von den Beamten des Königs und sagte: Das ist sicher ein großes Unheil, das am Ende der Tage über Ägypten hereinbrechen wird. Und der König antwortete dem Beamten und fragte ihn: Und was wird es sein? Und der Beamte antwortete dem König: Ein Kind wird in Israel geboren werden und es wird das ganze Land Ägypten verwüsten. Wenn es dem König gut dünkt, gehe ein königlicher Befehl hinaus; schriftlich soll er im ganzen Land Ägypten vorliegen und nicht übertreten werden: jedes männliche Kind, das den Hebräern geboren wird, werde getötet, damit dieses Unheil vom Land Ägypten ablasse. Und der König tat so.

C. Und er ließ „*die hebräischen Hebammen*" holen, „*die eine hieß*

Schifra, die andere Pua. Und er sagte: Wenn ihr den Hebräerinnen Geburtshilfe leistet, dann achtet auf das Geschlecht! Ist es ein Knabe, so laßt ihn sterben! Ist es ein Mädchen, dann kann es am Leben bleiben. Die Hebammen aber fürchteten Gott und taten nicht, was ihnen der König von Ägypten gesagt hatte, sondern ließen die Kinder am Leben. Da rief der König von Ägypten die Hebammen zu sich und sagte zu ihnen: Warum tut ihr das und laßt die Kinder am Leben? Die Hebammen antworteten dem Pharao: Nicht wie die Ägypterinnen sind die hebräischen Frauen, sondern" sie sind ähnlich *„Tieren"* des Feldes, die keine Hebammen brauchen; denn *„wenn die Hebamme zu ihnen kommt, haben sie schon geboren"* (Ex 1,15–19).
Und der Pharao sah, daß er nichts gegen sie ausrichten konnte. *„Daher gab der Pharao seinem ganzen Volk den Befehl: Alle Knaben, die geboren werden, werft in den Nil! Die Mädchen dürft ihr alle am Leben lassen"* (1,22).

D. Und es geschah, als die Israeliten diese Sache hörten, die der Pharao befohlen hatte, nämlich ihre männlichen Kinder in den Nil zu werfen, da trennte sich ein Teil des Volkes von seinen Frauen und ein Teil behielt sie bei sich. Und wenn sie gebären sollten, gingen die Frauen auf das Feld hinaus. Und Gott, der ihren Vätern geschworen hatte, sie zahlreich werden zu lassen, sandte ihnen einen seiner Dienstengel, die im Himmel sind, (das Neugeborene) mit Wasser zu waschen, es zu salben, mit Salz einzureiben und zu wickeln und in seine Hand zwei Kieselsteine zu legen; vom einen sollte es Milch saugen, vom anderen Honig. Und ihre Haare ließ er bis zu den Knien wachsen, damit sie sich damit bedecken, sich daran erfreuen und sie liebkosen konnten; denn er hatte Erbarmen mit ihnen.

E. Und da Gott mit ihnen Erbarmen hatte und sie auf der ganzen Erde zahlreich machen wollte, befahl er seinem Erdenkreis. Und dieser nahm sie auf; sie wurden darin aufbewahrt, bis sie groß waren. Und danach öffnete (die Erde) ihren Mund und spie sie aus und sie sproßten auf wie das Gras des Feldes und die Pflanzen des Waldes. Und sie kehrten alle zu ihren Familien zurück, zum Haus ihrer Eltern und schlossen sich ihnen an. Und es geschah, wenn die Erde die Neugeborenen des Hauses Jakob aufnahm, da Gott sich ihrer erbarmte, da zogen alle Ägypter aufs Feld, um mit dem Rindergespann und dem Pflug zu pfügen. Und sie pflügten über ihren Rücken, wie die Pflüger zur Zeit der Aussaat. Doch konnten sie ihnen mit ihrem Pflügen nicht schaden und sie wurden sehr stark.

F. Es war da ein Levite im Lande Ägypten; sein Name war Amram, ein Sohn Kehats, des Sohnes Levis, des Sohnes Jakobs. Und es ging der Mann zu Jochebed, der Tochter Levis, einer Schwester seines Vaters. Und die Frau wurde schwanger und gebar eine Tochter und nannte sie Mirjam; denn in jenen Tagen begannen die Söhne Hams das Leben Israels zu verbittern *(marer)*. Und sie wurde wieder schwanger und gebar einen

Sohn und nannte ihn Aaron; denn in den Tagen ihrer Schwangerschaft *(herajon)* begann der Pharao das Blut ihrer männlichen Kinder auf die Erde auszuschütten und manche von ihnen in den Strom Ägyptens zu werfen.

G. Und es geschah, als man das Wort des Pharao und seinen Befehl, ihre männlichen Kinder in den Nil zu werfen, hörte, da trennten sich viele von ihren Frauen; und auch jener Mann Amram trennte sich von seiner Frau.

H. Und es begab sich in jener Zeit, nach drei Jahren, daß Gottes Geist mit Mirjam war. Und sie ging und prophezeite im Haus: Siehe, meinem Vater und meiner Mutter wird diesmal ein Sohn geboren werden, und dieser wird Israel aus der Hand Ägyptens erlösen.

Und als Amram die Worte des Mädchens hörte, ging er und nahm seine Frau, die er verstoßen hatte, als der Pharao befahl, jedes männliche Kind des Hauses Jakob zu vernichten. Und er nahm sie im dritten Jahr, nachdem er sie verstoßen hatte, (wieder zurück), kam zu ihr und sie wurde von ihm schwanger.

I. Und nach sechs Monaten der Schwangerschaft gebar sie einen Sohn und das ganze Haus erfüllte sich mit einem großen Licht, gleich dem Licht der Sonne und des Mondes bei ihrem Aufgang. Und die Frau „sah" das Kind, „daß es schön war" und lieb zum Ansehen „und verbarg es drei Monate lang" im inneren Zimmer.

J. In jenen Tagen ersannen alle Ägypter listige Pläne, den Namen der Hebräer zu vernichten (vgl. Ps 83,4 f). Und die Frauen Ägyptens gingen in das Land Goschen, wo die Israeliten wohnten, und sie trugen ihre kleinen Kinder auf ihren Schultern, solange sie nicht reden konnten. Wenn eine Frau gebar, verbarg sie ihren Sohn vor den Ägyptern; die Ägypter sollten die Zeit ihrer Geburt nicht wissen, um sie nicht völlig vom Erdboden zu vernichten.

K. Und die Frauen der Ägypter kamen nach Goschen und hatten ihre Kinder, die noch nicht sprechen konnten, bei sich. Und wenn eine Ägypterin in das Haus einer Hebräerin kam, da stammelte das Kind in seiner Sprache. Und wenn es stammelte, antwortete das in der Kammer verborgene Kind. Dann gingen die Ägypterinnen und meldeten es dem Haus des Pharao. Und der Pharao sandte seine Wächter aus, die Kinder zu nehmen und sie zu töten.

L. Und nachdem die Frau das Kind drei Monate lang verborgen hatte, wurde die Sache im Haus des Pharao bekannt. Und die Frau beeilte sich, bevor die Wächter kamen, es zu holen. „*Sie nahm ein Binsenkästchen, dichtete es mit Pech und Teer ab, legte den Knaben hinein und setzte ihn am Nilufer im Schilf aus. Seine Schwester blieb in der Nähe stehen, um zu sehen, was mit ihm geschehen würde*" (2,3 f).

M. Und Gott sandte glühende Hitze auf das Land Ägypten, die das

Fleisch der Menschen im Land verbrannte, wie die Sonne in ihrem Höchststand brennt, und sie litten große Not. *„Und die Tochter des Pharao kam herab, um"* wegen der Gluthitze *„im Nil zu baden. Ihre Dienerinnen gingen unterdessen am Nilufer auf und ab"*, und wie sie auch alle Frauen der Ägypter. *„Auf einmal sah"* Bitja auf dem Wasser *„das Kästchen"* schwimmen *„und ließ es durch ihre Magd holen. Als sie es öffnete und hineinsah, lag ein weinendes Kind darin. Sie bekam Mitleid mit ihm, und sie sagte: Das ist ein Hebräerkind"* (2,5 f).

N. Und es kamen die Frauen der Ägypter, die am Nilufer entlang gingen, um es zu stillen; doch es wollte nicht saugen. Das hatte Gott bewirkt, um es zur Brust seiner Mutter zurückzubringen. Und es sagte Mirjam, *„seine Schwester, zur Tochter des Pharao: Soll ich zu den Hebräerinnen gehen und dir eine Amme rufen, damit sie dir das Kind stillt? Und... sie antwortete ihr: Ja, geh! Sie... ging und rief die Mutter des Knaben herbei. Die Tochter des Pharao sagte zu ihr: Nimm das Kind mit, und still es mir! Ich werde dich dafür entlohnen"*, zwei Silberstücke jeden Tag des Monats. *„Die Frau nahm das Kind zu sich und stillte es"* (2,7–9).

O. Und nach zwei Jahren *„brachte sie ihn der Tochter des Pharao. Diese nahm ihn als Sohn an, nannte ihn Mose...: Ich habe ihn aus dem Wasser gezogen"* (meschitihu: 2,10). Sein Vater aber nannte ihn Cheber; denn seinetwegen hatte er sich wieder mit seiner Frau verbunden *(chubbar)*, die er verstoßen hatte...

P. Und es geschah im dritten Jahr nach der Geburt Moses. Der Pharao saß beim Essen, die Herrin saß zu seiner Rechten, Bitja zu seiner Linken und der Knabe saß auf ihrem Schoß; und alle Fürsten des Reiches saßen bei ihm. Und wie sie da bei Tisch saßen, streckte der Knabe seine Hand aus und nahm die Krone vom Haupt des Königs und setzte sie sich auf den Kopf. Und der König und die Fürsten erschraken und wunderten sich gar sehr darüber.

Q. Und es antwortete der Zauberer Bileam, einer der Beamten des Königs, und sagte: Mein Herr und König! Erinnere dich an den Traum, den du geträumt hast und den dir dein Diener gedeutet hat. Und nun, gehört dieser Knabe nicht zu den Kindern der Hebräer, in denen der Geist Gottes ist? Voll Weisheit hat er dies getan und sich das Königtum Ägyptens erwählt. So hat Abraham getan, der die Macht Nimrods, des Königs der Chaldäer, und Abimelechs, des Königs von Gerar, geschwächt und das Land der Hethiter und alle Reiche Kanaans in Besitz genommen hat. Und auch er ist nach Ägypten herabgezogen und hat von seiner Frau gesagt, sie sei seine Schwester, um Ägypten und seinen König zu Fall zu bringen. Und auch Isaak hat sich so dem Philisterland gegenüber verhalten, als er Schutzbürger in Gerar war, und wurde mächtiger als alle Philister. Auch deren König wollte er zu Fall bringen, indem er von seiner Frau sagte, sie sei seine Schwester. Und auch Jakob handelte hinterlistig und nahm aus der Hand seines Bruders, des Sohnes seiner Mutter, sein Erstgeburtsrecht und seinen Segen; dann ging er nach Paddan Aram zum Haus seines Bruders Laban und nahm ihm listig seine Töchter, seine Herden und alles, was er hatte; dann flüchtete er und kehrte in das Land Kanaan zurück. Und seine Söhne verkauften Josef nach Ägypten. Zwei Jahre wurde er ins Gefängnis gesteckt, bis der frühere Pharao Träume hatte. Da holte man ihn aus dem Gefängnis und (der Pharao) erhöhte ihn über alle Fürsten Ägyptens, weil er ihm seine Träume gedeutet hatte. Und als Gott das Land hungern ließ, da holte er seinen Vater und seine Brüder nach Ägypten. Er versorgte sie ohne Bezahlung und Geld, uns aber macht er zu Knechten. Wenn es dem König gut dünkt, vergießen wir doch sein Blut, bevor er groß wird, das Königtum von dir nimmt und Ägypten vernichtet.

R. Und Gott sandte einen von seinen Engeln, mit Namen Gabriel, und dieser sah wie einer von ihnen aus. Und der Engel hob an und sprach: Wenn es dem König gut dünkt, bringe man einen Edelstein und Feuerkohlen und lege sie vor den Knaben. Wenn er seine Hand nach dem Edelstein ausstreckt, wißt ihr, daß er mit Vernunft gehandelt hat; dann töten wir ihn. Wenn er aber seine Hand nach der Kohle ausstreckt, dann wißt ihr, daß er ohne Vernunft gehandelt hat, und wir lassen ihn leben.

S. Und der Vorschlag fand in den Augen des Königs und der Fürsten Gefallen und sie taten gemäß dem Wort des Engels. Und sie brachten ihm den Edelstein und die Kohle. Und der Engel führte (dem Knaben) die Hand zur Kohle und die Kohle klebte an seinem Finger; er hob ihn zum Mund und verbrannte sich ein wenig die Lippen und die Zunge und es wurden ihm *„Mund und Zunge schwerfällig"* (4,10). Und der König und die Fürsten ließen vom Plan ab, den Knaben zu töten. Und er verbrachte nachher noch fünfzehn Jahre im Haus des Pharao. Und solange der Knabe im Haus des Königs war, war er in Purpurgewänder gekleidet und wuchs mitten unter den Söhnen des Königs auf.

Das „Leben Moses", dessen Anfang hier nach der von *A. Shinan* veröffentlichten Oxforder Handschrift übersetzt wurde (Ha-Sifrut 1977), ist wohl im 10. Jahrhundert entstanden und steht am Ende einer langen Tradition. Es ist kein Midrasch im eigentlichen Sinn, setzt diesen aber überall voraus. Die Schrift nennt keine Rabbinen; vor allem aber unterscheidet sie nicht mehr zwischen direkten Zitaten aus der Bibel und Kommentar, sondern webt Schrift und eigene Zutat in ein einheitliches Ganzes. Zum Eindruck trägt auch die Nachahmung des biblischen Hebräisch wesentlich bei, was in einer Übersetzung natürlich nur unvollkommen angedeutet werden kann. Auch konnten nur die direkten Zitate im Druck hervorgehoben werden, nicht aber die Fülle an biblischen Wendungen, die den Text auszeichnen.

Die Erzählung versucht den Bibeltext als Geschichte im eigentlichen Sinn zu verstehen. Dazu gehört wesentlich die Einführung eines chronologischen Rahmens. Die Datierung zu Beginn von A ergibt sich aus der Tradition, daß Israels

Nacherzählte Bibel: Die Kindheit Moses

Aufenthalt in Ägypten 210 Jahre währte (man läßt die vierhundert Jahre von Gen 15,13 mit der Geburt Isaaks beginnen: siehe S. 103.107 und 121), und der Angabe von Ex 7,7, daß Mose beim Auszug achtzig Jahre alt war.

Vor allem aber bemüht sich der Erzähler, die etwas abrupte Erzählweise der Bibel zu glätten, für die einzelnen Aktionen entsprechende Begründungen zu liefern. Schon Josephus Flavius begründet die Maßnahmen des Pharao gegen die Israeliten mit der Weissagung der Geburt des Mose durch einen Schriftgelehrten. Unser Text spricht hingegen, wohl in Nachahmung der Träume des Pharao in Gen 41, von einem Traum, der den Pharao warnt; das Bild von der Waage, auf der einer alle anderen aufwiegt, findet sich schon in der Mischna (Abot II,8). In B folgt die Auslegung des Traums und der Beschluß, alle neugeborenen Knaben der Hebräer zu töten; dieser gilt als allgemeiner Befehl und nicht einfach als Anweisung an zwei Hebammen wie in Ex 1,16, die sich ja nicht um alle Geburten kümmern konnten.

C zitiert im wesentlichen die Bibel, läßt aber 1,20f über die Hebammen aus, weil ihn die darum kreisenden Traditionen zu weit von seinem Thema abgelenkt hätten. Dafür schildert D die Reaktion der Israeliten auf den Befehl und verbindet dabei verschiedene Traditionen: Die erste weiß davon, daß ein Teil der Israeliten sich von ihren Frauen getrennt hat, da man unter diesen Umständen doch nicht Kinder zeugen konnte; diese Erklärung rührt eigentlich aus den Lücken der Familiengeschichte Moses in Ex 2 und kommt daher ausführlicher in F–H. Breiter geht man hier auf die anderen ein, die im Vertrauen auf Gottes Hilfe weiter Kinder zeugen und so dazu beitragen, daß das Volk immer größer wird (1,2c). Die Details der Fürsorge Gottes für die auf dem Felde geborenen Kinder entnimmt man Ez 16,4 ff; Ps 129,3 trägt das Motiv der Pflüger bei (E): in beiden Texten sieht man ja die Anfänge des Volkes Israel.

Nach dieser allgemeinen Schilderung der Lage der Israeliten in Ägypten setzt mit F die Familiengeschichte Moses ein. Anders als im Bibeltext nennt der Erzähler sofort die Namen der Eltern Moses und erzählt die Geburt Mirjams und Aarons. Nach Ex 2,1–2 müßte man ja annehmen, daß Mose das erste Kind seiner Eltern war; erst in V. 4 erfährt man, daß schon eine ältere Schwester da ist und in 4,14 taucht dann noch Aaron auf, der nach 7,7 drei Jahre älter als Mose ist (vgl. S. 123)! Um diese Probleme zu lösen, kommt die rabbinische Auslegung zum Schluß, 2,1 könne nicht von der Eheschließung der Eltern Moses sprechen, sondern handle von der Heimholung der nach dem Befehl Pharaos verstoßenen Frau (G).

Die Zeitangabe in H setzt voraus, daß sich die Eltern Moses sofort nach der Geburt Aarons trennten. Die Geschichte von der Weissagung Mirjams beruht auf 15,20: *„Die Prophetin Mirjam, die Schwester Aarons"*. Daraus leitet man ab, daß Mirjam noch vor der Geburt Moses, als sie allein Aarons Schwester war, geweissagt habe; daß diese Prophetie sich auf Mose bezog, sieht man in 2,4 bestätigt, der ersten Erwähnung Mirjams: sie will sehen, was mit dem ausgesetzten Kind geschieht, was aus ihrer Prophezeiung wird.

Daß Jochebed Mose schon nach sechs Monaten Schwangerschaft gebiert (I), soll erklären, wie sie das Kind drei Monate lang verbergen konnte, obwohl die Ägypter auf jede Schwangerschaft bei den Israeliten achteten. Das Licht, welches das Haus bei der Geburt Moses erfüllt, kennzeichnet diesen als Retterkind.

J–K geht wieder auf die allgemeine Lage der Israeliten ein. Wie konnten die überhaupt wissen, wann den Hebräern ein Kind geboren wurde; diese wohnten doch für sich im Land Goschen?! Die Antwort liegt in der allgemeinen Aufforderung des Pharao an das Volk, Maßnahmen gegen die Vermehrung der Israeliten zu überlegen (1,10), wörtlich: klug, listig zu handeln; nach 1,22 sollten sie alle an der Tötung der Kinder beteiligen. Der Talmud (Sota 12a) bezieht Hld 2,15 auf diese Situation: „*Fangt uns die Füchse, die kleinen Füchse.*"

Damit ist auch schon begründet, *warum* die Mutter den Moseknaben nicht länger verbergen konnte (L). Auch darf es nicht bloßer Zufall sein, daß die Tochter des Pharao, hier mit der Tradition Bitja („Tochter Gottes") benannt, das Kind im Nil entdeckt. Gott selbst bewirkt solche Hitze, daß sie im Nil ein Bad nehmen will (M). Auch soll geklärt werden, wie Mirjam der Pharaonentochter sofort eine *hebräische* Amme anbieten kann (N). Zuerst hat man es natürlich mit Ägypterinnen versucht; doch nahm der Knabe deren Brust nicht an. Auch das war gottgewirkt, damit das Kind wieder zu seiner Mutter kam. Und wenn schon von Lohn die Rede ist, ist ein genaues Angebot zu erwarten, daher die Erwähnung der zwei Silberstücke. O gibt die Stillzeit mit zwei Jahren an, was in rabbinischer Zeit durchaus üblich war. Es folgt eine Reihe von Namen, die verschiedene Leute Mose geben und die verschiedene Aspekte seines Wesens bezeichnen sollen. Da diese etymologischen Ableitungen in Übersetzung nicht leicht nachzuvollziehen sind, ist hier ein kleines Stück ausgelassen.

Es folgt ein langer Abschnitt, der auf den ersten Blick keine biblische Basis hat. Erst in S stoßen wird darauf, nämlich die Aussage von 4,10: Wie kommt es, daß der gottbestimmte Retter Israels einen körperlichen Fehler hat, im Reden schwerfällig ist? Den Grund sucht man in einem Kindheitserlebnis und kann so die dürftige Schilderung von 2,10f etwas auffüllen. Dazu nimmt P ein verbreitetes Sagenmotiv: das Kind weist auf seine künftige Aufgabe durch eine Zeichenhandlung – Mose setzt sich die Krone auf.

Die rabbinische Tradition weiß von drei Beratern Pharaos: Bileam (Num 22ff) schlug ihm sein Vorgehen gegen die Israeliten vor; Ijob schwieg dazu; Jitro ergriff entsetzt die Flucht. Unser Text sprach an jener Stelle nur allgemein von den Beamten des Königs. Erst in Q tritt Bileam (Num 22ff) als der Anstifter auf; als Wahrsager kennt er die gesamte Geschichte Israels. Alle Fälle, in denen ein Vorfahre Israels sich gegenüber fremden Gegnern durchgesetzt hat, zählt er als warnende Beispiele auf, bietet gewissermaßen eine antijüdische Lesung der biblischen Geschichte. Doch mischt sich Gabriel in Menschengestalt in R in die Beratung ein: ein Test soll zeigen, ob das Kind sein Tun verstanden hat. Spätfolge des rettenden Tests mit der glühenden Kohle war der Sprachfehler Moses (S).

In ähnlicher Weise füllt die Fortsetzung des Textes das weitere Leben Moses auf, in der Erzählung die gesamte rabbinische Tradition, aber auch viel nichtjüdisches Sagengut verwertend. Von der Popularität dieser Erzählungen zeugt die Tatsache ihrer Übernahme in eine Reihe späterer Schriften.

Dritter Teil
Wirkungsgeschichte

1) In der jüdischen Tradition

a) Die Verbreitung der Midraschim

Die Rabbinen, denen wir die Midraschim verdanken, sind weithin dieselben, die die Mischna und später die Talmudim geschaffen haben, auch wenn die einzelnen je verschiedene Schwerpunkte in ihrer Arbeit hatten. Damit ist von Anfang an eine Verflechtung von Midrasch und anderem rabbinischem Schrifttum gegeben. Midraschim bestimmen in geringem Maß schon die Mischna; bedeutend umfangreicher sind ihre Spuren in der Tosefta, noch mehr dann im palästinischen und vor allem im babylonischen Talmud. Ebenso steht den Redaktoren späterer Midraschim weithin schon das frühere Midrasch-Material zur Verfügung.

Für die Verbreitung der rabbinischen Traditionen zur Bibel sorgt in erster Linie das Lehrhaus, also die innerrabbinische Ausbildungsstätte. Doch auch die gewöhnliche jüdische Bevölkerung kommt schon sehr früh mit dem Midrasch in seinen verschiedensten Ausprägungen in Berührung. Dies geschieht vor allem im Synagogengottesdienst: in diesem machen Targum und Predigt, sehr früh aber auch schon die liturgische Dichtung, der Pijjut, Midrasch-Traditionen populär. So findet man schon in den Werken der bekanntesten Dichter aus der Zeit vor der arabischen Eroberung, Jannai und Eleazar ha-Kallir, eine Fülle von Parallelen zu den Midraschim.

Mündliche Überlieferung war für die zum Teil zumindest recht volkstümliche Art des Midrasch sicher sehr gut geeignet. Auch zeugen viele Abwandlungen von Midrasch-Traditionen von mündlicher Weitergabe. Doch haben wir sicher auch von Anfang an mit schriftlichen Fassungen von Midraschim zu rechnen; denn so manche uns erhaltenen Bearbeitungen von Midrasch-Traditionen sind nur mit schriftlichen Vorlagen erklärlich. Wenn man die heute noch erhaltenen Handschriften als Maßstab nehmen darf, müssen Handschriften von Midraschim wohl verbreiteter gewesen sein als solche von Mischna und Talmud. Einzelne Fragmente aus der Geniza von Kairo, Palimpseste über griechischen oder syrischen Texten, mögen bis in das 7. Jahrhundert zurückreichen. Die frühesten vollständigen Handschriften, die uns erhalten sind, stammen aus dem 10. bis 11. Jahrhundert: dazu gehören etwa aus den Sammlungen des Vatikan eine Handschrift von Sifra (die einzelne gar ins 8. Jahrhundert datieren wollen), eine mit Sifre und LevRabba sowie zwei mit GenRabba; eine andere Vatikan-Handschrift mit Sifra und Seder Elijahu ist auf das Jahr 1073 datiert. Etwa aus derselben Zeit dürfte eine Handschrift des British Museum mit Gen- und LevRabba stammen. Ebenfalls frühe Zeugen der Textüberlieferung sind Zitate in gaonäischen Schriften, im rabbinischen Wörterbuch des Natan ben Jechiel von Rom sowie bei Raschi und anderen Größen der rabbinischen Tradition des Mittelalters. Aus all dem wird klar, daß spätestens um das Jahr 1000 die großen jüdischen Zentren der Welt mit den wichtigsten Midraschim vertraut waren und diese in ihren Bibliotheken besaßen.

Wenn auch die aramäischen Bibelübersetzungen, die Targumim, immer schon midraschische Erweiterungen des Bibeltextes enthielten, dürften doch erst jetzt, etwa um das 10. Jahrhundert, umfangreichere Passagen aus den Midraschim in die palästinischen Targumim zum Pentateuch, Pseudojonatan und Neophyti, eingefügt worden sein. Jedenfalls wirken diese Textstücke, die weit über den biblischen Text hinausgehen, hier gegenüber den Midraschim, wo sie ihre natürliche Heimat haben, im allgemeinen sekundär. Doch muß erwähnt werden, daß gerade Spezialisten der Targum-Literatur hier vielfach das Abhängigkeitsverhältnis umgekehrt sehen.

b) Die Krise des Midrasch

Geänderte Denkweisen haben in der arabischen Umwelt zu einer Krise des Midrasch geführt. Den Arabern galt die sprachliche Vollkommenheit des Koran als Beweis seines Ursprungs in göttlicher Offenbarung; das Studium der Grammatik der arabischen Sprache war so eine gleichsam theologische Aufgabe. Wie sollte man in einer so geschulten Umwelt den so anderen Umgang des Midrasch mit der Bibel rechtfertigen? Dieser war zwar den in der eigenen rabbinischen Welt Geschulten selbstverständlich und in sich geschlossen, doch nur noch schwer nach außen vermittelbar. Dieser Herausforderung stellte sich zuerst die im 8. Jahrhundert entstandene Gruppe der Karäer; unter Berufung auf die Bibel als einzige Grundlage für Leben und Glauben wandten sie sich ganz allgemein gegen die rabbinische Tradition und lehnten daher auch die rabbinische Auslegungstradition ab. Karäische Bibelausleger versuchten in erster Linie den Wortsinn der Bibel zu erheben. Ihr hervorragender Vertreter war *Jakob al-Qirqisani* in der ersten Hälfte des 10. Jahrhunderts. Für ihn ist die ganze Bibel nach dem Wortsinn auszulegen, sofern dies nicht Widersprüche ergibt oder der Vernunft und Religion zuwiderläuft.

Die karäische Herausforderung wie auch die der arabischen Welt führten *Saadja Gaon* (892–942) dazu, ebenfalls der midraschischen Weise des

Zugangs zur Bibel zu entsagen und an deren Stelle den philologischen Kommentar zu setzen. Saadja wurde so zum Begründer der hebräischen Grammatik. Seine Bemühung um den einfachen Wortsinn der Bibel, die auch in seiner arabischen Bibelübersetzung ihren Niederschlag fand, sollte die arabisch-jüdische Auslegungstradition der folgenden Jahrhunderte bestimmen. Daß Saadja in Maßen auch die Tradition weiter berücksichtigte, also Midrasch nicht völlig ausschloß, machte seine Auslegung auch in weiteren Kreisen annehmbar. In Babylonien übernahm der Gaon *Samuel ben Chofni* diesen Zugang zur Bibel, in Nordafrika vor allem *Chananel ben Chuschiel* (beide 11. Jahrhundert). Ihren Höhepunkt fand diese Form der Auslegung in Spanien: *Abraham Ibn Esra* aus Toledo (1092–1167) machte sie in seinem langen Wanderleben dann auch in den jüdischen Gemeinden des christlichen Europa heimisch.

c) Fortleben der Midrasch-Tradition

Doch sollte auch in einer rationaler gewordenen Welt der Midrasch noch lange weiterleben. Charakteristische Formen, in denen das midraschische Erbe weitergegeben wurde, sind die eher volkstümlichen Bibelerzählungen und die anspruchsvolleren katenenartigen Sammlungen im Rahmen biblischer Bücher. Das früheste Beispiel dieser Gattung ist ein erst vor wenigen Jahren veröffentlichtes Werk, *Pitron Tora*: es ist eine wohl im 9. Jahrhundert in Babylonien entstandene midrasch-artige Sammlung von Auslegungen und Predigten zu Lev, Num und Dtn.

Besondere Blüte erlangten diese Midrasch-Sammlungen jedoch im christlichen Europa. Beispielhaft ist das Werk von *Mosche ha-Darschan* von Narbonne und seiner Schule in der ersten Hälfte des 11. Jahrhunderts. Das Hauptwerk dieser Schule ist *Bereschit Rabbati*, ein umfangreiches Werk zu Gen, das GenRabba als Basis verwendet, diese jedoch mit der gesamten Midrasch-Tradition frei verbindet und mosaikartig zu einem neuen Werk zusammenbaut. Auch viel Material aus der pseudepigraphen Literatur der Zeit vor 70, die in der jüdischen Tradition lange nicht überliefert, nun aber wieder in größerem Umfang aus christlichen Bibliotheken zugänglich geworden war, findet sich bei Mosche ha-Darschan. Die Bearbeitung des ersten Teils von NumRabba und eine als Midrasch Aggada bekannte Anthologie gehen ebenfalls auf die Schule von Narbonne zurück.

Eine Mischung der neuen Kommentarform mit der alten Midraschtradition bringt auch *Tobia ben Eliezer*, der wohl im bulgarischen Kastoria lebte und 1097 ein Auslegungswerk zum Pentateuch und den Megillot schrieb, dem er in Anlehnung an seinen eigenen Namen den Titel *Leqach Tob* („gute Lehre": Spr 4,2) gab; in den Jahren 1107–8 gab er es in erweiterter und verbesserter Form neu heraus. Dieses Werk, das die Midrasch-Tradition mit grammatikalischen und lexikalischen Anmerkungen verband, war dann eine der Quellen für die 1139 in Rom entstandene Schrift *Sekhel Tob* („gute Einsicht") des *Menachem ben Salomo*; diese Anthologie umfaßte den ganzen Pentateuch, doch nur Teile von Gen und Ex sind erhalten.

Besonderen Einfluß erlangte ein etwas späteres Sammelwerk, der *Jalqut Schimoni*: dieses umfangreiche Werk stellt aus mehr als fünfzig Schriften der Midrasch-Literatur eine Katene, eine Zitatenkette, zur gesamten Bibel zusammen. Verfasser dieser Summe rabbinischer Bibeltradition war *Schimon ha-Darschan*, der nach den Titelblättern der Druckausgaben aus Frankfurt am Main stammen soll und wohl im 12. oder 13. Jahrhundert gewirkt hat. Diese Sammlung ist später äußerst beliebt geworden und hat sicher auch viel dazu beigetragen, daß so manche Midrasch-Schriften, die sie verarbeitet hat, nicht mehr als selbständige Werke überliefert wurden und so verlorengegangen sind. Das praktische Handbuch verdrängte eben zum Teil die Originale.

Eine ähnliche Blütenlese zu den Propheten (in unserem Sinn) sowie zu den Psalmen, den Sprichwörtern und Ijob verfaßte *Makhir ben Abba Mari*. Er schrieb in Südfrankreich oder Spanien im späten 13. oder im 14. Jahrhundert den nach ihm benannten *Jalqut ha-Makhiri*, der sich jedoch nicht so durchsetzen konnte.

Der aus Toledo stammende *Samuel ben R. Nissim Masnut* brachte diese literarische Form der Midraschkompilation nach Aleppo, wo er im 13. Jahrhundert lehrte. Von ihm stammt ein als *Bereschit Zutta* bekannter Gen-Kommentar, der Material aus der gesamten rabbinischen Tradition mosaikartig verarbeitet, dabei aber deutlich den einfachen Wortsinn bevorzugt. Von Samuel Masnut sind auch ein Teil eines ähnlich gearbeiteten Num-Kommentars und Midraschim zu Ijob, Dan, Esr und Chron erhalten. Auch hier verbindet er jeweils die exegetische Tradition mit viel rabbinischem Material.

Die eigentliche Heimat von Midrasch-Kompilation im Bereich des arabischen Judentums wurde aber Jemen. Was für das europäische Judentum der Jalqut war, wurde für die jemenitischen Juden der *Midrasch ha-Gadol* (der „große Midrasch") des *David ben Amram* von Aden, der im 13. oder 14. Jahrhundert wirkte. Er behandelte in seinem Werk nur den Pentateuch, den er nach der babylonischen Leseordnung einteilte. Jede Parascha beginnt mit einem gereimten Proömium und endet mit einem Ausblick auf die kommende Erlösung und die Heimkehr nach Israel. In seiner Textauslegung bietet er ein Mosaik der gesamten Midraschtradition, in die er aber auch viel Material aus anderen Schriften, vor allem aus Maimonides, einfügt. Im Jemen gelangte das Werk zu großer Beliebtheit; es wurde gewissermaßen ein Hausbuch, das man regelmäßig gemeinsam las und studierte, weshalb es auch zahlreiche Handschriften davon gibt.

Aber auch dieses Werk hatte teilweise dieselbe negative Wirkung für die Originaltexte wie der Jalqut: sie wurden nicht mehr abgeschrieben und gingen dadurch verloren. Erst als 1878 eine Handschrift davon nach Berlin gelangte, begann man sich auch in Europa dafür zu interessieren und entdeckte darin die Spuren verlorengegangener Midrasch-Schriften, wie der Mekhilta de R. Simeon, von Sifre Zutta und Midrasch Tannaim. Aus den im Midrasch ha-Gadol verarbeiteten Zitaten die verlorenen Schriften aber auch nur teilweise zu rekonstruieren, erwies sich jedoch als ziemlich problematisch. Dies liegt an der Kompositionstechnik des Werkes, das nicht einfach wörtliche Zitate aneinanderreiht, sondern oft kleinste Einheiten miteinander mischt und mit eigenen Worten verbindet. Erst die Funde aus der Geniza von Kairo haben auch hierin große Fortschritte gebracht.

Der Midrasch ha-Gadol beeinflußte stark eine spätere midraschische Anthologie, den *Midrasch ha-Chefets* des *Secharja ben Salomo ha-Rofe*, eines Arztes in San'a. Sein 1428 entstandenes Werk, das den Pentateuch und die Prophetenlesungen umfaßt, ergänzt die hebräischen und aramäischen Midrasch-Zitate mit arabischen Kommentaren. Auch dieser Jalqut wurde im jemenitischen Judentum äußerst beliebt.

Auch die jüdische Erzähltradition des Mittelalters lebte weithin von den früheren Midrasch-Überlieferungen, auch wenn diese durch viel fremdes Erzählgut ergänzt und aufgefüllt wurde. Aus diesem Rahmen seien hier nur der Midrasch von den zehn Geboten, eine Erzählungssammlung, welche die Erfüllung der zehn Gebote auch in Extremsituationen illustrieren will, sowie das Alphabet des Ben Sira genannt. Große Verbreitung gewann vor allem der *Sefer ha-Jaschar* (das „Buch des Aufrechten"), eine Nacherzählung der biblischen Geschichte von Adam bis zum Auszug aus Ägypten. Wegen seiner so engen Verwandtschaft mit den späten midraschischen Bibelerzählungen wollte man das Werk lange Zeit in das 11. oder 12. Jahrhundert datieren; doch stellt es offensichtlich eine späte Nachblüte dieser Tradition dar und wurde wohl erst im 15. oder 16. Jahrhundert in Neapel geschrieben. Der früheste Beleg dafür ist der Druck von 1625.

d) Vermittlung zwischen Midrasch und neuer Auslegung

Deutschland und Frankreich waren im Mittelalter blühende Zentren des Midrasch-Studiums. Die in der arabischen Umwelt erfolgte Zuwendung zur Betonung des Wortsinns der Bibel und zur philologisch-grammatischen Auslegung konnte sich hier erst viel später und nie in allgemeiner Form durchsetzen. Der größte Bibelausleger des aschkenasischen Judentums war *R. Salomo ben Isaak*, kurz *Raschi* genannt (1040–1105); er stammte aus Troyes und lehrte nach rabbinischen Studien in Worms und

Mainz in seiner Heimatstadt. Seine Gelehrsamkeit in der rabbinischen Tradition – er verfaßte ja auch den klassischen Kommentar zum babylonischen Talmud – bestimmte auch seinen Zugang zur Bibel. Zwar bekannte sich Raschi schon früh zum Vorrang des einfachen Wortsinns, baute aber in seinen Bibelkommentar auch alles aus der Midrasch-Tradition ein, was ihm irgendwie brauchbar und vermittelnswert schien. Wo es um Fragen der Halakha ging, mochte dies selbstverständlich erscheinen; doch auch im haggadischen Bereich bevorzugte Raschi immer wieder den Midrasch oder zitierte ihn zumindest als ebenso berechtigte Überlieferung. Gerade zum Pentateuch verwertete er eine Fülle midraschischer Traditionen, weniger dann bei den Propheten und Hagiographen. Mit Vorliebe griff er auf die im Talmud überlieferten Formen der Tradition zurück, verwertete aber auch eine Vielzahl von Midrasch-Werken und den Targum.

Raschis Enkel *R. Simeon ben Meir*, kurz Raschbam genannt, der in seinem Pentateuchkommentar kompromißlos für den einfachen Wortsinn der Bibel eintrat, bezeugt, daß Raschi sich im Alter immer mehr von der midraschischen Art der Auslegung abgewandt habe; auch habe er die Meinung geäußert, er müßte seinen ganzen Bibelkommentar nochmals überarbeiten, wenn ihm dazu noch die Zeit bliebe. Doch ist es wohl gerade die Traditionsgebundenheit des Werkes Raschis, die es über die Jahrhunderte so einflußreich werden ließ, in der jüdischen Welt ebenso wie bei den christlichen Auslegern, die sich für jüdische Traditionen interessierten. Raschis Bibelkommentar wurde bald selbst Gegenstand der Auslegung: über zweihundert Superkommentare dazu sind im Lauf der Zeit entstanden. Auch war das in zahlreichen Handschriften verbreitete Werk Raschis das erste hebräische Buch, das je gedruckt wurde (1475). Alle traditionellen jüdischen Ausgaben der hebräischen Bibel enthalten bis in die Gegenwart auch den Kommentar Raschis. Wer immer die Bibel mit diesem Kommentar liest, erfährt somit auch eine erste Einführung in die Welt des Midrasch.

Im 12. Jahrhundert setzte sich zwar auch in Nordfrankreich der einfache Wortsinn der Bibel immer mehr durch. Neben dem schon genannten Raschbam sei hier sein Zeitgenosse *Eliezer von Beaugency* angeführt, der sich noch am weitesten vom Midrasch löste. Auch der etwas ältere *Josef Qara* ist zu erwähnen, dessen Beiname *Qara* (der „Bibelleser") allein schon das Programm der strikt textgebundenen Auslegung anklingen läßt. Sicher haben ihn seine Beziehungen zum „rationalistischen" Judentum der Provence beeinflußt. Doch trotz wiederholter polemischer Ablehnung des Midrasch zitiert er diesen an anderer Stelle dann doch immer wieder positiv. Eine ganz klare Absage an den Midrasch war in der geistigen Umwelt Raschis offenbar kaum möglich. Und mit dem Ende der Glanzzeit der nordfranzösischen Schule gewann der Midrasch wieder an Einfluß. Das Nebeneinander von wörtlicher und midraschischer Bibelauslegung stellte in einer Welt kein Problem dar, in der auch die christliche Auslegungstradition die Lehre vom vierfachen Schriftsinn vertrat.

In diesem geistigen Klima, das neuere Formen der Bibelauslegung und rabbinische Tradition nicht als einander ausschließende Gegensätze empfand, sondern sie noch immer miteinander zu verbinden wußte, bildeten auch die rabbinischen Midraschim stets einen Teil des jüdischen Lernens. Doch empfanden die jüdischen Gelehrten des christlichen Europa besonders deutlich die sprachlichen Probleme der klassischen Texte (etwa die zahlreichen griechischen Lehnwörter); dazu kamen inhaltliche Schwierigkeiten vor allem in religionsgesetzlichen Fragen, aber auch wegen der oft so verschiedenen Lebensumstände, die in den Midraschim vorausgesetzt werden. So ergab sich schon früh die Notwendigkeit von Kommentaren zu den Midraschim. Natürlich sind einzelne Passagen von Midraschim auch schon von den Geonim kommentiert worden; doch die systematische Kommentierung der Midraschim setzte erst im aschkenasischen Raum ein. Basis war offenbar der *Arukh*, das talmudische Wörterbuch des *Natan ben Jechiel* von Rom (zweite Hälfte 11. Jahrhundert); aber auch andere Glossare halfen die sprachlichen Probleme des Midrasch zu meistern. R. *Kalonymos* von Rom, der später in Worms lehrte und im Jahr 1096 eines der Opfer der Judenverfolgungen des ersten Kreuzzugs war, brachte offenbar dergleichen Materialien mit. Aus dem 12. Jahrhundert sind eine ganze Reihe von Kommentaren zu Midraschim erhalten, vielfach nur handschriftlich überliefert. Besondere Bedeutung haben etwa die Kommentare des *Hillel ben Eljaqim* zu Sifra und den beiden Sifre, in denen auch frühere, nicht mehr erhaltene Kommentare wie der des *Hai Gaon* (11. Jahrhundert) zitiert sind. Hillel hat in griechischer Umwelt geschrieben, was aber auch das griechischsprachige Süditalien bedeuten kann. Mit dem in anderen Kommentaren besonders bei der Erklärung griechischer Wörter oft zitierten R. Hillel ist er wohl nicht gleichzusetzen.

Abraham ben David (Rabad) von Posquières (1120–1198), einer der großen jüdischen Gelehrten der Provence, verfaßte unter anderem einen Kommentar zu Sifra, der viel verwendet und auch schon im Erstdruck des Midrasch abgedruckt wurde. Erwähnt sei auch der wohl fälschlich Raschi zugeschriebene, aus verschiedenen Werken zusammengesetzte Kommentar zu GenRabba. Aus den deutschen oder nordfranzösischen Schulen der Jahrzehnte nach Raschi stammen Kommentare verschiedener Autoren zur Mekhilta, zu den beiden Sifre, sowie zu GenRabba und LevRabba, die von späteren Abschreibern miteinander kombiniert worden sind. Der erste vollständige Kommentar zu Midrasch Rabba zum Pentateuch, der wie die zuvor genannten Midraschim nur handschriftlich vorliegt, stammt aus Südfrankreich. Sein Autor, *R. Isaak ben Jedaja*, hat ihn wohl in der zweiten Hälfte des 13. Jahrhunderts verfaßt; erhalten sind das Ende von LevRabba und große Teile von NumRabba, doch zeigen Querverweise den ursprünglichen Umfang auf. Genannt sei auch *Jedaja ha-Penini* von Béziers (1270–1340), der zu einer ganzen Reihe von Midraschim (Midrasch Rabba, Tanchuma, Teile von Sifre, Midrasch Psalmen usw.) ausgewählte Stellen allegorisch deutet.

In den folgenden Jahrhunderten, besonders seit dem Druck von Midraschim, kamen zahlreiche weitere Kommentare dazu. *Samuel Jaffe Aschkenasi* (etwa 1525–1595), seinem Namen nach Nachfahre deutscher Juden, kommentierte im Rahmen einer langen Predigttätigkeit in Konstantinopel den Midrasch Rabba zum Pentateuch sowie die Midraschim zu den Megillot und zu Samuel. Besonders der Kommentar zu Midrasch Rabba erfreute sich großer Beliebtheit und war auch in Deutschland, zum Teil in verschiedenen Kurzfassungen, sehr verbreitet. Auch später sollte Konstantinopel als die Stadt, in der 1512 der Midrasch Rabba zum ersten Mal gedruckt worden war, ein hervorragendes Zentrum der Midrasch-Kommentierung bleiben.

e) Allegorische Bibelauslegung in Philosophie und Mystik

Gerade das Judentum der arabischen Welt, das der philologischen Exegese den Weg bereitet hatte, entwickelte auch ein philosophisches Bibelverständnis, das am ehesten an die allegorische Schriftdeutung eines Philo von Alexandrien erinnert. Ansätze in dieser Richtung finden sich schon bei Saadja; der Dichter und Philosoph *Salomo Ibn Gabirol* (etwa 1020–1157) wendet sie ebenso an wie später vor allem *Maimonides* (1138–1204). Die Anhänger des Maimonides in Südfrankreich machten diesen Zugang dann dort heimisch. Erwähnt seien hier nur *David Qimchi* (1160–1235) sowie *Levi ben Gerschon* und *Josef Ibn Kaspi* im frühen 14. Jahrhundert. Texte, die sich besonders für diesen Zugang eigneten, waren die Paradieserzählungen oder die Berufungsvision Ezechiels; aber auch viele andere Stellen erhielten eine allegorische Deutung, um so philosophische Lehren aus der Bibel zu begründen. Die Konstitution der Welt fand man nach dieser Methode ebenso in der Bibel ausgedrückt wie etwa Details der aristotelischen Psychologie.

Von der philosophischen Allegorie war es nicht weit zur mystischen Auslegung, der es ja ebenso um den tieferen Sinn des Textes ging. Ein sehr zurückhaltender Vertreter dieser Richtung war *Mose ben Nachman* (1195–1270), der gelegentlich auf den geheimen Sinn einer Stelle hinweist, im allgemeinen aber der einfachen Texterklärung anhängt. In Deutschland vertraten die *Chaside Aschkenas* im 12.-13. Jahrhundert die These einer Form der mündlichen Tora, die Mose am Sinai gegeben und den chasidischen Eingeweihten vorbehalten worden sei. Eine große Rolle spielten im chasidischen Schriftverständnis die Deutung der Buchstaben als Zahlen und die Kombination von Buchstaben, womit man die Struktur der Welt und die Geheimnisse der Schöpfung zu verstehen lernte. Denn Sprache und Schrift der Tora sind es, die die Wirklichkeit konstituieren. Ähnliche Auffassungen vertrat die *Kabbala*, deren erste Schrift, das Buch *Bahir*, um 1180 in Südfrankreich auftauchte, jedoch einem Rabbi des 2. Jahrhunderts zugeschrieben wurde und äußerlich ganz die Form eines Midrasch imitierte. Dasselbe gilt vom etwa hundert Jahre später entstandenen *Zohar* (der Lichtglanz"): auch dieses Hauptwerk der Kabala gibt sich die Form eines Midrasch zum Pentateuch, zum Hohenlied und zu Rut und stützt sich auch weiterhin auf die rabbinischen Midraschim, kombiniert diese mit einfachen Erklärungen des Bibeltextes und mystischen Deutungen.

Im Zohar findet sich zum ersten Mal in der jüdischen Literatur explizit die Auffassung vom vierfachen Schriftsinn, zusammengefaßt im Merkwort *Pardes*, „Paradies", in Anlehnung an die bekannte talmudische Erzählung von den vier Rabbinen, die ins Paradies aufstiegen. Die vier Aspekte der Schrift sind der einfache Wortsinn (*peschat*), der allegorische Sinn (*remez*, „Hinweis"), der Midrasch (*derasch*) und die mystische Bedeutung (*sod*, „Geheimnis"). Mit der Verbreitung des Zohar und seines Zugangs zur Bibel erfreute sich diese vierfache Auslegung mit besonderer Betonung des geheimen Gehalts der Tora weithin großer Beliebtheit. So hat zum Beispiel im frühen 14. Jahrhundert *Menachem aus Recanati* einen mystischen Kommentar zum Pentateuch verfaßt. Eine späte Zusammenfassung solcher kabbalistischer Auslegungen zum Pentateuch ist der *Jalqut Reubeni*, ein Werk des Prager Rabbiners *Ruben Höschke Kohen*, das einige Jahre nach dem Tod seines Autors erstmals 1681 gedruckt wurde.

f) Midrasch-Tradition in Jiddisch

Die bisherige Darstellung könnte den Eindruck erwecken, daß die Beschäftigung mit dem Midrasch eine reine Angelegenheit der jüdischen Gelehrten war. Doch waren im jüdischen Mittelalter Studium und Gelehrsamkeit viel verbreiteter als in der christlichen Umwelt. Die Verbreitung des Midrasch-Studiums, besonders seit dem Zeitalter des Buchdrucks, belegen die vielen und oft durchaus nicht niedrigen Auflagen von Midrasch-Büchern im Lauf der Jahrhunderte. Gerade so umfangreiche Sammlungen wie der Midrasch Rabba und der Jalqut wurden immer wieder gedruckt.

Für die Verbreitung der Midrasch-Tradition im jüdischen Volk zeugt aber vor allem die Verarbeitung von Midrasch-Stoffen und die Übersetzung von Midraschim in die jiddische Volkssprache; denn damit war dieses Erbe auch den Frauen, die lange Zeit keine formelle Schulung genossen, aber auch den einfachsten Kreisen des Judentums zugänglich. Es ist wohl kein Zufall, daß schon das erste umfangreichere Werk in Jiddisch, eine etwa 1382 entstandene und in der Geniza von Kairo erhaltene Sammelhandschrift, eine Vielzahl von Midrasch-Traditionen verarbeitet. Unter anderem enthält sie eine umfangreiche Nachdichtung der Tradition von Abraham, der die von seinem Vater erzeugten Götzen nicht mehr verkaufen will und schließlich in den Feuerofen geworfen, aus diesem aber wunderbar errettet wird (vgl. den Abschnitt aus dem Seder Elijahu S. 191 ff). Sehr beliebt waren auch andere mit Midrasch-Motiven erweiterte Nachdichtungen biblischer Erzählungen. Ab dem 15. Jahrhundert entstanden lange biblische Epen, unter denen das Schmuelbuch, ein Heldenepos um die Person Davids auf der Grundlage von Bibel und Midrasch, und seine Fortsetzung, das Melochimbuch („Buch der Könige"), besonders hervorragen. Beide Werke wurden im 16. Jahrhundert in Augsburg veröffentlicht.

Ab dem 16. Jahrhundert entstand immer mehr jiddische Prosaliteratur zu biblischen Themen, so etwa die Wiedergabe des Hohenliedes durch *Isaak Sulkes* (1575) und Die lange Megile, eine Ester-Paraphrase von *Leib bar Moses Melir* (1575). Etwas später setzt die Tradition biblischer Dramen in Jiddisch ein. Diese Volksstücke, die vor allem zu Purim aufgeführt wurden, behandeln vor allem das Buch Ester, haben aber auch andere biblische Themen wie die Opferung Isaaks (Gen 22), die Josefsgeschichte oder den Auszug aus Ägypten zum Thema. Auch in diesen Bearbeitungen spielt die Midrasch-Tradition eine große Rolle.

Die Erzähltradition des Midrasch wurde in einer Reihe von *Maase-Büchern* verbreitet (hebr. ma^{c}ase, „Begebenheit", jidd. Maisse). Vorbild für eine Reihe späterer Sammlungen war das Mase-Buch des *Jakob von Meseritsch* um 1580, das 257 Erzählungen vereinigt, die zum größten Teil aus Talmud und Midrasch stammen. Aber auch ganze Bücher des erzählenden Midrasch wurden ab dem 17. Jahrhundert mehrmals ins Jiddische übersetzt und so einem noch breiteren Lesepublikum zugänglich. Als Beispiele seien der späte Sefer ha-Jaschar und der Midrasch Wa-joscha genannt, der die Kindheit Moses weithin nach dem S. 198 ff übersetzten Stück aus dem Dibre ha-jamim schel Mosche wiedergibt; die jiddische Fassung dieses Midrasch ist in Spielmannversen gehalten.

Die größte Verbreitung fand jedoch das Werk Tsena u-R'ena („Kommt und seht": Hld 3,11) des *R. Jakob ben Isaak Aschkenasi* von Janow. Das gegen Ende des 16. Jahrhunderts verfaßte Werk bietet eine jiddische Paraphrase des Pentateuchs, der Prophetenlesungen und der Megillot, mit Kommentaren und viel Midrasch-Material angereichert. Dieses Buch, welches Ergänzung zur Synagogenpredigt oder Ersatz dafür sein sollte, erlebte über zweihundert Auflagen und war bis ins 19. Jahrhundert als Hausbuch der jüdischen Familie sehr verbreitet.

Um nicht den Eindruck zu erwecken, die volkssprachliche Bearbeitung von Midrasch-Traditionen sei eine Besonderheit des aschkenasischen Judentums gewesen, sei hier auch das Gegenstück zu Tsena u-R'ena in Ladino erwähnt, *Me'am Loez* (Ps 114,1: „Aus dem Volk mit fremder Sprache"). Dieses äußerst umfangreiche Werk hat *Jakob Kuli* (1685–1723) in Konstantinopel zu veröffentlichen begonnen; andere haben es im 18. und 19. Jahrhundert fortgeführt. Es vereint eine Paraphrase des Bibeltextes mit Kommentar und einer Anthologie der gesamten Midrasch-Tradition einschließlich späterer mystischer Traditionen.

Dieser rasche Durchgang durch die jüdische Bibeltradition bis ins späte Mittelalter zeigt somit deutlich, daß trotz aller neuerer Tendenzen, trotz des zeitweisen Vordringens des Wortsinns und trotz des Wiederauflebens der philosophischen und mystischen Allegorie der Midrasch seinen Platz stets behaupten konnte. Neuere Strömungen bereicherten die Midrasch-Tradition, konnten sie jedoch nie verdrängen.

2) Midrasch in der christlichen Welt

a) Midrasch-Traditionen bei den Kirchenvätern

Christen haben sich erst sehr spät mit der nachbiblischen jüdischen Literatur befaßt. So war vom Talmud bis ins 12. Jahrhundert nicht einmal der Name bekannt. Was den Midrasch betrifft, tauchen konkrete Kenntnisse der Schriften dieser Literatur noch später auf. Sicher haben sich gewisse Kirchenväter schon früh mit jüdischen Traditionen der Bibelauslegung beschäftigt. Origenes, Eusebius und Hieronymus berufen sich für zahlreiche Auslegungen auf jüdische Tradenten, und auch bei syrischen Kirchenvätern wie Ephräm und Aphrahat findet man viele Parallelen zur rabbinischen Auslegungstradition. In der frühen Erforschung dieser Parallelen, die seit der Mitte des 19. Jahrhunderts besonders in Deutschland blühte, hat man leichthin direkte Abhängigkeiten erschlossen; heute ist man viel vorsichtiger. Im Einzelfall ist es oft sehr schwierig, diese Parallelen zu beurteilen. Wo nicht ausdrücklich jüdische Tradenten genannt werden, mag eine Parallele oft zufällig sein, auf ähnlichen geistigen Voraussetzungen der Bibellesung beruhen. Aber auch bei Origines und Hieronymus, die lange in Palästina gelebt und sicher Kontakte mit den Juden ihrer Zeit gehabt haben, ist die genaue Herkunft sogar von Traditionen, die sie ausdrücklich auf Juden zurückführen, nicht leicht festzustellen. Gelegentlich können es bei Philo oder sonst in der hellenistisch-jüdischen Literatur gefundene Vorstellungen sein. Wo jüdische Auslegungen tatsächlich aus der rabbinischen Zeit stammen, ist zu fragen, auf welchem Weg der christliche Autor dazu gekommen ist. So manche Information dürfte aus Synagogenpredigten rühren, denen zum Leidwesen der Väter viele Christen gerne beigewohnt haben. Anderes haben Christen wohl im Gespräch mit jüdischen Nachbarn oder aus religiösen Disputationen erfahren. Die jüdischen Gesprächspartner gehörten dabei nicht unbedingt dem Rabbinat an; das damalige Judentum Palästinas war ja durchaus nicht ausschließlich rabbinisch orientiert.

Daß interessierte Christen in Palästina jüdische, vielfach auch spezifisch rabbinische Auslegungstraditionen kannten, ist eine Tatsache. Doch kannten sie auch schriftliche Midraschim? Solche Handschriften sind in rabbinischen Kreisen trotz gelegentlicher Polemik gegen die Niederschrift der Haggada zumindest seit dem 3. Jahrhundert wohl anzunehmen. Von *Origenes* hat man tatsächlich zuweilen vermutet, daß ihm schriftliche Midraschim, eventuell in griechischer Übersetzung, zur Verfügung standen. Doch sind seine Hinweise nicht eindeutig. Auf festerem Boden scheint man bei *Hieronymus* zu stehen, der mehrfach jüdische Schriften gelesen zu haben behauptet. In Brief 36 erwähnt er, daß ihm ein Jude aus der Synagoge nicht wenige Bücher entliehen hatte, und zitiert anschließend eine jüdische Tradition über den Tod Kains, „wie in einem gewissen hebräischen Band geschrieben steht". An anderer Stelle verweist er auf seine Nachprüfungen „in den Archiven der Hebräer". Doch sind diese und andere Stellen nicht so eindeutig. Vor allem schildert Brief 36 eine Situation in Rom, nicht in Palästina. Welche Bücher könnte man in einer römischen Synagogenbibliothek dieser Zeit erwarten? Und in welcher Sprache? Bei genauerer Kontrolle der Angaben des Hieronymus bleibt kein sicherer Beleg für Midrasch-Schriften, die er gekannt haben könnte, übrig.

Gelegentlich sieht man Hinweise auf die Verwendung von Midraschim im Synagogengottesdienst in Justinians Novelle 146 vom Jahr 553. Dieses Gesetz reagiert auf einen Streit in der jüdischen Gemeinde von Konstantinopel um die Sprache der Bibellesung im Gottesdienst. Wenn es die Gemeinde wünscht, muß die Lesung (auch) in Griechisch, nicht nur in Hebräisch, stattfinden. Anschließend verbietet das Gesetz die *deuterosis*. Gewöhnlich bezeichnet der griechische Ausdruck die Mischna, kann aber auch allgemeiner die jüdische Tradition meinen. Da im Zusammenhang des Gesetzes von der Auslegung der Bibel im Gottesdienst die Rede ist, bezieht sich der Ausdruck hier wohl allgemein auf die traditionelle midrasch-artige Predigt, die sich für das spezifisch jüdische Verständnis des Textes natürlich auf den hebräischen Text stützt; die Mischna wurde ja im Gottesdienst nicht verwendet. Die Verwendung von Midraschim in der Liturgie ist aber auch nicht belegt, weshalb der Text auch kaum ein Verbot solcher Texte einschließt.

Wenn das Gesetz im Vorwort davon spricht, daß die Juden sich nicht auf den bloßen Buchstaben der Bibel beschränken sollten, dann aber doch die traditionellen Auslegungen im Gottesdienst verbietet, greift es auf das alte Klischee zurück (so etwa öfter bei Origenes), daß das jüdische Bibelverständnis der Buchstabe ist, der tötet, während die Deutung der Bibel auf Christus der Geist ist, der lebendig macht (2 Kor 3,6). Auch wenn christliche Texte der Zeit jüdische Auslegungen als „Fabeln" abqualifizieren, gelten sie doch zugleich als „buchstäbliches" Verständnis. Daß damit der Geist des rabbinischen Midrasch absolut nicht erfaßt ist, ist wohl durch unsere Textauswahl hinreichend gezeigt.

b) Die Entwicklung im Mittelalter

Daß Juden in ihren Synagogen Bücher hatten, die über die Bibel hinaus gingen, war in christlichen Kreisen bekannt. Die westgotische Gesetzgebung griff auf Justinians Verbot der *deuterosis* zurück; gemäß einem 637 zu Toledo erlassenen Text mußten Juden bei ihrer Konversion zum Christentum versprechen, alle in den Synagogen verwendeten Bücher zur Einsicht vorzulegen, „sowohl jene, die Autorität besitzen, wie auch jene, die man *deuteras* nennt oder als apokryph bezeichnet". Was für Bücher das sind, eventuell auch Midraschim, und in welcher Sprache sie geschrieben sind, erfahren wir leider nicht. An sich müßten so christlichen Theologen jüdische Lehren bekanntgeworden sein; doch findet sich davon kaum eine Spur. Bischof Julian von Toledo beruft sich zwar in einer Schrift vom Jahr 682 mehrfach auf hebräische (oder einfach jüdische?) Codices und deren Auffassung der Weltzeitalter, doch lassen sich seine Quellen nicht überprüfen.

Erst in der karolingischen Renaissance interessieren sich dann christliche Theologen wieder mehr für Bibelauslegung und jüdische Traditionen dazu. *Rhabanus Maurus* (776–856) beruft sich immer wieder auf einen jüdischen Gesprächspartner, doch gehen seine jüdischen Traditionen nicht über Hieronymus hinaus. Anders ist dies bei seinen jüngeren Zeitgenossen *Amulo* und *Agobard* von Lyon, die so manche rabbinische Lehren kennen, allerdings nicht aus schriftlichen, etwa gar hebräischen Quellen, sondern aus mündlichen Informationen.

Neue Kenntnisse über jüdische Traditionen erhielten christliche Gelehrte dann im 12. Jahrhundert durch eine Schrift des zum Christentum übergetretenen Juden *Petrus Alphonsi* (1062– nach 1121). Dieser rechtfertigte seinen Schritt mit seiner Unzufriedenheit über gewisse jüdische Lehren, die er als doctrina zitiert: damit meinte er wohl in erster Linie den Talmud, schloß aber wohl auch midraschische Traditionen ein. Auf seine Schrift stützte sich *Petrus Venerabilis* von Cluny (gest. 1156) in seinem Traktat gegen die Juden, als dessen letztes Kapitel er eine Reihe von jüdischen „Fabeln" sammelte, meist aus Alphonsi. Neues Material kannte er offenbar nur aus Erzählungen, darunter volkstümliche Geschichten aus dem späten Alphabet des Ben Sira, das jedoch in so manchen Abschnitten eher eine Satire auf die rabbinische Welt ist. Petrus Venerabilis sagt dazu, diese Geschichten seien „nicht aus dem Talmud, doch aus einem Buch von nicht geringerer Autorität, als es der Talmud bei den Juden ist": Das entspricht natürlich durchaus nicht den Tatsachen, doch das zu erkennen mögen seine Kenntnisse zu gering gewesen sein.

Im 12. Jahrhundert bemühten sich aber auch Theologen der Pariser Abtei St. Victor um eine Erneuerung der Bibelauslegung durch Rückgriff auf jüdische Traditionen und pflegten zu diesem Ziel auch enge Kontakte mit jüdischen Gelehrten. Gründer dieser Schule war *Hugo von St. Victor* (etwa 1097–1141), der mehrfach jüdische „Fabeln" und Traditionen zitiert, „die sie *deuterosis* nennen" und die sie nicht niederschreiben. Auch habe er gewisse Erklärungen von einem Juden gehört, der in den „Erzählungen Gamaliels" bewandert sei. Von Midrasch-Schriften oder auch nur vom Begriff Midrasch scheint also auch er noch nichts zu wissen. Von Kommentaren Gamaliels spricht um dieselbe Zeit auch der im Jahr 1128 getaufte Jude *Hermann von Scheda*, und auch sonst findet man in dieser Periode öfter diesen Ausdruck, der offenbar die gesamte nachbiblische jüdische Literatur bezeichnen kann. In einem englischen Dokument von 1253 ist von einem hebräischen Buch Gamaliel um den Preis von zwanzig Schilling die Rede, also von einer konkreten Schrift dieses Namens. Aber auch hier ist nicht klar, ob dies ein Titel oder einfach eine Sammelbezeichnung für eine bestimmte Art hebräischer Schriften ist.

Auch Hugos Schüler *Richard* und *Andreas von St. Victor* diskutierten mit Juden Bibelfragen und erfuhren so manche Traditionen, aber auch sie zitieren nie Midrasch-Schriften. Das gilt auch von einem anderen Victoriner, *Petrus Comestor*, dessen *Historia Scholastica*, ein Kompendium der biblischen Geschichte, eines der populärsten Werke des gesamten Mittelalters werden sollte. Petrus stammte aus Troyes, der Heimat Raschis, wo er 1147–1165 Dekan von St. Peter war; es ist nicht unwahrscheinlich, daß er in dieser Zeit mit Raschis Enkeln Rabbenu Tam und Raschbam persönliche Kontakte hatte. Den Großteil seiner hebräischen Traditionen scheint er jedoch Josephus Flavius, Hieronymus und den Werken seiner Victoriner Kollegen entnommen zu haben. Selbständige Verwendung von Midrasch-Schriften finden wir auch bei ihm nicht. Wie andere christliche Gelehrte scheint auch er primär an Erzählmotiven interessiert gewesen zu sein, ohne die Probleme des Bibeltextes, die den Midrasch überhaupt erst zu diesen Aussagen geführt haben, zu erfahren oder nachvollziehen zu können. Hebräischkenntnisse waren ja noch immer, wenn überhaupt vorhanden, äußerst begrenzt.

Wenn man die rabbinischen Kenntnisse dieser und anderer Autoren näher ansieht, stellt man fast immer fest, daß es solche Traditionen sind, die auch Raschi und seine Schule in ihre Kommentare aufgenommen haben. Der Großteil der Informationen kommt also, auch wo zeitgenössische jüdische Gesprächspartner befragt werden, nicht direkt aus den Midraschim, sondern aus ihrer Verarbeitung bei Raschi.

Über Andreas von St. Victor, der später Abt von Wigmore war, dürfte das Interesse an der jüdischen Auslegung nach England gekommen sein. *Herbert von Bosham* (gestorben um 1190), wohl ein Schüler des Andreas, zitiert mehrmals explizit Raschi (Rabbi Salomon). Er war offenbar auch schon ein so guter Hebraist, daß er mit schriftlichen hebräischen Quellen umgehen konnte, wie dann im 13. Jahrhundert *Robert Grosseteste* und sein Schüler *Roger Bacon*.

Im 13. Jahrhundert gab es aber auch schon lateinische Übersetzungen oder Bearbeitungen von Raschis Kommentaren, womit auch des Hebräischen nicht kundige Interessenten Zugang zu seinen Schriften hatten. So enthält z. B. eine vatikanische Handschrift zwischen den Werken des Andreas von St. Victor eine anonyme lateinische Bearbeitung des Kommentars Raschis zum Hohenlied. Die Pariser Handschrift, die über die Talmud-Disputation von 1240 in Paris berichtet und auch eine erste lateinische Einführung in den Talmud bietet, jedoch auffälligerweise nie vom Midrasch spricht und auch nicht im Glossar hebräischer Ausdrücke dieses Wort erklärt, zitiert ebenso mehrfach R. Salomo Trecensis (von Troyes). Er war also der Hauptlieferant rabbinischer Traditionen.

Breitere Kenntnisse rabbinischer Traditionen, ermöglicht durch die Hebräisch-Schulen der Franziskaner und Dominikaner im 13. Jahrhundert, brachte dann die Disputation von Barcelona im Jahre 1263. Das lateinische Protokoll der Disputation spricht zwar nur vom Talmud oder von „alten und authentischen Büchern der Juden"; das hebräische Protokoll des *Moses Nachmanides* hingegen nennt auch verschiedene Midraschim beim Namen. Mag nun in der Disputation selbst der Begriff gefallen sein oder nicht, so gab es jedenfalls in deren Gefolge eine Kommission, die hebräische Schriften, also auch Midraschim, nach christenfeindlichen Stellen durchsuchen sollte. Ein Mitglied dieser Kommission war der sprachkundige Dominikaner *Raymund Martini*, der so – sicher auch von jüdischen Konvertiten unterstützt – direkten Zugang zu einer Fülle von rabbinischen Handschriften hatte; viele so erfahrene Texte aus Talmud und Midrasch übersetzte er später im dritten Teil seines Hauptwerks *Pugio Fidei* („Der Glaubensdolch", etwa 1280) als Material für die Missionierung der Juden. Abgesehen von zahlreichen Zitaten aus Raschi und von diesem verwendeten Midraschim übersetzte Martini Stücke aus vielen Midraschim mit genauen Titelangaben. So manche seiner Zitate finden sich in den erhaltenen Midraschhandschriften nicht und wurden vielfach als Fälschung verdächtigt; viele davon erwiesen sich aber später als Auszüge aus dem Werk des Mosche ha-Darschan, so daß wohl auch die noch nicht verifizierten Zitate aus hebräischen Vorlagen übersetzt worden sind.

Die so umfangreiche Kenntnis der rabbinischen Literatur bei Raymund Martini hat später öfter die Vermutung aufkommen lassen, er sei jüdischer Herkunft gewesen. Dies ist jedoch ebenso unbegründet wie dieselbe Annahme für *Nikolaus von Lyra* (um 1270–1349), den großen Bibellehrer zu Paris. Sein Kommentar zur gesamten Bibel, die *Postilla literalis*, wurde sehr populär und auch schon bald in verschiedene Sprachen übersetzt; 1471–2 wurde sie als erster Bibelkommentar gedruckt. Dieses Werk ist sehr von Raschi beeinflußt, den es nahezu auf jeder Seite zitiert, verwendet aber auch sonst eine Fülle von rabbinischen Traditionen. Manches davon ist aus den Werken der Schule von St. Victor übernommen, manches auch aus dem *Pugio Fidei*; doch sind auch so manche Texte mit Quellenangabe, etwa aus dem Targum, aus Sifre oder von Mosche ha-Darschan und Maimonides zitiert, daß wir mit einer direkten Verwendung jüdischer Handschriften, vielleicht auch unter Mitwirkung eines jüdischen Helfers, rechnen müssen. Über die Postilla des Nikolaus erlangte die christliche Exegese des späteren Mittelalters ihre Kenntnisse der Midrasch-Traditionen und allgemein der jüdischen Auslegungstradition. Auch auf die Humanisten und Reformatoren übte die Postilla noch großen Einfluß aus, auch wenn Luthers Einstellung zur rabbinischen Exegese zunehmend feindlicher wurde und er über die „gemarterte Grammatik und falsche Auslegung" der Rabbinen klagte.

c) Die frühe Neuzeit

Die Erneuerung der Hebräisch-Studien im 16. Jahrhundert führte auch zu zahlreichen Übersetzungen hebräischer Werke, doch standen dabei die Midraschim nicht im Mittelpunkt; diesen nahmen eher Maimonides oder kabbalistische Schriften ein. Eine große Ausnahme war der Züricher Hebraist *Konrad Pellikan* (1478–1556), der unter anderem GenRabba sowie die Pentateuchkommentare von Abraham Ibn Esra und Bachja ben Ascher ins Lateinische übertrug. Auch andere jüdische Kommentare aus dem Mittelalter wurden übersetzt, womit auch so manches Midrasch-Material zugänglich wurde. Zur Kenntnis von Midrasch-Traditionen trug aber auch die lateinische Übersetzung der Targumim in den mehrsprachigen Bibelausgaben bei, so in der Complutensischen (1514–17), der Antwerpener (1569–72) und der Londoner (1654–57) Polyglotte. Für umfangreichere Übersetzungen von Midraschim selbst muß man hingegen auf den großen Thesaurus von *Biagio Ugolini* (34 Bände, 1744–66) warten, der verschiedene frühere Arbeiten aufnahm und selbst Sifra, Sifre und Leqach Tob (unter der Bezeichnung Pesiqta) übersetzte. Diese Übersetzungen waren die wesentliche Information christlicher Gelehrter über den Midrasch bis in das späte 19. Jahrhundert, als *August Wünsche* zahlreiche Midraschim in den Bänden seiner Bibliotheca Rabbinica sowie der Sammlung „Aus Israels Lehrhallen" ins Deutsche übersetzte. Eine Reihe von wichtigen Midraschim wurde hingegen erst in jüngster Zeit in eine europäische Sprache übertragen.

Auf lange Zeit von größerem Einfluß war jedoch in christlichen Kreisen ein Standardwerk der judenfeindlichen Polemik, *Johann Andreas Eisenmengers* 1700 in Frankfurt veröffentlichte zweibändige Schrift „*Entdecktes Judenthum*". Darin sammelte der Heidelberger Professor für orientalische Sprachen eine Fülle von Zitaten aus der rabbinischen Literatur, die ihm anstößig erschienen. Er setzte jeweils den hebräischen Text neben die deutsche Übersetzung, so daß Sprachkundigen eine Kontrolle möglich sein sollte. Gelegentlich wurde ihm bewußte Fehlübersetzung oder auch Fälschung seiner Texte vorgeworfen, was sich jedoch nicht halten läßt. Verfälscht wird jedoch das ganze Mosaik durch die völlig aus dem Zusammenhang gerissenen Zitate, die ohne Unterschied aus der gesamten jüdischen Literatur einschließlich religionsphilosophischer oder kabbalistischer Texte und jiddischer Schriften genommen sind, ohne je nach der Verbindlichkeit einer Aussage im Judentum zu fragen. Historische Kenntnisse hinsichtlich der Entstehung der Midrasch-Schriften darf man von ihm natürlich noch nicht erwarten; aufschlußreich ist etwa die einheitliche Zuschreibung des Midrasch Rabba zu Pentateuch und Megillot, bei ihm als „Buch Rabbóth oder Rabbos" zitiert, an Rabbi bar Nachmani. Von der Uneinheitlichkeit und langen Entstehungsgeschichte der in dieser Sammlung zusammengefaßten Werke konnte er noch nichts wissen. Doch sollte Eisenmengers Sammlung eine lange, bis in unser Jahrhundert reichende Wirkungsgeschichte als Arsenal des Antisemitismus haben.

Völlig andere Tendenz war die Verwendung rabbinischer Schriften durch *John B. Lightfoot* (1602–1675). Dieser versuchte in seinen *Horae Hebraicae et Talmudicae* die rabbinische Literatur für ein besseres Verständnis des Neuen Testaments auszuwerten. Viele bemühten sich in seiner Nachfolge, dieses Werk zu ergänzen. Ihren Höhepunkt erreichten diese Anstrengungen im „*Kommentar zum Neuen Testament aus Talmud und Midrasch*" (1922–1961) von (H. L. Strack und) *Paul Billerbeck*. Zwar ist auch in diesem Werk die Zusammenhanglosigkeit der Zitate sowie ein gewisser unhistorischer Zugang zu den rabbinischen Schriften zu beklagen; richtig verwendet leistet es jedoch auch heute noch wertvolle Dienste.

3) Moderne Erforschung des Midrasch

Zu Beginn des 19. Jahrhunderts war somit auch dem gebildeten Nichtjuden eine gewisse Kenntnis der Inhalte des Midrasch möglich; noch mehr war natürlich die Lektüre der Midraschim im traditionsgebundenen Judentum verbreitet. Doch mangelte es völlig an einer historischen Einordnung der Texte und ihrer literarischen Beurteilung. Die Midraschim galten weithin einfach als Teil oder Ergänzung des Talmud. Eine Änderung brachte erst die „Wissenschaft des Judentums", zu deren Förderung 1819 der „Verein für Cultur und Wissenschaft der Juden" gegründet wurde. War auch dem Verein kein langes Leben beschieden, wurde hier doch die jüdische und judaistische Forschung der Folgezeit grundgelegt.

Geistiger Motor des Vereins war *Leopold Zunz* (1794–1886). Schon 1818 hatte er einen programmatischen Aufsatz mit dem Titel „Etwas über die rabbinische Literatur" vorgelegt, in dem allerdings der Midrasch kaum vorkommt. Diesem sollte jedoch sein Hauptwerk gelten, *„Die gottesdienstlichen Vorträge der Juden historisch entwickelt"* (1832). Dieses Buch ging, worauf der Titel hinweist, von einer damals aktuellen Problematik aus, der Erneuerung der Predigt im Synagogengottesdienst. Gegen traditionelle Einwände versucht Zunz den Beweis, daß in der Synagoge schon immer gepredigt wurde. Wesentlicher Bestandteil seiner Argumentation ist eine Analyse der Midrasch-Literatur, in der er den Niederschlag rabbinischer Predigten sieht. „Die reale (vorgebliche) Kenntniss des Judenthums steht noch heute", so Zunz im Vorwort, „wo sie vor 135 Jahren Eisenmenger hingestellt hat, und die philologische ist sogar seit 200 Jahren fast nicht von der Stelle gerückt." Daß für Zunz die judenfeindliche Kompilation eines Eisenmenger den Stand der Kenntnisse zu seiner Zeit bezeichnet (und zwar wohl auch aus innerjüdischer Perspektive), sagt eigentlich schon alles.

Der Hauptteil des Buches von Zunz ist eine Einführung in über hundert Werke der Midrasch-Literatur. Dazu gab es gar keine Vorarbeiten; Zunz mußte alles erst aus Handschriften und Druckausgaben der Originaltexte sowie aus Hinweisen in der mittelalterlichen jüdischen Literatur zusammentragen; eine wissenschaftliche Literatur zum Thema gab es ja nicht. Noch heute kann man über die Belesenheit des jungen Zunz nur staunen, besonders wenn man sich damalige Berliner Bibliotheksverhältnisse vorstellt. Mit welchem Scharfsinn Zunz seine Lektüre auswertete, zeigt seine Rekonstruktion eines verschollenen Midrasch, der Pesiqta de Rab Kahana, deren Existenz, Inhalt und Aufbau er aus einer Vielzahl von mittelalterlichen Zitaten und Verweisen erschloß. Jahrzehnte später entdeckte man Handschriften dieses Midrasch, welche Zunz voll und ganz bestätigten. Sicher sind so manche geschichtliche Einordnungen von Midraschim durch Zunz heute nicht mehr zu halten;

doch zeugt der Nachdruck und die Verwendung seines Werkes (auch in einer hebräischen Übersetzung mit einem aktualisierenden Anhang) auch heute noch vom bleibenden Wert dieser Arbeit aus der Pionierzeit der Wissenschaft des Judentums.

In der Folgezeit bemühten sich jüdische Forscher vor allem um brauchbare Textausgaben. Bezeichnenderweise wandte man sich zuerst nicht den Hauptwerken der Midrasch-Literatur zu, von denen es ja Drucke gab, auch wenn die Texte im Lauf ihrer Geschichte sehr gelitten hatten. *Adolf Jellinek* (1820–1893), seit 1854 Rabbiner am Wiener Stadttempel, bemühte sich vor allem um verschiedene kleine, meist späte Midraschim, die er aus alten Drucken und Handschriften sammelte und, mit kurzen Einleitungen versehen, in sechs Bänden edierte (*Bet ha-Midrasch*, 1853–1877). An der von ihm gegründeten rabbinischen Schule in Wien, wie sein Midrasch-Werk Bet ha-Midrasch („Lehrhaus„) genannt, unterrichteten seit 1864 *Eisik Hirsch Weiß* (1815–1905) und *Meir Friedmann* (1831–1908), die sich ebenfalls als Herausgeber von Midraschim verdient machten. Weiß gab 1862 eine mit hebräischer Einleitung und Kommentar sowie textkritischen Anmerkungen versehene Edition von Sifra heraus, die trotz aller Mängel bis heute die Standardausgabe geblieben ist; 1865 folgte eine ebensolche Ausgabe der Mekhilta. Mit der Entstehung der halakhischen Midraschim hat sich Weiß auch im zweiten Band seiner großen Geschichte der rabbinischen Tradition, *Dor Dor we-Dorschaw*, ausführlich befaßt (1876). Friedmann verdanken wir Ausgaben von Sifre (1864), Mekhilta (1870) und Sifra (1915, nur der Anfang aus dem Nachlaß herausgegeben). Diese Ausgaben sind inzwischen durch neuere Editionen überholt; noch immer unersetzt sind hingegen seine kommentierten Ausgaben der Pesiqta Rabbati und von Tanna debe Elijahu. Zu dieser Glanzzeit der Wiener Midrasch-Schule trug auch *Abraham Epstein* (1841–1918) bei, ein Privatgelehrter, der auch eine große Handschriften- und Büchersammlung zusammentrug. In zahlreichen Studien befaßte er sich vor allem mit späteren Midraschim, Tanchuma, Bereschit Rabbati und Jalqut sowie mit Problemen des mittelalterlichen Judentums.

Für einen großen Teil der Midrasch-Literatur verwenden wir auch heute noch die Ausgaben von *Salomon Buber* (1827-1906), Großvater und Erzieher des heutigen Lesern bekannteren Martin Buber. Als erfolgreicher Geschäftsmann in Lemberg hatte er die Mittel, sich die wichtigsten Midrasch-Handschriften in allen Bibliotheken Europas abschreiben zu lassen und alte Midrasch-Drucke zu sammeln. Auf dieser Grundlage erarbeitete er kritische Ausgaben, denen er umfangreiche hebräische Einleitungen zur Text- und Entstehungsgeschichte voranstellte und die er auf eigene Kosten publizierte. Seine wichtigsten Textausgaben waren die wiederentdeckte Pesiqta de Rab Kahana (1868), eine andere Fassung des Tanchuma (1885), der Midrasch Psalmen (1891) und der Midrasch Sekhel ihrer Übersetzung ereignen müssen; erst übersetzend wird einem vielfach die Fülle und Mehrbödigkeit eines Textes bewußt. Auch kann nur in Übersetzung der Reichtum des Midrasch über den kleinen Kreis der Eingeweihten hinaus weiterwirken.

Wozu aber soll jemand, der nicht gerade Spezialist dieser Phase der jüdischen Kultur- und Geistesgeschichte ist, sich mit Midrasch beschäftigen? Nur um so mancher reizender Erzählungen oder markanter Sprüche willen, also wegen einiger Perlen, die sich in einer sonst eher dem Vergessen bestimmten Masse an Texten befinden? Ein rein anthologischer Zugang ist gewiß nicht wertlos; doch dafür hätte dieses Buch dem Leser wohl etwas zuviel zugemutet. Auch könnte man ein historisches Interesse wie an jeder Literatur der Vergangenheit anführen, Midrasch als Information über die geistige Welt einer längst vergangenen Epoche jüdischer Geschichte sehen. Doch scheint mir Midrasch auch direkter für heutige Interessen bedeutsam. Nicht nur ist das Verständnis moderner jüdischer, besonders hebräischer Literatur – man denke etwa an S. J. Agnon – ohne eine gewisse Kenntnis des Midrasch nur sehr unvollkommen möglich; gerade für die Literatur- und Sprachtheorie ergeben sich aus dem Midrasch interessante Aspekte. Der weitgehende Verzicht des Midrasch auf allgemein gültige Antworten, auf ein begriffliches Eingrenzen der Wirklichkeit zugunsten des Erzählens ist hier wesentlich. Die eigentliche Wirklichkeit liegt für den Midrasch in der Sprache eines Textes (der Bibel), der die Welt konstituiert. Das Sein ist somit gewissermaßen Spiegelbild dieses Textes, das Sprachspiel Teil der Aufgabe, seine eigene Wirklichkeit zu begreifen.

Doch was bringt der Midrasch für den heutigen Umgang mit der Bibel? Hier sollte man zwischen der wissenschaftlichen Arbeit an der Bibel und der religiösen Aneignung, der geistlichen Schriftlesung, unterscheiden.

Was die wissenschaftliche Exegese betrifft, führt der Midrasch, wenn er überhaupt beachtet wird, meist ein Schattendasein als Randgebiet der Auslegungsgeschichte. Doch sollte schon das heute immer mehr beachtete Phänomen des innerbiblischen Midrasch verdeutlichen, daß eine nähere Beschäftigung mit der weiteren Midrasch-Entwicklung lohnt; denn diese kann aufzeigen, wie schon späte biblische Autoren mit ihren Vorlagen umgehen und sie weiterentwickeln. Auch lehrt der Midrasch ein klareres Verständnis der Probleme des Bibeltextes. Die im Midrasch angebotenen Lösungen von Textproblemen kann man heute meist nicht übernehmen; doch kann man sehr wohl aus dem Diagnose-Verfahren der Rabbinen lernen. Es ist kein Zufall, daß Bibelstellen, die das besondere Interesse der Rabbinen erregten, gewöhnlich auch im kritischen Apparat von Ausgaben des hebräischen Bibeltextes breiten Raum beanspruchen. Wo sich schon Abschreiber und Übersetzer des Bibeltextes in der Antike doch zeugt der Nachdruck und die Verwendung seines Werkes (auch in einer hebräischen Übersetzung mit einem aktualisierenden Anhang) auch heute noch vom bleibenden Wert dieser Arbeit aus der Pionierzeit der Wissenschaft des Judentums.

In der Folgezeit bemühten sich jüdische Forscher vor allem um brauchbare Textausgaben. Bezeichnenderweise wandte man sich zuerst nicht den Hauptwerken der Midrasch-Literatur zu, von denen es ja Drucke gab, auch wenn die Texte im Lauf ihrer Geschichte sehr gelitten hatten. *Adolf Jellinek* (1820–1893), seit 1854 Rabbiner am Wiener Stadttempel, bemühte sich vor allem um verschiedene kleine, meist späte Midraschim, die er aus alten Drucken und Handschriften sammelte und, mit kurzen Einleitungen versehen, in sechs Bänden edierte (*Bet ha-Midrasch*, 1853–1877). An der von ihm gegründeten rabbinischen Schule in Wien, wie sein Midrasch-Werk Bet ha-Midrasch („Lehrhaus") genannt, unterrichteten seit 1864 *Eisik Hirsch Weiß* (1815–1905) und *Meir Friedmann* (1831–1908), die sich ebenfalls als Herausgeber von Midraschim verdient machten. Weiß gab 1862 eine mit hebräischer Einleitung und Kommentar sowie textkritischen Anmerkungen versehene Edition von Sifra heraus, die trotz aller Mängel bis heute die Standardausgabe geblieben ist; 1865 folgte eine ebensolche Ausgabe der Mekhilta. Mit der Entstehung der halakhischen Midraschim hat sich Weiß auch im zweiten Band seiner großen Geschichte der rabbinischen Tradition, *Dor Dor we-Dorschaw*, ausführlich befaßt (1876). Friedmann verdanken wir Ausgaben von Sifre (1864), Mekhilta (1870) und Sifra (1915, nur der Anfang aus dem Nachlaß herausgegeben). Diese Ausgaben sind inzwischen durch neuere Editionen überholt; noch immer unersetzt sind hingegen seine kommentierten Ausgaben der Pesiqta Rabbati und von Tanna debe Elijahu. Zu dieser Glanzzeit der Wiener Midrasch-Schule trug auch *Abraham Epstein* (1841–1918) bei, ein Privatgelehrter, der auch eine große Handschriften- und Büchersammlung zusammentrug. In zahlreichen Studien befaßte er sich vor allem mit späteren Midraschim, Tanchuma, Bereschit Rabbati und Jalqut sowie mit Problemen des mittelalterlichen Judentums.

Für einen großen Teil der Midrasch-Literatur verwenden wir auch heute noch die Ausgaben von *Salomon Buber* (1827-1906), Großvater und Erzieher des heutigen Lesern bekannteren Martin Buber. Als erfolgreicher Geschäftsmann in Lemberg hatte er die Mittel, sich die wichtigsten Midrasch-Handschriften in allen Bibliotheken Europas abschreiben zu lassen und alte Midrasch-Drucke zu sammeln. Auf dieser Grundlage erarbeitete er kritische Ausgaben, denen er umfangreiche hebräische Einleitungen zur Text- und Entstehungsgeschichte voranstellte und die er auf eigene Kosten publizierte. Seine wichtigsten Textausgaben waren die wiederentdeckte Pesiqta de Rab Kahana (1868), eine andere Fassung des Tanchuma (1885), der Midrasch Psalmen (1891) und der Midrasch Sekhel

Tob (1900–1903). Von den genannten Werken ist nur die Pesiqta heute durch eine neue Ausgabe ersetzt. Auch wenn man für die einzelnen Midraschim heute dringend neue Editionen und kritische Studien benötigen würde (zum Teil bedingt durch neue Handschriftenfunde, vor allem Material aus der Geniza, andere Standards kritischer Ausgaben, aber auch Fortschritte in der Geschichte der rabbinischen Literatur), kann man doch diese gewaltige Leistung eines einzelnen nur mit Bewunderung und Respekt zur Kenntnis nehmen.

Wohl auch noch von der Wiener Midrasch-Tradition beeinflußt, hatte er doch auch in Preßburg, Eisenstadt und Wien studiert, war *David Z. Hoffmann* (1843–1921), der später am Berliner Rabbinerseminar unterrichtete. Ihm verdanken wir erste Ausgaben der wiederentdeckten Mekhilta de R. Simeon bar Jochai und des Midrasch Tannaim zu Dtn sowie eines Teils des eben erst in Europa bekanntgewordenen Midrasch ha-Gadol, vor allem aber das grundlegende Werk „*Zur Einleitung in die halachischen Midraschim*" (1888; siehe S. 34), das in einem entscheidenden Bereich der Midraschforschung einen großen Fortschritt brachte; L. Zunz hatte ja in seinen „Gottesdienstlichen Vorträgen" diese Texte, da für seine Problematik der Geschichte der jüdischen Predigt nicht ergiebig, nur ganz am Rande behandelt. Als letzter dieser Pionierzeit sei *Saul Horovitz* (1859–1921) genannt, der am Jüdisch-Theologischen Seminar zu Breslau lehrte und eine kritische Ausgabe von Sifre Num und Sifre Zutta (1917) herausbrachte und auch eine solche zu Sifre Dtn vorbereitete, die aber erst *Louis Finkelstein* zu Ende führte (1939).

Soweit man sich von nichtjüdischer Seite für die Problematik des Midrasch interessierte, gab man sich offensichtlich im allgemeinen mit Zunz zufrieden, wenn man nicht gar auf die älteren Sammlungen zurückgriff. Nur so versteht man, daß *Hermann L. Strack*, dem wir die erste moderne „Einleitung in den Talmud" verdanken (1887), erst in der fünften Auflage von 1920 ein kurzes Kapitel als Einleitung in den Midrasch anfügte. Zu sehr galt offenbar für lange Zeit der Talmud als der alleinige Inbegriff der nachbiblischen jüdischen Literatur.

Selbstverständlich ist seit diesen Pionierzeiten die Edition und Erforschung der Midraschim weitergegangen. Für viele Werke liegen inzwischen neue Ausgaben, oft auch Übersetzungen vor (in neuerer Zeit meist in Englisch); auch haben Einzelstudien manchen Fortschritt gebracht. Darauf im Detail einzugehen würde zu weit führen. Doch darf ein kurzer Hinweis auf die große Synthese der Midrasch-Tradition nicht fehlen, die *Louis Ginzberg* (1873–1953) in *The Legends of the Jews* (7 Bände, 1909–1938) geschaffen hat. Die ersten vier Bände bieten in mosaikartig aus der gesamten Midrasch-Literatur zusammengetragener Erzählung, dem Ablauf der biblischen Geschichte von der Erschaffung bis Ester folgend, eine Art Gesamtbild der nachbiblischen jüdischen Erzähltradition, das auch dem ungeschulten Interessenten zugänglich ist; zwei Bände Anmerkungen und ein Indexband erschließen das Werk auch für den wissenschaftlichen Gebrauch. In deutscher Sprache sind es „*Die Sagen der Juden*" (5 Bände, 1913–1927) von *Micha J. Bin Gorion* (= Berdyczewski, 1865–1921), die in ähnlicher, wenn auch nicht so anspruchsvoller Weise die Midraschtraditionen nacherzählend darbieten. So verdienstvoll diese bis heute beliebten Sammlungen sind, liegt es doch in ihrer Natur, daß sie nur den erzählerischen Aspekt des Midrasch, der sicher wichtig, doch nur ein Teil des Ganzen ist, vermitteln und die gesamte Tradition als Steinbruch verwerten; die literarische und religiöse Eigenart der einzelnen Midraschim geht dabei leider unter.

4) Midrasch heute?

Einige Hinweise auf die Aufgaben heutiger Midrasch-Forschung und den Beitrag des Midrasch für den modernen Umgang mit der Bibel mögen unsere Darstellung abschließen.

Was die Erforschung des Midrasch betrifft, bleibt die vorrangige Aufgabe die Erstellung kritischer Textausgaben auf der Basis sämtlicher Handschriften, frühen Drucke und mittelalterlichen Zitate. Zwar liegen einzelne Midraschim in recht zuverlässiger Form vor; von anderen hingegen gibt es nur Teileditionen (so von Sifra), nicht mehr befriedigende Ausgaben des vorigen Jahrhunderts (z. B. von der Pesiqta Rabbati, um deren Bearbeitung sich die Frankfurter Judaistik schon große Verdienste erworben hat) oder gar keine kritischen Editionen im wahren Sinn (dies gilt etwa für die Midraschim zu den Megillot wie auch für fast alle späteren, kleinen Midraschim, die zur jüdischen Literatur des Mittelalters überleiten). Ein zweiter Schwerpunkt ist die Erforschung der einzelnen Schriften nach ihrer jeweiligen literarischen und theologischen Eigenart und nicht einfach als Repositorium von Traditionen. Die Betrachtung des Midrasch als Zitatliteratur ist zwar für manche Schriften berechtigt, hat aber doch oft den Blick für den Eigenwert der einzelnen Schriften als solcher verstellt. Dies gilt auch von den in den babylonischen Talmud eingebauten Midraschim, deren Eigenart gegenüber den palästinischen Werken noch weithin unerforscht ist. Schließlich bleibt auch die Übersetzung der Midraschim eine wichtige Aufgabe, auch wenn heute fast alle wichtigeren Werke in einer deutschen oder englischen Wiedergabe vorliegen. Viele der vorhandenen Übersetzungen entsprechen einfach nicht mehr heutigen Ansprüchen, sei es wegen ihrer Textbasis, sei es aus sprachlichen Gründen oder vor allem wegen der Konzentration auf den Inhalt der Texte zum Nachteil der literarischen Form. Auch die Kommentierung der Texte wird sich heute in besonderem Maße im Rahmen ihrer Übersetzung ereignen müssen; erst übersetzend wird einem vielfach die Fülle und Mehrbödigkeit eines Textes bewußt. Auch kann nur in Übersetzung der Reichtum des Midrasch über den kleinen Kreis der Eingeweihten hinaus weiterwirken.

Wozu aber soll jemand, der nicht gerade Spezialist dieser Phase der jüdischen Kultur- und Geistesgeschichte ist, sich mit Midrasch beschäftigen? Nur um so mancher reizender Erzählungen oder markanter Sprüche willen, also wegen einiger Perlen, die sich in einer sonst eher dem Vergessen bestimmten Masse an Texten befinden? Ein rein anthologischer Zugang ist gewiß nicht wertlos; doch dafür hätte dieses Buch dem Leser wohl etwas zuviel zugemutet. Auch könnte man ein historisches Interesse wie an jeder Literatur der Vergangenheit anführen, Midrasch als Information über die geistige Welt einer längst vergangenen Epoche jüdischer Geschichte sehen. Doch scheint mir Midrasch auch direkter für heutige Interessen bedeutsam. Nicht nur ist das Verständnis moderner jüdischer, besonders hebräischer Literatur – man denke etwa an S. J. Agnon – ohne eine gewisse Kenntnis des Midrasch nur sehr unvollkommen möglich; gerade für die Literatur- und Sprachtheorie ergeben sich aus dem Midrasch interessante Aspekte. Der weitgehende Verzicht des Midrasch auf allgemein gültige Antworten, auf ein begriffliches Eingrenzen der Wirklichkeit zugunsten des Erzählens ist hier wesentlich. Die eigentliche Wirklichkeit liegt für den Midrasch in der Sprache eines Textes (der Bibel), der die Welt konstituiert. Das Sein ist somit gewissermaßen Spiegelbild dieses Textes, das Sprachspiel Teil der Aufgabe, seine eigene Wirklichkeit zu begreifen.

Doch was bringt der Midrasch für den heutigen Umgang mit der Bibel? Hier sollte man zwischen der wissenschaftlichen Arbeit an der Bibel und der religiösen Aneignung, der geistlichen Schriftlesung, unterscheiden.

Was die wissenschaftliche Exegese betrifft, führt der Midrasch, wenn er überhaupt beachtet wird, meist ein Schattendasein als Randgebiet der Auslegungsgeschichte. Doch sollte schon das heute immer mehr beachtete Phänomen des innerbiblischen Midrasch verdeutlichen, daß eine nähere Beschäftigung mit der weiteren Midrasch-Entwicklung lohnt; denn diese kann aufzeigen, wie schon späte biblische Autoren mit ihren Vorlagen umgehen und sie weiterentwickeln. Auch lehrt der Midrasch ein klareres Verständnis der Probleme des Bibeltextes. Die im Midrasch angebotenen Lösungen von Textproblemen kann man heute meist nicht übernehmen; doch kann man sehr wohl aus dem Diagnose-Verfahren der Rabbinen lernen. Es ist kein Zufall, daß Bibelstellen, die das besondere Interesse der Rabbinen erregten, gewöhnlich auch im kritischen Apparat von Ausgaben des hebräischen Bibeltextes breiten Raum beanspruchen. Wo sich schon Abschreiber und Übersetzer des Bibeltextes in der Antike schwertaten und wo moderne Exegeten gern den Text mit Konjekturen „verbessern", haben die Rabbinen Hinweise zur Deutung gesehen. Die Devise der Rabbinen, mit dem überlieferten Text allein auszukommen, kann auch heute gegenüber ausufernder Hypothesenfreudigkeit ein Korrektiv sein, zumindest aber für den Text hellhöriger machen. Dasselbe gilt von Bruchstellen in Erzählungen und sonstigen Texten, die heute oft der Quellenscheidung dienen; die Rabbinen haben auch hier gewöhnlich die Probleme deutlich gesehen, aus ihrem Bibelverständnis heraus jedoch andere Lösungen vorgeschlagen. Schließlich können die Midraschim aber auch über die Ausschließlichkeit historischer Kritik hinwegführen; sie können bewußter machen, daß es nicht nur darauf ankommt, wie es eigentlich gewesen ist und was ein Prophet ursprünglich gesagt hat, sondern daß man den Text zuerst einmal in seiner jetzt vorliegenden Form, in seiner konkreten Sprachgestalt und im Rahmen der ganzen Bibel ernstnehmen muß, ehe man „hinter den Text" zu gehen versucht. Daß man noch in der frühen Neuzeit rabbinische Auslegung gerne als *littera*, als Dienst am Buchstaben, betrachtete, der den auf Christus weisenden tieferen Gehalt der Bibel verfehlt, gleichzeitig aber sie auch als *fabula* abqualifizierte, weist deutlich genug auf das Dilemma christlicher Rezeption midraschischer Auslegung.

Die Ganzheitlichkeit rabbinischen Umgangs mit der Bibel kann auch heutigem Bemühen um die Bibel als Quelle persönlicher Religiosität Anregung und Vorbild sein. Die Hingabe an den Text, die meditierende Aneignung seiner Worte nicht einfach als Mitteilung von Vergangenem, sondern als Anrede Gottes an den Leser hier und heute, somit auch die Berechtigung, das eigene Ich mit seinen Fragen in den Text einzubringen und mit diesem in Dialog zu treten, das lehren die Midraschim in hervorragender Weise. Für den religiösen Leser der Bibel, ob Juden oder Christen, gilt, was GenRabba 1,14 R. Aqiba sagen läßt: „*Das ist kein leeres Wort, an euch vorbei*' (Dtn 32,47). Und wenn es leer ist, dann liegt es an euch, die ihr nicht auszulegen wißt." Midrasch ist persönliche Aneignung der Befreiung Israels „*aus dem Volk mit fremder Sprache*" oder, wie man auch übersetzen kann, aus einem stammelnden Volk (Ps 114,1), ist eine Einübung in den Umgang mit der allein wirklichen Sprache der Offenbarung Gottes an sein Volk.

Literaturhinweise

1) Midraschim in Übersetzung (Auswahl):

Halakhische Midraschim: J. Winter/A. Wünsche, Mechiltha, ein tannaitischer Midrasch zu Exodus, Leipzig 1909; englisch-hebräische Ausgabe: *J. Z. Lauterbach*, Mekilta de Rabbi Ishmael, 3 Bände, Philadelphia 1933–5.
J. Winter, Sifra. Halachischer Midrasch zu Leviticus, Breslau 1938; englisch: *J. Neusner*, Sifra. An Analytical Translation, 3 Bände, Atlanta 1988.
K. G. Kuhn, Der tannaitische Midrasch Sifre zu Numeri überetzt und erklärt, Stuttgart 1959; *J. Neusner*, Sifré to Numbers. An American Translation and Explanation, 2 Bände, Atlanta 1986 (Band 3 fehlt noch).
H. Bietenhard, Der tannaitische Midrasch „Sifre Deuteronomium", Bern 1984; *R. Hammer*, Sifre. A Tannaitic Commentary on the Book of Deuteronomy, New Haven 1986; *J. Neusner*, Sifre to Deuteronomy, 2 Bände, Atlanta 1987.

Midrasch Rabba zum Pentateuch und den Megillot:
A. Wünsche, Bibliotheca Rabbinica, 5 Bände, Leipzig 1880–85, Nachdruck Hildesheim 1967 (enthält auch deutsche Übersetzungen des Midrasch zum Buch der Sprichwörter, Pesiqta de Rab Kahana und Auszüge aus Pesqita Rabbati). Wegen seiner Textgrundlagen, aber auch sonst heute nicht mehr befriedigend. Zu bevorzugen ist die englische Ausgabe: *H. Freedman/M. Simon*, Hrsg., Midrash Rabba. Translated into English, 10 Bände, London 1939, ³1961. Neue englische Übersetzung zu Gen- und LevRabba: *J. Neusner*, Genesis Rabbah, 3 Bände, Atlanta 1985; *ders.*, Judaism and Scripture. The Evidence of Leviticus Rabbah, Chicago 1986 (jeweils aufgrund der kritischen Textausgaben).

Predigtmidraschim:
W. G. Braude/I. J. Kapstein, Pesikta de-Rab Kahana, Philadelphia 1975; *J. Neusner*, Pesiqta deRab Kahana, 2 Bände, Atlanta 1987.
W. G. Braude, Pesikta Rabbati, 2 Bände, New Haven 1968.
H. Bietenhard, Midrasch Tanhuma B., 2 Bände, Bern 1980–82.

Andere Texte:
A. Wünsche, Midrasch Tehillim, Trier 1892, Nachdruck Hildesheim 1967; *W. G. Braude*, The Midrash on Psalms, 2 Bände, New Haven ³1976; *G. Friedlander*, Pirqe de Rabbi Eliezer, London 1916, Nachdruck New York 1981; *W. G. Braude/I. J. Kapstein*, Tanna Debe Eliyyahu, Philadelphia 1981.

2) Weiterführende Literatur:

M. Fishbane, Biblical Interpretation in Ancient Israel, Oxford 1985; *G. H. Hartman/S. Budick*, Hrsg., Midrash and Literature, New Haven 1986; *I. Heinemann*, Darkhe ha-Aggada, Jerusalem ³1970; *J. Neusner*, What is Midrash?, Philadelphia 1987; *G. G. Porton*, Understanding Rabbinic Midrash, Hoboken

1985; G. *Vermes*, Scripture and Tradition in Judaism: Haggadic Studies, London ²1973; J. *Weingreen*, From Bible to Mishnah, Manchester 1976; A. G. *Wright*, The Literary Genre Midrash, Staten Island, New York 1967; L. *Zunz*, Die gottesdienstlichen Vorträge der Juden historisch entwickelt, Frankfurt ²1892, Nachdruck Hildesheim 1966.

Wirkungsgeschichte: M. *Awerbuch*, Christlich-jüdische Begegnung im Zeitalter der Frühscholastik, München 1980; H. *Hailperin*, Rashi and the Christian Scholars, Pittsburgh 1963; Ch. *Merchavia*, The Church versus Talmudic and Midrashic Literature (500–1248) (hebräisch), Jerusalem 1970; B. *Smalley*, The Study of the Bible in the Middle Ages, Oxford ²1952.

Weitere Literaturangaben in: H. L. *Strack*/G. *Stemberger*, Einleitung in Talmud und Midrasch, München ⁷1982.

Stellenregister

1) Bibel

Gen	1,1	96
	1,2	92, 98
	1,4	170, 173 f.
	1,7.16	178
	1,24	92, 98
	1,26	15, 91–100
	1,27	96, 97
	1,28	179
	1,31	95
	2,7 f.	95
	2,21	92, 100, 102
	3,1	125
	3,9	111, 114
	3,22	125
	4,2	125
	4,16	126
	5,2	92, 97
	6,6	93 f., 99
	6,7	98
	6,9	126
	9,7	178
	9,18	126
	11,2	139
	11,26	196
	11,31	193
	11,32	196
	12, 1–17	176–185
	12,1	120, 123, 139, 155
	12,5	125, 130, 193
	12,17	146
	14, 1–4	197
	14,14	193, 196, 197
	14,15.19	194, 197
	15,7	105, 193, 196
	15,8–21	100–109
	15,13	116, 203
	16,1	105, 109
	17,24 ff.	122
	18,1	118, 122
	18,11	193
	18,18 f.	122
	21,5	178, 196
	22	17, 183
	22,2	11, 178
	22,14	11
	23,6	194, 197
	24,1	194, 198
	26,1	155
	26,5	125, 176, 178, 182
	28,7	120, 123, 155
	28,15	127
	32,8	127
	35,9	179
	35,18	164, 169
	38,14	13
	41,10	129
	41,16	57
	42,6	126
	48,2	57
Ex	1–2	198–204
	1,14	120
	2,4	131
	3,1	126
	3,14	13
	4,10	202, 204
	4,14	203
	5,1 ff.	122
	5,20	119, 122
	6,3	124
	6,13	57
	6,25	162
	7,7	123, 203
	9,16	55, 60
	10,8.9.24	57
	10,25	58, 61
	10,26	58
	10,28 f.	57, 61
	11,2	59, 61

	11,4	55, 59, 121	13,46	147
	11,5	56, 58	13,59	149
	11,6	56	14,2–4	69–75
	11,8	57, 60	14,2–5	143–155
	12,1	120	14,5 f.	72, 74
	12,2	116 f., 121	14,32	149
	12,10	58	14,49	75
	12,12	55, 60, 117, 120	14,54	149
	12,22	57, 61	14,56	144
	12,29–36	55–61	14,57	149
	12,38	58	15,2	135
	12,48	123	15,31	78
	12,49	176	16,11	106
	13,2	65	16,16	78
	14,2	55	19,14	63, 67
	14,21	120	22,27	65, 66, 69
	14,27	143	24,16	64, 68
	14,31	117	25,36	63, 67
	15,1	121, 123	25,37	62, 63
	15,2	117, 121	Num 3,39	141
	15,20	203	5,3	78
	17,14	127	6,24	119
	19,11.20	118	6,24–26	163
	20	11	6,27	179
	20,1.2	118	8,11	136
	20,2–17	159	11,1	112
	20,25	62	12,3	124
	21,7	24	12,9–11	149
	21,17	64	12,10	145
	21,30	76, 79	15,16	176
	22,8	64	18,16	69
	22,24–29	62–69	18,20	162
	23,4	11	20,16	149
	26,20	92	25,11	163
	31,18	152	28,15.16	106
	32,4.25	145	33,55	157, 166
	34,2	118	35,12	76, 79
Lev	1,16	106	35,27	76, 79
	2,8	101	35,29–34	75–81
	2,14	62	Dtn 1,1	158
	4,13 f.	106	1,12	109
	4,22	194	2,5	105
	4,27 f.	106	3,23	127, 131
	5,9	106	4,5	124
	13,5	72	4,8	178
	13,12 f.	71, 74	4,9	82, 87
	13,45	145, 147, 152	4,11	147

	4,32	92, 96 108	Rut	2,1	124
	4,34	103	1 Sam	1,1	124
	5	11		2,6	189
	5,4	117		2,27	78, 81
	6,4 f.7	176		2,28	136
	7,1	105, 109		9,1.2	124
	7,6	136		10,16	128
	7,15	150, 154		17,36	127
	8,3	86, 90		25,3	124
	8,8	89		25,29	135
	8,15	102		26,12	102
	8,19	85, 89	2 Sam	3,29	145, 152
	11,13	82		20,1	129
	11,22	82–91		20,21	124, 129
	12,6	65	1 Kön	2,32	145
	15,8	62, 67		11,32	136
	15,12	24		12,29 f.	197
	18,5	136		18,46	57
	18,18	158, 166	2 Kön	5,20.27	145
	20,17	157		8,5	147
	21,1.4	77, 80		9	190
	22,1–3	11		14,25	186, 189
	24,13	63, 68		15,5	145
	27,6	62		21,16	78
	28,50	163		22	90
	29,9	85, 90		24,8	141
	29,22	161		24,15 f.	142
	30,3	78, 81		25,11 f.	142
	31,21	86	1 Chron	4,23	95, 100
	32,24	158	2 Chron	7,16	136
	32,30	104, 108		13,22	22
	32,47	82, 86, 88, 227		24,27	22
	33,2	117		24,20 ff.	80, 142
	33,4	85		26,16	152
	34,10	158	Esr	5,12	139
Jos	1,8	137		7,10	22
	2,6	157, 166		9,2	145
	2,12.13.16	157	Neh	8,8	28
	6,22	166	Est	2,5–23	123–132
	6,25	157		3,1	102
	9,17	163		3,2	125, 130
	9,23	169		3,9	124
	24,2	195		4,1	126
Ri	8,27	104		4,17	13
	11,37	116		6,1–3	132
	13,2	124		8,15	126
	19,30	194			

234 Register

	8,17	125, 130	104,15	89
	9,30	124, 129	105	12
	10,3	124, 128	106,3	123 f.
Ijob	1,1	126	106,4	124, 129
	2,12	146	106,23	124
	12,12	84	107,2	105
	12,23	55	113,4	186
	13,21	92	114	12
	14,19	126	114,1	227
	20,4	93	119,54	121
	20,6	146	119,140	84
	20,12	153	129,3	203
	21,33	135	136,10	55
	26,13	126	136,13	104
	28,17	82	139,5	91 f., 97, 98
	30,5	119	139,7–12	190
	42,10	126	139,16	92, 97
Ps	1,1	19	147,2	165
	1,6	94, 99	148	92, 98
	8,5–10	95, 99	Spr 1,9	85
	10,17	151	1,22 f.	156, 166
	12,6	172	2,4	82
	16,7	140	3,4	128
	19,7	150	3,15	84
	19,8.9	84, 89	3,16.18	87
	19,11	85, 89, 138	4,9	85, 87
	22,4	118	4,22	84, 87
	22,16	172	5,15	83 f., 88
	34,13–15	146	5,16	84
	36,10	170, 171	6,16–19	143–145, 151, 152
	45,11 f.	177 f.	6,23	136
	46,9	129	8	91
	50,16	147	8,30	93
	66	12	10,5	82
	66,12	104, 108	12,21	180, 181
	68,14	59, 177, 197	13,11	82
	78,51	55, 60	15,23	86
	78,70	136	17,2	156, 157, 166
	82,1	118	17,5	56
	83,4 f.	200	18,11	196
	85,11 f.	94, 99	20,2	196
	89,23 f.26	170 f.	20,4	82
	89,27 f.30	174	21,9	162
	89,37.38	136	21,23	146
	90,4	93, 98	23,4	90
	92,13	181	23,5	85, 89
	97,11	188	23,15	86, 90

	23,23	124		43,14	78, 81
	24,13 f.	88		44,9–20	195
	24,17	56		44,27	139, 142
	24,30 f.	83, 88		48,10	174
	25,25	84		49,23	173
	26,11	151		50,1	112, 115
	27,7	83, 88		50,3	110
	27,11	86, 193, 196		50,11	171
	31,14	83		55,1	84
Koh	1,9	119		57,17–19	151, 154
	5,5	148 f., 153		60,1–2	170–176
	10,8	83		63,1	78
	11,4	83		65,24	118
	11,10–12,8	132–143	Jer	1,1–3	155–170
Hld	1,2	84		1,11	138
	1,3	85, 183		2,27	157, 159, 166, 177
	1,11	59			
	2,4	89		3,8	112, 115
	2,8–11	116–123		3,22	162
	2,10	172		4,7	155, 165
	2,15	204		5,2	157, 159
	4,8	78, 81		5,22	95
	4,9	195		7,9	159, 167
	5,2	172		8,8	111
	8,8–10	177		9,2	159
Jes	1,21	109		9,4	157
	2,22	97		9,9	160 f., 167 f.
	3,16 f.	144 f., 151 f.		10,2.11.16	111
	4,5	105		13,16	160
	5,19	144, 152		15,2	158, 163
	6,3	186		16,5.13	163
	7,14	19		17,14	151
	8,2	163, 169		17,21 f.	11
	10,30	155, 165		20,7	164, 169
	11,2	92		26,20	163
	19,19	15		29,22	163
	21,9	102		31,10	160
	22,12	110		31,11	105, 160
	24,9	137		31,23	179
	25,8	170, 174		31,31	165
	28,22	156		32,7	164
	29,1	165		36,18	138
	30,22	156, 166		37,12	157, 166
	34,16	22		39,12	159
	41,2	193, 196		40,1	160, 167
	41,8	176		40,4 f.	160
	42,1	171		43,11	158, 163

236   Register

	49,21	102		12,11f.	119
	49,38	78, 81	Hos	1,1.9	158
	51,5	113, 115		2,16f.	119
	51,49	139, 142		4,13	117, 157
	51,64	164		4,16	112
Klgl	1,1	40, 109–116,		5,10	112
		143, 158		5,16	162
	2,1	158		6,1	195
	2,4.5	112		7,4f.	58, 61
	2,17	110, 114		11–12	12
	3,6	163		12,10	119
	3,28	110	Joël	4,15	110
	4,1	158	Am	3,8	165
	4,15	145		6,3	136
	5,3	127		7,7	162
	5,21f.	164		8,12	86, 90
Ez	1,3	156, 163, 166		9,1	162
	7,19	138		9,1–3	190
	9,3	161	Jona	1–2	186–191
	10,4	161, 162		3,9	190
	10,18	161, 168	Mi	2,2	159
	10,19	162		4	190
	11,23	162		6,9	162
	16	12, 203	Nah	1,3	110, 114
	16,7	59	Zef	1,5	157, 159
	16,10	110, 114	Sach	1,5	156
	16,31	156		8,23	173
	21,26–28	137f., 141		10,8	105
	21,30	194		12,10	59
	22,7f.	159	Mal	2,3	135
	22,13	157		3,16	129
	23,20	180		3,22	12
	24,23	138			
	26,2–3	56			
	33,24	125	2) Rabbinische Texte		
	45,9	194			
Dan	3,1	138	a) Mischna		
	3,19	102, 107			
	3,26	57	Abot I		90, 91
	4,14	167		I,17	149
	5	91		II,8	203
	6,21f.	57		III,1	132
	7,7	103		V,15	88
	7,9	110, 114		V,22	25
	8,4	101	Baba Metsia V,11		67
	9,27	161		IX,13	68
	11,41	105, 109	Betsa II,1		182

Chagiga II,1		98
Jebamot XVI,3		135
Ketubbot IV,6		22
Megilla III–IV		29
Meila III,6		69
Pesachim IV,4		22
Schabbat XVI,1		22, 31
Tamid I,4		141
Terumot III,6		68
Zebachim VI,5 f.		106, 141

b) Tosefta

Joma I,12	80
Negaim VIII,3	154
Schebuot I,4	80

c) Palästinischer Talmud

Berakhot IV,1,7b	142
Joma II,5,40c	22
Megilla I,10,71b	75

d) Babylonischer Talmud

Baba Batra 12a–b		169
109b		169
Gittin 60a		30
Joma 54a		168
Megilla 29b		29, 30
Pesachim 6a		25
Sanhedrin 34a		23
96a		197
Schabbat 116b		31
138b		90
Sota 12a		204

e) Midraschim

Dibre ha-Jamim schel Mosche		198–204
EstRabba	6	123–132
GenRabba	1,14	227
	3,8	99
	8,1–10	91–100
	39,2	183
	44,14–23	100–109
HldRabba	2,19–25	116–123
KlglRabba	Proömium 23	141
	1,1–5	109–116
KohRabba	12,1–8	132–143
LevRabba	3,6	29
	16	143–155
	18,1	140
Mekhilta	Kaspa 1	62–69
	Neziqin 5	68
	Pischa 13	55–61
Pesiqta Rabbati 36		170–176
Pesiqta R.Kahana 13		155–170
Pirqe deR.Eliezer 10		186–191
Seder Elijahu Rabba 6		191–198
Sifra	Metsora 1	69–75
SifreDtn	§ 48	82–91
SifreNum	§ 118	69
	§ 161	75–81
Tanchuma	Lekh lekha	176–185

Sachregister

Aaron 120, 123, 136, 141, 200, 203
Abraham 100–109, 114, 118, 120, 122, 125, 130, 145, 176–185, 191–198, 201, 214
  im Feuerofen 16, 125, 130, 177, 191–193, 196
Abraham ben David (Rabad) 211
Abraham Ibn Esra 207, 220
Achtzehngebet 183, 191
Ägypten 103, 107, 117, 120, 121–123, 180, 198–204
Agnon, S. J., 226
Agobard 217
Aktualisierung 25 f.
Albeck, Ch., 35
Allegorie 14, 121, 139, 212 f.
Alphabet des Ben Sira 218
Amram 116, 119 f.
Amulo 217
Andreas von St. Victor 218 f.
Aristobul 14
Auferstehung 140
Auslegungsmidraschim 32
Auslegungsregeln 24, 26, 34
Aussatz 69–75, 143–155

Babylon 101 f., 138 f., 150, 159–161
Bacon, R., 219
Belschazzar 87, 91, 101
Bereschit Rabbati 207, 223
Bereschit Zutta 208
Bibellesung in Synagoge 27–31, 44
Biblische Altertümer 16 f., 18, 50
Bileam 201, 204
Billerbeck, P. 221
Bin Gorion, M. J., 225
Buber, S., 48, 223 f.
Buße 102, 108, 189

Chananel ben Chuschiel 207
Chaside Aschkenas 212 f.

Chatima 31, 151
Chronikbücher 11 f., 42, 99 f.

Daniel 15, 19
David 124, 127, 129, 131, 136, 152, 214
David ben Amram 208
David Qimchi 212
Dekalog 11, 47, 109, 114, 159, 167
DeuteronomiumRabba 49
Dibre ha-Jamim schel Mosche 52, 198–204

Edom 78, 81, 101–103, 105, 109, 172, 175
Eisenmenger, A., 221, 222
Eliezer von Beaugency 210
Engel 94 f., 96 f., 100, 181, 184, 194, 199, 202
Epstein, A., 223
Erlösung 103, 116–123, 126, 167, 170–176
Erschaffung des Menschen 91–100
Esau 40, 109, 131, 179, 183
Ester 13, 31, 43, 123–132, 214
EsterRabba 43, 123–132
Eusebius 27, 215
ExodusRabba 49 f.
Ezechiel 163, 169

Finkelstein, L., 224
Friedmann, M., 223

Gamaliel (Buch G.) 218
GenesisRabba 38–40, 91–109, 206, 207, 211, 220
Geniza 33, 43
Geschichtsdeutung 39 f., 42, 43, 52, 105–109, 190 f., 198
Ginzberg, L., 224
Gnosis 40, 98

Götzen(dienst) 110 f., 112, 114, 117, 123, 125, 156, 168, 177, 183, 187, 192, 195 f.
Griechenland 101–103, 106
Grosseteste, R., 219

Hadrian 41, 131, 134, 140
Hagiographen 31
Hai Gaon 211
halakhische Midraschim 32, 33–38, 39, 54–91
Heinemann, I., 20, 24
Herbert von Bosham 219
Hermann von Scheda 218
Hieronymus 27, 215 f., 217, 218
Hillel ben Eljaqim 211
Hoffmann, D., 34, 224
HoheslliedRabba 42 f., 116–123
Horovitz, S., 224
Hugo von St. Viktor 218

Ijob 43, 126, 153, 204
Isaak ben Jedaja 212
Isaaks Opferung 17, 120, 122, 214

Jakob 120, 122, 127, 131, 201 f.
Jakob al-Qirqisani 206
Jakob Kuli 215
Jalqut ha-Makhiri 208
Jalqut Reubeni 213
Jalqut (Schimoni) 208, 213, 223
Jelamdenu 47 f.
Jellinek, A., 223
Jeremia 139, 143, 144, 152, 155–170
Jesus Sirach 14, 98
Jiddische Midrasch-Werke 213–215
Jitro 169, 204
Jona 186–191
Josef 126, 128, 129, 130, 132, 202, 214
Josef Ibn Kaspi 212
Josef Qara 210
Josephus Flavius 15, 28 f., 43, 168, 218
Josippon 43
Jubiläenbuch 15, 16, 17
Justinian 216, 217

Kabbala 213
Karäer 206

KlageliederRabba 40 f., 109–116
KoheletRabba 43, 132–143

Ladino 215
Leqach Tob 207, 221
Levi ben Gerschon 212
LevitikusRabba 44 f., 143–155, 206, 211
Lieberman, S., 13, 49
Lightfoot, J. B., 221
Luther, M. 220

Maase-Bücher 214
Maimonides 212, 220
Mandelbaum, B., 46
Me'am Loez 215
Mekhilta (deRabbi Jischmael) 33, 34, 36 f., 50, 55–69, 211, 223
Mekhilta deR. Simeon ben Jochai 33, 34, 209, 224
Menachem ben Salomo 208
Menachem Recanati 213
Messias (Tage des) 105, 117, 119, 121, 122, 133, 139 f., 170–176, 194, 195, 198
Midrasch ha-Chefets 209
Midrasch ha-Gadol 208 f., 224
Midrasch Rabba 39, 211 f., 221
Midrasch Tannaim 34, 209, 224
Minim 84, 88, 95, 96, 100
Mirjam 120, 123, 131, 145, 149, 152, 199–201, 203
Mischna 35, 36, 38, 39, 55, 67, 73, 205, 216
Mordechai 124–132
Mosche ha-Darschan 207, 220
Mose 52, 95 f., 109, 113, 116 f., 119–123, 124, 126, 127, 129, 130, 131, 156, 158, 166, 198–204, 214
Mose ben Nachman 212, 219

Nacherzählte Bibel 50–53, 185–204
Name Gottes 103, 108, 125, 193
Natan ben Jechiel 206, 211
Nebukadnezzar 41, 101, 126, 130, 137 f., 139, 141 f., 155, 158, 159, 165, 167, 169, 172

Neues Testament 19–21, 27, 29, 221
Neusner, J., 38, 44
Nikolaus von Lyra 220
Nimrod 117, 192 f., 196, 197, 201
Notarikon 80
NumeriRabba 50, 207

Opfer 100 f., 106, 189
Origenes 15, 27, 42, 215 f., 217

Pellikan, K., 220
Pescher 18 f., 23
Pesiqta deRab Kahana 44, 45 f., 155–170, 222, 223 f.
Pesiqta Rabbati 46 f., 170–176, 223, 225
Peticha siehe Proömium
Petrus Alphonsi 217
Petrus Comestor 218
Petrus Venerabilis 217, 218
Pharao 145 f., 152, 180 f., 184 f., 198–204
Philo von Alex. 14 f., 27, 212, 215
Phinhas 162 f., 168 f.
Pirqe deR. Eliezer 50–52, 186–191
Pitron Tora 207
Predigtmidraschim 32 f., 45–50
Proömium 39, 40, 41, 42, 44, 47, 97, 98, 129, 151, 165, 173
Prophetenlesung 29, 30 f.
Prophetie 102, 164, 169, 200, 203
Psalmen 12, 16, 27, 31, 43
Psalmen Salomos 16
Pseudepigraphie 50, 51, 53

Qumran 17–19, 20, 22, 27

Rahab 157, 163, 166
Raymund Martini 219 f.
Rahel 128, 132
Raschbam 210, 218
Raschi 206, 209 f., 211, 218, 219, 220
Reiche (vier) 102–104, 106–109
Rhabanus Maurus 217
Richard von St. Victor 218
Rom 106, 109, 131, 137, 175, 184
Rut Rabba 41 f.

Saadja Gaon 206 f., 212
Sabbat 11, 16
Salomo Ibn Gabirol 212
Samuel ben Chofni 207
Samuel Jaffe Aschkenasi 212
Samuel Masnut 208
Sara 145, 180 f., 184 f.
Schekhina siehe Wesensgegenwart
Schriftsinn, mehrfacher, 14, 23, 137, 142, 211, 213
Secharja (Priester) 80, 138, 142
Seder Elijahu Rabba 52, 191–198, 206, 223
Sefer ha-jaschar 52 f., 209, 214
Seïr 109
Sekhel Tob 208
Septuaginta 13 f.
Shinan, A., 202
Sifra 33, 34, 37, 38, 69–75, 206, 211, 220, 223, 225
Sifre 33 f., 37 f., 75–91, 206, 211, 220, 223, 224
Sifre Zutta 34, 209, 224
Sprichwörter (Midrasch zu) 43
Strack, H. L., 224
Studium der Tora 82–91, 141, 168

Tanchuma 46, 47–50, 176–185, 223
Tannaim 34, 35
Targum 26, 28, 205, 206, 210, 220
Tempel 39, 41, 47, 69, 73, 77 f., 80, 104, 111, 119 f., 122, 135 f., 137, 139, 141 f., 159, 161 f., 167, 168, 172, 173, 175, 188, 191
Testamente der zwölf Patriarchen 16
Titus 41, 51, 53, 168
Tobia ben Eliezer 207
Tosefta 35, 36, 38, 73, 205
Toralesung 28–30
Trajan 41
Trauer Gottes 110, 114, 172
Tsena u-R'ena 214 f.

Ugolini, B., 220

Wacholder, B. Z., 36

Weisheit (Buch der) 14
Weiß, E. H., 223
Wesensgegenwart Gottes 77 f., 80 f., 161 f., 168, 195
Wünsche, A., 221

Zehnter 65, 68
Zeugenaussage 76
Zinsverbot 62 f., 67
Zohar 213
Zunz, L., 222, 224

Rabbinennamen (Auswahl)

Aqiba 25, 34, 37, 42, 68, 70f., 74, 84, 85, 90, 147, 227

Ben Azzai 147

Chananja ben Teradjon 177, 183

Eliezer ben Hyrkanos 50
Elischa ben Abuja 42

Hillel 24

Jannai 146

Jehoschua ben Chananja 134, 140
Jehuda (bar Ilai) 72
Jehuda ha-Nasi (= Rabbi) 35, 150
Jischmael 24, 25, 26, 34, 35, 62, 87

Kahana 45 f.

Simeon ben Chalafta 134

Tanchuma bar Abba 47, 50
Tarfon 72, 75

Zadok 77

Das Werk von Günter Stemberger zur Kultur und Geschichte des Judentums

Juden und Christen im Heiligen Land
Palästina unter Konstantin und Theodosius
1987. 298 Seiten. Broschiert

Das klassische Judentum
Kultur und Geschichte der rabbinischen Zeit
1979. 271 Seiten mit 2 Übersichtskarten.
Broschiert

Epochen der jüdischen Literatur
Erläutert an ausgewählten Texten
1982. 176 Seiten. Paperback
(Beck'sche Reihe, Band 249)

Geschichte der jüdischen Literatur
Eine Einführung
1977. 257 Seiten. Broschiert

Der Talmud
Einführung, Texte, Erläuterungen
2., durchgesehene Auflage. 1987.
324 Seiten. Leinen

Hermann L. Strack / Günter Stemberger
Einleitung in Talmud und Midrasch
7., völlig neu bearbeitete Auflage.
1982. XVI, 341 Seiten. Broschiert

Verlag C. H. Beck München

Weitere Werke zur Kultur und Geschichte des Judentums

Die Juden in Böhmen und Mähren
Ein historisches Lesebuch
Herausgegeben und eingeleitet von Wilma Iggers.
1986. 392 Seiten. Leinen

Heinrich Simon / Marie Simon
Geschichte der jüdischen Philosophie
1984. 233 Seiten. Broschiert

Geschichte des jüdischen Volkes
Herausgegeben von Haim Hillel Ben-Sasson.
Band I: Von den Anfängen bis zum 7. Jahrhundert
Von Abraham Malamat, Hayim Tadmor,
Menachem Stern, Shmuel Safarai.
Aus dem Englischen von Siegfried Schmitz.
2. Auflage. 1981. IX, 515 Seiten mit 13 Karten
und 44 Abbildungen. Leinen

Band II: Vom 7. bis zum 17. Jahrhundert. Das Mittelalter
Von Haim Hillel Ben-Sasson.
Aus dem Englischen von Modeste zur Nedden-Pferdekamp.
1979. IX, 434 Seiten mit 37 Abbildungen und 5 Karten.
Leinen

Band III: Vom 17. Jahrhundert bis zur Gegenwart. Die Neuzeit
Von Shmuel Ettinger. Aus dem Englischen von Christian Spiel.
1980. IX, 493 Seiten mit 37 Abbildungen und 10 Karten.
Leinen

Verlag C. H. Beck München